岩 波 文 庫

33-824-1

ムハンマドのことば

――ハディース――

小 杉 泰 編訳

JN165803

岩 波 書 店

編訳者まえがき

本書は、イスラームの開祖ムハンマドのことばや彼について弟子が語ったことばの中から、彼の人生、暮らし、当時のアラビア半島、「預言者」としての目覚め、イスラームの教え、弟子たちとの交わりなどについて、精選したものである。

ムハンマドのことばをアラビア語で「ハディース」という。原義は「ことば」「語り」を意味するが、内容は彼自身の発したことば、彼のおこなったこと、周りの者たちのおこないにたいして彼が認めたり、たしなめたりしたことについて、それを見聞きした弟子たちが伝えたものである。彼の容貌や性格について、弟子たちが語ったことばも含まれている。

ここで「弟子」と呼んでいるのは、彼に付き従った信徒たちの中で、彼の身近で日頃からその言動に触れていた人びとである。本書にハディースの伝承者として名があがっているのは、その中でも「高弟」と呼ぶにふさわしい。

ただし、彼ら自身が「弟子」や「高弟」と表現したわけではない。アラビア語では念の一つであった。サハーバは、ムハンマドと生死を共にした人びとであった。
乾燥地帯の過酷な生態環境を生き抜く人びとにとってもっとも重要な人間関係を示す概
と」の意で、西暦七世紀のアラビア半島では「共にいる」「行動を共にする」ことは、
「サハーバ」という。日本語では「教友」と訳されているが、原義は「一緒にいる人び

預言者と名乗ったムハンマドはイスラームの教えを説き、彼に従った人びとは、宗教的にはムスリム(帰依者)と呼ばれる。イスラームとは「帰依」の意味なので、ムスリムは「イスラームした人」ということになる(なお、アラビア語原文では「改宗」という表現は使われないので、本文中では「帰依した」「イスラームに加わった」と訳している)。ムスリムの中で、一度でも彼に会ったり彼のことばを遠くからでも聞いた人は「教友」に含まれる。ムハンマドが世を去る少し前におこなった巡礼の際に「別離の説教」を述べた時、丘の上から語る彼の眼下には非常に多くのムスリムが参列していたと伝えられる。それが、教友が一堂に会した最大の集会だったであろう。教友の総数を、最大一二万人とする説もある。親しい高弟の数は、もっと少ない。ハディースを彼の没後に伝えた教友として、数百人の名があげられる。中でも著名な人びとについては、本書の巻末に略伝を掲載した。

宗教としてのイスラームは、開祖であるムハンマドが生きている一代のあいだに確立

された。教えの第一の源泉は、彼が預言者すなわち「神のことばを預かる人」として受け取った神の啓示である。それは聖典クルアーンとして、今日まで伝えられている。クルアーンはイスラームでは「神のことば」そのものとされる。つまり、ムハンマドが伝えた神のことばであって、彼のことばではない(クルアーンにご関心をお持ちの方は、小杉泰『「クルアーン」――語りかけるイスラーム』岩波書店、二〇〇九年を参照いただきたい)。

ムハンマド自身のことばは、本書に収めるハディースである。これも、クルアーンにつぐ典拠としてイスラームの教えを語るものである。しかし、クルアーンのテキストが明確に限定されているのに対して、ハディースは伝承された語りであるから、ここからここまでだけがムハンマドのことばと、明確に限定されているわけでない。たとえば、岩波文庫版のクルアーン(井筒俊彦訳『コーラン』)が三分冊で足りるのと比べると、ハディースの場合、すべてを訳そうと思えば、何十冊も必要となる。

伝承としてのハディースがどのように成立したかについては、巻末の解説をご覧いただきたいが、とにかくハディースは数がきわめて多く、しかも一つ一つは短いのが普通で、通読するような形をしていない。一〇世紀までに信頼性の高いハディース集が編纂《へんさん》され、その多くが主題別にハディースを配列しているので、多少は扱いやすくなっているが、同一主題の下に似たようなハディースが並び、一般読者にはとっつきにくい。その一方で、伝承者別に配列されたハディース集もあり、こちらは通読しても内容上の脈絡がないため、たとえアラビア語が読めても、一般読者には歯が立たない。

そのため、イスラーム世界でも古くから、ハディースの精選集が編まれてきた。もっとも簡潔なものは「四〇ハディース集」と呼ばれる種類で、四〇のハディースを厳選して、ムハンマドが教えたことの神髄を提示する形となっている。

近年の日本では、イスラームに対する関心も高まり、イスラームとはいったいどのような宗教なのか、その教えの原典に触れてみたいという要望が多くの方から聞かれるようになった。当然ながら、イスラームの第二の源泉たるハディースにも関心が向けられているが、驚くべきことに、日本語ではハディース集は簡単には手に入らない。二大『真正集』とされる、九世紀のブハーリーとムスリム・イブン・ハッジャージュというハディース編纂者によるハディース集が邦訳されているが、いずれも一般書店ではもはや手に入らない。

このような空白を埋めるべく、本書を編纂した。本文では、信憑性の高いハディースの中から、Ⅰ部ではムハンマドの人生と彼が生きた時代、その人となりと事績を中心に、Ⅱ部では彼が指導したイスラーム社会、Ⅲ部では彼の語ったイスラームの教えについて、訳注を付けて邦訳した。

編纂の仕方や素材となるハディースの選択などは、編纂者の独自のものである。アラビア語ですでに「ハディース集」としてまとまっているものを直訳すると、おそらく日本の読者は冗長に感じるに違いないということもあって、本書では独自の編纂と配列をおこなうことにした。それによって、ハディースが持つ「生《なま》の語り」としての魅力を楽しんでいただくと同時に、ムハンマドと彼の語ったことばを聞いてイスラームの源流を理解したいという日本の読者に便宜を図ったつもりである。もちろん、一人で編者と訳者を兼ねる以上、その編者の色彩がでてしまう恐れは否めない。ただその場合でも、その色彩を、四五年もイスラームを探求してきた学究者の成果の一つ、とみていただけるならば幸甚に思う。

ムハンマドは西暦五七〇年頃に生まれ、六一〇年頃に預言者としての活動を始め、六三二年に世を去った。歴史上の偉人・聖人の例にもれず、めだった活動を始める以前については、伝承も情報も少ない。人びとの注目を集め、その人物のことを皆が話題にするのは、社会的にめだつ存在になってから、というのが通例であろう。ムハンマドが「神の召命」を受けたのは四〇歳の時で、世を去ったのは六三歳の時であるから、主たる活動期はおおよそ二三年間である（ただし、純粋な太陰暦で数えてのことなので、太陽暦に換算すると一年につき一一日少なくなる)。

彼自身の語りも、彼についての語りも、この二三年間に関するものが多く、四〇歳以前への言及は非常に少ない。また、語りの多くが、後年になってからの回想の形をしている。弟子たちも、彼の没後に、しきりと彼の事績を次の世代に向けて語るようになった。お読みいただければわかるように、このような語りから一つの人生を抽出する際には、伝記を書くようにはいかない。残されていることばから、その行間を読み解き、訳注で補う必要が時に生じる。そのような限界はあるものの、できる限り忠実に、ムハンマド自身の「肉声」と、彼について伝える弟子たちの「肉声」によって、ムハンマドの人生とそのことばを再現するように努めた。

そのような作業を通じて、アラビア語の古典でもあるハディース集の一端を、読者の皆さまと共有したいと願っている。

凡　例

- 〔　〕編訳者による簡略な説明・言い替え・アラビア語原音表記などを示す。
- （　）原文の一部であるが、文脈の理解を助けるためにカッコ内に入れたものを示す。古典的なアラビア語には、（　）や「　」がないため、伝承者が「彼は言った」と挿入している場合などは、地の文なのか伝承内容なのかわかりにくい場合がある。そのため、「（サアドは続けて言った。）」「（伝承者が〔解説して〕付言した。）」のように補った。
- **1**、**2**…　訳注番号。訳注は該当本文のすぐ左側に付す。なお人物名について、とくに訳注がない場合は、巻末「伝承者略伝」を参照のこと。
- 必要に応じて、節などの初めに、簡略な背景説明を入れた。
- 定冠詞等の扱いを含めて、アラビア語のカタカナ転写法は原則として『岩波 イスラーム辞典』（岩波書店、二〇〇二年）に依拠している。（なお、「アブー」はその前に「イブン」が来ると、「イブン・アビー・～」と「ブ」が「ビ」に変化する。）
- 年号表記において、ヒジュラ暦（イスラーム世界の公式の暦）が西暦の二年にまたがる場合は、「／」を用いて示した。年号に異説がある場合は、「または」を用いて併記した。

ハディース本文の構成

ハディースは一般に左の例のように成り立っている。

アブー・カターダは次のように伝えている――アッラーの使徒は、月曜日の断食について尋ねられ、「それは私が生まれた日であり、私が〔預言者として〕召命を受けた日です」と答えました。　（ムスリム）

- 冒頭の「アブー・カターダ」――ムハンマドの言行を自ら見聞きし、口頭で伝えた人の名。このようにハディース冒頭に登場する伝承者については、すべて巻末の「伝承者略伝」に紹介している。
- 「アッラーの使徒は……と答えました」――ムハンマドの言行の内容。ムハンマドは「アッラーの使徒」「預言者」と呼ばれる。
- 末尾の「（ムスリム）」――このハディースをハディース集の形に編纂した後世の学者の名と書名。書名は、以下の編纂者一覧に従って省略。同一編纂者の二番目の著作が引用される場合のみ、書名も加えている。

本文に登場するハディース集編纂者一覧（太字部分が本文に示した略称。五十音順）

アブー・ダーウード　アブー・ダーウード・スライマーン・イブン・アシュアス・スィジスターニー（八一七―八八九）『スンナ集』

アブドゥッラッザーク　アブドゥッラッザーク・サヌアーニー（七四三／四―八二七）『ムサンナフ』

イブン・ハンバル　アフマド・イブン・ハンバル（七八〇―八五五）『ムスナド』

イブン・ヒッバーン　イブン・ヒッバーン・ブスティー（八八四―九六五）『真正集』

イブン・マージャ　イブン・マージャ（八二四―八八七）『スンナ集』

ダーラクトニー　アブー・ハサン・ダーラクトニー（九一八―九九五）『スンナ集』

タバラーニー　アブー・カースィム・タバラーニー（八七三―九七一）『大ハディース集』

タヤーリスィー　アブー・ダーウード・タヤーリスィー（七五〇―八一九）『ムスナド』

ティルミズィー　アブー・イーサー・ティルミズィー（八二五―八九二）『スンナ集』

ナサーイー　アフマド・イブン・シュアイブ・ナサーイー（八三〇―九一五）『スンナ集』

ハーキム　アブー・アブドゥッラー・ハーキム・ナイサーブーリー（九三三―一〇一四）『二大真正集補遺』

バイハキー　アブー・バクル・バイハキー（九九四―一〇六六）『大スンナ集』
ブハーリー　ムハンマド・イブン・イスマーイール・ブハーリー（八一〇―八七〇）『真正集』
ブハーリー『アダブ』　ブハーリー（同上）『アダブ・ムフラド』
マーリク　マーリク・イブン・アナス（七〇八または七一六―七九五）『ムワッタア』
ムスリム　ムスリム・イブン・ハッジャージュ（八一七または八二一―八七五）『真正集』

各ハディース集については、巻末の編訳者解説を参照。

なお、これらのハディース集の中から四〇点のハディースを精選したハディース集がある。その中でもイスラーム世界でもっとも広く読まれているのが、次のナワウィー編のもので、これに収録されているハディースは、そのこと自体が大きな意味を持っているので、元の出典と共に、ハディースの末尾に「（ナワウィー）」と付記した。

ナワウィー　ヤフヤー・イブン・シャラフ・ナワウィー（一二三三―一二七七）『四〇ハディース精選集』

目　次

ムハンマドのことば——ハディース——

Ⅰ　ムハンマドの生涯と時代

1　ムハンマドの生い立ち

ムハンマドの故郷マッカは、アラビア半島紅海側のヒジャーズ地方に位置する(巻末図1)。人間が居住できるだけの水源はあったが、農業には適さず、彼の属するクライシュ族は商業を生業としていた。イスラーム以前には、アラブ諸部族は互いの血統や勢威を競っていた。マッカのカアバ聖殿は、巡礼地として特別の敬意を集めていた。

誕　生

ムッタリブ・イブン・アブドゥッラー・イブン・カイスは、自分の祖父から父を通して伝えられたことばとして、次のように伝えている――「私〔カイス〕[1]とアッラーの使徒〔ムハンマド〕は象の年に生まれました。[2]私たちは同い年です」。ウスマーン・イブン・アッファーンがクバース・イブン・アシュヤム[3]に「あなたとアッラーの使徒と、どちらが大きい〔年長〕か？」と聞くと、彼はこう答えました――アッラーの使徒のほうが大きい〔偉大〕ですが、生まれた日は私のほうが早いです。アッラーの使徒は象の年に生まれました。私の母は、私を生まれた土地〔マッカ〕で育ててくれました。私は、象の排泄物が緑色になっているのを〔子どもとして〕見た覚えがあります。

（ティルミズィー）

1 ムハンマドにとっては、父の再従兄弟《またいとこ》にあたる。**2** ヒジュラ暦で紀元が定められる以前のアラブ人は、印象的な事件のあった年を「～の年」と呼び、「その何年前／何年後」と時系列を表現していた。「象」は、軍事用に象を用いるアクスム（エチオピア）の軍が、当時アクスムの支配地であったイエメンからマッカに襲来した事件を指す。マッカのカアバ聖殿（当時は多神教の巡礼地）を破壊し、イエメンのキリスト教会を振興することが目的だったとされるが、失敗に終わった。おおむね西暦五七〇年と同定されている（五七一年説もあり）。**3** マッカ生まれのキンダ部族の人。ムハンマドより年長であったが、部族連合の戦い（六二七年、一三三―一三九頁参照）の後でイスラームに加わった。

アブー・カターダは次のように伝えている――アッラーの使徒は、月曜日の断食について尋ねられ、「それは私が生まれた日であり、私が〔預言者として〕召命[1]を受けた日です」と答えました。　（ムスリム）

1　神から預言者としての使命を与えられることを指す。

イブン・アッバースは次のように伝えている――預言者〔ムハンマド〕は月曜日に生まれ、月曜日に預言者としての召命を受けました。マッカからマディーナへと移住[1]に旅立ったのも月曜日でしたし、マディーナに到着したのも月曜日でした。彼は月曜日に亡くなりました。黒石[2]を〔元の場所に〕あげたのも、月曜日でした。

（イブン・ハンバル）

1　ヒジュラ（聖遷）のこと。迫害の続くマッカからマディーナへ移り、イスラーム共同体を樹立した。後出ハディースを参照（九七頁）。**2** 立方体のカアバ聖殿には、角の一つに黒石が埋め込まれている。これはクライシュ族によるカアバ聖殿の再建時に、青年時代のムハンマドが黒石をはめこむ役割を担ったことを指す。後出ハディースを参照（三〇―三二頁）。

父母をなくし、孤児として育つ

ムッタリブ・イブン・アブドゥッラー・イブン・カイスは、祖父のことばを父から聞いて、次のように伝えている――彼〔祖父カイス〕はアッラーの使徒の誕生について言及して、こう言いました――彼〔ムハンマド〕の父[1]は、彼の母が彼を身ごもっている時に亡くなりました。（ハーキム）

1 ムハンマドの父アブドゥッラーは、当時のハーシム家の族長・祖父アブドゥルムッタリブの愛息であった。アブドゥッラー〔アッラーのしもべ〕という名であるが、当時の多神教ではアッラーは主神とされつつも、絶対者・創造主とは認識されていなかった。ムハンマドは母の妊娠中に父が没したため、誕生後は祖父に保護された。アラビア語の

「ヤティーム」は片親または両親を亡くした「孤児」を指すので、ムハンマドは生誕時から父のない「孤児」であった。

アブー・シュライフ〔・カアビー〕は、預言者が次のように語ったと伝えている——おお、アッラーよ、私は二つの弱い者たち、すなわち、孤児[1]と女性[2]の権利を不可侵なものと宣します。

（ナサーイー）

1 孤児の保護については、クルアーンでも、ムハンマド自身が孤児でありながら保護者をきちんと得ていたこと（＝神佑《しんゆう》）や、孤児の遺産を公正に保全する義務など、言及が多い。 2 イスラーム以前のアラビア半島の社会は男尊女卑が甚だしく、イスラームはそれを大きく改革した。当時の世界的な水準から言っても、非常に先進的と評価されている（なお今日では、現代的な価値観から見た批判が別途存在する）。

イブン・イスハークは、次のように伝えている——アッラーの使徒の母[1]は、アブワーの地[2]で亡くなったが、それはナッジャール部族[3]に属する〔ムハンマドの〕母方のオジたちを訪問している時でした。

（ハーキム）

1 ムハンマドの母は、アーミナ・ビント・ワフブ。アーミナは、ムハンマドが六歳の時に、ヤスリブの親族を訪問してマッカに戻る途中で世を去り、その地で埋葬された。その後ムハンマドは両親を亡くした「孤児」として、祖父の保護を受け、また八歳の時に祖父が亡くなると、伯父のアブー・ターリブの保護を受けた。2 ヤスリブ（後のマディーナ）からマッカに向かって南に下った渓谷。3 ムハンマドの祖父でハーシム家の族長であったアブドゥルムッタリブの母の出身部族。ムハンマドにとっては、ナッジャール部族は広義の「母方のオバたちの一族」に相当する。

系　譜

〔ムハンマドの系譜[1]＝一代ずつ遡る系図〕ムハンマド・イブン[2]・アブドゥッラー・イブン・アブドゥルムッタリブ・イブン・ハーシム・イブン・アブドマナーフ・イブン・クサイイ・イブン・キラーブ・イブン・ムッラ・イブン・カアブ・イブン・ルアイイ・イブン・ガーリブ・イブン・フィフル〔クライシュ〕[3]・イブン・マーリク・イブン・ナドル・イブン・キナーナ・イブン・フザイマ・イブン・ムドリカ・イブ

ン・イルヤース・イブン・ムダル・イブン・ニザール・イブン・マアッド・イブン・アドナーン。[4]

1 これはハディースそのものではなく、ブハーリー『真正集』の中の節の見出しとして書かれている。これはクライシュ族の系図の一部であり、ハディース伝承者たちにとっていわば確立された共通認識であった。 2 〜の息子。ムハンマドはアブドゥッラーの息子であり、「イブン・〜」という形で一代ずつ遡りながら祖先を表記するのが、アラブの系譜の基本となっている。なお、イブンは冒頭の文字を省略して「ブン（ビン）」とも表記するが、本書ではイブンに統一する。 3 ムハンマドから一一代前のフィフルがクライシュとも呼ばれ、ムハンマドの五代前のクサイイの頃から一族がクライシュ族と呼ばれるようになった。 4 クライシュ族を含む北アラブ人の祖。イエメンなどに発する南アラブ人の祖はカフターン。古代に滅びたアラブ人を別とすると、すべてのアラブ人はアドナーン系かカフターン系の二系統に区分される。特にアッバース朝初期にアラブ系譜学が確立して以降現代に至るまで、この原則は揺るがないものとなっている。

クライブ[1]・イブン・ワーイルは、次のように伝えている――アブー・サラマの娘で預言者の養女のザイナブと話した時、私は「預言者について教えてください。彼はムダル部族[2]に属していましたか」と尋ねました。すると彼女は「ムダル部族に属し、ナドル・イブン・キナーナ[3]の系譜を引いていました」と答えました。

（ブハーリー）

1 養育した娘、の意。イスラームでは養子制度が廃止されたため、その意味での養子ではない。 2 前項の北アラブ人の祖アドナーンから三代目のムダルを祖とする諸部族の総称。 3 ナドルはムダルから数えて五代目の子孫で、彼の子孫はその父キナーナを祖とする諸部族の中で、ナドル部族と総称される。

ワースィラ・イブン・アスカウは、アッラーの使徒が次のように述べたと伝えている――まことに神は、イブラーヒーム[1]〔アブラハム〕の子からイスマーイール[2]〔イシュマエル〕をお選びになり、イスマーイールの子からキナーナ部族[3]をお選びになり、キナーナ部族の中からクライシュ族[4]をお選びになり、クライシュ族の中からハーシム家[5]をお選びになり、ハーシム家の中から私をお選びになった。

（ティルミズィー）

1 旧約聖書の族長アブラハム。その子イサク(アラビア語でイスハーク)からイスラエルの民が生まれ、もう一人の子イシュマエル(アラビア語でイスマーイール)からアラブ人が生まれたとされる。2 イスマーイールはマッカでアラブ部族の娘と結婚して、母ハージャル(旧約聖書のハガル)と共に、この地に定着したとされる。3 イスマーイールの子孫から、アラブ諸部族の系譜で「北アラブ」の祖とされるアドナーンが出て、キナーナはその後の七代目。キナーナ部族(バヌー・キナーナ、すなわち「キナーナの子ら」)はアラビア半島西部の最大級の部族集団であった(巻末「北アラブの系譜と本書に登場する部族名」参照)。4 クライシュはキナーナから三代目の人物で、その子孫がクライシュ族と呼ばれた。アラビア語では彼らのみ、慣例上、部族名にバヌー(〜の子ら)と付さない。クライシュの本名はフィフル。5 ハーシムはクライシュから八代目の人物で、彼を家祖とするハーシム家はクライシュ族の中の支族にあたる。クライシュ族の支族を「〜家」と呼ぶのは、日本のアラブ史研究の慣例。

羊飼い

ジャービル・イブン・アブドゥッラーは、次のように伝えている――ある時、私たちはアッラーの使徒と一緒に、マッル・ザフラーン[1]の地でカバースの実[2]を拾い集めていました。彼は「黒いのを拾いなさい。それが一番おいしいから」と言いました。〔それを聞いて、私たちの中の一人が〕「昔、羊飼いをなさいましたか？」と尋ねました。[3]彼は「その通りです。諸預言者[4]の中で、羊を飼ったことがない者がいるでしょうか」と答えました。

（ブハーリー）

1 マッカと並ぶ町であるターイフから西（紅海側）に向かったところに位置するワーディー（渓谷）。現在は、ワーディー・ファーティマとして知られる（巻末図1参照）。2 アラビア半島西部に植生するサルバドル属の常緑の低木（アラビア語名アラーク）に成る紫色の実で、味は甘く夏季に採れる。形はサクランボに似ているが、それよりも小さい（直径五ミリから一センチ程度）。アラークの木は、根が天然の歯ブラシに使われるため（二一二頁注1）、「歯ブラシの木（英語ではトゥースブラッシュ・ツリー）」とも呼ばれる。3 アラークの木は通常、牧草地に生えているため、質問した者はこのように推測した。4 神のことばを預かるのが「預言者」で、その中で新しい法をもたらす人が「使徒」と呼ばれる。クルアーンは、人類の祖アーダムから最後の預言者ムハンマドに至る二五人の諸預言者の固有名詞をあげている。

ビシュル・イブン・ハズン・ナスリーは、次のように伝えている――預言者とともにいたラクダと羊の民[1]は自分たちのことを誇りにしていました。預言者がこう言ったからです。「ダーウード（ダヴィデ）は羊飼いをしている時、〔預言者としての〕召命を受けました。ムーサー〔モーセ〕も羊飼いをしている時、召命を受けました。私も、家族のためにジヤード[2]の地で羊の世話をしている頃に、召命を受けました」。

（タヤーリスィー）

1　牧畜民の意。ここでは、マッカの商人、マディーナの農耕民との対比で、牧畜民が強調されている。　2　マッカ郊外の地名。天使の訪問を受けて「召命」されたのは、ヒラー山の洞窟で瞑想中とされるが、当時は仕事としてはジヤードの地で羊の世話をしていたことを指している。

カアバ聖殿の再建

ムジャーヒド〔・イブン・ジャブル〕は、自分の保護者[1]が、かつてジャーヒリーヤ時代[2]にカアバ聖殿の再建[3]に参加したことについて、次のように語ったと伝えている――〔当時の〕私は〔小さな〕石を持っていて、それに自分の手で彫刻をして、アッラーではなくそれを〔偶像として〕崇拝していました。〔聖殿再建の時も〕[4]私は自分よりもそれ〔偶像〕を尊び、濃密な乳清を〔自分で食べずに〕それにささげ〔注ぎ〕ましたが、〔その時〕犬がやって来て、それを舐めたうえに、片足をあげて放尿してしまいました。[5]さて、〔聖殿再建の作業が〕黒石の場所まで来ると、誰も黒石がどこにあるか見当たりませんでした。ところが〔積まれた〕石の間に人間の頭のようにあるのが目に付き、それは人の顔のようにめだっているのでした。クライシュ族のある支族が「私たちが黒石をはめるべきだ」と言い張り、他の者たちも「私たちがはめるべきだ」と言い張りました。すると「あなたたちの間で裁き手を決めよう」と提案があり、「最初に道から現れた者に頼もう」と言い〔一同が賛成し〕ました。そこへ預言者が来ました[6]ので、皆が「アミーン[7]〔誠実な人〕が来た〔のは幸いだ〕」と言いました。彼らが彼に事情を話すと、彼は黒石を〔脱いだ〕衣服に載せ、支族〔の代表〕たちに対して一緒に衣服の端をそれぞれ〔握って〕持ちあげるよう呼びかけ、〔黒石が所定の高さまで上がると〕自分が石をはめこみました。

（イブン・ハンバル）

1 当時は自分の部族を離れて暮らす人は、その地の部族や個人を保護者として生きるのが通例であった。このハディースを伝えているムジャーヒドの保護者は、クライシュ族の有力な支族マフズーム家のイブン・アビー・サーイブとされる。**2** イスラーム以前の時代を、イスラーム側からこのように呼んだ。後にイスラームが確立されてからは、イスラーム以前を指す歴史用語となった。ジャーヒルは「無知なる者」を指し、真の神（唯一神）を知らない時代の意。無明《むみょう》時代と邦訳される。**3** それまであった聖殿が傷み、倒壊の恐れがあったため、建て直したことを指す。ムハンマドが三五歳の頃とされる。**4** この訳者注はハディースの前半と後半が、同じ頃についての回想との推定に基づく。可能性としては、偶像に関する部分は単に昔のことを回想しているだけで、カアバ聖殿の再建とは関係ないこともありうる。**5** このハディースを語っている時のイブン・アビー・サーイブはすでにイスラームに加わった後なので、犬に関する語りは、自分で作った偶像の無力さを示唆していると思われる。**6** これは青年時代のムハンマドなので、預言者を名乗るはるか以前であるが、語り手はイスラーム以後に話しているので、ムハンマドを預言者と呼んでいる。**7** 信頼できる者、正直者、誠実者の意。若き日のムハンマドは実直な性格から、クライシュ族の間で「アミーン」と呼ばれていた。

2　イスラーム以前のアラビア半島

イスラーム以前には、部族主義とならんで、巨石、樹木、彫像などの偶像を崇拝する多神教が広がり、特定の部族が特定の偶像と結びついていた。占いなどをおこなうカーヒンと呼ばれる巫者《ふしゃ》も数多くいた。

部族の誇り

イブン・ウマルは、次のように伝えている――アッラーの使徒〔ムハンマド〕は、マッカ征服の日に人びとに向かって説教をし、次のように言った――おお、人びとよ、アッラーはあなたたちから、ジャーヒリーヤ時代の増上慢《ぞうじょうまん》と祖先自慢を取り除いてくださいました。人間には、二種類あります。善人で神を畏れ神の前で誉れがあるか、堕落して迷妄に陥り神の前で卑しいか〔のどちらか〕です。人びとはみなアーダム〔アダム〕の子らであり、アーダムは土から創られました。アッラーは〔クルアーンで〕こう仰せです――「おお、人びとよ、われはあなたたちを一人の男性と一人の女性から創造し、互いによく知り合うようにと、あなたたちを諸民族と諸部族に分けた。まことにアッラーのみもとでもっとも貴い者は、もっとも〔神を〕畏れる者である。まことにアッラーは全知者にしてすべてをご存じである。」〔部屋章[1]一三節〕

（ティルミズィー）

1 クルアーンの章名はアラビア語原典では、現代に至るまで章の固有名詞を示すのが原則となっている。欧米・日本では読者の便宜のために章番号（一―一四の章に順番に番号を振ったもの）で示すことが多いが、本書ではハディースに従って章名を記す。各章の名称は他との識別を示すためのもので、啓示の一部ではない。ムハンマド時代から呼びならわされている名称もあるが、その場合も一つに固定されていたわけではなく、通称も含めると複数の章名が時代を超えて用いられてきた。一九二〇年代以降、標準的なクルアーン刊本（カイロ版）が普及し、さらに一九八〇年代以降はサウディアラビアで印刷されるマディーナ版も標準となった。それらの刊本で用いられる章名が標準的なものとしてほぼ固定され、現在広く用いられている。本書でもそれに従い、ハディースの中で別な名称が使われている場合は注記した。

イブン・ウマルは、次のように伝えている――〔ある時〕ウマルが騎乗者たちの中にいて、〔誰かが〕自分の父親の名にかけて誓言を言ったのを聞き、その者たちに呼びかけて、こう言いました。「アッラーは、あなたたちが自分たちの父親にかけて誓言するのを禁止しました。それゆえ、誓うのならアッラーにかけて誓い、そうでないのであれば、〔誓いを口にせずに〕黙っていてください」。　（ムスリム）

イブン・ウマルは、次のように伝えている――預言者は、「誓いを立てる者は、アッラー以外〔の名〕で誓ってはなりません」と言いました。当時のクライシュ族は父親〔の名〕にかけて誓っていましたが、彼は「あなたたちの父親〔の名〕にかけて誓ってはなりません」と命じました。　（ムスリム）

アブー・マーリク・アシュアリーは、預言者が次のように語ったと伝えている――わがウンマ[1]には、〔やめるべき〕ジャーヒリーヤ時代の慣習で、いまだに続けられていることが四つあります。家柄を誇ること、〔他部族の〕系譜[2]を誹謗《ひぼう》すること、星に向かって雨乞いをすること、そして〔死者を〕嘆き悲しむことです。（さらに預言者は、次のように述べました。）泣き女[3]は、死ぬ前に悔悟しなければ、復活の日に、タールの衣服と疥癬《かいせん》の下着を着て〔審判の場に〕立たされることになるでしょう。

（ムスリム）

1 イスラーム共同体。ムスリム（イスラーム教徒）の総体を指す。 2 アラビア語では、ハスブ（家柄）とナサブ（家系、系譜）を合わせて言う。ナサブがどのような祖先に発するかという系譜を重視するのに対して、ハスブは優れた祖先のおこないや事績を子孫が継ぐことを前提とする。従って、本人のおこないが悪い場合は、血統だけでは家柄がよいとは言えない。部族社会では、ハスブもナサブも重視された。 3 葬儀・埋葬に際して、悲嘆を示すために誇張して泣き叫ぶ女性。過剰に泣き叫ぶことは、イスラーム以前のアラビア半島では、葬送の儀礼としてむしろ尊ばれた。親族の女性がそれをおこなうだけではなく、職業的な泣き女もいた。イスラーム時代には、自然の悲しみを超えて死を嘆くことは、神の定めに不満を抱く行為として戒められる。

ジュンドゥブ・イブン・アブドゥッラー・バジャリーは、アッラーの使徒が次のように語ったと伝えている——部族的結合〔アサビーヤ〕を呼びかけ、あるいは部族的結合を支持する無分別な旗の下で戦死した者〔の死〕は、ジャーヒリーヤ時代の死に方です。　（ムスリム）

カーヒン〔占い師、巫者《ふしゃ》〕

ウクバ・イブン・アムル・アンサーリーは、次のように伝えている——アッラーの使徒は、犬の〔売買とその〕代金[1]、売春婦の対価[2]、カーヒン[3]〔占い師、巫者〕への謝礼を禁じました。　（ティルミズィー）

1　犬の売買がなぜ否定されるかについては、いくつかの説がある。犬が不潔物という立場から不潔物の売買がいけないという法学派もあるが、不潔物とみなさない学派は商行為として好ましくないが禁止されていないという立場をとる。 **2** 売春そのものが否定されている。 **3** 多神教時代のアラビア半島では、シャーマンの一種としてカーヒン（女性形はカーヒナ）と呼ばれる巫者がいた。未来に対する占いや不可視界を語ることはイスラームでは禁じられ、それを依頼することも対価を払うことも否定されている。

ムアーウィヤ・イブン・ハカムは、次のように伝えている――私が「おお、アッラーの使徒よ、ジャーヒリーヤ時代に私たちがやっていたこととして、カーヒンを〔占いなどを求めて〕訪ねることがありました」と尋ねると、彼は「〔もはや〕カーヒンたちを訪ねてはいけません」と言いました。（ムアーウィヤは続けました。）私が「私たちは予兆〔を見て、事の吉凶〕を言い合っていました〔その可否はどうでしょうか〕」と尋ねると、彼は「それは、あなたたちの心の中に起こることですから、止めることはできません」と答えました。　（ムスリム）

偶像崇拝

アブー・フライラは、アッラーの使徒が次のように述べたと伝えている――間違えて、「ラート神とウッザー神[1]にかけて」と誓ってしまった者は、「アッラーのほかに神なし」と言いなさい。友に「一緒に賭け[2]をしよう」と誘ってしまった者は、〔賭けをやめてその償いに〕喜捨をしてください。

（ブハーリー、ムスリム）

1 ラート神はサキーフ部族、ウッザー神はクライシュ族の主神で、イスラーム以前は両者にかけて誓言がおこなわれていた。二つが対になっているのは、サキーフ部族の住むターイフとクライシュ族のマッカが当時「二つの町」と対にされていたため。ムハンマド晩年のマッカ征服（六三〇年）までは、アラビア半島では広く偶像崇拝がなされていたので、このハディースでは、新しい改宗者が習慣的に古い誓言を用いてしまった場合について戒められている。なお、ラート神、ウッザー神にマナート神を加えて、当時のアラビア半島で「三女神」とされた。それぞれ、白い巨石、アカシアの樹、木像が祀《まつ》られていたという。**2** 賭け事も、イスラーム以前には広くおこなわれていたが、マディーナ時代になってからクルアーンによって禁じられた。

アブドゥッラフマーン・イブン・サムラは、アッラーの使徒が次のように語ったと伝えている――偶像に誓ってはならないし、あなたたちの父祖に誓ってもなりません。

（ムスリム）

イブン・アッバースは、次のように伝えている――もし、あなたたちが〔ジャーヒリーヤ時代の〕アラブ人の無知について知りたければ、〔クルアーンの〕家畜章の一三〇節を過ぎた章句、[1] つまり「子ども〔女児〕たちを愚かにも知識なく殺し、[2] アッラーが授けた糧《かて》を禁止し、アッラーについて虚偽を捏造《ねつぞう》する者たちは、すでに失敗している。彼らは迷妄に陥り、決して導かれることはない」をお読みなさい。

（ブハーリー）

1 現在の標準版では、引用されているのは一四〇節。ただし、節番号は後代に付けられたもので、イブン・アッバースは節番号を指定したのではなく、目安として「一三〇節よりも後にある以下の章句」の意味で言った可能性が高い。 **2** 当時のアラブ社会では女児が生まれるとしばしば生き埋めにする悪習があった。

3　啓示の始まりと苦難

ムハンマドが四〇歳の時（西暦六一〇年頃）に啓示が始まり、「預言者」「神の使徒」と名乗ることになった。

洞窟での瞑想と天使の来訪

アーイシャは、次のように伝えている――アッラーの使徒〔ムハンマド〕に啓示が始まったのは、眠っている間の正夢《まさゆめ》で、それはいつも朝の輝きのようでした。それから独りで籠もることを好むようになり、ヒラー山[1]の洞窟に籠もって、いく晩も神へ傾倒して瞑想して過ごしてから、家族のもとに戻るようになりました。彼は食べ物を持っていき、それがなくなると〔妻であった〕ハディージャ・ビント・フワイリド[2]のもとに戻り、また食べ物を持って〔洞窟に〕行きました。ついに、ヒラーの洞窟に籠もっている時に、真理が訪れました。天使が彼を訪れ、「読みなさい！」[3]と言いました。彼は「私は読む者ではありません」と答えました。彼〔ムハンマド〕はこう語っています――すると、彼〔天使〕は私〔ムハンマド〕を捕らえ、私が力尽きるまで締めつけました。そして私を放つと、「読みなさい！」と言いました。私は「私は読む者ではありません」と答えました。すると、彼は再び私を捕らえ、私が力尽きるまで締めつけました。そして私を放つと、「読みなさい！」と言いました。私は「私は読む者ではありません」と答えました。すると、彼は三度目に私を捕らえ、私が力尽きるまで締めつけました。そして私を放つと、「読みなさい！　創造なされたあなたの主の御名によって。かれは人間を凝血から創造なされた。読みなさい！　あなたの主はもっとも尊いお方」〔凝血章一―三節〕と言いました。〔アーイシャは言いました。〕これを覚えて、アッラーの使徒は心臓が早鐘のように打つ中を家に戻りました。

彼は〔妻の〕ハディージャのもとに帰ると、「衣で私を覆《おお》ってくれ！　覆ってくれ！」と叫び、彼女が夫を衣で覆うと、やがて恐れがおさまりました。彼は自分の身に何が起きたかをハディージャに対して語り、「私は自分がおかしくなったかと心配した」と言いました。すると彼女は、「決してそんなことはありません。神にかけて、アッラーがあなたを辱めることはありえません。あなたは子宮のつながり〔血縁〕[4]を大事にし、困苦に耐え、貧窮者を支え、弱者を助け、災難に遭った人に優しくしているのですから」と言いました。

ハディージャは夫を伴って、〔父方の〕従兄のワラカ・イブン・ナウファル[5]を訪れました。ワラカは〔イスラーム以前の〕ジャーヒリーヤ時代にキリスト教を信奉する者でした。彼はヘブライ語を書くことができ、ヘブライ語でいろいろと新約聖書を書き写していました。すでに高齢で、目も見えなくなっていました。ハディージャはワラカにこう言いました。「わが従兄よ、あなたの甥[6]〔ムハンマドの意〕の話を聞いてください」。すると彼は「わが甥よ、何が起こったのか」と聞いた。そこでアッラーの使徒〔ムハンマド〕は、自分に起きた出来事を話した。すると、ワラカは「これはアッラーがムーサー〔モーセ〕にくだした天使でしょう。ああ、私も若かったならばよかったのに。私も〔これからまだ〕生きて、あなたの民があなたを追い出すのを目のあたりにできればよかったのに」と言った。アッラーの使徒が〔驚いて〕「彼らは私を追い出すのですか」と聞き返すと、ワラカはこう答えました。「そうです。あなたがもたらしたようなものをもたらす者は誰でも、迫害されるのです。もし、私がその時まで生きるならば、あなたを力一杯助けるでしょう」。まもなくして、ワラカは亡くなり、啓示もしばらく途絶えました。　（ブハーリー）

1 マッカ郊外にある山（巻末図2参照）。中腹にある洞窟にムハンマドは籠もって、瞑想をしていたとされる。ただし、アラビア語の典拠からは、具体的に何を瞑想していたのかは明確ではない。**2** ムハンマドの最初の妻。彼は二五歳の時、一五歳年上の裕福な商人ハディージャと結婚した。ハディージャは死別した夫があり、彼女にとっては三度目の結婚、ムハンマドは初婚であった。当時のアラビア半島は一夫多妻制であったが、ムハンマドは彼女の生前は他の誰とも結婚しなかった。クライシュ族としては、ムハンマドの五代前のクサイイで、両者の家系はつながっている。**3** アラビア語の「イクラウ」は、文字を読む意味も朗誦《ろうしょう》する意味もある。ムハンマドは文字を読む意味に解して、読み書きができないため「私は読む者ではありません」と答えた。**4**「母親を通じるつながり」、すなわち血縁を指し、家族や血縁者とつきあい、助け合うこと。**5** ハディージャの父フワイリドの兄弟の子で、ハディージャにとっては年長の従兄。キリスト教徒またはユダヤ教徒であったという説、当時のアラビア半島に少数存在したとされるハニーフ(一神教徒)であった説などがある。**6** 年少者について、特に血縁関係がある場合、近しさを表現して言う。文字通りの甥ではない。ワラカは、ハディージャと同様に、ムハンマドとは祖先のクサイイでつながっている。

ジャービル・イブン・アブドゥッラーは、次のように伝えている——啓示が途絶えたときのことを語っていたとき、アッラーの使徒はこう言いました——私が歩いていると天から声が聞こえたので、頭を上げると、そこにヒラーの洞窟で私を訪れた天使が天と地の間に及ぶ台座に座しているではありませんか。(アッラーの使徒は続けて言いました。)私を恐怖が襲い、家に戻ると〔家族に〕、私に衣を頭からかけてくれ、衣を頭からかけてくれ、と頼みました。彼らが私を衣で包んでくれると、やがて啓示が下りました——「衣にくるまる者よ、立ち上がり、警告しなさい。あなたの主を偉大なりと称えなさい。あなたの衣服を清めなさい。汚れたものを避けなさい」〔衣にくるまる者章一—五節〕。（ジャービルから伝承しているアブー・サラマは注釈して言いました。）それ〔汚れたもの〕はジャーヒリーヤ時代の民が崇拝していた偶像を指します。（彼〔ジャービル〕は続けて言いました。）それ以降は、啓示が継続しました。（ムスリム）

少数の帰依者と迫害

アフィーフ・キンディーは、次のように伝えている——ジャーヒリーヤ時代に、私は商人で、アブドゥルムッタリブの息子アッバース[1]と懇意にしていました。ある時、商いの仕事に出て、ミナー[2]にあるアッバースの家に滞在しました。そこに男性が来て、太陽が傾いたのを見て、礼拝をしました。次いで女が来て、礼拝をしました。次いで、年頃の少年が来て、礼拝をしました。私はアッバースに「彼らは誰ですか」と尋ねました。彼は「これはムハンマド・イブン・アブドゥッラーで、私の甥です。自分は預言者と主張していますが、彼に従っているのは、わずかにこの女性とこの少年だけです。女性は、ハディージャ・ビント・フワイリドといって、彼の妻です。少年は、彼の従弟で、アリー・イブン・アビー・ターリブです」。（キンダ部族出身のアフィーフは、続けて言いました。）彼〔アリー〕は帰依して、イスラームをまっとうしていました。私も、その時に帰依していたらイスラームの四分の一〔四人の一人〕になれたのに、と思います。　（ハーキム）

1　ムハンマドの叔父（後のアッバース朝の家祖）。イブン・アッバースの父。　2　マッカ郊外の地（巻末図4参照）。大巡礼の際には、巡礼者が宿泊する場所となっている。

アブドゥッラー・イブン・マスウードは、次のように語っている――最初にイスラームへの帰依を公表した人〔成人〕は、七人でした。アッラーの使徒〔ムハンマド〕、アブー・バクル[1]、アンマール[2]とその母スマイヤ[3]、スハイブ[4]、ビラール[5]、ミクダード[6]です。アッラーの使徒はと言えば、アッラーは彼を伯父のアブー・ターリブを通じて保護なさいました[7]。アブー・バクルについては、アッラーはその一族〔タイム家〕

を通じて保護なさいました。〔保護者のいない〕残りの者たちについては、多神教徒たちは、彼らに鎖《くさり》かたびらを着せ、太陽の灼熱の下にさらしました。多神教徒たちはみな、彼らに対してやりたい放題にしました。〔エチオピア人奴隷の〕ビラールについてだけは、彼はアッラーのために自分に何が起こっても〔どれほどひどい目にあっても〕気にかけず、彼らも彼のことを〔どうなろうと〕気にかけませんでした。彼ら〔多神教徒〕は、ビラールを少年たちに渡し、少年たちは彼をマッカの町で引き回し、彼は「アハド、アハド〔唯一者よ、唯一者よ＝アッラーの意〕」と言い続けました。

（イブン・マージャ）

1 クライシュ族のタイム家の出身で、イスラーム以前からのムハンマドの盟友。成人男性で最初に入信したとされ、イスラーム時代においてもムハンマドの最良の弟子であり続けた。「楽園〔に入ると〕の朗報を得た十人」の一人。ムハンマド没後、第一代正統カリフ（六三二―六三四年）となったが、二年にわたる治世は、統治と反旗を翻した部族の討伐で忙しく、ハディースはほとんど残していない。娘アーイシャはムハンマド晩年の愛妻で、ハディースをもっとも伝える一人となった。 **2** アンマール・イブン・ヤースィルとその一家はイエメン出身で、クライシュ族のマフズーム家の被保護者であったときに、最初期のイスラームに加わった。マフズーム家は翻心させようと激しく迫害を加えた。後に、マディーナに移住。第四代正統カリフのアリーに従って、スィッフィーンの戦いに従軍して戦死。六二のハディースを伝えている。**3** スマイヤとその夫ヤースィルは、もともとイエメンからマッカに移り住み、マフズーム家の奴隷となっていた。マフズーム家はイスラームに敵対しており、ヤースィル一家がイスラームを棄てるよう、熱した岩の下敷きにするなどの拷問を加えた。両者とも、イスラーム最初期の殉教者となった。**4** スハイブ・イブン・スィナーン、またはスハイブ・ルーミーと呼ばれる(ルーミーはローマ人の意。ビザンツの地で長らく暮らし、ギリシア語に長けていた)。アラブ部族の出身であるが、サーサーン朝下のイラクに生まれ、ビザンツ軍が侵入したときに捕らえられ奴隷となった。やがてマッカに到来し、クライシュ族タイム家によって奴隷身分から解放され、商業によって富を築いた。アンマールとともに初期にイスラームに加わり、迫害を受けた。ムハンマドの移住後、財産と交換にマッカから逃れて、マディーナに移住。弓の名手として知られ、主たる戦役に従軍。第四代正統カリフのアリーの代に没(六五八/九年)。**5** エチオピア出身で、クライシュ族のジュマフ家の奴隷であったときに、イスラームに入信。ジュマフ家はそれを嫌って、ビラールを激しく迫害した。アブー・バクルがそれを見かねて、代金を支払って彼を解放した。後にマディーナに移住。アザーン(礼拝の呼びかけ)が定められると、「預言者のムアッズィン(アザーン係)」として知られた。現代では、アフリカ系アメリカ人ムスリムから、自分たちの模範として尊ばれている。

6 ミクダード・イブン・アスワド、またはミクダード・イブン・アムルの名で知られる。最初期の入信者の一人。出自は南アラブ系のクダーア部族ともキンダ部族とも言われる。クライシュ族ズフラ家の被保護者としてマッカに暮らしていたときに、イスラームに加わった。迫害を逃れて、エチオピアに移住。後にマディーナに移住した。バドルの戦いをはじめ、ムハンマドの戦役すべてに従軍。ムハンマド没後のシリア、エジプト遠征にも参加。

7 当時のマッカには国家はなく、部族が保護を与える単位だったため、部族的な保護があれば他の部族の者は手が出せず、部族の保護がない人は弱者であった。

アブー・サラマ・イブン・アブドゥッラフマーンは次のように伝えている——トゥライブ・イブン・ウマイル[1]は、アルカムの館[2]で帰依しました。それから、彼の母、つまりアブドゥルムッタリブの娘アルワーのところに行き、母に向かって言いました。「私はムハンマドに従い、諸世界の主アッラーに帰依しました」。すると彼の母は、答えました。「あなたが支持し助ける人、あなたの〔母方の〕オジ[3]〔ムハンマド〕は正しいことを言っています。私も、男たちがしていることができるのであれば、彼に従い、彼の後を追ったでしょう」。（トゥライブは続けました。）私は言いました。「おお、母よ。あなたが帰依し、彼に従うことを邪魔するものがあるでしょうか。あなたの兄弟のハムザも帰依したではありませんか」。すると彼女は、「私の姉妹たちに起きたこと〔迫害〕をご覧なさい。私もその一人となってしまいます」と答えました。（トゥライブは続けました。）私は言いました。「私はあなたにアッラーにかけてお願いいたします。どうか、アッラーのほかに神なしと証言してください」。すると彼女は「私はアッラーのほかに神なしと証言し、ムハンマドはアッラーの使徒なりと証言します」と言いました。〔伝承者は次のように付言しました。〕彼女はその後、弁舌をもって預言者を支援し、息子が彼〔ムハンマド〕を支持し、その命を守るよう、奨励しました。

（ハーキム）

1　初期入信者の一人。母親のアルワーは、ムハンマドの父方のオバなので、ムハンマドとは従兄弟にあたる。　2　アルカムは初期入信者の一人で、カアバ聖殿そばのサファーの丘の近くに家があり、ムハンマドは彼の家を当初、布教・学習のために利用していた。イスラームにおける学院の原型とされることもある。3 アラビア語の用法では、オジが母方(ハール)か父方(アンム)かは厳密に分けるが、長幼の序(伯父・叔父)は明示されない。

イブン・イスハークは、次のように伝えている――アンマールと彼の父〔ヤースィル〕と母〔スマイヤ〕[1]は、イスラームに入信した一家でした。〔彼らが庇護を受けていた〕マフズーム家[2]は彼らを〔イスラームを棄てさせようと〕拷問していました。〔通りかかった〕アッラーの使徒は〔他家の行為を妨げることができず〕、こう告げました。「ヤースィルの一家よ、耐え忍びなさい。あなたたちに約束されているのは、楽園[3]です」。

(ハーキム)

1 前出(四九頁注3)。2 クライシュ族の支族。当時は部族ごとの自治があり、構成員の安全保障も部族単位であった。マフズーム家が庇護下のヤースィル一家をどうするかは部族内の問題であり、他家には介入権がなかった。アンマールの両親を死に至らしめたマフズーム家の長アブー・ジャフルは、新興のイスラームに敵対していた(五三頁注1参照)。3 イスラームでは、人間は現世と来世を生きるものとする。やがて世界が終末を迎え、死者がすべて蘇って審判を受け、現世での善行のほうが大きかった人は楽園に、悪行のほうが大きかった人は火獄に行くとされる。ここでは、迫害に耐えるヤースィルの一家に、ムハンマドが彼らがやがて楽園に入ると励ましている。イスラーム以前のアラブ人は、現世のみを信じ、死後の復活と来世を認めていなかった。来世および楽園・火獄については、五四三―五五一頁参照。

イブン・アッバースは、次のように伝えている――〔マッカの指導者の一人でイスラームに敵対していた〕アブー・ジャフル[1]が、「ムハンマドがカアバ聖殿で礼拝をしているのを見たら、その首を足で踏みつけてやる」と断言しました。そのことが預言者の耳に届くと、彼は「本当にそうしたならば、天使たちが彼を捕らえるであろう」と述べました。（ムスリム）

1　クライシュ族マフズーム家の指導者。名はアムル・イブン・ヒシャーム。クンヤ名（敬称。アブー・〜）はアブー・ハカム（英知の父）であったが、イスラームに激しく敵対したため、イスラーム側からは「アブー・ジャフル（無知の父）」と呼ばれた。クンヤ名については、四二〇頁参照。

イブン・アッバースは、次のように伝えている――預言者が〔カアバ聖殿で〕礼拝をしていると、アブー・ジャフルがやってきて、「お前にこれを〔するなと〕禁じたであろう！」と三回言いました。預言者が顔を背《そむ》けると、アブー・ジャフルは「お前は、〔マッカで〕私以上に支援者が多い者はいないことを知っているであろう」と言いました。その後、啓示として「彼に支援者たちを呼び集めしめよ。われ〔アッラー〕は火獄の門番たちを呼び集めるであろう」[1]〔凝血章一七―一八節〕という章句が下りました。（イブン・アッバースは付け加えて、言いました。）もし彼が〔実際に〕支援者たちを呼び集めたならば、〔必ずや〕火獄の門番たちが彼を捕らえたことでしょう。

（ティルミズィー）

1　火獄を担当する天使たち。イスラームでは、神に仕える不可視の存在はすべて天使で、その点では楽園も火獄も違いがない。

ウルワ・イブン・ズバイルは、次のように伝えている――私はイブン・ウマルに、「〔クライシュ族の〕多神教徒たちがアッラーの使徒にした、一番ひどいことは何でしようか」と尋ねました。彼はこう答えました――私が見たのは、ウクバ・イブン・アビー・ムアイトが[1]、預言者が〔カアバ聖殿で〕礼拝しているところに来て彼の首に自分のシャツを巻き付けて、思い切り首を絞めたことでした。そこにアブー・バクルが来て、彼〔ウクバ〕を引き離すと、「あなたたちは、その人が「我が主はアッラーであり、あなたたちにあなたたちの主から〔神の実在について〕明証がやってきた」と言っただけで、殺そうとするのか」[2]と言いました。（ブハーリー）

1　クライシュ族のウマイヤ家の一員で、このハディースにあるように、ムハンマドへの敵対心が強かった。後にバドルの戦いにマッカ勢として参戦し、戦死。　2　アブー・バクルのこの詰問は、クルアーンの章句（赦す者章二八節）からの引用となっている。

イブン・マスウードは、次のように伝えている――アッラーの使徒が館〔カアバ聖殿〕の近くで礼拝をしていたとき、アブー・ジャフルとその仲間が〔近くに〕座っていました。前日にほふられた雌ラクダがあったので、アブー・ジャフルは「誰か、何々家の雌ラクダの胎盤を取ってきて、ムハンマドが〔神に向かって平伏して〕額《ぬか》ずいたときにそれを肩に載せたらどうだ」と尋ねました。すると、一番卑劣な者がそれを取ってきて、預言者が額ずいたときにその肩に載せました。彼らは互いにもたれかかって、笑い転げました。〔非力な〕私はじっと立ったまま、見ていました。もし私に〔介入する〕力があったなら、アッラーの使徒の背からそれを取り除いたことでしょう。預言者は、そのまま頭をあげることなく、じっと額ずいていました。

誰かが〔彼の家まで〕走り、〔ムハンマドの末娘の〕ファーティマ[1]に知らせました。彼女はまだ少女でしたが、駆けつけて、父の背からそれを取り除きました。そして、彼らに向き直って彼らを非難しました。預言者は礼拝を終えると、声をあげて彼らに敵対する祈りをささげました。彼は祈るときは三回ずつ、何かを願うときも三回ずつ言うのが常でした。彼は「おお、アッラーよ、クライシュ族をどうにかしてください」と三回声をあげました。その声を聞くと、彼らから笑いが消え、彼の祈り〔が実現すること〕を恐れました。彼は次に「おお、アッラーよ、アブー・ジャフル、ラビーアの息子のウトバ[2]とシャイバ[3]、ウクバの息子のワリード[4]、ウマイヤ・イブン・ハラフ[5]、ウクバ・イブン・アビー・ムアイト[6]の息子をどうにかしてください」

と声をあげました。彼はもう一人の名をあげましたが、私は〔その名を〕覚えていません。ムハンマドを真理とともに遣わした方〔アッラー〕にかけて、私は確かに、彼が名指しした者たちが〔後の〕バドルの戦いで斃《たお》されて[7]、バドルの井戸に引きずられていくのを見ました。

〔このハディースの伝承者の一人である〕アブー・イスハーク[8]は、ワリードの名があがっているのは間違いであろうと述べています[9]。（ムスリム）

1　ムハンマドとその妻ハディージャの間に生まれた末娘で、ムハンマドの没時（六三二年）まで存命していた唯一の子ども。生年ははっきりしないが、父の死後まもなく亡くなった時に三〇歳前後と推測されている。彼女がまだ少女で、イブン・マスウードが入信しているものの無力であった時期であるから、この事件は、ムハンマドが預言者と名乗ってまもない頃と考えられる。2　クライシュ族アブド・シャムス家の長。体軀が大きく、騎馬武者としても高名を馳せた。イスラームを迫害したマッカの指導者の一人。息子のアブー・フザイファ〔後出九六頁注2〕は最初期の入信者の一人で、ヒジュラ後の最初の戦いとなったバドルの戦いに、両者はそれぞれ敵対する立場から参戦した。息子がムスリムの一人として勝利軍に属する一方、父親のウトバは、一騎打ちでハムザ（ムハンマドの叔父）〔後出一四三頁注1〕に討たれた。 **3** ウトバの兄弟で、マッカでイスラームを迫害した一人。のちにマッカ勢の一人としてバドルの戦いに参加し、開戦前の一騎打ちでアリー・イブン・アビー・ターリブに討たれた。 **4** ここは、直前に出てくるウトバの息子のワリードでなければならない（ウクバとウトバは一文字違い）。ハディースの最後にアブー・イスハークは「間違いであろう」と述べているのは、それを指している。ウトバ、シャイバ、ウトバの息子のワリードは、バドルの戦いの前の一騎打ちでいずれもムスリム側に討たれた。同時代人のイブン・マスウードがこのような間違いをするとは考えにくいので、のちの伝承者の間違いと思われる。 **5** クライシュ族ジュマフ家出身で、イスラーム登場時のクライシュ族指導者の一人。特に、奴隷だったエチオピア人ビラールを迫害したことで有名。後に、バドルの戦いでビラールに討たれた。 **6** 前出（五五頁注1）。 **7** ヒジュラ（聖遷）後第二年におこなわれた、イスラーム史上最初の主要な戦い。カアバ聖殿でのこの事件からは、一〇年以上過ぎた後にあたる。 **8** このハディースは、イブン・マスウードから、アムル・アウディー（教友と同世代のハディース伝承者。六九四／五年没）を経て、次の代のアブー・イスハーク（クーファの代表的な第二世代の伝承者）へと伝えられているので、彼はイブン・マスウードから一代おいた伝承者にあたる。途中の伝承者が、当該ハディースを伝える際に自分の見解なり注釈なりを挿入することが時々起きる。アブー・イスハークの見解を聞いて、それをこのハディースに足したのは、彼の次の代の伝承者である。

9　内容は、注4参照。

アブー・ザッルの入信

アブー・ザッル[1]（・ギファーリー）は次のように伝えている――私たちは、わが民ギファール部族が神聖月の決まりを破って（クライシュ族を襲撃して）いた頃、旅に出ました。私は弟のウナイスと母と一緒に出かけ、母方のオジ[2]のところに滞在しました。オジは私たちを歓待してくれ、とてもよくもてなしてくれましたが、そのため彼の一族が嫉妬して、彼に告げ口をして「あなたが留守をしているときに、ウナイスがあなたの家族を裏切ること[3]をしていた」と言いました。オジは私たちのところに来て、（一族の者に）言われたことを告げ、私たちを非難しました。私は、「せっかくよくしてくださったのに、あなたは（中傷を信じて）それを台無しにしてしまいました。これ以上、ここにいるわけにはまいりません」と答えました。私たちは、自分たちのラクダのところに行き、荷物を載せました。オジは布で顔を覆って、涙を流しました。

私たちは旅を続け、マッカの近くで宿営しました。ウナイスは自分たちのラクダと〔賭けの相手の〕同数のラクダをめぐって、〔優れた方のラクダの持ち主が両方を得る〕賭けをしました。彼らはカーヒン〔占い師、巫者〕のところに行き、カーヒンがウナイスを選んだため、[4] ウナイスは自分たちのラクダと、同数の〔獲得した〕ラクダをつれて帰ってきました。

（アブー・ザッルは続けて言いました。）わが甥よ〔聞き手アブドゥッラーに対する呼びかけ〕、私はアッラーの使徒〔ムハンマド〕にお目にかかる三年前から、すでに礼拝をしていました。（私〔アブドゥッラー〕が「誰に対してですか」と聞くと、アブー・ザッルは答えました。）アッラーに対してです。（私〔アブドゥッラー〕が「どの方向に向かってですか」と聞くと、アブー・ザッルは答えました。）どちらであれ、わが主が私を向けてくださった方向に対してです。〔当時は〕夜の礼拝を夜の終わりにおこない、そのまま日が昇るまで、外套のように〔平たく〕伏していました。〔アブー・ザッルは話を続けました。〕

さて〔弟の〕ウナイスは「マッカに用がありますので、ここにいてください」と言って、マッカに出かけました。遅くなって帰ってきましたので、「何をしていましたか」と聞くと、「マッカで、あなたと同じ宗教の男性に会いました。アッラーが彼を遣わしたと言っています」と答えました。「人びとは何と言っていますか」と聞くと、彼〔ウナイス〕は「詩人、占い師、魔術師と言っています」と答えました。ウナイスは彼自身が詩人でしたので、次のように言いました。「私はカーヒンたちのことばをこれまで聞きましたが、彼のことばはそのたぐいではありません。詩のことばと比べてみましたが、どの詩人のことばとも合致しません。アッラーにかけて、彼は真実を語っていて、彼らのほうが嘘つきです」。（アブー・ザッルは続けました。）

私は〔弟ウナイスに〕「ここにいてください。私が行って、見てきます」と言いました。（アブー・ザッルは、さらに言いました。）私はマッカに着くと、とても弱そうに見える男性に、「あなたたちがサービア教徒と言っているその男性は、どこにいますか」と尋ねました。彼は私を指さし、「お前がサービア教徒だ」と言いました。すると。涸れ谷〔マッカの渓谷〕の人びとが土塊《つちくれ》や〔動物の〕骨を手にして私に襲いかかり、私は気を失って倒れました。私が気を取り戻し、立ち上がると、まるで〔流血で〕赤く染まった偶像のようでした。

（アブー・ザッルは続けました。）それからザムザムの泉[6]に行き、血を洗い流して、その水を飲みました。おお、わが甥〔聞き手アブドゥッラー〕よ、私は三〇日間そこですごしましたが、食べ物は何もなく、ただザムザムの水だけを飲んでいました。それなのに太って、腹のしわもなくなり、飢えによる肝[7]の衰えを感じることもありませんでした。ある月光に照らされた夜、マッカの民が深い眠りに落ちている時、館〔カアバ聖殿〕を周回する者もなく、〔たまたま〕二人の女性がイサーフとナーイラ[8]〔という偶像〕の名を唱えながら、周回行をおこなっていました。（アブー・ザッルは続けました。）周回をしている二人が私のそばに来ましたので、私は「〔二人の偶像を〕互いに結婚させてみなさい」と挑発しました。（アブー・ザッルは続けました。）二人は〔周回の〕祈《き》禱句《とうく》をやめずにいました。〔また〕私のそばに来た時、「これら〔偶像〕は役に立たない木片のようなものだ」と〔もっと露骨に〕挑発しました。すると、二人は「ここに誰か私たちの仲間がいればよかったのに〔お前を懲らしめられたのに〕」と言いながら、背を向けて、泣きながら立ち去りました。（アブー・ザッルは続けました。）

その二人は〔帰り道で、丘から〕降りてきたアッラーの使徒とアブー・バクルに出会いました。彼〔ムハンマド〕が「どうしたのですか」と尋ねると、二人は「カアバ聖殿と〔聖殿に掛けられた〕帳《とばり》との間にサービア教徒が〔隠れて〕います」と訴えました。彼が「あなたたちに何を言ったのですか」と尋ねると、「私たちに口に出せないようなことばを言いました」と答えました。アッラーの使徒は〔聖殿まで〕来ると、黒石に口づけをし、教友〔アブー・バクル〕と一緒に周回をおこない、それから礼拝をささげました。礼拝が終わったとき、私は「あなたの上にサラーム〔平安〕がありますように、アッラーの使徒よ」とあいさつしました。（アブー・ザッルは付言しました。）彼に対してイスラームのあいさつをしたのは私が初めてでした。すると彼は「あなたの上にも〔サラームがありますように〕。そしてアッラーの慈悲がありますように」と応えました。それから、「あなたは誰ですか」と尋ねました。（アブー・

ザッルは続けました。）私は「ギファール部族の者です」と答えました。すると彼は、額に指を置いて手にもたれるようにしました。私は心の中で「私がギファール部族に属しているのが嫌なのかもしれない」とつぶやきました。私は彼の手を取ろうとしましたが、彼のことを私よりよく知っている教友〔アブー・バクル〕が私を押しとどめました。やがて、彼は頭を上げ、「いつから、ここにいるのですか」と尋ねました。

（アブー・ザッルは続けました。）「三〇日もここにいます」と私は答えました。彼は「誰があなたに食を与えているのですか」と聞きました。（アブー・ザッルは続けました。）「ザムザムの水以外、何も食べ物はありませんでした。それなのに太って、腹のしわもなくなり、飢えによる肝の衰えを感じることもありませんでした」と私は答えました。彼は「それ〔ザムザムの水〕は祝福されています。食べ物のように空腹を満たすのです」と言いました。

アブー・バクルが「おお、アッラーの使徒よ、今晩は私が彼に食事を供することをお許しください」と言いました。アッラーの使徒とアブー・バクルは〔聖殿を〕立ち去り、私も共に行きました。
9 アブー・バクルは〔家に着くと〕扉を開けて〔私たちを迎え入れ〕、ターイフ産の干しブドウを出してくれました。それは私がマッカで食べた最初の食べ物でした。私は彼のもとにしばらく滞在した後、アッラーの使徒を訪ねました。彼は言いました。「〔アッラーから〕私はナツメヤシの茂った大地〔の情景〕を見せられましたが、それはヤスリブ〔後のマディーナ〕にほかなりません〔やがてヤスリブに移住するとの含意〕。あなたは私の使信をあなたの民〔ギファール部族〕に伝えますか。おそらくアッラーは、あなたを通して彼らに益を与え、彼らについてあなたに報奨を下さるでしょう」。

　私がウナイスのところに戻ると、「何をしていたのですか」と聞くので、「〔イスラームに〕帰依し、〔ムハンマドのことばを〕信じました」と私は答えました。彼〔ウナイス〕は、「私はあなたの宗教に反対する気はありません。私も帰依して、信じます」と言いました。私たちが母のもとに行くと、母も「私はあなたたち二人の宗教に反対する気はありません。私も帰依して、信じます」と言いました。

　私たちは、わが民ギファール部族のもとに戻ると、その半分が帰依しました。

〔礼拝の際には〕族長のイーマーウ・イブン・ラハダ・ギファーリーが彼らを先導しました。残り半分は、「もしアッラーの使徒がマディーナに移住したならば、帰依するでしょう」と約束しました。そして、アッラーの使徒がマディーナに移住すると、残りの半分も帰依しました。そして、アスラム部族[10]もやってきて、「おお、アッラーの使徒よ、私たちも、わが兄弟たち〔ギファール部族〕と同じように、帰依します」と言いました。そうして彼らはイスラームに帰依し、アッラーの使徒が「ギファール部族にアッラーはお赦し[11]をお与えになり、アスラム部族にアッラーは平穏[12]をお与えになった」と述べました。（ムスリム）

1 ヒジャーズ地方に住むキナーナ系列の部族で、マッカとマディーナの間に居住していた。このハディースで、彼らがイスラームに帰依したことが簡略に語られているが、マッカ時代初期のアブー・ザッルの入信に始まり、部族全体もヒジュラ暦八（六三〇）年までにはイスラームに加わり、同年のマッカ征服にも参加した。アブー・ザッル、彼の甥アブドゥッラー・イブン・サーミトなど、マディーナに移住し、ムハンマドに近侍した者もいた。 **2** 五二頁前半の注3。 **3** 密通が示唆されている。 **4** カーヒンは占いなどをおこない、このような賭けの際に正答が何か（誰が賭けの勝利者か）を宣言する機能も果たしていた。**5** 当時のマッカで、一神教を信じる人が否定的なニュアンスでサービア教徒と呼ばれていたことがわかる。サービア教徒はクルアーンでも「啓典の民」とされ、正統な宗教に数えられている。アッバース朝期の九世紀にハッラーン出身のサービア教徒が科学の分野などで活動したが、本来のサービア教徒ではなく、クルアーンでの認証を得るためにサービア教徒を名乗っていたとも考えられ、議論が分かれている。**6** カアバ聖殿のわきにある泉。その水には特別の祝福があるとされる。**7** アラビア語の「カビド(肝、肝臓)」は内臓の中で、「カルブ(心、心臓)」と並んで中心的なものと考えられていた。**8** イスラーム以前の偶像で、一対の岩石であった。イサーフが男神、ナーイラが女神で、二つの岩がカアバ聖殿近くのザムザムの泉のところに並べて置かれていたとも、カアバ聖殿から少し離れてサファーの丘とマルワの丘にそれぞれ置かれていたとも言われる。**9** ターイフはマッカの東方六五キロほどに位置する町で、サキーフ部族が居住していた。大きな水量のある渓谷の地で果物などの栽培がさかんで、農業の乏しいマッカに農産物を供給していた。特にブドウが名産。なお、サキーフ部族の主神はラート神で、彼らは反イスラームの立場をマッカ征服後まで保った。**10** ギファール部族とは血縁関係も近く、同盟関係にあった。**11** 「ギファール」という部族名と「赦す」という語は、アラビア語では同じ語根に由来する。**12** 「アスラム」という部族名と「平穏を与える」という語は、アラビア語では同じ語根に由来する。

ウマルの入信

イブン・ウマルは、アッラーの使徒が〔マッカ時代に〕次のように祈ったと伝えている――「おお、アッラーよ、この二人の男、アブー・ジャフルかウマル・イブン・ハッターブのうち、あなたがよりお好みになる者によって〔どちらかを入信させて〕、イスラームを強めてください」。（イブン・ウマルは付け加えて、言った。）二人のうち、神がお好みになったのは、ウマルでした。　（ティルミズィー）

カイス〔・イブン・アビー・ハーズィム〕は、サイード・イブン・ザイド[1]が人びとに次のように語っているのを聞いた、と伝えている――もし、あなたが、まだ入信していない時のウマルが、私と〔私の妻である〕彼自身の妹[2]を縛り付けて〔棄教を迫って〕いたのを見たならば〔あなたたちは、どれほど驚愕したことでしょうか〕！　もし、ウスマーン[3]にあなたたちが皆でしでかしたこと〔叛乱と殺害の意〕でウフド山が崩れるならば、ウフド山にはそうする権利があったに違いありません！　（ブハーリー）

1 最初期の入信者の一人。ウマルの従兄弟で、ウマルの妹と結婚していた。ともに密かにイスラームに加わっていた。 **2** 名はファーティマ。ウマルは後に、イスラームの最強の守り手として知られるようになるが、入信以前はイスラームを迫害する側にいて、妹とその夫がイスラームに加わったと知って棄教させようとしていた。 **3** 第三代正統カリフのウスマーンの代に始まった第一次内乱（六五六―六六一年）で、ムスリムたちが共同体の長であるカリフ（ウスマーン）に反乱し、その殺害に至ったことの深刻さを、マディーナの主要な山であるウフド山も驚愕から崩れかねないと表現している。第二代正統カリフのウマルがかつてイスラームの迫害者から擁護者に転換したことと、その逆とも言える内乱の悲劇を対照的に語っている。

イブン・ウマルは、次のように伝えている――〔父の〕ウマルが入信した時、人びとが家の周りに集まり、「ウマルが〔イスラームに〕改宗した！」と叫んでいました。私はまだ子どもで、屋根の上から見ていました。そこに、絹の服を着た男性がやって来て、言いました――「確かにウマルは改宗しました。だから、何だというのですか。私が彼の保護者であるのに」。すると、人びとは彼〔ウマル〕をそのままにして、立ち去りました。私が「あれは誰ですか」と聞くと、「アース・イブン・ワーイル〔・サフミー〕[1]です」と答えが返ってきました。（ブハーリー）

1 当時のクライシュ族の指導者の一人で、サフム家の長であった。彼がウマルを擁護したのは部族的な同盟関係と自らの権威に対する誇りから。彼自身は自分の息子（ヒシャーム・イブン・アース）がイスラームに加わることに激しく反対した。

イブン・ウマルは、その父〔ウマル〕から聞いて、次のように伝えている――彼〔入信したばかりの父〕が家で不安にしていると、アース・イブン・ワーイル・サフミーが、刺繍のされた外套と絹の縁取りのあるシャツを着て、やってきました。彼はサフム家の人で、無明時代には私たち〔ハッターブ家〕の同盟者でした。彼は父に「どうしたのですか？」と尋ねました。すると父は「あなたの一族が、私がイスラームに入信したのであれば、私を殺すと言っています」と答えました。〔それに対して〕彼〔アース〕は「彼らがあなたに手をかけることはありえない〔私がそれを許さない〕」と断言しました。それを聞いて、私は安心しました。アースが家から出ると、渓谷

〔マッカ〕は人びとであふれていました。彼〔アース〕が、「あなたたちは何を求めているのですか?」と尋ねると、彼らは「〔イスラームに〕改宗したあのイブン・ハッターブを探しています」と答えました。しかし、彼〔アース〕が「彼に手をかけることは〔私の保護下では〕ありえません」と告げると、彼らは退散しました。

（ブハーリー）

アブドゥッラー・イブン・マスウードは、次のように語った――ウマルが帰依して〔イスラームに入信して〕以来ずっと、私たちは力を持っています。[1]

（ブハーリー）

1　それ以前のムスリムたちは非力であった。このハディースを伝えているイブン・マスウード自身が、カアバ聖殿でクルアーンの章句を朗誦したところ、激しく殴られたと伝えられている。ウマルが同じことをしても、豪傑として知られていた彼に手出しをする者はなかった。これ以降、ムスリムもカアバ聖殿で礼拝ができるようになったため、ウマルは「ファールーク〔時代を分ける人〕」と呼ばれるようになった。

エチオピアに避難したムスリムたち

マッカで保護者のいないムスリムに対する迫害が激しくなったため、ムハンマドは相当数の信徒たちを、紅海を渡る対岸のエチオピアに避難させた。エチオピア移住は二波にわたって、おこなわれた。

アブー・ムーサー〔・アシュアリー〕は、次のように語っている――私たちがイエメンにいる時、アッラーの使徒が〔マディーナに移住するためにマッカを〕出たという知らせが届きました。そこで私たちも移住することになりました。私には二人の兄、アブー・ブルダとアブー・ルフムがいて、私が一番年下でした。（彼〔アブー・ムーサー〕は、言いました。）ほかにも何人かいました。（あるいは次のように言いました。）同行者たちは五三人ないしは五二人が一緒でした。[1]（彼は話し続けました。）私たちは〔イエメンから〕船に乗りましたが〔強風で紅海の対岸に流されて〕、エチオピアの〔国王〕ナジャーシー[2]のもとにたどり着きました。そこで、ジャアファル・イブン・アビー・ターリブ[3]と彼のもとにいる仲間たち〔先行するエチオピア移住者〕と合流しました。ジャアファルが「アッラーの使徒が私たちをここに派遣し、〔マッカでの迫害が続く間は〕滞在するようお命じになりました。[4]ですから、私たちと一緒に滞在してください」と言い、私たちは彼と一緒に滞在しました。やがて〔マディーナ移住の報が届き〕、私たちは全員が〔エチオピアを〕発ちました。（アブー・ムーサーは話を続けました。）私たちは、ハイバル征服[5]の後にアッラーの使徒と合流し、彼は私たちに戦利品を分けてくれました。（あるいは、彼〔アブー・ムーサー〕は「彼は戦利品の中から、私たちにもくださいました」と表現しました。）ハイバルの戦いに参加しなかった者には一切戦利品の配分はなく、〔いつも戦利品の配分は〕参戦した者だけにありました。[6]私たち船の民[7]とジャアファルとその仲間たちだけが〔例外として〕、彼ら〔参戦者〕と共に戦利品を配分されました。（アブー・ムーサーは話を続けました。）すると、人びとの中のある者たちが、私たち（つまり船の民のことですが）に、「自分たちはあなたたちよりも先に〔マディーナに〕移住したのに」と不平を言いました。

（アブー・ムーサーは話を続けました。）すると、〔ジャアファルの妻〕アスマー・ビント・ウマイス[8]（彼女は私たちと一緒に戻ってきた一人ですが、〔最初に〕エチオピア王のところに移住した人たちと共に移住していました）が、預言者の妻ハフサ[9]を訪れました。ハフサを〔父の〕ウマルが訪れた時、アスマーは彼女のところにいました。ウマルはアスマーを見て、「これは誰ですか」と尋ねました。彼女〔ハフサ〕は、「アスマー・ビント・ウマイスです」と答えました。ウマルは「〔ということは〕エチオピアから来た人で、海の女性ですね」と言いました。アスマーは「その通りです」と答えました。ウマルは、「私たちはあなたたちよりも先に移住しましたから、アッラーの使徒に対して、あなたたちよりも権利を持っているはずです」と言いました。彼女〔アスマー〕は怒って、「それは間違いです、ウマルよ。決してそうではありません。あなたたちは〔ずっと〕アッラーの使徒と共にあって、彼はあなたたちの中の飢えた者を食べさせ、無知なる者に教えを授けました。〔その間も〕私たちは、遠くて敵対的なエチオピアの地に暮らしていましたが、それはアッラーとアッラーの使徒のためでした。私は今から、あなたが言ったことをアッラーの使徒に伝えるまで、食べ物も飲み物もとらないでしょう。私たちは〔あの国で〕苦難にあい、恐れを抱いていました。私はそれをアッラーの使徒に伝えて、彼に〔それについて〕尋ねます。私はそれについて決して嘘を言わず、〔真実を〕まげることも、〔よけいなことを〕付け足すこともしないでしょう」。

（アブー・ムーサーは話を続けました。）預言者が来ると、彼女は言いました。「おお、アッラーの預言者よ、ウマルは、かくかくしかじかと言いました」。するとアッラーの使徒は、答えました。「彼は私に対して、あなたたちほども権利があるわけではありません。彼と彼の仲間たち〔他の移住者たち〕は、一回の移住〔に伴う権利〕があります。あなたたち船の民には、二回の移住 10 〔に伴う権利〕があります」。（アスマーは言いました。）アブー・ムーサーと船の民は、連れだって私のもとに来ては、私にこの話をするようせがみました。彼らにとっては、アッラーの使徒が言ったことはこの世で何よりも嬉しく、自分たちにとって大事なことでした。（アブー・ムーサーからハディースを伝えているアブー・ブルダは、言いました。）アスマーは「アブー・ムーサーは何度も来て、私にこの話をするようせがみました」と

付言しました。　（ムスリム）

1 ブハーリー『真正集』には五〇人との記述があり、アブー・ムーサーとその二人の兄を入れて五三人、語り手のアブー・ムーサーを抜いて五二人とも解される。**2** 当時のエチオピアにあったアクスム国の国王の称号（アラビア語での表記）。固有名詞ではない。アクスムはキリスト教国で、ムハンマドは迫害下の弟子たちの多くをそこに避難させた。マッカのクライシュ族は引渡しを求めたが、クルアーンのマルヤム章を聞いた国王は、聖母マリアを称える章句を聞いて感銘し、ムハンマドを預言者と認め、引渡しを拒絶したという。ムハンマドは、後年、この国王が亡くなった時に、マディーナで葬儀礼拝をおこなった。**3** アリー（ムハンマドの娘婿で、後の第四代正統カリフ）の兄。アブー・ターリブの息子の中では、ジャアファルとアリーが、イスラームへの貢献が大きかった。長兄のターリブは、イスラームに加わらなかった。ジャアファルは第一次エチオピア移住者の一人で、合計一五年ほどもエチオピアに滞在した。**4** 明らかにジャアファルの理解は、エチオピア滞在はムハンマドから次の指示が来るまで、というものであった。ただし、ジャアファルの指示に従わず、ヒジュラの時点でエチオピアからマディーナに移住した人たちもいた。**5** ハイバルはマディーナの北方一五〇キロほどに位置する。マディーナを追放されたユダヤ教徒の部族との戦いがあり、六二八年に征服がおこなわれた（巻末図1参照）。**6** 当時のアラビア半島では、戦利品を受け取ることは、当該の戦闘に参加した戦士の権利であった。 **7** 紅海を船で渡った人びとを指す。 **8** 南アラブ系のハスアム部族出身の女性教友。夫ジャアファル・イブン・アビー・ターリブ(ムハンマドの従兄弟にあたり、アリー・イブン・アビー・ターリブの兄)とともに、最初期に入信。迫害を逃れて、夫とエチオピアに移住。のちにマディーナに移住。ムウタの戦い(六二九年)で夫が戦死し、妻を亡くしたアブー・バクルと再婚。その死後は、アリー・イブン・アビー・ターリブと再々婚。三人の夫とそれぞれに子をもうけた。ムハンマドの妻となったマイムーナ・ビント・ハーリス、ザイナブ・ビント・フザイマとは異父姉妹。のちにダマスカスで没。 **9** ムハンマドの高弟ウマル(のちの第二代正統カリフ)の娘。本書にも多く登場する伝承者アブドゥッラー・イブン・ウマルの姉。ハフサは、最初の夫フナイス(クライシュ族サフム家)とともにイスラームに加わり、エチオピアへの避難を経て、マディーナに移住。夫がウフドの戦いの戦傷から死亡した後、ムハンマドと再婚した。 **10** エチオピアへの移住、マディーナへの移住の二回。

ハーシム家に対するボイコット

ハーシム家の長アブー・ターリブがムハンマドの保護をやめないため、他の支族は

――ハーシム家全体をボイコットした。

ウサーマ・イブン・ザイドは、次のように伝えている――〔別離の〕巡礼の際に、私は「おお、アッラーの使徒よ、明日はどこに宿泊しますか」と尋ねました。彼は「アキール[1]は、私たちに家を残してくれていますか」と尋ねてから、「私たちはキナーナ部族[2]の山の斜面〔ハイフ〕[3]に泊まりましょう。かつてクライシュ族が、イスラームを拒絶することを誓い合ったところです」と言いました。つまり、ムハッサブの地[4]で、ここで、かつてキナーナ部族がクライシュ族と、ハーシム家とは婚姻も結ばず、通商もおこなわず、避難所も与えない、と〔ボイコットの〕盟約[5]を交わしました。

（アブー・ダーウード）

1　アブー・ターリブの息子の一人で、彼と兄のターリブがアブー・ターリブの遺産を相続した。この地にあった家がその中に含まれていたが、それをアキールはすでに売却したか残してあるか、という質問。答は述べられていないが、文脈から、売却済みだったと理解される。　2　クライシュ族もキナーナ部族の支族にあたるが、部族が独立した名前を称するのはそれぞれの部族の事情による(優れた人物が出た、支族を識別する必要が生じた等)。ここではクライシュ族以外でキナーナの系譜を名乗っていたマッカ在住者を指す。**3** 山の斜面で、谷底の水流からは離れている場所を指す。今日のミナーの地にこの名を付けた「ハイフ・モスク」が建っている(巻末図4参照)。**4** マッカの東郊。前項のキナーナ部族の「傾斜地〔ハイフ〕」とほぼ同義に使われる(巻末図2参照)。**5** ハーシム家の族長アブー・ターリブが甥のムハンマドの保護を止めないため、クライシュ族はイスラーム迫害の方法として、ミナーの谷に住むハーシム家をマッカ社会から排除すると決め、この盟約をカアバ聖殿にも掲げた。ボイコットは二年または三年続いたが、クライシュ族の狙った効果を上げることはできなかった。

夜の旅

マッカでの布教が困難な中、ムハンマドとしては珍しい奇跡譚であるエルサレムへの「夜の旅」と、そこから天に昇って諸預言者に会い、アッラーと対話する「昇天の旅」が起きた。昇天の旅の最後に、毎日五回の礼拝が定められた。

アナス・イブン・マーリクは、アッラーの使徒が次のように語ったと伝えている――私に〔乗り物である〕ブラーク[1]が連れてこられました。それは白色で胴の長い動物で、ロバよりも大きくラバよりは小さいながら、〔一蹴りで〕蹄《ひづめ》が視界の果てまで届くのでした。私はそれに乗って、バイト・アル＝マクディス〔エルサレム〕にやってきました。ブラークを諸預言者が用いる〔くつわをつなぐ〕輪につなぎ、〔アクサー〕モスク[2]に入り、二ラクア[3]の礼拝をささげました。外に出ると、ジブリール〔大天使〕がブドウ酒の器とミルクの器を持ってやってきましたので、私はミルクを選びました。ジブリールは「あなたは天性〔フィトラ〕[4]を選択しました」と言いました。

次いで、彼は私を連れて天に昇り、開門を求めました。すると「あなたは誰か？」と聞かれた[5]ので、彼が「ジブリールです」と答えると、次に「連れは誰か？」と聞かれたので、彼は「〔連れは〕ムハンマドです」と答えました。「彼〔ムハンマド〕は〔昇天の旅に〕呼ばれたのか？」と尋ねられたので、彼は「彼は確かに呼ばれました」と答えました。すると、私たちに門が開かれ、そこにはアーダム〔アダム〕[6]がいました。彼は私を歓迎し、私のためによきことを祈願してくれました。

続いて、彼〔ジブリール〕は私を連れて、第二天に昇りました。ジブリールが開門を求めると、「あなたは誰か？」と聞かれたので、彼が「ジブリールです」と答えると、次に「連れは誰か？」と聞かれたので、彼は「〔連れは〕ムハンマドです」と答えました。「彼〔ムハンマド〕は〔昇天の旅に〕呼ばれたのか？」と尋ねられたので、彼は「彼は確かに呼ばれました」と答えました。すると、私たちに門が開かれ、そこには二人の従兄弟、[7] イーサー・イブン・マルヤム〔マリアの子イエス〕[8] とヤフヤー・イブン・ザカリーヤー〔ザカリアの子ヨハネ〕[9] がいました。二人は私を歓迎し、私のためによきことを祈願してくれました。

続いて、彼〔ジブリール〕は私を連れて、第三天に昇りました。ジブリールが開門を求めると、「あなたは誰か？」と聞かれたので、彼が「ジブリールです」と答えると、次に「連れは誰か？」と聞かれたので、彼は「〔連れは〕ムハンマドです」と答えました。「彼〔ムハンマド〕は〔昇天の旅に〕呼ばれたのか？」と尋ねられたので、彼は「彼は確かに呼ばれました」と答えました。すると、私たちに門が開かれ、そこには〔世界中の〕美しさの半分を与えられたユースフ〔ヤコブの子ヨセフ〕[10] がいました。

彼は私を歓迎し、私のためによきことを祈願してくれました。

続いて、彼〔ジブリール〕は私を連れて、第四天に昇りました。ジブリールが開門を求めると、「あなたは誰か？」と聞かれたので、彼が「ジブリールです」と答えると、次に「連れは誰か？」と聞かれたので、彼は「〔連れは〕ムハンマドです」と答えました。「彼〔ムハンマド〕は〔昇天の旅に〕呼ばれたのか？」と尋ねられたので、彼は「彼は確かに呼ばれました」と答えました。すると、私たちに門が開かれ、そこにはイドリース[11]がいました。彼は私を歓迎し、私のためによきことを祈願してくれました。神は〔彼についてクルアーンの中で〕「われ〔アッラー〕は彼を高い場所に上げた」〔マルヤム章五七節〕と述べています。

続いて、彼〔ジブリール〕は私を連れて、第五天に昇りました。ジブリールが開門を求めると、「あなたは誰か？」と聞かれたので、彼が「ジブリールです」と答えると、次に「連れは誰か？」と聞かれたので、彼は「〔連れは〕ムハンマドです」と答えました。「彼〔ムハンマド〕は〔昇天の旅に〕呼ばれたのか？」と尋ねられたので、彼は「彼は確かに呼ばれました」と答えました。すると、私たちに門が開かれ、そこにはハールーン〔アロン〕[12]がいました。彼は私を歓迎し、私のためによきことを祈願してくれました。

続いて、彼〔ジブリール〕は私を連れて、第六天に昇りました。ジブリールが開門を求めると、「あなたは誰か？」と聞かれたので、彼が「ジブリールです」と答えると、次に「連れは誰か？」と聞かれたので、彼は「〔連れは〕ムハンマドです」と答えました。「彼〔ムハンマド〕は〔昇天の旅に〕呼ばれたのか？」と尋ねられたので、彼は「彼は確かに呼ばれました」と答えました。すると、私たちに門が開かれ、そこにはムーサー〔モーセ〕[13]がいました。彼は私を歓迎し、私のためによきことを祈願してくれました。

続いて、彼〔ジブリール〕は私を連れて、第七天に昇りました。ジブリールが開門を求めると、「あなたは誰か？」と聞かれたので、彼が「ジブリールです」と答えると、次に「連れは誰か？」と聞かれたので、彼は「〔連れは〕ムハンマドです」と答えました。「彼〔ムハンマド〕は〔昇天の旅に〕呼ばれたのか？」と尋ねられたので、彼は「彼は確かに呼ばれました」と答えました。すると、私たちに門が開かれ、そここにはイブラーヒーム〔アブラハム〕[14]が、バイト・マアムール〔繁栄の館〕[15]に背をもたれて座っていました。この館には毎日七万人の天使が参拝し、〔いったん出てきた〕天使が再び来ることはありません〔常に新しい天使が入っていきます〕。私は最果てのスィドラの樹[16]に連れて行かれましたが、その葉は象の耳のように大きく、その実は巨大な土器のようでした。その樹がアッラーの命令によって〔極彩色に〕覆われる時[17]は、被造物の誰もその美しさを描写できないほど美しいものでした。

　そしてアッラーが私に啓示なさり、毎昼夜に五〇回の礼拝が義務とされました。私が〔第六天の〕ムーサーのところまで降りると、「あなたの主〔アッラー〕はあなたのウンマ〔共同体〕に何を義務となさったか？」と聞きますので、「五〇回の礼拝です」と答えますと、「主のみもとに戻り、もっと軽くしてくださるようお願いしなさい。あなたのウンマにはとてもできないことです。私はかつてイスラエルの民を試し、試《し》練《れん》を課しました〔が、彼らには無理でした〕」と言いました。私は主のみもとに戻り、「わがウンマ〔の務め〕を軽くしてください」と願いました。主は五回分を軽くしてくださいました。ムーサーのところに戻り、「五回分を軽くしていただきました」

と伝えると、彼は「あなたのウンマはそれもできないでしょう。主のみもとに戻り、もっと軽くしていただくようお願いしなさい」と答えました。

私はわが主〔アッラー〕とムーサーの間を往復し、ついに主はこう言われました。「ムハンマドよ、礼拝は毎昼夜に五回である。それぞれの礼拝に一〇〔の値〕を与えれば、五〇回の礼拝となる。一つの善行を意図しながら実行しなかった者にはその一つ分が、実行した者にはその一〇倍が記録されるであろう。悪行を意図した者は、実行しなければ何も記録されず、実行すればその分だけが記録されるであろう」。再び降りて、ムーサーのところに至り、彼にこのことを話しますと、彼は「主のみもとに戻り、もっと軽くしていただくようお願いしなさい」と言いましたが、私は「〔もう何度も〕戻りましたが、〔これ以上は〕主に対して恥ずかしく思います」と答えました。

（ムスリム）

1　いわば天馬に相当する。ブラークという名は、「雷（バルク）」と同じ語根から派生しており、瞬速で飛ぶゆえの名とされる。　2　原語は「最遠〔アクサー〕のマスジド」なので、「最遠の〔神に〕額ずく場所」、つまり一般名詞としての礼拝所を指していると理解することができる。当時のエルサレムはイスラームの版図の外であって、モスクがないのみならず、エルサレムの神殿跡は廃墟のままとなっていた。後に、第二代正統カリフのウマルは、攻城中のエルサレムに自ら赴き講和によって開城させた。その際に神殿跡を訪れ、ムハンマドがかつて語った描写から「昇天の旅」の出発点となった「岩」を同定し、今日の聖域の区画を確定した。現在、聖域の一部に俗にアクサー・モスクと呼ばれる建物があるが、このモスクはキブラ(マッカのカアバ聖殿)の側、つまり聖域の南側に位置するため、「キブリー〔キブラ側の〕・モスク」ともいう。クルアーン(夜の旅章一節)とこのハディースでいう「最遠のマスジド」はこの聖域全体を指す。**3** 礼拝の単位。ラクアは、立礼、屈折礼、平伏礼、座礼の組み合わせからなっており、それを何ラクアおこなうかが、礼拝の種類によって決まっている。「モスクへのあいさつ」の礼拝は二ラクアであり、ここの二ラクアはそれと考えられる。**4** 人間の本性を指す。イスラームは性善説に基づいており、生まれたばかりの赤子は天性のままにあるとする。成長にしたがって、天性から逸脱したり、罪を犯すようになるが、大巡礼をおこなうことによって過ちがすべて消滅され、人間は天性に戻るとされる。天性の一つの特徴は、神や自然の摂理への「帰依」である。**5** 聞いたのは天の門の番人(天使)と理解されるが、受動態で表現され、誰が聞いたかは明示されていない。**6** 人類の祖にして、最初の預言者とされる。アラビア語では人類は「アーダムの子ら」と呼ばれ、アーダムは「人類の父」と呼ばれる。**7** ムハンマドはしばしば、諸預言者を「従兄弟」と呼び、近しさを表現している。アラビア語では、実際は遠縁でも、兄弟に準ずる血縁者はしばしば従兄弟と表現される。**8** イエス・キリストのこと。処女降誕のゆえに、クルアーンでも「マリアの子イエス」と常に呼ばれる。時に「マスィーフ(救世主)」の称号も付される。イスラームの観点からはイエスはキリストと認められるが、「神の子」「三位一体」「磔刑の死と復活」などは否定されている。**9** 諸預言者の一人。いわゆる洗礼者ヨハネ。ヤフヤーもザカリーヤーも、ムスリム名としてしばしば使われる。**10** 諸預言者の一人。ヤアクーブ(旧約聖書のヤコブ＝イスラエル)の十二人の息子の一人。ムスリムの間では非常に好まれている預言者の一人で、男児にユースフの名を付けることも多い。**11** 諸預言者の一人。旧約聖書のエノクとする説もあるが、確定的ではない。**12** 諸預言者の一人。ムーサーの兄。**13** 諸預言者の一人。旧約聖書のモーセ。イスラームでは五大預言者の一人と見なされている。律法(トーラー)を神から授かった。**14** 「諸預言者の父」「神の友(ハリール)」と呼ばれる。旧約聖書のアブラハム。イスラームでは五大預言者の一人であるのみならず、イスラームはイブラーヒームの「純粋一神教」を再興するものとされる。カアバ聖殿はイブラーヒームが建立したとされ、聖殿の脇に「イブラーヒームの立ち処」がある(巻末図4参照)。**15** 天上のカアバ聖殿に相当する。天使たちがタワーフ(周回行)をおこなっている。なお法学では、イブラーヒームが館に背をもたせかけていたことを、キブラの方向に背を向けて座ることを可とする典拠としている。**16**「最果て」は、天使すらそこを越えることはないことを指している。ムハンマドが初めて、それを越えたとされる。スィドラはナツメ属の木で、中東や北アフリカに植生する。木蔭を提供し、剣などを吊すのに使われるなど有用な木と考えられていた。**17**何によって覆われるかは、いくつか解釈がある。他に、黄金の鳥たち、天使たちなどの解釈が伝わっている。

アブー・ターリブの死

ムハンマドの保護者であったハーシム家の族長アブー・ターリブが亡くなり、ムハンマドは部族の庇護を失う。マッカにおける布教は困難をきわめ、ムハンマドは新天地を探さざるをえなくなる。

サイード・イブン・ムサイヤブはその父〔ムサイヤブ〕[1]から、次のように伝えている――〔当時のハーシム家の族長〕アブー・ターリブに死が迫った時、アッラーの使徒が彼を訪ねると、そこには、アブー・ジャフル[2]とイブン・アビー・ウマイヤ[3]がいました。アッラーの使徒がアブー・ターリブに、「伯父よ、アッラーのほかに神なし、と言ってください。アッラーのみもとで、そのことを私があなたのために証言いたします」と説得しました。するとアブー・ジャフルとイブン・アビー・ウマイヤが、「アブー・ターリブよ、あなたは〔父親の〕アブドゥルムッタリブ[4]の宗教を捨てるのですか」と迫りました。

アッラーの使徒は説得を続けましたが、二人も同じことを言い続け、アブー・ターリブが彼らに向かって最後に口にしたのは「アブドゥルムッタリブの宗教で」ということばで、アッラーのほかに神なし、と口にすることは断りました。アッラーの使徒は、「アッラーにかけて、禁じられない限りは、あなたのために〔アッラーに〕赦《ゆる》しを請うことでしょう」と言いました。まもなく、このことについて啓示が下りました――「預言者と信仰する者たちにとって、多神教徒のために〔アッラーの〕赦しを請うことは、彼らが業火[5]〔ジャヒーム〕の民であることがわかってからは、たとえ近親者であってもしてはならない」〔悔悟章一一三節〕。

（ブハーリー）

1 ムハンマドは八歳の時に保護者であった祖父アブドゥルムッタリブを失った。しかし、彼の後にハーシム家の長となった伯父アブー・ターリブが保護者となった。彼はイスラームに改宗することはなかったが、甥の保護については終生、ハーシム家全体がクライシュ族にボイコットされた時期も含めて、これを貫いた。 2 前出（五三頁注1）。 3 名は終始イスラームへ敵対を貫き、アブー・ターリブの死後それをさらに強めた。アブドゥッラー。当時のクライシュ族の指導者で、反イスラーム派の一人。後にマッカ征服の際にイスラームに加わり、教友となった。 4 アブー・ターリブの父、ムハンマドの祖父。先代のハーシム家の家長。「アブドゥルムッタリブの宗教」は、父祖から受け継いだ多神教の意。 5 火獄の呼び名の一つ。詳しくは、五四八―五五一頁参照。

妻ハディージャの死

アブー・ターリブの死後ほどなくして、ムハンマドの愛妻ハディージャが亡くなった。彼女はムハンマドが最初に天使の訪問を受けて以来ずっと、最初の帰依者として変わらぬ支持と支援をしてくれた。二人が亡くなった年は「悲しみの年」と呼ばれる。

ウルワ〔・イブン・ズバイル〕が、アーイシャから次のように聞いたと伝えている
――ハディージャは、礼拝が義務となる前に亡くなりました。[1]
（タバラーニー）

1「夜の旅・昇天の旅」の最後に五回の礼拝が定められたことが伝承されている。したがって、この旅の以前に、の意（七九―八八頁参照）。

ウルワ〔・イブン・ズバイル〕の伝えるところでは、アーイシャは次のように語った
――預言者は、ハディージャが亡くなるまで、ほかの誰とも結婚しませんでした。
（ムスリム）

4　聖遷《ヒジュラ》とマディーナ共同体

マッカでの迫害が厳しくなる一方で、北方のヤスリブ(後のマディーナ)からイスラームに加わる人びとが現れた。六二二年に、ムハンマドは信徒たちをこの町に移住させ、最後に自分もアブー・バクルとともにマッカを離れた。移住先で、ムハンマドはイスラーム共同体を確立した。これをヒジュラ(聖遷)という。このヤスリブは「マディーナ・アン＝ナビー(預言者の町)」、略してマディーナと呼ばれるようになった。この年は、後の第二代正統カリフのウマルの時代に、ヒジュラ暦の元年と定められた。

マディーナ（ヤスリブ）からの来訪者

アブー・イドリース・アーイズッラーは、次のように伝えている――ウバーダ・イブン・サーミトは〔ヒジュラ後に〕バドルの戦いに参戦し、〔ヒジュラ前の〕アカバの[1]〔誓いの〕夜に参加した一人です[2]。彼はこう語りました――〔アカバの誓いの日に〕アッラーの使徒は何人かの〔マッカの〕教友に囲まれていましたが、彼は〔ヤスリブから訪れた私たちに〕こう言いました――どうぞ私に誓いをおこなって、決してアッラーになにものも並べ立てない[3]〔神に仲間を作らない〕こと、決して盗みをはたらかないこと、決してズィナー〔婚外性交〕をおこなわないこと、決してあなたたちの子どもを殺さないこと、あなたたちの手足の間で〔自分で勝手に〕捏造《ねつぞう》した醜聞をもたらさないこと、私がよいことを命じた時は決して背かないことを、誓ってください。この誓いを守る人には誰でも、アッラーが報奨を下さいます。もし誰かが〔禁じられた罪の〕何かを犯して、アッラーがそれをお隠しになった〔人目には触れなかった〕ならば、それはアッラーが決算なさることです。お望みであれば、かれ〔アッラー〕はその人を罰し、お望みであればお赦《ゆる》しになるでしょう。(彼〔ウバーダ〕は続けて言いました。)私たちは、その誓いを彼〔ムハンマド〕に立てました。（ブハーリー）

1 マッカ郊外のミナーの谷の中の地名。ここで、ムハンマドはヤスリブからの来訪者と、クライシュ族に悟られないように秘密裏に会った。 **2** アカバの誓いは、一回目に一二人、その翌年(ヒジュラの少し前)に七〇人余が参加した。ウバーダが参加したのは一回目で、彼はハズラジュ部族からの一〇人の一人であった(残りの二人はアウス部族から)。 **3** イスラームにおける「絶対的な唯一神」の反対語は、日本語では多神教となるが、アラビア語では「シルク」といい、これは唯一神と何かを並べることをすべて含む。つまり、たとえ他の神を認めなくとも、何らかの存在を神の「仲間」のように扱うことがすべて否定される。イスラーム以前のアラブ人は、アッラーを最高神と認める場合でも、天使を「アッラーの娘たち」と考えていた。これは「並べ立て」に当たり、「シルク」そのものとされる。しかし、天使は神ではないので、「シルク」を「多神教」と訳すと誤解が生じやすい。イスラームの確立後でも、イスラームの内部では、神に愛でられたワリー(聖人)を認め、特に彼らの廟に参詣することが「シルク」に相当するかどうか議論がなされてきた(現代に至るまで)。なお、「神のワリー」自体はクルアーンに登場するため、人間が神の特別の恩寵を受けうることは一般論として認められている。

聖遷《ヒジュラ》(マディーナへの移住)

アブー・イスハークは、バラーウ〔・イブン・アーズィブ〕が次のように語ったのを聞いたと述べている――初めに私たちのところ〔マディーナ〕に移住して来たのは、ムスアブ・イブン・ウマイル、[1] イブン・ウンム・マクトゥーム[2]でした。その後で、アンマール・イブン・ヤースィル、[3] ビラール[4]がやってきました。　(ブハーリー)

1 クライシュ族の初期入信者の一人。クルアーンの教えに詳しく、ムハンマドがヤスリブの町の新入信者のための教師として派遣した。後にウフドの戦いで戦死。 **2** 名はアムル。母親の名(ウンム・マクトゥーム)の息子という呼び名は珍しい。ムハンマドの妻ハディージャの母方の甥。目が見えなかったが、ムハンマドのムアッズィン(アザーン係)の一人で、彼もヤスリブにおける教師として送られた。後に、ムハンマドの代理でマディーナのイマーム(導師)を務め、後代の法学では、視覚障害者の立場について彼が先例として論じられる。 **3** 前出(四八頁注2)。 **4** 前出(四九頁注5)。

イブン・ウマルは、次のように述べている――最初の移住者たちが〔マディーナの〕クバー[1]の地にあるウスバ〔という場所〕に着いた時は、アッラーの使徒が来る前のことでしたが、〔先遣された〕アブー・フザイファ[2]の解放奴隷[3]サーリム[4]がイマーム[5]〔導師〕を務めていました。彼らの中で、クルアーンをもっともよく知っていたからです。　（ブハーリー）

1 マディーナ南郊。ムハンマドもマディーナに到着した際に、まずクバーに立ち寄った。 2 クライシュ族のアブド・シャムス家の出身。最初期の入信者の一人。父親のウトバはクライシュ族の有力者であったものの、息子のアブー・フザイファはイスラームに加わったことで圧迫を受け、エチオピアに一時避難。マッカに戻った後、マディーナに移住し、終生ムハンマドに従った。ムハンマドの没後、反乱部族の討伐戦（ヤマーマの戦い）で戦死。ハディースは伝えていない。 3 当時、解放奴隷は元の主人を保護者とする「マウラー（被保護者）」となるのが通例であった。その後にイスラームの版図が広がると、現地で加わった新人ムスリムは征服者のアラブ人ムスリムを保護者として「マウラー」となる慣例が生まれた。両方とも同じ語なのでまぎらわしいが、後者は奴隷身分とは必ずしも関係がない。 4 ペルシア出身で、アブー・フザイファの妻の奴隷であったが、彼女によって解放された。夫のアブー・フザイファが保護者となり、さらに彼を養子とした（後に養子制度が廃止されるまで）。マディーナに移住し、ムハンマドからクルアーンをよく学び、その朗誦に傑出した。ムハンマドの没後、ヤマーマの戦いで、保護者のアブー・フザイファとともに戦死。**5** 礼拝を先導する人。他の礼拝者は、イマームの背後に横列を作って並び、イマームの動作に合わせて礼拝をおこなう。

イブン・アッバースは、次のように述べている――アッラーの使徒は、四〇歳の時に〔預言者としての〕召命を受け、マッカに一三年暮らして啓示を受け、そののちにヒジュラ〔聖遷〕を命じられて〔マディーナに〕移住して一〇年暮らし、亡くなった時は六三歳でした。　（ブハーリー）

アブー・フライラは、アッラーの使徒が次のように語ったと伝えている――私は、他の町々を〔やがて〕飲み込んでしまう町へ〔移住するよう、アッラーに〕命じられました。人びとはヤスリブと呼んでいますが、それがマディーナです。この町は鉱炉が鉄の不純物を消し去るように人びとを清めるのです。　（マーリク）

アナス・イブン・マーリクは、アブー・バクルが次のように語ったと伝えている――〔ムハンマドと二人で最後に移住する際に、マッカを出て、クライシュ族の追っ手をまくために〕私たち二人が〔サウル山の〕洞窟[1]にいると、中にいる私たちの頭上に、多神教徒たちの足が見えました。私は「おお、アッラーの使徒よ、もし彼らの誰かが自分の足元を見たならば、その下に私たちがいるのが見えてしまいます」と言いました。すると、彼〔ムハンマド〕は「おお、アブー・バクルよ、私たち二人[2]にはアッラー[3]がいつもついていらっしゃるではありませんか」と答えました。（ムスリム）

1　マッカ郊外にある山の洞窟。サウル山はマディーナへの道の途中に位置し、高さが七五〇メートルほど。洞窟はその山麓にあった。ムハンマドが移住を決意した時には、クライシュ族は最後の手段としてムハンマドの殺害を企図しており、ムハンマドとアブー・バクルは追討隊をまくために一時ここに身を隠した。　2　アブー・バクルとムハンマド。クルアーンには「二人が洞窟にいた時、彼がその友に「悲しまないでください。アッラーは私たちと共にあります」と言ったことを思い出しなさい」〔悔悟章四〇節〕と述べられている。　3　原文には「三番目に」。人が二人いれば三番目はアッラー、三人いれば四人目はアッラー、見えなくとも常に神が見て聞いている、という考え方が背景にある（クルアーンの抗議する女性章七節参照）。

最初の新生児

アーイシャは、次のように伝えている――イスラームにおいて（マディーナのイスラーム共同体において）最初に生まれたのは、アブドゥッラー・イブン・ズバイル[1]でした。預言者はその子のところにやって来ると、ナツメヤシの実を一つ取って、噛み砕き、それをその子の口に入れました。ですから、その子のお腹に最初に入ったのは、預言者の唾《つば》だったのです。（ブハーリー）

1　父親のズバイル・イブン・アウワーム（後出一六四頁注1）は最初期の入信者の一人で、その妻はアブー・バクルの娘アスマー（アーイシャの姉）。彼女は移住の際に妊娠しており、マディーナに到着して息子を産んだ。その子はこのハディースの伝承者アーイシャにとって、甥にあたる。

モスク建設

アナス・イブン・マーリクは、次のように伝えている――アッラーの使徒はマディーナに到着すると、まず上手《かみて》[1]にあるアムル・イブン・アウフ部族[2]の地区に滞在し、一四日[3]を過ごしました。次いで、ナッジャール部族[4]の長たちに遣いを出すと、彼らは剣を肩にかけてやってきました。（私〔アナス〕は〔次の情景が今でも〕目の当たりに浮かぶようです。）アッラーの使徒が自分のラクダに乗り、後ろにアブー・バクルを乗せ、周りをナッジャール部族の長たちが囲み、アブー・アイユーブ[5]〔・アンサーリー〕の〔館の〕空地に来て止まりました。[6]アッラーの使徒は、礼拝の刻限が来るとその場で礼拝するのが常で、そこが羊の牧場であっても礼拝をしました。

そして、彼はモスクの建設を命じました。そのため、ナッジャール部族の長たちに遣いを送り、「ナッジャール部族よ、私のためにあなたたちの庭に値段をつけてください」と言いました。それに対して、彼らは「神にかけて、私たちは、アッラーからいただく以外の代価は求めません」と答えました。（アナスは続けて語りました。）そこには、ナツメヤシの木、多神教徒の墓、廃墟などがありました。アッラーの使徒は、ナツメヤシの木を切り[7]、多神教徒の墓は掘り起こし、廃墟は平らにするよう命じました。ナツメヤシの木はキブラの方角[8]〔北〕に並べられ、入り口の両側に門柱として石が置かれました。

〔建設の最中には〕皆がラジャズ詩[9]を歌い、アッラーの使徒も彼らと一緒に声を出していました。彼らはこう歌っていました。「おお、アッラーよ、来世のよきもの以上のよきものはありません。援助者たち〔アンサール〕と移住者たち〔ムハージルーン[10]〕を助けてください」。

（ムスリム）

1 マディーナでは、東南側を「上手〔アーリヤ〕」と呼んでいた（巻末図3参照）。**2** マディーナの諸部族は、アウス部族とハズラジュ部族に大別される。それぞれが部族連合で、アムル・イブン・アウフ部族はアウス系の部族の一つで、クバー地区に住んでいた。**3** 原文は一四夜。アラビア語の家（バイト）は原義が「夜を過ごす場所」で、滞在日数は夜を数える。**4** ハズラジュ系の部族の一つで、ムハンマドにとっては祖父アブドゥルムッタリブの母方の親族〔広義のオバたちの一族〕であった。**5** 名はハーリド・イブン・ザイド。ナッジャール部族の一員。**6** 多くの部族が自分たちの地にムハンマドを招こうとしたため、ムハンマドはどこの地にモスクと住居を定めるかをラクダの歩みにまかせたという。7 実がなるナツメヤシの木の伐採は好まれないので、実がならない木だったとの解釈もある。8 当初は礼拝の方角は、マディーナから北方にあたるエルサレムを向いていた。9 イスラーム以前からあった詩の形式の一つ。比較的単純な韻律から成る。10 マッカから移住したムスリムたちを「移住者たち」、マディーナ在住者で彼らを受け入れたムスリムたちを「援助者」と呼び、両者がマディーナのイスラーム共同体の構成要素となった。なお、マッカ征服までは各地からの移住をも奨励したため、移住者にはマッカ以外の出身者も含まれる。

サフル・イブン・サアド〔・サーイディー〕は、アッラーの使徒が次のように語ったと伝えている――援助者たちは内側の衣服で[1]、〔他の〕人びとは外衣のようです。もし人びとが一つの谷を（あるいは一つの山道を）往き、援助者たちが他の谷を往くのであれば、私は必ず援助者の谷を往くでしょう。もし、移住ということ〔もともとマッカ出身ということ〕がなかったならば、私は援助者の一人であったことでしょう。

（イブン・マージャ）

1　たとえば腰巻きのような、体に直接着る衣服の意（現代のような下着はなかった）。

アナスは、アッラーの使徒が次のように述べたと伝えている——偽善者[1]（ムナーフィク）の徴《しるし》は、援助者たちを嫌うことであり、信仰者の徴は、援助者たちへの愛です。

（ムスリム）

1　うわべはイスラームに従っているが、内面では信じていない者、の意。マディーナ時代には、マッカから来たムハンマドの指導権を歓迎せず、面従腹背を続けた者もいた。ムハンマド時代には、これは現実的な宗教的・政治的問題であった。なお後の時代には、内面はアッラーだけが知ることとして、外形的に信仰告白をする者をすべてムスリムとして扱う原則が確立した。そのため、「偽善者」は具体的な誰かではなく、信仰のあり方に関する類型として扱われるようになった。

ザイド・イブン・アルカムは、アッラーの使徒が次のように祈ったと伝えている——おお、アッラーよ、援助者たちをお赦《ゆる》しください。援助者たちの子どもたちをお赦しください。援助者たちの子どもたちの子どももお赦しください。

（ムスリム）

アブー・サイード・フドリーは、次のように伝えている――二人の男性が、「最初の日から篤信《とくしん》の上に建てられたモスク」〔悔悟章一〇八節〕がどれであるか、議論をしていました。一人は、クバー・モスク[1]だと言い、もう一人が預言者モスクだと言いました。アッラーの使徒は〔それを聞いて〕「それは、この私のモスク〔預言者モスク〕です」と言いました。

（ナサーイー）

1 クバーは、預言者モスクを中心とする今日のマディーナでは、南部に位置する。ムハンマドがマディーナに到着して、最初に滞在した場所で、そこに建てられたモスクは、預言者モスクよりも早く建設された。

アザーン

アナス・イブン・マーリクは、次のように伝えている――〔マディーナ時代の初め頃〕信徒が増えた時に、彼ら〔ムハンマドと教友たち〕は、礼拝の刻限をみながわかるように何かで知らせることについて、話し合いをしました。火をともすべきという者たちもあり、鈴を鳴らすべきという者たちもありました。〔結論として〕ビラールが、〔呼びかけのことばを〕二回繰り返すアザーン[1]と一度だけ言うイカーマ[2]を命じられました。

（ブハーリー）

1 礼拝の刻限が始まったことを知らせる呼びかけ。肉声でおこなうのが基本で、ミナレット（モスクの尖塔）はかつて、街中に向かって呼びかけをするために使われた。現在では、マイクとスピーカーを用いることが多い。アザーンのことばは、次の通り――アッラーは偉大なり（二回×二回）、私は「アッラーのほかに神なし」と証言します（二回）、私は「ムハンマドはアッラーの使徒なり」と証言します（二回）、礼拝に来たれ（二回）、成功に来たれ（二回）、アッラーは偉大なり（二回）、アッラーのほかに神なし（一回）。暁の礼拝時のみ、「成功に来たれ」の後に、「礼拝は眠りにまさる」（二回）が足される。2 実際に礼拝が開始されることを知らせる呼びかけ。モスク内だけに知らせるものので、ことばは、アザーンと同じ成句を一回ずつ言う（法学派によっては、ほかのハデイースに依拠して、イカーマでも二回ずつ言う）。「成功に来たれ」の後に、「すでに礼拝の時が来た」が二回足される。

キブラ（礼拝の方角）の変更

サイード・イブン・ムサイヤブは、次のように伝えている――預言者はマディーナに移住してから一六か月の間、エルサレムに向かって〔礼拝をして〕いましたが、その後、バドルの戦いの二か月前に、キブラが〔マッカのカアバ聖殿に〕変更されました。

（マーリク）

バラーウは、次のように伝えている――アッラーの使徒は〔マディーナ移住後〕一六か月あるいは一七か月の間、エルサレムに向かって礼拝をささげていましたが、キブラ〔礼拝の方角〕が館〔カアバ聖殿〕であることを望んでいました。〔キブラの変更について啓示[1]があると〕彼は午後の礼拝を〔カアバ聖殿に向かって〕ささげました。彼とともに礼拝した人たちの中の一人が外に出て、別なモスクを通りかかると、中で屈折礼〔お辞儀のように、立って頭を深く下げる〕をささげているところでした。彼は「私はアッラーにかけて証言します。預言者とともに、マッカに向かって礼拝をしてきたところです」と言いました。すると、彼ら〔礼拝者たち〕は、ぐるりと館の方に向きを変えました。[2] キブラが館の方へと変更される前に、戦死した人びとがいましたが、私たちは彼らについてどう考えるべきか、わかりませんでした。すると、啓示がくだりました。「アッラーは決して、あなたたちの信仰〔エルサレムへ向かっての礼拝〕を喪失させることはない。まことにアッラーは、人びとに対して優しく慈悲深い」〔雌牛章一四三節〕。　（ブハーリー）

1　雌牛章一四四節。マディーナ期の最初にエルサレムを礼拝の方角としたことは、「昇天の旅」と並んで、ムハンマドが諸預言者の系譜＝「諸預言者の父」としてのイブラーヒーム（アブラハム）の一神教の系譜に属していることを示すものであった。それに対して、礼拝の方角をカアバ聖殿に変更することは、カアバ聖殿の建立者としてのイブラーヒーム（アブラハム）とその「純正な一神教」を再興するというモチーフを強く打ち出している。

2 一つの礼拝をしている最中に、屈折礼をしている形のままに、礼拝の方向を変えたことを指す。マディーナからエルサレムはほぼ北方であり、マッカはほぼ南方なので、全く逆向きになったことを意味している。同一礼拝が二つのキブラに向けられたことから、このモスクは「マスジド・キブラタイン〔二つのキブラのモスク〕」と言われ、今日でもその名で呼ばれている。

5　戦いと交渉

ムハンマドたちはマッカでは迫害の対象であったが、マディーナでは自分たちの共同体を樹立し、宗教的な裁量権も得たため、多神教徒とムスリムの対立は、マッカの隊商貿易への襲撃や軍事的な対決を不可避のものとした。イスラームの教えも、それまでの平和裏だけの布教から、戦闘をも含むものとなった。

ジハードについて

イブン・ウマルは、アッラーの使徒〔ムハンマド〕が次のように述べたと伝えている[1]――私は人びとと戦うように命じられましたが、それは彼らが「アッラーのほかに神なし」「ムハンマドはアッラーの使徒なり」と証言し、礼拝を確立し、ザカート〔義務の喜捨〕を支払うまでです。もし、それをしたならば、彼らの生命も財産も私にとって不可侵となります。ただ、イスラームの正義〔刑法〕による場合は除いて。そして、彼らの〔賞罰の〕精算はアッラーだけのものです。

（ブハーリー、ムスリム、ナワウィー）

1 戦闘を意味する「カータラ」が使われている（ジハードではない）。なお、ジハードの原義は「奮闘」の意味で、舌（ことば）によるジハード、社会改革のジハード、剣のジハードがあり、剣のジハードが武器を取っての戦いとなる。

イブン・アッバースは、次のように伝えている――預言者〔ムハンマド〕がマッカから追い出された時、アブー・バクルは「彼らは自分たちの預言者を追い出しました。私たちはアッラーのものにして、アッラーへと還りゆきます。彼らは必ずや破滅するでしょう」と言いました。すると、啓示が下りました――「戦いを仕掛けた者たちに対しては〔戦いが〕許可される。彼ら〔ムスリム〕は不義を受けたからである。

まことにアッラーは彼らを助けるのに全能である」〔巡礼章三九節〕。私〔イブン・アッバース〕は、やがて戦闘が起きることがわかりました。（イブン・アッバースは付け加えました。）これは戦闘に関して啓示された最初の章句でした。（ナサーイー）

アブー・フライラは、次のように伝えている――預言者は「どの行為がもっとも優れていますか」と訊かれて、「アッラーとその使徒を信じることです」と答えました。「その次は〔何ですか〕」と訊かれると、「アッラーのためのジハードです」と答えました。「その次は〔何ですか〕」と訊かれると、「純粋な大巡礼[1]です」と答えました。（ブハーリー）

1　アラビア語では「マブルール」。その最中に過ちや違反行為を犯していない、の意。

サフル・イブン・サアド・サーイディーは、次のように伝えている――私はマルワーン・イブン・ハカム[1]がモスク〔預言者モスク〕に座っているのを見て、前に出て彼のそばに座りました。すると彼は私たちに、ザイド・イブン・サービトが彼にこう語ったと言いました――アッラーの使徒〔ムハンマド〕から私〔ザイド〕が「信徒の中で〔戦いに出ないで〕座っている者とアッラーのためにジハードをしている者は同等ではない」〔女性章九五節〕の聞き取りをしている時のことです。彼〔ムハンマド〕が私に〔章句を〕聞かせている時に、イブン・ウンム・マクトゥーム[2]がやってきて、「おお、アッラーの使徒よ。私にジハードができるものなら、必ずジハードをしましたものを」と言いました。彼は目が見えませんでした〔伝承者による解説〕。するとアッラーがその使徒〔ムハンマド〕に啓示を下し、彼〔ムハンマド〕が〔啓示を受け取る際の苦しさから〕太腿《ふともも》を私〔ザイド〕の太腿に押しつけるので、私はその圧力で太腿が折れてしまうのではないかと恐れましたが、やがてそれが終わりました。アッラーは「〔信徒の中で〕障害のある者は別として」という句を下しました。　（ブハーリー）

1　伝承者としては、教友の次のタービウ（第二世代）に属する。のちのウマイヤ朝の第四代カリフで、このハディースの当時は、マディーナ総督であった。　2　教友で、ムハンマドのムアッズィン（アザーン係）の一人。前出九五頁注2。

信徒たちの母アーイシャは、次のように伝えている——〔ある時〕彼女〔アーイシャ〕[1]はこう尋ねました。「おお、アッラーの使徒よ。ジハードがもっとも優れたおこないだとされています。私たち〔女性〕もジハードをすべきでしょうか」。すると彼は「あなたたちにとっては、もっとも優れたジハードは純粋な大巡礼です」と答えました。

（ブハーリー）

1　ムハンマドの妻たちの称号。クルアーンの「ムハンマドは信徒たちにとって彼ら自身よりも近しい。彼の妻たちは信徒たちの母である」(部族連合章六節)による。ハディースで言及されていることがこの称号が決められる以前の出来事でも、彼女たちにはこの称号が当てられていることが多い。

アブー・サイード・フドリーは、アッラーの使徒が次のように言ったと伝えている——もっとも優れたジハードは、不義の統治者のもとでの正義のことば〔を発すること〕です。

（アブー・ダーウード）

殉教者

ジャービル・イブン・アブドゥッラーは、次のように伝えている――ウフド〔の戦い〕の日に〔わが父〕アブドゥッラー・イブン・アムル・イブン・ハラーム[1]が戦死した時、アッラーの使徒が「おお、ジャービルよ、アッラーが〔死後の〕あなたの父におっしゃったことを、あなたに教えましょうか」と言いました。「是非にも」と私が答えると、彼はこう言いました――アッラーは帳《とばり》を介してでなければ誰ともお話になりませんが、あなたの父には面と向かって「おお、わがしもべよ。望みを言いなさい。われは与えるであろう」とおっしゃいました。彼〔あなたの父〕は「おお、主よ、私を生き返らせてください。あなたのために再び戦死するでしょう」と願いました。かれ〔アッラー〕は「われはすでに、彼ら〔死んだ者たち〕は生に戻らないと定めている」と答えました。彼〔あなたの父〕は「おお、主よ、〔現世に〕残してきた者たちに〔このことを〕教えてください」と願いました。アッラーはこの章句を啓示なさいました――「アッラーのために戦死した者たちを死者と考えてはならない。いな、彼らの主のみもとで糧《かて》を与えられ、生きているのである」〔イムラーン家章一六九節〕。

（イブン・マージャ）

1　ハディース伝承者ジャービルの父で、マディーナのハズラジュ部族系のサリマ支族出身の教友。アカバの誓いでは一族を代表。ウフドの戦いでは、最初の殉教者となった。

ミクダーム・イブン・マアディーカリブは、アッラーの使徒が次のように言ったと伝えている――殉教者には、アッラーのみもとで六つの特典が与えられます。〔戦いで〕流した血の最初の一滴から〔それまでの罪が〕赦《ゆる》されます。〔死後すぐに〕楽園での自分の場所を見せてもらえます。墓での罰[1]から免除されます。〔復活の日の〕最大の恐怖からの安心が与えられます。信仰の衣服で着飾らせてもらえます。〔楽園の美女である〕フーリーたちと結婚させてもらえます。近親者七〇人について執《と》りなしをすることができます。

（イブン・マージャ）

1　来世での賞罰の前に、死者は墓で賞罰を受けるとされる（五八一―五八二頁参照）。

アブー・ウマーマ・バーヒリーは、預言者が次のように言ったと伝えている——アッラーにとって二つの一滴、二つの痕跡ほど好ましいものはありません。〔二つの一滴とは〕アッラーを畏れて流された涙の一滴、アッラーのための戦いで流された血の一滴です。〔二つの痕跡とは〕アッラーのための〔戦いでの〕痕跡と、アッラーが定めた義務を果たした痕跡です。　（ティルミズィー）

ザイド・イブン・ハーリドは、アッラーの使徒が次のように言ったと伝えている——アッラーのために戦う戦士のために準備を助ける人は、自ら戦ったのと同じです。戦士の背後で〔残された家族を〕よく世話する人は、自ら戦ったのと同じです。　（ナサーイー）

サイード・イブン・ザイドは、アッラーの使徒が次のように言ったと伝えている——財産を守って殺された人は殉教者です。[1] 自分の命を守ろうとして殺された人は殉教者です。教えを守ろうとして殺された人は殉教者です。家族を守ろうとして殺

された人は殉教者です。（ティルミズィー）

1　来世の報奨において殉教者と同じ扱いを受ける、の意。ジハードにおける殉教者は埋葬前に洗体をしないという原則があるが、そのような規定は適用されない。

ウクバ・イブン・アーミルは、アッラーの使徒が次のように言ったと伝えている――五つのことで命を落とした人は殉教者です[1]。アッラーのため〔の戦い〕に殺された人は殉教者です。溺れ死んだ人は殉教者です。腹痛で死んだ人は殉教者です。疫病で死んだ人は殉教者です。分娩の際に死んだ女性は殉教者です。（ナサーイー）

1　五つの死因のうち、最初のジハードの殉教者以外は、死因が苦しいために来世で殉教者に等しい扱いを受ける、と解される。文字通りの殉教者とは異なる。このほかに崩壊した建物などの下敷きになって死んだ人をあげるハディースもある。

戦闘について

ブライダ・イブン・フサイブは、次のように伝えている――アッラーの使徒は、軍や遠征隊の司令官を任命するとき、その者に神を畏れ、同行するムスリムたちを大事にするよう、訓示したものでした。〔そのような機会に〕彼は次のように言いました――アッラーの御名において、アッラーのために戦いなさい。アッラーを否定する者たちと戦いなさい。決して戦利品を横取りしてはなりません。誓約を破ってはなりません。〔戦死者の〕遺体を切断してはなりません。子どもは決して殺してはなりません。

もし、多神教徒の敵軍と遭遇したら、彼らに三つの選択を呼びかけなさい。彼らがどれかを選んだならば、それを受け入れ、〔それ以降は〕彼らに危害を加えてはなりません。まず、彼らをイスラームへと招待しなさい。もし、彼らがそれに応えたならば、彼らを受け入れ、攻撃を控えなさい。次いで、彼らに彼らの地からムハージルーン〔移住者〕の地〔マディーナ〕に移るように呼びかけ、もしそうするならば、彼らにはムハージルーンと同じ権利と義務があることを知らせなさい。彼らが移住することを断るならば、彼らは遊牧民のムスリムたちと同じ〔地位〕であり、他の信徒たちと同様に神の法規定に服すること、戦利品の分配にあずかる権利は、実際にムスリムたちと一緒に戦闘に参加する場合以外はないことを知らせなさい。もし、彼らが〔入信を〕断るならば、彼らからジズヤ[1]〔人頭税〕を求めなさい。彼らがそれに応えるならば、それを受け入れ、攻撃を一切加えてはなりません。それをも拒むならば、神佑を願い、彼らと戦いなさい。

もし、あなたが砦の民〔籠城する者たち〕を包囲し、彼らがアッラーとその預言者の保護を求めてきたならば、彼らにアッラーの保護や預言者の保護を[2]〔勝手に〕与えてはなりません。その代わりに、あなた自身とあなたの仲間の保護を彼らに与えなさい。なぜなら、もしあなた自身の保護やあなたの仲間の保護を守れない場合は、アッラーとその使徒の保護を守れない場合よりも、罪が小さいからです。もし、砦の民がアッラーの裁決に服したいと望んでも、彼らをアッラーの裁決に服させてはなりません。その代わりに、あなた〔自身〕の裁決に服させなさい。なぜなら、あなたには彼らに関するアッラーの裁決を執行できるか〔前もって〕わからないからです。

（ムスリム）

1 他宗教の共同体がイスラーム側の主権を認め、その庇護下に入る場合、人頭税を納めることが義務とされる。ただし、ムスリムの義務であるザカート〔義務の喜捨〕などは課されず、また軍役に就く義務もなかった。原則として、個々人が国家に納めるのではなく、庇護を受けている宗教共同体ごとに徴収された。西欧ではかつて「右手に剣、左手にコーラン」という表現で、イスラームが宗教を強制した、あるいは武力でイスラームが広がったという偏見が流布したが、これは歴史的な実像には反している。実際にはイスラームと敵対しなければ、納税と引き替えに宗教的な自由や自治が認められた。

2 ウンマ全体による保護。指揮官や総督が自分の資格で与える保護と違い、ウンマ全体がその保護を守る責任が生じる。

アブドゥッラー〔・イブン・ウマル〕は、次のように伝えている――アッラーの使徒の戦役の中で、女性が死んでいるのが見つかったことがあり、彼は女性と子どもを殺すことを強く戒めました。

（ムスリム）

ジャービル・イブン・アブドゥッラーは、預言者が次のように言ったと伝えている——戦争は、策略です。（ブハーリー）

バドルの戦い

ムハンマドがマディーナに移住して共同体を樹立したため、西暦六二四年、ヒジュラ後の二年目にマッカ勢がそれを打ち破るべく襲来し、マディーナ南西のバドルの地（巻末図1参照）でそれを迎撃したイスラーム軍が勝利した。ムハンマドは人生で初めて軍事的な采配をふるい、勝利を得た。

イブン・マスウードは、次のように伝えている——〔マディーナとマッカの間で対立が続いている時期で、バドルの戦いよりも前に〕サアド・イブン・ムアーズ[1]が〔マディーナからマッカに〕小巡礼にやってきて、〔友人の〕ウマイヤ〔・イブン・ハラフ・アブー・

サフワーン〕[2]の家に泊まりました。ウマイヤも、シャーム〔シリア〕に出かけてマディーナを通る時は、サアドの家に泊まっていました。ウマイヤはサアドに、「正午まで待って、皆が〔家に帰って〕気がつかないときに、タワーフ〔周回行〕をするとい い」と忠告しました。〔それに従って〕サアドが周回していると、アブー・ジャフル[3]がやってきて、「カアバ聖殿を周回しているのは誰だ?」と尋ねました。サアドが「私はサアドです」と答えると、彼は「ムハンマドとその仲間をかくまっていながら、あなたは安心してカアバ聖殿を周回しているのか?」と詰問しました。サアドが「そうです」と答えると、二人の間で口論になりました。

ウマイヤはサアドに、「アブー・ハカム[4]〔アブー・ジャフル〕に対して、声をあげないでください。彼は〔マッカの〕渓谷の民の長なのですから」と言いました。サアドは〔アブー・ジャフルに対して〕「アッラーにかけて、あなたが聖殿を周回する私の邪魔をするならば、私は必ずや、あなたのシリア貿易を妨げるでしょう」と返答しました。ウマイヤは〔再び〕サアドをつかんで「声をあげないでください」と頼みましたが、怒ったサアドは〔ウマイヤに〕「放してください。私はムハンマドがあなたを殺すであろうと告知したのを、確かに聞きましたよ」と告げました。ウマイヤが「私を?」と尋ねると、サアドは「そうです」と答えました。ウマイヤは、「アッラーにかけて、ムハンマドは声を発する時は嘘を言ったことがない」と言いました。〔恐れた〕彼は家に戻ると、妻に「ヤスリブ〔マディーナ〕から来た兄弟〔サアド〕が私に何と言ったか、わかるかい」と言いました。「何と言ったの?」と彼女が尋ねると、彼は「ムハンマドが私を殺すことになると言ったのを耳にしたというのです」と告げました。妻は「アッラーにかけて、ムハンマドは決して嘘を言う人ではないわ」と言いました。

彼ら〔クライシュ族〕がバドルの戦いに向かう時、招集がかかると、妻は夫に「ヤスリブの兄弟があなたに言ったことを覚えているでしょう〔行かないほうがいいのでは〕」と尋ねました。彼〔ウマイヤ〕は出陣したくありませんでしたが、アブー・ジャフルが「あなたは〔マッカの〕渓谷の貴顕の一人なのだから、〔マッカ勢の団結を示すためにせめて〕一日か二日は一緒に来てほしい」と頼みましたので〔断れずに〕彼らと共に出陣し、神は彼を〔バドルの戦いで〕死なせました。

（ブハーリー）

1 ヤスリブ(マディーナ)のアウス部族の指導者、支族アブドゥルアシュハル部族の長。ヒジュラ前にムハンマドが派遣したムスアブ・イブン・ウマイルを通じてイスラームに加わり、彼の入信によってアブドゥルアシュハル部族全体がイスラームに加わった。後に、部族連合の戦いで重傷を負い、死去。このハディースは、彼の入信後でヒジュラ前の出来事。 2 クライシュ族の指導者の一人。反イスラームで知られ、特に自分の奴隷だったエチオピア人ビラールに対する迫害で知られる。息子二人、サフワーンとラビーアは教友となった。 3 マッカの指導者の一人で、反イスラームの旗頭であった。五三頁注1参照。 4 前出(五三頁注1)。

バラーウ〔・イブン・アーズィブ〕は、次のように伝えている――バドルの戦いでは、私とイブン・ウマルは年が若すぎて、参戦できませんでした。バドルで戦ったのは、移住者〔ムハージルーン〕が六十数人、援助者〔アンサール〕が二百四十数人[1]でした。

(ブハーリー)

1 バドルの戦いの参戦者数は、伝承によって多少異同がある。イブン・イスハークの『預言者伝』では、移住者が八三名、援助者のうちアウス部族六一名、ハズラジュ部族一七〇名、総計が三一四名とされている（岩波書店版、第二巻、三一一—三一二頁）。

マーリク・イブン・ラビーアは、次のように伝えている——バドルの戦いで、アッラーの使徒は私たちに「彼ら〔マッカの軍勢〕が近づいたら、射かけなさい。あなたたちの矢は、大事に使うように」と命じました。（ブハーリー）

アナス・イブン・マーリクは、次のように伝えている——バドルの戦いにおいて〔戦闘が終わると〕、預言者は「誰か、〔マッカ勢指導者の〕アブー・ジャフルがどうなったか、見てきなさい」と命じました。イブン・マスウードが見に行き、彼〔アブー・ジャフル〕がアフラーの二人の息子[1]に討たれ、瀕死の状態にあるのを見つけました。彼〔イブン・マスウード〕はそのあごヒゲをつかみ、「あなたはアブー・ジャフルか」と尋ねました。すると彼は、「お前たちに殺された男で（または「自分の民に殺された男で」と言った）、これ以上優れた者がいるだろうか」と〔指導者としての矜持《きょうじ》を示して〕答えました。（イブン・マスウードは次のようにも伝えている。）アブー・

ミジュラズが伝えているところでは、アブー・ジャフルは〔死ぬ前に〕「私を殺したのが、農夫[2]でなかったらよかったのに！〔もっと高貴な者に倒されたかった、の意〕」と嘆きました。

（ムスリム）

1 アフラーは母親の名で、父はハーリス。援助者のナッジャール部族に属する。兄弟の名はムアーズとムアウウィズとされる。異説として、ムアーズと、もう一人は別人のイブン・アムル・ジャムーフを合わせて兄弟と表現されたとの説がある。 2 マディーナの主産業は農業で、住人の大半が農民であることを指している。遊牧文化では、農民を「土地にへばりつく者」として見下す傾向がある。

ウフドの戦い

マッカ勢はバドルの戦いの復讐と再攻勢のために、ヒジュラ暦三（六二五）年、より大きな軍勢でマディーナに進軍した。両軍はマディーナ北部のウフド山麓で激突した（巻末図3参照）。緒戦でムスリム側は優勢に立ったが、自軍の勝ちとみて油断が生じたため、マッカ勢の攻勢によって形勢が逆転し、マディーナ側は甚大な被害を

――こうむった。

アブー・ムーサー〔・アシュアリー〕は、預言者が次のように語ったと伝えている――〔マッカにいた時に〕私は夢で、自分がマッカからナツメヤシの茂る地に移住するのを見ました。それはヤマーマの地[1]かハジャルの地[2]かと思えましたが、〔結果として〕マディーナ、〔つまり〕ヤスリブの地でした。また、この同じ夢で、剣を振るっていると、刃が折れました。これは、ウフドの戦い[3]で信徒たちがこうむったこと〔敗北〕でした。そして、また剣を振るっていると、今度は元のようにしっかりとしていました。これは、マッカ征服とムスリムたちの団結を指していました。また、私は雄牛を見ました。それは、アッラーにかけて、善を表しており、ウフドの戦いでの〔殉教した〕信徒たちのことを指しているのでした。善とは、アッラーがくださる善であり、バドルの戦いの後にアッラーが私たちにくださった信仰への報賞のことなのです。

（ブハーリー）

1 アラビア半島中央部（ナジュド地方）の一部で、その東部（巻末図1参照）。のちにヤマーマの戦いが起きた（後出一二九頁注2）。 2 アラビア半島東部ともイエメンともされる。正確な場所は不明。 3 ウフド山とその周辺が主戦場となったため、「ウフドの戦い」と呼ばれる。ヒジュラ後三年目（西暦六二五年三月）に起きた（六二六年説もある）。ウフド山は、ほぼ語形が同じ神名「アハド（唯一者）」を想起させるため、ムハンマドがこの山を好んだとされる。ウフドの戦いでは、その山麓の小山に弓隊を配置しイスラーム軍の援護をおこなわせたが、緒戦の勝利を見た弓隊が戦利品をめざして持ち場を離れ、勝機を見いだしたマッカ軍の反撃にあって痛打を与えられた。この敗戦はムスリムたちに大きな教訓を残した。

ジャービル・イブン・アブドゥッラーは、次のように伝えている——ウフドの〔戦いの〕日、人びとの中には酒を飲んで[1]〔出陣し〕、戦死した殉教者もいました。（スフヤーン〔ジャービルから二代後の伝承者〕は「〔殉教は〕その日の終わりのことですか」と尋ねられ、「それ〔刻限〕は伝わっていません」と答えました。）　（ブハーリー）

1 飲酒の全面禁止はマディーナ期の最後の時期で、この頃はまだ酒は禁じられていなかった。

カターダ〔・イブン・ディアーマ〕は、次のように伝えている──私たちはアラブの中で、援助者たちほど多くの殉教者を出した部族を知りません。彼らは復活の日にもっとも栄誉があるでしょう。（カターダはさらに言いました。）アナス・イブン・マーリクは、「ウフドの〔戦いの〕日には彼らのうちの七〇人が戦死し、ビウル・マウーナの〔戦いの〕日[1]にも七〇人が戦死し、ヤマーマの〔戦いの〕日[2]にも七〇人が戦死しました」と私たちに語りました。（彼〔カターダ〕は言いました。）ビウル・マウーナの〔戦いの〕日はアッラーの使徒の時代に起き、ヤマーマの〔戦いの〕日はアブー・バクルの代に起きた、大嘘つきのムサイリマ[3]の日です。（ブハーリー）

1 ウフドの戦いの後まもなくに起きた戦役（ヒジュラ暦四〈六二五〉年）。ビウル・マウーナはマディーナの南東一七〇キロほどに位置する。派遣隊はほぼ全滅した。2 ヒジュラ暦一一（六三二）年にアラビア半島東部のヤマーマで起きた戦役。ムハンマドの没後、アブー・バクルがハリーファ（後継者、代理人）としてウンマの代表となった際に、ムハンマドの死によって契約が終了したとみなした部族が反乱した。それを討伐した一連の戦いを「リッダ戦争」と呼ぶ(リッダは離反、背教の意)。ヤマーマの戦いはその一つで、ムサイリマが率いるハニーファ部族をハーリド・イブン・ワリードが率いるイスラーム軍が破った。　3　ムサイリマは本名のムスリムの縮小形(「小さなムスリム」)で、預言者と名乗った彼をイスラーム側では「大嘘つき」として、この卑称で呼んだ。

バラーウ・イブン・アーズィブは次のように伝えている——預言者はウフドの〔戦いの〕日、弓隊の長にアブドゥッラー・イブン・ジュバイルを任命しました。私たちのうち七〇人が死傷しました。バドルの〔戦いの〕日には、預言者と教友たちは、多神教徒の一四〇人を負傷させ、七〇人を捕虜とし、七〇人を斃《たお》しました。〔マッカ勢を率いる〕アブー・スフヤーン[1]は「〔ウフドの戦いの日は〕バドルの〔報復の〕日である。戦争は決着していない」と言いました。　（ブハーリー）

1　バドルの戦い以降、マッカが征服されるまでのクライシュ族の長。また当時はクライシュ族がキナーナ部族全体の中心であったため、その長でもあった。ムハンマドよりも一〇歳ほど年上で、征服直前にイスラームに入信。

ジャービル〔・イブン・アブドゥッラー〕は、次のように伝えている――預言者は〔戦死者について〕「彼らをその血のままに埋葬しなさい」と言いました。つまりウフドの〔戦いの〕日のことで、彼らを洗体することはありませんでした。[1]（ブハーリー）

1 グスル（沐浴《もくよく》）を遺体にほどこし、清めること。殉教者については洗体しないという、遺体の扱いの特例となっている。

ヒシャーム・イブン・アーミルは、次のように伝えている――ウフドの〔戦いの〕日、私たちはアッラーの使徒に〔戦死者があまりに多いため〕「一人ずつ墓を掘るのは困難です」と訴えました。するとアッラーの使徒は、「深くよく掘って、一つの墓に二人か三人を埋めなさい」と言いました。彼ら〔教友たち〕が「誰を先にしますか、おお、アッラーの使徒よ」と尋ねると、彼〔ムハンマド〕は「クルアーンをよく知っている者を先にしなさい」と言いました。〔彼〔ヒシャーム〕は続けて言いました。〕私の父は、三人が一緒の〔他の二人とともに埋められた〕一人でした。（ナサーイー）

アブドゥッラー・イブン・アビー・サアサアは、次のように伝えている――援助者のアムル・イブン・ジャムーフとアブドゥッラー・イブン・アムルはサリマ部族の出身でしたが、彼らの墓が洪水で〔中が〕露呈しました。彼らの墓は洪水の後に残っていました。二人は同じ墓に入っており、ウフドで殉教した人びとのうちの二人[1]でした。彼らの場所を〔埋め直すために〕掘ったところ、昨日死んだかのように〔その姿は〕全然変わっていませんでした。一人は傷を負って、そこに手を当てたまま埋葬されていました。その手を傷からどかして、〔再び埋めた時に〕元のように〔傷のところに〕手を戻しました。ウフドの〔戦いの〕日と埋め直した日の間には四六年が経っていました。

マーリク〔ハディース集編者〕は「やむをえない時は、一つの墓に二人か三人を埋葬しても構わない。〔その場合は〕年長者をキブラの側に置くように[2]」と述べている。

（マーリク）

1　どちらもマディーナの援助者に属する。ウフドの戦いで戦死した。　2　ムスリムを埋葬する時は、地中に掘った穴の中で身体をキブラ（マッカの方角）に向ける。この場合は年長者を前に置いてキブラに向け、その後ろに年少者を置く、の意。

塹壕の戦い、部族連合の戦い

ヒジュラ暦五(六二七)年に、マッカ勢はマディーナに対して乾坤一擲《けんこんいってき》の戦いを挑むべく、同盟する部族を数多く集め、マディーナに攻勢をかけた(そこから「部族連合の戦い」と呼ぶ)。マディーナでは、塹壕《ざんごう》を掘って籠城《ろうじょう》戦に備えた(そこから「塹壕の戦い」と呼ぶ)。長期の戦いを想定していなかった部族連合は、攻めあぐねて撤退したため、マディーナ側の戦略的勝利となった。

イブン・アビー・アウファーは、次のように伝えている――部族連合が襲来した時、アッラーの使徒〔ムハンマド〕は次のように祈りました。「おお、アッラーよ、啓典を啓示なさり、すばやく審判なさる方よ、どうか、部族連合を打ち負かしてください。おお、アッラーよ、彼らを打ち負かして、彼らを揺り動かしてください」。

（ムスリム）

アブー・イスハークは、バラーウ〔・イブン・アーズィブ〕が、次のように言うのを聞いたと伝えている――部族連合の戦いがおこり、アッラーの使徒が塹壕を掘った時、私は彼〔ムハンマド〕が塹壕の土を運び、土埃にまみれて彼の〔胸から〕腹部の皮膚も見えない（彼は毛の多い人でしたが〔それも見分けられない〕）ほどでした。そして、彼が土を運びながら、イブン・ラワーハ[1]のラジャズ詩[2]を口ずさんでいるのを聞きました――おお、アッラーよ、あなたがいらっしゃらなければ、私たちは導かれることもなく、喜捨をすることもできず、礼拝することもできませんでした。それゆえ、私たちにサキーナ〔平穏〕を下し、彼ら〔敵〕がやってきても私たちの足をしっかりとさせてください。彼らは私たちに暴虐を働いています。たとえ彼らが混乱を望んでも、私たちは抗《あらが》うでしょう。（バラーウはさらに言いました。）彼〔ムハンマド〕は最後の部分を長く伸ばして発声していました。

（ブハーリー）

1 援助者の一人。名はアブドゥッラー。 2 前出(一〇二頁注9)。

フマイド〔手の長いフマイド〕は、アナスが次のように語るのを聞いたと伝えています――塹壕の戦いの際に、アッラーの使徒は塹壕に行くと、移住者たちと援助者たちが寒い朝に塹壕を掘っていました。彼らにはその仕事をしてくれる奴隷もいませんでした。彼〔ムハンマド〕は彼らの疲労と飢えを見ると、「おお、アッラーよ、〔真の〕生は来世の生以外にありません。それゆえ、援助者と移住者に恩寵をください」と言いました。彼らは応えて、「私たちは生きている限りジハード[1]に尽くすと、ムハンマドに誓った者たちです」と言いました。(ブハーリー)

1 この語は多義的であるが、ここでは「命をかけて戦う」の意。

アブドゥッラー・イブン・マスウードは、次のように伝えている――塹壕の戦いの際〔のある日〕、多神教徒たちは激しい攻勢をかけ、アッラーの使徒は四回の礼拝を〔その刻限に〕することができませんでした。〔そのように〕アッラーがお望みになったゆえに、夜になってしまいました。彼〔ムハンマド〕はビラールに命じて、彼〔ビラール〕がアザーンを唱え、次いでイカーマ〔礼拝開始の呼びかけ〕を唱えて昼の礼拝をささげ、次にイカーマを唱えて[1]午後の礼拝をささげ、次にイカーマを唱えて日没の礼拝をささげ、次にイカーマを唱えて夜の礼拝をささげました。

（ティルミズィー）

1 アザーンは一回で、四回の礼拝について各回にイカーマを唱えたということは、規定の時間を過ぎた礼拝を続けて合わせおこなったことを意味する。イスラームの礼拝は刻限がそれぞれ決まっており、たとえば昼の礼拝ならば三―四時間程度（季節と場所によって異なる）の間におこなうことになっている。その時間が過ぎた礼拝は、通常であれば時間外での「埋め合わせ」扱いとなるが、戦時の非常事態に直面して、礼拝時間の合体がおこなわれたと解釈される。

アーイシャは、次のように伝えている――アッラーの使徒は、塹壕の戦いから戻ると、武器を置き、沐浴《もくよく》しました。そこへ〔大天使〕ジブリールが来ましたが、彼〔ジブリール〕の頭は土埃にまみれていました。彼〔ジブリール〕は「武器を置いたのですか。アッラーにかけて、私はまだ置いていません」と言いました。アッラーの使徒は「では、〔次の戦いは〕どこへ？」と尋ねました。彼〔ジブリール〕は「こちらです」と言って、クライザ部族[1]の方を指しました。アッラーの使徒は〔軍勢を連れて〕そちらに出陣しました。

（ブハーリー）

1 マディーナに住んでいたユダヤ教徒の部族。塹壕の戦いの際に部族連合と内通したため、ムスリム軍の攻撃を受け、籠城戦の末に掃討された。

スライマーン・イブン・スラドは、次のように伝えている——部族連合の戦いの際に〔戦いが終了すると〕、預言者は「〔今後は〕私たちが彼らを攻め、彼らが私たちを攻めてくることはないでしょう」と述べた。

（ブハーリー）

捕虜交換

サラマ〔・イブン・アクワウ〕は、次のように伝えている――私たちは、ファザーラ部族[1]と戦いました。私たちを指揮していたのは、アッラーの使徒が任命したアブー・バクルでした。私たちが、敵の水場から一刻のところまで近づいた時、アブー・バクルは攻撃を命じました。私たちは、夜の終わりに休息を取り、いっせいに攻撃を始め、水場に達して、倒す者は倒し、捕虜にする者は捕虜にしました。私は女性と子どもを含む一群の人びとが逃げているのを見つけ、彼らが山岳地帯に到達するのを恐れて、山と彼らの間に矢を射こみました。彼らは矢がつきささるのを見ると、停まりました。私は彼らに到達し、彼らを連れてきました。その中には、革の外套を着たファザーラ部族の女性がいて、一緒にいた彼女の娘はアラブの中でももっとも美しい女性でした。私はアブー・バクルのところまで、彼らを連れて行きました。アブー・バクルは、戦利品として、その娘を私に与えてくれました。

私はマディーナに戻りましたが、まだ娘の衣服を脱がせてはいませんでした[2]。アッラーの使徒が市場で私を見ると、「サラマよ、その女性を私に贈ってください」と頼みました。私は「アッラーの使徒よ、アッラーにかけて、私は彼女が気に入りました。まだ、彼女の衣服を脱がせてはおりません」と答えました。翌日、〔再び〕アッラーの使徒は市場で私に出会うと、私に言いました、「サラマよ、その女性を私に贈ってください。あなたの父にアッラーの祝福がありますように」と。〔たび重なる依頼に〕私は「おお、アッラーの使徒よ、彼女はあなたのものです。アッラーにかけて、私はまだ彼女の服を脱がせてはおりません」と答えました。アッラーの使徒は、彼女をマッカの民に送り届け、マッカで捕虜となっていたムスリムたちを解放してもらう身代金としました。（ムスリム）

1　北アラブ系（クライシュ族と同じ）のガタファーン部族の支族。　2　性交していないことの比喩的表現。

フダイビーヤの地での和平協定

ヒジュラ暦六(六二八)年、小巡礼のために、ムハンマドは信徒たちを連れてマッカへ向かった。しかし、マッカ側が彼らの入城も戦闘も嫌ったため、両者は一〇年間の和平協定を結んだ(いわゆるフダイビーヤの和約)。ムスリム側は翌年の小巡礼の約束を得てマディーナに引き返した。信徒の中には和約を不満とする声もあがったが、ムハンマドは「リドゥワーンの誓い」によって信徒たちの忠誠を確かめた。ムハンマドはその後、和平の状態を利用して北方の脅威を取り除き、マッカ征服の下準備を進めた。

バラーウは、次のように伝えている――預言者がズル・カアダ月〔イスラーム暦一一月〕に小巡礼に赴いた時、マッカの人びとは彼がマッカに入ることを認めず、〔翌年に〕三日間〔小巡礼のために〕滞在するとの和約を結ぶことになりました。和約を書き記す時に、彼ら〔ムスリム側〕は「これはアッラーの使徒ムハンマドが結んだ和約である」と書きました。彼ら〔マッカ側〕は「私たちはこれを認めない。もし私たちが、あなたがアッラーの使徒だと知っているならば、〔マッカに入ることなどを〕何も邪魔することはなかったでしょう。しかし、あなたはアブドゥッラーの息子ムハンマドにすぎません」と主張しました。彼〔ムハンマド〕は「私はアッラーの使徒であり、アブドゥッラーの息子ムハンマドである」と返答してから、アリーに「アッラーの使徒〔の文字〕を消しなさい」と指示しました。アリーは「いいえ、アッラーにかけて、あなた〔の称号〕を消すことはいたしません」と言いました。アッラーの使徒は、和約〔が書かれた獣皮紙〕を手に取りましたが、彼は字を書くのは得意ではありませんでした。〔和約は結局〕次のように書かれました。「これはアブドゥッラーの息子ムハンマドが約束したものである。マッカに入る時は、鞘《さや》に収めた剣を除いて、武器を携行しない。マッカの民については、たとえ彼に従いたい者がいたとしても、誰一人として連れ出さない。彼の仲間については、マッカにとどまりたい者がいれば、それを妨げない」。

〔翌年に〕マッカに入り、決められた期間〔三日間〕が過ぎた時、彼ら〔マッカ側〕がアリーのところに来て、「あなたの友〔ムハンマド〕に、期間が過ぎたので、出て行くよう言ってください」と告げました。預言者が〔マッカを〕出発すると、ハムザ[1]の娘[2]が彼を追い、「おお、伯父よ、おお、伯父よ」と呼びました。アリーは彼女を迎え、その手を取って〔妻の〕ファーティマに「あなたの従妹〔あなたの叔父の娘〕を連れて行きなさい」と言いました。彼女〔ファーティマ〕は彼女〔ハムザの娘〕を自分の馬に乗せました。

〔マディーナに到着すると〕アリー、ザイド、ジャアファルが彼女について〔誰が面倒を見るか〕言い争いました。アリーは「私が彼女を連れてきました。彼女は私の従妹[3]ですから」と主張しました。ジャアファルは「彼女は私の従妹[4]で、彼女の母方のオバが私の妻[5]です」と主張しました。ザイドは「私の姪[6]〔私の兄弟の娘〕です」と主張しました。預言者がこれを裁決し、母方のオバ〔ジャアファルの妻〕に軍配をあげて、「母方のオバは、母親の立場〔と同じ〕です」と言いました。そして、アリーに向かって「あなたは私の一部であるし、私はあなたの一部です」と言い、ジャアファルには「あなたは、外形と性格が私にそっくりです」と言い、ザイドには「あなたは私の兄弟で、私が庇護する者〔解放奴隷〕です」と言いました。アリーが「あなた〔ムハンマド〕は、ハムザの娘と結婚しませんか」と尋ねると、彼は「彼女は、私の乳兄弟〔ハムザ〕の娘です[7]〔結婚は許されません〕」と答えました。

（ブハーリー）

1 ムハンマドの叔父で、オジたちの中では早くに入信した。勇猛で知られ、のちに「アッラーの獅子」と呼ばれた。初期の迫害期には彼の入信はイスラーム側に大きな助けとなった。ヒジュラ後には、バドルの戦いで戦端時の一騎打ちで武功をあげた。後にマディーナで、ウフドの戦いの際に戦死。 2 その名については、ウマーマほか六説あり判然としない。 3 アリーの父アブー・ターリブとハムザは兄弟であるため、アリーにとってはハムザの娘は従妹にあたる。 4 ジャアファルはアリーの兄なので、彼女が従妹という点は同じ。 5 ジャアファルの妻は、アスマー・ビント・ウマイス（七七頁注8参照）。 6 マディーナ時代の初期に個々人を義兄弟にしたことがあり、その時ザイドはハムザと兄弟となった。そのことを指している。 7 ムハンマドとハムザは幼少期に、ともにスワイバという乳母から乳をもらい乳兄弟となっていた（後出二八六頁注6）。

サフル・イブン・フナイフは、スィッフィーンの〔戦いの〕日[1]〔六五七年七月、アリーがムアーウィヤ軍と戦った後で、和議を結んだ〕に立ち上がり、次のように語った――おお、人びとよ、〔和議に文句を言っている者は〕自分自身を責めなさい。〔というのも〕私たちは、フダイビーヤの日に、アッラーの使徒とともにいました。もし戦いがふさわしかったのであれば、私たちは戦ったことでしょう。それは、アッラーの使徒と〔マッカの〕多神教徒たちの間の和約でした。ウマル・イブン・ハッターブがやってきて、アッラーの使徒の前に参じ、「おお、アッラーの使徒よ、私たちが正しく〔真理に基づき〕、彼らが間違っている〔虚偽に基づいている〕のではないのでしょうか」と尋ねると、彼〔ムハンマド〕は「その通りです」と答えました。彼〔ウマル〕が「私たちの戦死者は楽園にあり、彼らの戦死者は火獄にあるのではないのでしょうか」と尋ねると、彼は「その通りです」と答えました。彼〔ウマル〕が「〔そうであれば〕なにゆえに私たちの宗教に汚点を残して、アッラーがまだ私たちと彼らの間の決着をおつけになっていないのに、引き返すのでしょうか」と尋ねると、彼は「イブン・ハッタープよ、私はアッラーの使徒であり、アッラーが私を破滅させることは決してありません」と答えました。

〔サフルはことばを続けました。〕そこでウマルはその場を離れましたが、怒りが収まりませんでした。アブー・バクルのもとに来ると、彼は「アブー・バクルよ、私たちが正しく〔真理に基づき〕、彼らが間違っている〔虚偽に基づいている〕のではないのか」と尋ねました。彼〔アブー・バクル〕は「その通り」と答えました。彼〔ウマル〕が「私たちの戦死者は楽園にあり、彼らの戦死者は火獄にあるのではないのか」と尋ねると、彼〔アブー・バクル〕は「その通り」と答えました。彼〔ウマル〕が「〔そうであれば〕なにゆえに私たちの宗教に汚点を残して、アッラーがまだ私たちと彼らの間の決着をおつけになっていないのに、引き返すのか」と尋ねると、彼〔アブー・バクル〕は「イブン・ハッターブよ、彼はアッラーの使徒であり、アッラーが彼を破滅させることはありえないのだ」と答えました。

〔サフルはことばを続けました。〕そして、アッラーの使徒に勝利についてのクルアーン〔の啓示〕[2]が下り、彼はウマルに遣いをやり、〔彼が来ると〕それを読み聞かせました。彼〔ウマル〕が「おお、アッラーの使徒よ、〔和約は〕勝利なのですね」と尋ねると、彼は「その通りです」と答えました。彼〔ウマル〕は満足し、戻っていきまし

た。　（ムスリム）

1 スィッフィーンの地（現在のシリア北部）で、第四代正統カリフのアリーの軍とシリア総督ムアーウィヤの軍が戦ったことを指す。和議が成立したが、それに異を唱える者がいたため、アリー陣営の語り手が三〇年ほど前のフダイビーヤの和議の例を持ちだして、和議を正当化している。 2 「まことにわれ〔アッラー〕は、あなた〔ムハンマド〕に明らかな勝利を与えた」〔勝利章一節〕以下の章句を指す。

リドゥワーンの誓い

バラーウは、次のように伝えている――〔聞き手に対して〕あなたたちは、〔クルアーンの勝利章冒頭の〕勝利とは、マッカ征服のことだと思っていますか。確かに、マッカ征服は勝利でした。〔しかし〕私たちは、フダイビーヤの和約の日におこなったリドゥワーンの誓い[1]をこそ勝利だと思っています。私たちは預言者とともにあって、一四〇〇人いました。フダイビーヤには井戸がありましたが、私たちは水を飲み干してしまい、一滴も残っていませんでした。そのことが預言者に知らされると、彼は井戸に来て、その縁に座りました。彼は水を入れた桶を持ってくるように頼み、〔その水で〕清め〔ウドゥー〕をし、口をゆすぎ、〔アッラーに〕祈り、〔残りの〕水を井戸に注ぎました。私たちがしばらくそこにいると、私たち自身と乗り物〔馬など〕に必要なだけの〔多量の〕水が井戸から湧き出ました。[2]

（ブハーリー）

1 フダイビーヤの地において樹下でおこなわれた誓いは、そのあとの啓示である「アッラーは、信徒たちが樹下であなた〔ムハンマド〕に誓ったとき、彼らに満悦なさった」（勝利章一八節）という章句から、「リドゥワーン（満悦）の誓い」と呼ばれるようになった。来世におけるリドゥワーンの重要性については、五四七頁注1参照。**2** ムハンマドの小奇跡の一つ。ムハンマドは世界の創造主であるアッラーの「使徒」と名乗ったが、奇跡譚は少ない。クルアーンも「大地から泉を吹き出させる」「天を落とす」「神と天使を面前に連れてくる」「天に昇ってみせる」といった即物的な奇跡に非常に否定的である（夜の旅章九〇―九三節）。その一方で、井戸の水がいくらでも出てくるようにした、ムハンマドが供した食事は大軍が食べても食べても尽きなかった、という種類の小さな奇跡はハディースにいくつも伝承されている。

サーリム・イブン・アビー・ジャアドは、次のように伝えている――〔ある時〕ジャービル・イブン・アブドゥッラーに、樹下の人びと〔リドゥワーンの誓いをした人びと〕について尋ねました。すると、彼はこう言いました――私たちがもし一〇万人いたとしても、〔フダイビーヤの井戸の水は〕十分足りたことでしょう。〔とはいえ〕私たちは一五〇〇人でした。（ムスリム）

ヤズィード・イブン・アビー・ウバイドが、サラマ〔・イブン・アクワウ〕から、次のように伝えている――私は、預言者に〔リドゥワーンの〕誓いをおこない、樹の蔭に行きました。周りの人びとが減ると、彼〔ムハンマド〕は「おお、イブン・アクワウ〔サラマのこと〕よ、あなたは誓いを立てないのですか」と尋ねました。私が「おお、アッラーの使徒よ、私はすでに誓いをおこないました」と答えると、彼は「もう一度しなさい」と言いました。そこで、私は二回目の誓いをおこないました。（そこで私〔ヤズィード〕は彼に尋ねました。）「おお、アブー・ムスリム〔サラマのこと〕よ、あなたたちはその日、何の誓いを立てていたのですか」。（彼〔サラマ〕は答えました。）「死〔命〕をかけて〔イスラームを守ること〕です」。

（ブハーリー）

ジャービル〔・イブン・アブドゥッラー〕は、アッラーの使徒が次のように言ったと伝えている――樹の下で〔リドゥワーンの〕誓いをおこなった人は誰一人、火獄に入ることはないでしょう。

（アブー・ダーウード）

ジャービル・イブン・アブドゥッラーは、アッラーの使徒がフダイビーヤの日に次のように述べたと伝えている――「あなたたちは、大地の民[1]〔人間〕の最良の人びとです」。その日、私たちは一四〇〇人でした。今日、そこを見ることができるならば、あなたたちに〔その樹下で誓いがなされた〕樹を見せたいものです。

（ブハーリー）

1　地上に住む人びと、つまり人間のこと。天の民＝天使などと対照する表現。

ナーフィウ〔イブン・ウマルの被保護者〕は、次のように述べている――人びとは、イブン・ウマルが〔父親の〕ウマルよりも先に帰依したと話していますが、それは違います。実際におこったことはこうです。ウマルは戦闘に備えるために、自分の馬を連れてくるよう〔息子の〕アブドゥッラー〔・イブン・ウマル〕を援助者〔アンサール〕の一人のもとへ送りました。その時、アッラーの使徒は樹下で誓いを受けていましたが、ウマルはそのことを知らなかったのです。アブドゥッラーは誓いを立ててから、馬を取りに行き、ウマルのもとに馬を連れて行きました。ウマルが戦闘に備えて、武具を身につけている時、アブドゥッラーはアッラーの使徒が樹下で誓いを受けていると知らせました。（ナーフィウは語り続けました。）彼〔ウマル〕は彼〔アブドゥッラー〕をともなって急いで〔樹下に〕行き、アッラーの使徒に誓いを立てました。この〔出来事の〕ために、イブン・ウマルが〔父の〕ウマルより先に帰依したと〔誤解して〕人びとが話すのです。　（ブハーリー）

ターリク・イブン・アブドゥッラフマーンは、次のように伝えている――私たちが巡礼に出かけた時、〔途中で〕人びとが礼拝をしているところに通りかかりました。私が「このモスクは何ですか」と尋ねると、彼らは「ここはリドゥワーンの誓いがアッラーの使徒になされた樹〔があったところ〕です」と答えました。私がサイード・イブン・ムサイヤブに会った時にこれを伝えると、彼〔サイード〕はこう言いました──私の父はその樹の下でアッラーの使徒に誓いをおこなった一人でしたが、父は「翌年そこに出かけた時は、それを〔どの樹だったか〕忘れてしまい〔見つけることが〕できませんでした」と私に言いました。〔その後〕サイードは「ムハンマドの教友たちが〔その樹が〕どこだかわからなかったというのに、あなたたちはわかったのですね。では、あなたたちの方がよく知っているのですね〔そんなはずはないのに〕」と付言しました。

（ブハーリー）

ビザンツ皇帝への手紙

──ムハンマドは、アラビア半島の諸部族をイスラームに誘うのみならず、周辺諸国の統治者へも勧誘の手紙を出した。当時の西アジアから地中海にかけて覇を競っていた「超大国」がビザンツ帝国とサーサーン朝ペルシアであった。ヒジュラ暦七(六二八)年には、ビザンツ皇帝への手紙が皇帝のシリア訪問中に届けられ、たまたまシリア滞在中のマッカの指導者アブー・スフヤーンが皇帝に謁見《えっけん》して、ムハンマドについて問答がおこなわれることになった。

イブン・アッバースは、〔マッカ側の長〕アブー・スフヤーンから次のように直接に聞いたと伝えている——私は、私とアッラーの使徒〔ムハンマド〕[1]の間の〔和議の〕期間に、〔マッカから〕でかけました。私がシャーム〔シリア〕にいる間に、アッラーの使徒からの手紙がヘラクレイオス〔アラビア語ではヒラクル〕[2]、すなわちローマ〔ビザンツ〕[3]の支配者に〔エルサレム訪問中に〕届けられました。[4]手紙を持ってきたのは、ディフヤ・カルビー[5]で、彼は手紙をブスラー[6]〔ボスラ〕の総督に渡し、総督はそれをヘラクレイオスに届けました。

〔手紙を見た〕ヘラクレイオスは「ここに、自らを預言者と主張しているこの男の民の誰かがいるか」と尋ねました。彼ら〔臣下たち〕は「はい」と答えました。〔アブー・スフヤーンは続けました。〕私は〔シリア滞在中の〕クライシュ族の数人とともに〔皇帝のもとに〕呼ばれ、彼は私たちを自分の前に座らせました。彼は「汝らの中で、預言者と主張しているこの男と誰が血縁的に一番近いか」と尋ねました。〔アブー・スフヤーンは続けました。〕「私です」と私は言いました。すると彼らは、私を前に座らせ、〔クライシュ族の〕私の仲間を私の背後に座らせました。彼は通訳を呼び、言いました。「彼らに、この預言者と主張している男について、私はこの者〔アブー・スフヤーン〕に尋ねると言いなさい。もし彼が私に嘘をついたら〔嘘とわかったら〕、彼を嘘つきと非難しなさい」。〔それに対して〕アブー・スフヤーンはこう答えました〔伝承を伝えているイブン・アッバースによる説明〕。「アッラーに誓って、嘘つきの汚名の恐れがないのであれば、私は嘘を言うことでしょう〔名誉があるので、嘘は決して言わない〕」。

ヘラクレイオスは通訳に「彼に、汝らの間で彼〔ムハンマド〕がどのような家柄かと、聞きなさい」と命じました。〔アブー・スフヤーンは続けました。〕私は「彼は私たち〔マッカの民〕の中で、よい家柄です」と答えました。彼〔ヘラクレイオス〕が「彼の父祖に王はいたか」と尋ねましたので、私は「いいえ」と答えました。彼は「汝らは、その者が〔預言者と〕言っていることを言い出す前に、彼が嘘をついたと非難したことがあるか」と尋ねましたので、私は「いいえ」と答えました。彼が「その者に従っているのは、人びとの中の貴顕の者か、弱き者たちか」と尋ねましたので、私は「弱き者たちです」と答えました。彼が「彼らは増えているのか、減っているのか」と尋ねましたので、私は「むしろ、増えています」と答えました。彼が「彼らの中で、その教えに入った後に、不満から背信した者はいるか」と尋ねましたので、私は「いません」と答えました。彼が「汝らは彼らと戦ったか」と尋ねましたので、私は「はい」と答えました。彼が「彼に対して、汝らの戦いはどうであったか」と尋ねましたので、私は「私たちと彼の間の戦争は、勝敗が決せず、あちらが負けたり、こちらが負けたりです」と答えました。彼が「彼は違約するか」と尋ねましたので、私は「しません。今は〔和約の〕期間中で、彼がこれからどうするかは、私たちはわかりません」と答えました。〔アブー・スフヤーンは付け加えて言いました。）アッラーに誓って、〔和約に関しては〕これ以外のことばを言うことはできませんでした。彼が「彼以前に、そのようなこと〔預言者を名乗ること〕を言った者はいたか」と尋ねましたので、私は「いいえ」と答えました。

彼〔ヘラクレイオス〕は通訳にこう言いました。「彼〔アブー・スフヤーン〕に伝えなさい。汝にその者の家柄を尋ねたら、汝は彼〔ムハンマド〕が汝らの中でよい家柄であると答えた。使徒たちというものは、その民の中でよい家柄の者が遣わされるものである。汝にその者の父祖に王がいるか尋ねたら、汝はいないと答えた。もし、父祖に王がいたのなら、私はその者が父祖の王権を求める者と断じたであろう。汝にその者に従う者について、弱き者たちか貴顕かと尋ねたら、汝は弱き者と答えた。使徒に従う者とは、そのようなものである。汝にその者が嘘をついたと汝らが非難したことがあるかと尋ねたら、汝は、それはないと答えた。それゆえ、その者は人びとについて嘘をつくことも、アッラーについて嘘をつくこともしないと、私にはわかった。汝に誰かその宗教に入ってから不満で背信した者がいるか尋ねたら、汝はいないと答えた。信仰とは、心の奥底に入ったならば、そうなるものである。汝に彼らの数が増えているか減っているか尋ねたら、増えていると答えた。信仰とは、成就するまで〔広がる〕、そういうものである。汝に彼と戦ったか尋ねたら、戦っていると答え、汝らと彼の間の戦争は勝敗が決せず、彼が勝ったり汝らが勝ったりしていると答えた。使徒たちとはそういうもので、試錬が与えられ、やがて成果を得るものである。汝に彼が違約するか尋ねたら、違約しないと答えた。使徒たちというものは、そのように違約はしないものである。汝に彼以前にそのようなこと〔預言者を名乗ること〕を言った者はいたか尋ねたら、いないと答えた。もし、彼以前にそのようなことを言った者がいたのなら、私は〔その者が〕かつて言われたことばを模倣していると断じたであろう」。

（アブー・スフヤーンは続けました。）彼〔ヘラクレイオス〕は「その者は汝らに何を命じているのか」と尋ねましたので、私は「私たちに礼拝、ザカート〔喜捨〕、血縁関係〔の重視〕、貞操を命じています」と答えました。すると、彼は「もし汝の言うことが真実ならば、彼は預言者であろう。私は彼〔預言者〕が現れることを知っていたが、〔まさか〕汝ら〔アラブ〕の中からとは思いもしなかった。もし、私が彼に到達することが可能と知っていたならば、出会ってみたかった。もし彼のもとにいたならば、〔敬意のゆえに〕その両足を洗ったであろうし、彼の威権がわが足元まで届いたに違いない」と言いました。

（アブー・スフヤーンは続けました。）次いで、彼はアッラーの使徒の手紙を持ってこさせ、読みました。そこには、次のように書いてありました――慈愛あまねく慈悲深いアッラーの御名によって。アッラーの使徒ムハンマドからルーム〔ビザンツ〕の支配者ヒラクルへ。導きに従う者に平安がありますように。さて、私はあなたをイスラームの教えに招待します。帰依しなさい、そうすればあなたは安全です。帰依しなさい、そうすればアッラーはあなたに二倍の報奨をくださいます。もし背き去れば、あなたには臣下たちの罪も課せられます。「おお、啓典の民たちよ、私たちとあなたたちの間の共通のことばに来なさい。〔それは〕私たちはアッラー以外を崇拝せず、かれに何者も並び立てず、アッラーのほかに何者も主とすることはない。もし、彼らが背き去るならば、言いなさい、「私たちは帰依者であると証言する」と」〔クルアーンのイムラーン家章六四節〕。

手紙を読み終わると、周囲にどよめきが起き、喧噪《けんそう》が高まった。彼は私たちに出て行くよう命じ、私たちは立ち去った。（アブー・スフヤーンは続けた。）立ち去る時、私は仲間に言いました。「イブン・アビー・カバシャ[7]の威光が届いたではないか。アスファル部族[8]（ビザンツの意）の王が、彼を恐れるとは（驚いた）」。（アブー・スフヤーンは続けた。）私はその後もアッラーの使徒の威光がその先に顕わになると確信していましたが[9]、やがてアッラーが私を〔マッカ征服の際に〕イスラームにお入れになったのでした。（ムスリム）

1　この出来事が起きた時は、アブー・スフヤーンらのマッカの指導者は、ムハンマドをアッラーの使徒とは認めていない（フダイビーヤの和約の際のやり取り、一四〇―一四一頁参照）。後年にこの出来事を語っているため、彼をアッラーの使徒と呼んでいる。

2　ビザンツ帝国皇帝（在位六一〇―六四一年）。ヘラクレイオス一世ともいう。帝国の公用語をラテン語からギリシア語に変更した（六二〇年）。サーサーン朝ペルシアにシリア、エジプトを奪われたが、六二二―六二八年の親征で勝利を収め、エルサレムを含むシリアをも回復した。ムハンマドからの手紙が届けられたのは親征中のことであった。なおムハンマド没後、六三六年にヤルムークの戦い（現ヨルダン）でビザンツ軍がイスラーム軍に敗れ、シリアはイスラームの版図に入った。 **3** 当時のアラビア語では東ローマ帝国／ビザンツ帝国は常に「ルーム（ローマ）」と呼ばれていた。ビザンツの呼び名は後世の西洋史で広まったもので、西ローマ帝国が滅びた後のローマ帝国は一つしかないという意味で、アラブ人の認識は当時の常識に沿っていた。 **4** 西暦六二八年のこと（ヒジュラ暦七年）。 **5** 教友の一人。援助者のハズラジュ系部族の出身。容姿端麗で、大天使ジブリールが人間の姿で現れる時の顔に似ているとのハディースがある（ティルミズィー）。 **6** シリアの古代都市ボスラ。現在はシリア南部のダルアー県内にあり、遺跡がユネスコ世界遺産となっている。ムハンマド時代には、ビザンツ帝国のアラビア属州の州都であった。 **7** アブー・スフヤーンらは自分たちと同じ系譜を持つムハンマドの出自は誹謗《ひぼう》できないので、彼を軽んじるために「イブン・アビー・カバシャ（アブー・カバシャの息子）」と呼んでいた。アブー・カバシャが誰かについては、ムハンマドの母方の祖先、あるいは乳母ハリーマの父方の大オジなどの説がある。 **8** ビザンツ人を指し、原義は「黄色の部族」。白人のローマ人と褐色のエチオピア人の混血と思われていたとの説がある。 **9** これは、マッカ征服後の発言なので、アブー・スフヤーンが取り繕って付言したものと考えられる。ハディースは長いものの、全体としてアブー・スフヤーンが当時のことを正確に思い出しているとの印象が強い。

6　イスラームの確立

マッカ征服

――ヒジュラ暦八(六三〇)年、マッカ側の違反を理由にフダイビーヤで結んだ和平条約を廃棄し、ムハンマドは大軍と共にマッカを訪れ、無血開城に成功した。

イブン・アッバースは、次のように語っている――〔マッカ征服に際し〕預言者はラマダーン月にマディーナを出発し、彼に一万人の軍勢が従いました。それは彼がマディーナに移住してから八年半がたった時でした。彼と彼に従うムスリムたちはマッカへと行軍し、彼も皆も断食をしていました。やがて、カディードの地[1]、それはウスファーンとクダイドの間にある水場[2]ですが、そこに達すると〔日が暮れる前に〕、彼は断食を破り、皆も断食を破りました。〔このハディースの伝承者で、初期ハディース学者の一人〕ズフリー[3]は、アッラーの使徒〔ムハンマド〕の命令は、後の方から順に従うものです[4]、と述べている。　（ブハーリー）

1　マディーナからマッカへの行程の半分ほどのところに、シャーム（シリア）の民がマッカの聖域に入る時にイフラーム着《ぎ》（巡礼着。後出一九八頁注5）に着替える地点であるジュフファがある。そこから、クダイド、カディードという中継点を通り、マッカ郊外のウスファーンに達する。

2　このハディースでは、三地点をマッカの側から描いている。マディーナの側から見ると、クダイドとウスファーンの中間にカディードが位置する。ウスファーンはマッカ郊外で、今日のジェッダから見ると東方五〇キロほどに位置する（巻末図1参照）。

3　イブン・アッバースから二代目の伝承者。伝承学者として大きな役割を果たした。詳しくは伝承者略伝を参照のこと（六三一頁）。

4　〔任意の〕断食をする、という指示は、〔場合によっては〕断食を日没前に破る、という新しい指示によって変更されたので、指示は時間的に後のほうが有効、の意。

ウバイドゥッラー・イブン・アビー・ラーフィウは、アリー〔・イブン・アビー・ターリブ〕が次のように語るのを聞いたと伝えている——アッラーの使徒〔ムハンマド〕は、私とズバイル[1]〔・イブン・アウワーム〕とミクダード[2]に指令を与え、「ラウダ・ハーフの地[3]まで急ぎ行きなさい。そこに手紙を携えている女性がいるので、それを奪いなさい」と派遣しました。私たちは騎乗して急ぎ、ラウダ・ハーフの地に達すると、確かに〔それらしい〕女性がいたので、私たちは「手紙を出しなさい」と命じました。彼女が「手紙など持っていません」と答えたので、私たちは「手紙を出すか、それとも私たちがあなたの衣服を〔手紙を見つけるために〕脱がせましょうか」と言うと、彼女は編んだ髪の中から手紙を取り出しました。

　私たちがそれをアッラーの使徒のもとに持ち帰ると、手紙の中身は、ハーティブ・イブン・アビー・バルタア[4]がマッカの多神教徒にアッラーの使徒の行動を通報するものでした。アッラーの使徒が「ハーティブよ、これは何か」と尋ねると、彼はこう答えました。「おお、アッラーの使徒よ、私のことを即断しないでください。私はかつて〔移住前には〕クライシュ族と結びついていましたが、ハリーフ（同盟者）[5]

であってクライシュ族の出身ではありません。あなたと共にいる移住者たちは皆クライシュ族に血縁者がいて、彼らの親族と財産を〔マッカで〕守ってくれています。私には血縁者がいないので、〔彼らの便宜を図って〕私の親族を守ってくれる人を得たいと思ったのです。私は自分の宗教を裏切るつもりではありませんし、帰依の後で不信仰に満足することもありません」。すると、アッラーの使徒は「彼は確かにあなたたちに真実を語っている」と言いました。

〔しかし〕ウマルは「おお、アッラーの使徒よ、この偽善者の首をはねるよう、私にお命じください」といきり立ちました。彼〔ムハンマド〕は、「この者はバドルにも参戦しました。アッラーがバドルの参戦者をどうなさるか、あなたにはわからないかもしれません。あなたたちの好きなようにしてください。私はそれをゆるします」。まもなく、アッラーが次の章句をお下しになりました。「おお、信仰する者たちよ、われの敵であなたたちの敵である者を友として、愛情を寄せてはならない。彼らはあなたたちにもたらされた真理を信じず、アッラーをあなたたちの主として信仰しているだけで、使徒とあなたたちを追い出した。あなたたちは、わがために、われの満悦を求めてジハード[6]に赴きながら、彼らへの愛情を隠している。われはあなたたちが隠していることも顕わにしていることも知悉《ちしつ》している。あなたたちの中でそれ〔敵を友とすること〕をする者は、まことに正しい道から迷い出た者である」〔試問される女性章一節〕　（ブハーリー）

1 クライシュ族出身の最初期の入信者。ムハンマドの母方の従兄弟で、いわゆる「楽園〔に入ると〕の朗報を得た十人」の一人で、ムハンマドの側近として重きをなした。第二代正統カリフのウマルが亡くなる際には後継者候補六人の一人として指名された。第四代正統カリフのアリーと争い、ラクダの戦い（六五六年）の際に戦死。 **2** 前出（五〇頁注6）。 **3** マディーナの保護地（牧羊などに使われる）の一つで、マディーナの南西に位置する。 **4** マッカ出身の教友、移住者の一人。ただし、クライシュ族の出身ではなく、その同盟者であった。マディーナでは、バドルの戦いなど主要な戦いに全て参加し、ムハンマドがエジプトの統治者へ布教の手紙を出した際はその使節となった。このハディースにあるマッカ征服の際の事件で罰されることはなく、第二代正統カリフのウマルの代に亡くなった。 **5** 部族の保護がない者がどこかの部族の保護下に入ると、その部族のハリーフ（同盟者）と呼ばれた。これは実際には被保護者の側面を持ち、当該部族への貢献が期待された。 **6** ここでは剣のジハードを指す。

ヒシャームがその父〔ウルワ〕から、次のように伝えている――アッラーの使徒がマッカ征服の年に出撃すると、その報がクライシュ族に達し、〔指導者である〕アブー・スフヤーン、[1]ハキーム・イブン・ヒザーム、[2]ブダイル・イブン・ワルカー[3]がアッラーの使徒について情報を集めるために、〔マッカを〕出て、マッル・ザフラーンの地[4]まで来ました。すると、アラファの野[5]〔に巡礼者が集合する時〕のような、たくさんの松明《たいまつ》が見えました。アブー・スフヤーンが「あれは何だ。アラファの松明のようではないか」と言うと、ブダイルが「アムル部族[6]の松明ではないか」と言いました。アブー・スフヤーンは「アムル部族は、あれより少ない」と答えました。その時、アッラーの使徒の護衛隊の者たちが彼らを見つけ、彼らが誰か判明したため捕らえて、アッラーの使徒のもとに連れてきました。アブー・スフヤーンは、ここで帰依しました。

彼〔ムハンマド〕はさらに前進すると、〔叔父の〕アッバース[7]に「アブー・スフヤーンを山頂に立たせて、ムスリムたちが見えるようにしなさい」と命じました。アッバースは彼を〔その上に〕立たせ、預言者と共に諸部族がアブー・スフヤーンの前を軍団ごとに進んでいくようにしました。一つの軍団が通過すると、彼〔アブー・スフヤーン〕は「おお、アッバースよ、これは誰か」と尋ね、彼〔アッバース〕が「ギファール部族[8]です」と答えました。彼〔アブー・スフヤーン〕は「私とギファール部族の間には、何も〔争いの種は〕ありません[9]」と言いました。次にジュハイナ部族[10]が通過すると、それと同じ問答がありました。次にサアド・イブン・フザイム部族[11]が通過すると、それと同じ問答がありました。次にスライム部族[12]が通過すると、それと同じ問答がありました。やがて、彼〔アブー・スフヤーン〕が見たことのない軍団が来て、彼が「これは誰か」と尋ねると、彼〔アッバース〕は「これらは〔マディーナの〕援助者たちで、旗を掲げたサアド・イブン・ウバーダ[13]が彼らを率いています」と答えました。サアドは「おお、アブー・スフヤーンよ、今日こそは偉大なる戦いの日であり、今日こそ〔これまでムスリムに禁じられてきた〕カアバ聖殿が許されたものとなる」と声を上げました。アブー・スフヤーンは「おお、アッバースよ、なんと壮麗な破滅の日であろうか」と言いました。次いで、一番小さな軍団が来ました。その中にアッラーの使徒とその教友たちがおり、預言者の旗はズバイル・イブン・アウワーム[14]が掲げていました。アッラーの使徒がアブー・スフヤーンの前を通ると、彼〔アブー・スフヤーン〕が「サアド・イブン・ウバーダが何と言ったか、知っていますか」と尋ねたので、彼〔ムハンマド〕は「何と言いましたか」と尋ね返しました。彼〔アブー・スフヤーン〕がこうこう言いましたと〔上述の発言を〕伝えると、彼〔ムハンマド〕は「それは違います。そうではなく、これはアッラーがカアバ聖殿を偉大なものとし、カアバ聖殿に〔布が〕掛けられる日なのです」と言いました。

（ヒシャームは語りを続けました。）アッラーの使徒はハジューンの地[15]に旗を据えるよう命じました。（ウルワによれば、ナーフィウ・イブン・ジュバイルはアッバースがズバイルにこう言うのを聞いたと言いました。）「アブー・アブドゥッラー〔ズバイルのこと〕よ、ここに旗を据えるよう、アッラーの使徒が命じました」。アッラーの使徒は、ハーリド・イブン・ワリード[16]にマッカの上手《かみて》にあたるカダーの地[17]から入城するよう命じ、預言者自身はクダー[18]の地から入城しました。ハーリドの軍団からは、〔わずかに〕二人の男性、フバイシュ・イブン・アシュアルとクルズ・イブン・ジャービル・ファフリーが戦死しました。（ブハーリー）

1 前出(一三〇頁注1)。息子のムアーウィヤもマッカ征服時に入信し、ムハンマドの書記の一人となり、のちのウマイヤ朝を開いた。**2** マッカの指導者の一人。ムハンマドの妻ハディージャの甥であったが、長らくイスラームには敵対した。ただし、ハーシム家ボイコット(七七―七九頁参照)の際には、ひそかにハーシム家を助けた。マッカ征服時に入信し、その後の戦役にはイスラーム側で参戦した。**3** クライシュ族がマッカの支配権を奪うまでこの地を支配していたフザーア部族の出身。**5** マッカ征服時に入信し、その後の戦役にはイスラーム側で参戦。**4** 前出(二一九頁注1)。**5** 大巡礼の際に巡礼者が集合する場所。**6** 南アラブ系の部族。**7** 前出(四七頁注1)。**8** 前出(六六頁注1)。クライシュ族と同様にキナーナ部族の系統に属する部族。同部族のアブー・ザッルについて、五九―六七頁参照。**9** それなのにマッカ攻撃に加わっているのか、という驚きが含意されている。アブー・スフヤーンの側では宗教の問題というよりも部族的な論理から考えていることがわかる。**10** クダーア部族の支族。クダーアが北アラブ系か南アラブ系かについては説が分かれる。**11** クダーア部族の支族。**12** クライシュ族と同じ北アラブ系の部族。ムハンマドが「私はスライム部族のアーティカたちの息子です」と述べたハディースが伝わっているが、これはスライム部族出身のアーティカという名の女性が三人、ムハンマドの父祖と結婚したことに言及したもの。**13** 援助者出身の教友。イスラーム以前からヤスリブのハズラジュ部族の長で、アカバの誓いに参加。

ヒジュラ後のマディーナ社会でも重きをなした。ムハンマド没後に後継者を選ぶ際に、援助者を移住者から分離独立しようとして、アブー・バクルらの反対を受けた。なお、アブー・バクルがカリフに選出された後は、ほぼ歴史の表舞台から姿を消した。アーイシャ中傷事件の際のやりとりについては二七三頁参照。**14** 前出(一六四頁注1)。**15** マッカの墓地の近くに位置する。**16** クライシュ族出身の教友。ウフドの戦いの際にはマッカ勢としてマディーナ軍に痛打を与えた。後にイスラームの猛将として、シリア征服に貢献。**17** マッカは北側が上手《かみて》、南側が下手《しもて》とされていた。カダーは上手側(巻末図2参照)。**18** クダーは、マッカの下手側。

アブドゥッラー・イブン・マスウードは、次のように伝えている——預言者がマッカ征服の日にマッカに入ると、館〔カアバ聖殿〕の周りには三六〇体の偶像があり[1]ました。彼は「真理が到来し、虚偽は消え去った」〔夜の旅章八一節〕、「真理が到来し、虚偽は始まることも戻ることもない」〔サバア章四九節〕と言いながら、手に持った杖で一体ずつ倒していきました。　(ブハーリー)

1 イスラーム以前の多神教の時代には、カアバ聖殿の周囲に三六〇体の偶像が祀られていた。その一部は偶像の姿や名前が知られているが、全部は伝わっていない。

イブン・アッバースは、次のように伝えている――アッラーの使徒がマッカに入った時、館〔カアバ聖殿〕[1]の内部に偶像があるうちは内部に入るのを嫌がり、全部取り出すように命じました。イブラーヒームとイスマーイール[2]が手に占い矢を持っている絵が外に出されると、彼は「アッラーが彼ら〔多神教徒〕を滅ぼしますように。彼らは二人が占いなどしないことをよく知っていたでしょうに」と言いました。そして館の中に入り、四方を向いて「アッラーフ・アクバル〔アッラーは偉大なり〕」と声をあげ、外に出ました。内部では礼拝をしませんでした。（ブハーリー）

1 カアバ聖殿は立方体の建物で、壁と屋根があり、扉が付いているが、内部は空洞となっている。2 旧約聖書のアブラハムとその息子イシュマエル。父子でカアバ聖殿を建立したとされる。クライシュ族を含めて「北アラブ」の系譜はイスマーイールに遡る。

イブン・アッバースは、次のように伝えている――マッカ征服の年、アッラーの使徒のもとへアッバースがアブー・スファヤーン[1]を連れてきて、彼〔アブー・スファヤーン〕はマッル・ザフラーンの地[2]で、イスラームに帰依しました。アッバースが「おお、アッラーの使徒よ、アブー・スファヤーンは名誉を重んじる男です。彼のために何かなさってはいかがでしょうか」と尋ねると、彼〔ムハンマド〕はこう言いました。「確かに。〔ではムスリムの軍勢がマッカに入城した時は〕アブー・スファヤーンの家に入る者は安全が保障され、自ら扉を閉めている者も安全が保障されます[3]」。

〔アブー・ダーウード〕

1 前出（一三〇頁注1）。 2 前出（二一九頁注1）。 3 アブー・ダーウード『スンナ集』の別な伝承では、さらに「マスジド〔カアバ聖殿のあるモスク〕に入る者も安全が保障されます」が加わっている。

アブドゥッラー・イブン・ラバーフは、次のように伝えている——〔後年のある時〕私たちは、アブー・スファヤーンの息子ムアーウィヤ[1]のもとを訪問しました。私たちの中にアブー・フライラもいました。日を替えてそれぞれが互いに食事を供することになって、私の番になりました。私は「アブー・フライラよ、今日は私の番です」と言いました。彼らは私の家に到着しましたが、まだ食事ができていなかったので、私は「アブー・フライラよ、食事ができるまで、アッラーの使徒について私たちに語ってくれませんか」と頼みました。

彼はこう語りました――マッカ征服の日、私たちはアッラーの使徒とともにいました。彼はハーリド・イブン・ワリード[2]に右翼軍を指揮させ、ズバイル[3]〔・イブン・アウワーム〕に左翼軍を指揮させ、アブー・ウバイダ[4]に歩兵と〔彼らが進撃する〕マッカ渓谷内部〔の戦闘〕を指揮させました。彼〔ムハンマド〕は「おお、アブー・フライラよ、援助者たちを呼びなさい」と命じましたので、私が彼らを呼ぶと、彼らは急いでやってきました。彼が「援助者の者たちよ、クライシュ族の悪党たちが見えますか」と尋ねると、彼らは「はい」と答えました。彼が「いいですか。明日、彼らと遭遇したら、彼らを一掃してしまいなさい」と、右手で左手をたたく仕草をしました。彼は「あなたたちと落ち合う場所は、サファーの丘[5]〔カアバ聖殿のすぐ外にある丘〕です」と言いました。（アブー・フライラは語り続けました。）その日、〔クライシュ族の〕誰が姿を見せても、彼ら〔援助者〕がその息の根を止めたでしょう。〈アブー・フライラは語り続けました。〉アッラーの使徒はサファーの丘に登り、援助者たちが来て、サファーの丘を囲みました。そこへアブー・スフヤーンが来て、「おお、アッラーの使徒よ、クライシュ族の命運は尽きました。今日限りで、クライシュ族はもうありません」と訴えました。アッラーの使徒は「アブー・スフヤーンの家に入る者は、安全が保障されます。武器を置く者は、安全が保障されます。自ら扉を閉めている者も安全が保障されます」と言いました。すると、援助者たちは〔クライシュ族が特別扱いされたと感じて〕「人は誰でも、一族への優しさと故郷〔自分の町〕への愛着に捕らわれるのだ」と〔不平を〕言いました。

この時、アッラーの使徒に啓示が下り、〔それが終わってから〕彼は言いました。「あなたたちは、人は誰でも、一族への優しさと故郷への愛着に捕らわれると言いました。私の名前は何であるか（彼は三回繰り返しました）。私はアッラーのしもべムハンマドにして、かれの使徒である。私は、アッラーへと、そしてあなたたちへと移住をしました。私はあなたたちと生をともにし、死をともにしています」。〔それを聞いた〕援助者たちは〔弁明して〕言いました。「アッラーにかけて、〔さきほど〕私たちが言ったことは、ただアッラーとその使徒を切望してのことでした」。彼〔ムハンマド〕は答えて、言いました。「まことにアッラーとその使徒は、あなたたちの誠意を認め、あなたたちの弁明を受け入れました」。　（ムスリム）

1 父のアブー・スフヤーンに関しては前出（一三〇頁注1）。のちに、ウマイヤ朝開祖となる（前出一六八頁注1）。2 前出（一六九頁注16）。3 前出（一六四頁注1）。4 名はアーミル・イブン・アブドゥッラー・イブン・ジャッラーフ。クライシュ族フィフル家の人。初期入信者の一人。「楽園〔に入ると〕の朗報を得た十人」の一人。「ウンマのアミーン（信頼に値する人）」とも呼ばれ、ムハンマドの信任が厚かった。5 巡礼の際にサアイの行がおこなわれる「サファーの丘とマルワの丘」の一つ（巻末図2参照）。後出（一九九頁注13）。

イブン・アッバースは、マッカを征服した勝利の日に、アッラーの使徒が次のように語ったと伝えている――もはや〔マディーナへの〕移住〔の義務〕[1]はなくなりました。あるのは、ジハード[2]と〔善行の〕意図[3]です。戦いに招集されたら、参じなさい。（彼はまた、マッカを征服した勝利の日に言いました。）まことにこの町は、アッラーが天と地を創造した日に禁域としたゆえに、復活の日までアッラーの〔定めた〕不可侵性[4]によって禁域です。この地における戦闘は、私の前にも誰一人として許されませんでした。私にしても〔マッカ征服の際に〕昼のひとときだけ許されたにすぎません。この地は、復活の日までアッラーの〔定めた〕不可侵性によって禁域なのです。ここでは植物のとげすら切ってはならず、狩猟をすることも許されません。落とし物も拾ったら、公にしなければなりません。草木は切ってはなりません。

するとアッバースが「おお、アッラーの使徒よ、イズヒル草[5]は除いてください。鍛冶や家造りに役立ちます」と尋ねたので、彼は「イズヒル草は除いて」と同意しました。

（ムスリム）

1　マッカの人びとにとって。マッカ以外の人びとには、それまでも推奨行為であって義務ではなかった。　2　ここでは、剣のジハードの意。　3　善行は意図と実践の両方に報奨があるという前提で、基礎としての意図が言及されていると解される。　4　アラビア語では「フルマ」といい、侵してはならないものや事項を指す。　5　イグサの一種。

ムジャーヒド〔・イブン・ジャブル〕は、次のように伝えている――私がイブン・ウマルに「シャーム〔シリア〕に移住したい」と告げると、次のように忠告されました。「〔マッカ征服のあとでは〕移住〔の務め〕はなく、ジハード〔の務め〕が課せられています。だから〔シリアに〕行って、自ら志願しなさい。もし何か〔ジハードの機会〕があれば〔それを遂行すればよいし〕、なければ帰ってきなさい」。

（ブハーリー）

諸部族からの使節

マッカ征服の後、アラビア半島各地から部族の使節たちが訪れ、多くがムハンマドの統率下に入った。特にヒジュラ暦九（六三〇／一）年は「使節来訪の年」とも呼ばれる。入信した部族には、ムハンマドは高弟を教師として遣わし、イスラームの教えを広めた。キリスト教徒の部族とは、庇護契約を結んだ。

アブー・ジャムラは、次のように伝えている――私はイブン・アッバースに「私は土器にナビーズ[1]〔ナツメヤシかブドウの飲料〕を入れていて、甘くなったものを飲んでいます。もし、たくさん飲んで、人びとと一緒に長い間座っていたら、彼らが〔私が酔っ払っていると〕疑うのを恐れます」と言いました。すると、彼はこう言いました――アブドゥルカイス部族〔の使節〕がアッラーの使徒のもとに来たことがあります。彼〔ムハンマド〕は「ようこそ、人びとよ。〔ここにやってきて〕あなたたちには不名誉も悔いも決してないでしょう」と言いました。彼らはこう言いました。「おお、アッラーの使徒よ。私たちとあなたの間には、ムダル部族の不信仰者たちがいて、〔戦いの禁じられている〕聖なる月にしかあなたのところに来ることができません。どうか、私たちに、それを守れば楽園に入れるような〔大事な〕命令を教えてください。私たちはそれを〔故郷に〕残した人びとにも伝えるでしょう」。彼〔ムハンマド〕はこう言いました――私はあなたたちに四つを命じ、四つを禁じます。〔命令はまず〕アッラーを信じることです。アッラーを信じることが何であるか、わかりますか。アッラーのほかに神なしと証言することです。〔続いて〕礼拝の確立、ザカート〔義務の喜捨〕の支払い、ラマダーン[2]の断食、戦利品の五分の一を差し出すことです。私はあなたたちに、四つを禁じます。つまり〔酒に使われる器である〕ドゥッバー、ナキール、ハンタム、ムザッファトです。[3]　（ブハーリー）

1　ブドウ、ナツメヤシ、蜂蜜を用いた飲料、あるいはそれを発酵させた酒。発酵していなければアルコール分は発生せず、禁止物にはあたらない。このハディースにあるように、飲酒が禁止された後も、ブドウ・ジュースの状態であれば飲まれていた。2　フムス（五分の一税）と呼ばれることもある。これを含めると、このハディースでの命令事項は五項目になる。戦利品の五分の一をムハンマド＝共同体（国家）に差し出す原則は、バドルの戦い（六二四年）から定められた。3　酒を造ったり供したりする当時の容器の代表例として挙げられている。ドゥッバーは皮の固い実（カボチャのような）をくり抜いて、ナツメヤシの実などと水を入れて醸造するのに使ったもの。ナキールはナツメヤシの木の根をくり抜いたもの。ハンタムは緑に塗られた壺で酒を運ぶのに使われた。ムザッファトはタールの一種を塗った容器。

イブン・アッバースは次のように伝えている――アッラーの使徒のモスク〔マディーナの預言者モスク〕でおこなわれる金曜の集合礼拝[1]の後、初めて金曜の集合礼拝がおこなわれたのは、ジュワーサーの地、[2]つまりバハレーン[3]の町にあるアブドゥルカイス部族のモスクでした。

（ブハーリー）

1　金曜日の正午過ぎにおこなわれる集合礼拝はクルアーンで命じられており（金曜礼拝章）、都市ごとに一つの中央のモスクでおこなわれるのが原則で、マディーナ時代には預言者モスクでのみ、これが実施されていた。　2　ハディースには「カルヤ（町）」とあるが、砦のこととの説もある。いずれにしても、アブドゥルカイス部族の主邑《しゅゆう》を指す。
3　当時のアラブ人はペルシア湾を「オマーン海」と呼び、それに面したアラビア半島東岸部を「バフライン（二つの海）」と呼んでいた。今日のバハレーン島を主要な領土とするバハレーン国より、はるかに広い範囲を指す。

アブドゥッラー・イブン・ズバイルは、次のように伝えている――タミーム部族の騎乗者たちが〔使節として〕預言者のところに来ました。アブー・バクルは「カアカー・イブン・マアバド[1]を〔彼らの〕総督に任命しましょう」と言いました。ウマルは「アクラウ・イブン・ハービス[2]を任命しましょう」と言いました。するとアブー・バクルは「あなたは私に反対したいだけなのですか」と尋ねました。ウマルは

「あなたに反対したいわけではありません」と反論しました。二人の議論が熱し、声が高くなりました。そこで、啓示が下されました――「信仰する者たちよ、アッラーとその使徒〔ムハンマド〕の前で差し出がましくしてはなりません。アッラーを畏れなさい。まことにアッラーは全聴者・全知者である。信仰する者たちよ、預言者の声よりも高くあなたたちの声をあげてはなりません。あなたたちが互いに声をあげるように、彼〔ムハンマド〕に大声で話してはなりません。あなたたちが自分でもわからないうちに、あなたたちのおこないが無価値とならないように。アッラーの使徒の前で声を低くする者は、アッラーが彼らの内面の篤信をお試しになった者たちであり、彼らには〔アッラーからの〕お赦しと大きな報奨がある。あなた〔ムハンマド〕を部屋の外から呼ばわる者たちは、その多くが思慮を欠いている。もし彼らがあなたが出てくるまで忍耐するならば、それが彼らにとってよいことである。アッラーは寛恕《かんじょ》者・慈悲者である」〔部屋章一―五節〕（ナサーイー）

1　タミーム部族の指導者の一人。別な伝承では、父の名を省いて祖父の名を続け、カアカー・イブン・ズラーラとも呼ばれている。教友。後に、気前のよさから「ユーフラテス川の流れ」とあだ名されたとも言うが、詳しい事績は伝わっていない。**2**「アクラウ」は「禿げ」の意のあだ名。タミーム部族の指導者の一人。教友。部屋章四節にある「部屋の外から呼ばわる者たち」は、タミーム部族の使節たちのこととされる。

イムラーン・イブン・フサインは、次のように伝えている――私は預言者のもとに行き、自分の雌ラクダを門のところに繋《つな》ぎました。そこへタミーム部族の人びとが到着し、彼〔ムハンマド〕は「おお、タミーム部族よ、朗報を受け取ってください」と言いました。彼らは「朗報はいただきましたので、〔ほかのものを〕ください」と二度言いました。次に、イエメンの人びとが彼のもとにやってきましたので、彼〔ムハンマド〕は「イエメンの民よ、朗報を受け取ってください。タミーム部族は受け取りませんでした」と言いました。すると彼らは「私たちは受け取ります、おお、アッラーの使徒よ」と答えました。彼らは「私たちはこのこと〔天地創造〕について尋ねるために来ました」と言いました。〔その問いに対して〕彼はこう答えました、「かつてアッラーだけが存在し、ほかに一切何もありませんでした。かれの玉座は水の上にありました。かれは、すべてのことを記録にお書きになりました。そして諸天と大地をお創りになりました」。その時、誰かが「イブン・フサインよ、あなたの雌ラクダがいなくなった」と叫びました。私が探しに行くと、蜃気楼のためにその姿は見えませんでした。アッラーにかけて、私はラクダを放っておくべきでした〔天地創造の話の続きを聞いていればよかった〕。　（ブハーリー）

フザイファは、次のように伝えている――ナジュラーン地方の〔キリスト教徒の〕支配者である相談役と首長[1]がアッラーの使徒のもとに来て、リアーン〔宣誓の対決〕[2]をしようとしました。（フザイファは続けて言いました。）一人がもう一人に「やめましょう。アッラーにかけて、もし彼が〔本当に〕預言者で私たちがリアーンをするならば、私たちは成功しないでしょうし、私たちの子孫たちも成功しません」[3]といさめました。二人は〔ムハンマドに〕こう言いました。「私たちはあなたが求めるものを差し出します。私たちには〔総督として〕信頼できる人を遣わしてください。私たちには信頼できる人以外を決して遣わさないでください」。すると彼〔ムハンマド〕は

「必ずや本当に信頼に値する誠実な人をあなたたちに遣わすでしょう」と答えました。アッラーの使徒の教友たちは誰もが自分がその人でありたいと願いました。彼〔ムハンマド〕は「おお、アブー・ウバイダ・イブン・ジャッラーフよ、立ちなさい」と言いました。彼〔アブー・ウバイダ〕が立つと、アッラーの使徒は「この人こそ、このウンマのもっとも信頼できる人です」と言いました。

（ブハーリー）

1 首長の名はアイハムまたはシュラフビール、相談役はアブドゥルマスィーフとされる（なぜ「首長と相談役」の順番で言及されていないのかは不明）。ここでは二人だけが言及されているが、そのほかにも司教、学院長などが同行しており、ナジュラーンの代表団であった。 **2** 紛争や裁判において物証がない場合に、偽証した者には神の呪いがかけられるとの前提で、係争のそれぞれの当事者が自分たちは正しいと宣誓して主張すること。ムハンマドが彼らに対してクルアーンの章句を読み聞かせたところ、それを否定したため、彼が「もし私の言うことをあなたたちが拒否するならば、あなたたちと宣誓の対決をしましょうか」と提案したため、それに応えるかどうか、代表団の間で話し合われた。 **3** 貢納のこと。次のハディース参照。

イブン・アッバースは、次のように伝えている——アッラーの使徒はナジュラーンの民と和平条約を結び、次のような条件を定めました——彼らはムスリムたちに二〇〇〇着の衣服を、サファル月[1]にその半分、残りをラジャブ月[2]に収める。また、イエメンで戦争や裏切りがあった場合に、ムスリムたちが戦うための鎧《よろい》三〇着、馬三〇頭、ラクダ三〇頭、すべての種類の武器三〇ずつを、彼らは〔ムスリムたちに〕貸与し[3]、ムスリムたちはそれを返還するまできちんと保管する。いかなる教会も破壊されることはなく、聖職者も追放されることはない。彼らの宗教は、何か新しいことを起こすか、彼らがリバー[4]〔利子〕をとらない限り、何らの妨害を受けない。

（イスマーイール〔＝イブン・アッバースからの伝承者〕は「彼らはリバーを取りました」と付言しました。アブー・ダーウード〔『スンナ集』編者〕は、いずれかの条項に違反する場合は、「新しいことを起こす」に相当します、と注釈しました。）

（アブー・ダーウード）

1　イスラーム暦二月。　2　イスラーム暦七月。　3　この場合は現物による納税にあたるが、法学的には、これも被保護民が支払う人頭税（ジズヤ）であったと解釈されている。　4　リバーの禁止については、四一二―四一五頁参照。

ズフリーは、次のように伝えている――私は、アッラーの使徒がナジュラーンに〔総督として〕アムル・イブン・ハズム[1]を派遣している時に彼に当てて書いた指示書を見ました。その指示書は、〔アムルの孫の〕アブー・バクル・イブン・ハズム[2]が持っていました。その中に、アッラーの使徒は次のように記していました[3]――これは、アッラーとその使徒からの訓令である。〔クルアーンを引用して〕「おお、信仰する者たちよ、契約を全うしなさい」〔食卓章一節〕から「まことにアッラーは迅速に精算なさる方である」〔食卓章四節〕までを書き、その後に、「これは賠償の書である。〔間違いで死亡させた場合の賠償は〕一人につきラクダ一〇〇頭とする」などと書いてありました。

（ナサーイー）

1　ハズラジュ部族出身の援助者。ナジュラーンに総督として派遣され、ムハンマド没時も総督を務めていた。　2　教友に次ぐ第二世代の人（タービイー）。ウマイヤ朝時代にマディーナの総督兼裁判官を務めた（援助者の子孫でマディーナ総督を務めた稀有な事例)。　3　書記に指示書を書き取らせた。

別離の巡礼

ムハンマドは世を去る前に、ヒジュラ暦一〇(六三二)年、多くの信徒たちを従えてマッカへの大巡礼を挙行した。その後まもなく人生の幕を閉じることになったため、「別離の巡礼」と呼ばれる。また、アラファの野でおこなった説教は「別離の説教」と呼ばれる。

ザイド・イブン・アルカムは、次のように伝えている——預言者は、一九回の戦いに出陣しました。〔マディーナへの〕移住後には、一度だけ大巡礼(ハッジ)をおこない、その後は、大巡礼はしませんでした。それは別離の巡礼です。[1]（〔ザイドからこのハディースを伝承した〕アブー・イスハークは、付言した。）そして、〔移住以前の〕マッカにおいて一度〔大巡礼をおこないました〕。（ブハーリー）

1　後に付けられた名称で、ムハンマド自身がこう呼んだわけではない。彼は巡礼が終わってしばらく後に世を去り、また巡礼中の巨大な会衆を前にアラファの野の山上からおこなった説教がいわば総まとめの内容であったため、預言者ムハンマドとムスリムたちの別離の機会であったと認識されるようになった。

ジャアファル・イブン・ムハンマドは、自分の父から、次のように聞いたと伝えている――私〔ジャアファルの父ムハンマド〕たちは、〔教友の長老である〕ジャービル・イブン・アブドゥッラーを訪れました。彼は私たちについて尋ね、最後に〔年少の〕[1]私の番になったので、私は「私はムハンマド・イブン・アリー・イブン・フサインです」と名乗りました。すると、彼は手を私の頭の上に置き、私の〔上着の〕一番上のボタンと一番下のボタンを外して、手の平を私の胸の真ん中に置きました。私はまだ年若い少年でしたが、彼は「ようこそ、わが甥よ。聞きたいことがあれば、何でも聞きなさい」と言いました。そこで私は質問をしましたが、彼は目が見えないため、答えるのに時間がかかりました。礼拝の時間となって、彼は布を身体にかけて立ちましたが、布が小さいため肩にかけるたびにずり落ちました。彼の長衣は近くに架けてありました〔が、目が見えない彼はそのことを忘れて、気がつきませんでした〕。彼は導師〔イマーム〕として、私たちと礼拝をおこないました。

　終わると、私は「アッラーの使徒の大巡礼〔ハッジ〕について教えてください」と頼みました。彼は、指で九を示してから、こう語りました――アッラーの使徒は〔マディーナに〕九年も暮らしましたが、ずっと大巡礼をおこないませんでした。一〇年目にみなに〔大巡礼の挙行を〕知らせたため、誰もがアッラーの使徒に付き従い、彼がなさるように行《ぎょう》をおこないたいと願い、多くの人がマディーナに集まりました。私たちは彼とともに出発し、ズー・アル＝フライファ[2]まで来ました。アスマー・ビント・ウマイス[3]はここで〔夫〕アブー・バクル[4]の子ムハンマドを出産したため、アッラーの使徒に遣いを出し、どうすべきか尋ねました。彼は「沐浴をして、〔出血しないように〕しっかりと当て布を固定して、イフラーム〔巡礼状態〕[5]となりなさい」と伝えました。アッラーの使徒はモスクで礼拝をして、〔自分のラクダの〕カスワーに乗り、出発しました。彼を乗せたラクダは、バイダー[6]の地で立ち止まりました。私の前方には見わたす限り乗り物〔ラクダや馬〕に乗った人や歩く人たちがひしめいており、それは右側も左側も背後も同じでした。

アッラーの使徒は、私たちの中でもっとも卓越なさった方であり、その方にクルアーンが啓示され、その〔クルアーンの〕奥義もご存じでした。私たちは、彼がなさることを何でも見習いました。彼は神の唯一性を称えて、こう唱えました。「ラッバイカ〔あなたのもとに参じました〕、おお、アッラーよ、ラッバイカ、ラッバイカ、あなたに並ぶものは何もありません。あなたに称えあれ。恩寵と大権はあなたのものです。あなたに並ぶものは何もありません」。みながこのことば〔巡礼のタルビヤ〕[7]を唱和しました。今もみなが唱えているのと同じです。アッラーの使徒は〔人びとが多少違ったことばを言っても〕異は唱えませんでしたが、ご自分のタルビヤはそのまま唱え続けました。（ジャービルは話を続けました。）

私たちは巡礼の意図しか持っていませんでしたし、小巡礼〔ウムラ〕[8]のことは、聖殿[9]に到着するまで知りませんでした。私たちは〔黒石の〕角で口づけし、[10]〔カアバ聖殿の周回行を〕[11]三周は早足で四周はふつうに歩いておこないました。そして、アッラーの使徒はイブラーヒームの立ち処に行き[12]、「イブラーヒームの立ち処を礼拝の場所としなさい」〔雌牛章一二五節〕の章句を朗誦《ろうしょう》しました。彼は立ち処をはさんで、聖殿に相対していました。（私〔ジャアファル〕の父〔ムハンマド〕が実際に預言者から〔ジャービルを通じて〕伝承されたと言ったか知りませんが、そうに違いありません。）預言者は二ラクアの礼拝の際に〔開扉章の後にそれぞれ〕「言いなさい、かれはアッラー、絶対無比者」〔純正章〕と「言いなさい、信仰を拒む者たちよ」〔不信仰者章〕を朗誦しました。その後、彼は〔黒石の〕角に戻って口づけし、〔禁域の〕門から出てサファーの丘に行き、「サファーの丘とマルワの丘[13]は、アッラーのための儀礼の一部である」〔雌牛章一五八〕を朗誦しました。そして、「アッラーがお始めになったように[14]、始めます」と言って、サファーの丘にまず登り、聖殿を見て、キブラ〔聖殿の方角〕に向いてアッラーの唯一性と偉大さを称えて、次のように言いました――「アッラーのほかに神なし、かれは唯一にして並び立つ者は一切なく、王権と称賛はかれのもの、かれはすべてに万能であられる。アッラーのほかに神なし。かれは約束を執行なさり、そのしもべをお助けになり、部族連合をお一人で敗北させた」。次いで、途中で祈りをささげ、同じことを三回唱えました。それから丘を降りて、マルワの丘に向かいました。〔両丘の間の〕谷間に両足が着くと走り、丘に登るときは歩きました。丘の上では、サファーの丘と同じように唱えました。二つの丘の間の往復はマルワの丘で終わりました[15]。

彼は、次のように言いました――「もし私が後で知ることを前もって知っていたならば、犠牲獣を連れてこないで、ウムラ〔小巡礼〕をおこなったでしょう。あなたたちの中で犠牲獣を用意していない者は、イフラーム着を脱いで〔巡礼を終わり〕、これをウムラ〔小巡礼〕としてください[16]」。スラーカ・イブン・マーリク・イブン・ジュアシュム[17]が立って、尋ねました――「おお、アッラーの使徒よ、これは今年だけのことですか、これからもずっとですか」。アッラーの使徒は、両手の指を組んでみせて、「ウムラはハッジと一緒になりました[18]」と二回言い、「今年だけではなく、これからもずっとです」と付け加えました。アリーはイエメンから預言者の犠牲獣[19]を連れてやってきましたが、〔妻の〕ファーティマがすでにイフラーム着を脱いで、色を染めた服[20]を着て、目にコホルを塗っている[21]のを見いだして、それに異を唱えました。彼女は「父がこうするよう命じたのです」と反論しました。〔伝承者は言いました。〕アリーは〔後年〕イラクでこう語っていました[22]――私〔アリー〕はファーティマに腹を立てて、アッラーの使徒のもとに彼女が言ったことについて問い合わせに行きました。そして、彼〔ムハンマド〕に自分が彼女に異を唱えたことを伝えました。すると彼は、「彼女の言った通りです」と二回言って、「あなたは巡礼に行くとき、何と言いましたか」と尋ねました。〔アリーは続けて語りました。〕私〔アリー〕は「おお、アッラーよ、私はあなたの使徒〔ムハンマド〕がしたのと同じに、イフラーム着を着ています」と答えました。彼〔アリー〕は「私は犠牲獣を連れてきましたから、イフラーム着を脱ぐことはありません」と言いました。

〔ジャービルは語り続けました。〕アリーがイエメンから持ってきた犠牲獣と預言者が持ってきた犠牲獣は、一〇〇頭でした。人びとは、預言者と自分で犠牲獣を持ってきた人を除いて、イフラーム着を脱ぎ、髪を切りました。〔日が替わって〕タルウィヤの日〔巡礼月八日[23]〕となりましたので、みながミナーの谷[24]に向かい、ハッジのためのイフラーム着を着て、アッラーの使徒は騎乗しました。彼はミナーの谷で、昼、午後、日没、夜、暁の礼拝を〔導師として〕おこないました。〔巡礼月九日には〕彼は日が昇るまで少し待ち、ナミラの地[25]に彼のテントを立てておくよう命じました。そこから彼は進みましたが、クライシュ族は、彼らがジャーヒリーヤ時代に〔クライシュ族の特権として〕やっていたように、彼がマシュアル・ハラーム[26]で停まることを疑いませんでした。ところが、アッラーの使徒はそこを通り過ぎて、アラファの野〔の近く〕まで行きました。ナミラでは〔彼の指示通りに〕テントが立てられていました。

　彼はここで太陽が正中を過ぎるまで過ごし、〔ラクダの〕カスワーを連れてこさせると、騎乗して、渓谷〔ウラナ渓谷[27]〕の中央に進み、みなに対して説教[28]をおこないました——まことに、あなたたちの血〔生命・身体〕とあなたたちの財産は、この日、この月、この地が不可侵であるのと同様に、〔互いにとって〕不可侵です。ジャーヒリーヤ時代のすべては、私の足下で廃絶されました。ジャーヒリーヤ時代の血讐《けっしゅう》[29]も、廃絶されました。私たちの血讐の中で私が最初に廃絶するのは、イブン・ラビーウ・イブン・ハーリス[30]の血讐です。彼はサアド部族の乳母に育てられ、フザイル

〔部族〕に殺されました。[31] ジャーヒリーヤ時代のリバー〔利子〕[32]も廃絶されました。[33] 私たち〔の一族〕のリバーの中で私が最初に廃絶するのは、アッバース〔・イブン・アブドゥルムッタリブ〕のリバー[34]で、それは全廃されました。あなたたちは、妻たちの扱いについて、特に神を畏れて〔戒律を守って〕ください。あなたたちはアッラーの保障によって彼女たちと結婚したのであり、アッラーのことばによって彼女たちの秘所があなたたちにとって合法となりました。あなたたちの権利として、彼女たちはあなたたちの好まない者を寝台に座らせてはなりません。もし、そのようなことをしたならば、彼女たちをきつくならないように打ちなさい。[35] 彼女たちの権利として、あなたたちは食と衣服をよく供しなければなりません。私はあなたたちにアッラーの書〔クルアーン〕を遺しました。あなたたちがしっかりとそれにすがりつくならば、これからも決して踏み迷うことはないでしょう。あなたたちは〔審判の日に〕私について問われたら、何と答えますか？

〔これを聞いて〕彼らは「私たちは、あなたが確かに〔啓示を〕伝達し、〔使命を〕果たし、〔私たちに〕助言なさったと、証言いたします」と答えた。彼〔ムハンマド〕は人差し指を天に向けて立て、次いでそれを人びとに向けて、「おお、アッラーよ、〔この光景を〕ご証言ください」と三度繰り返して言いました。

それから〔アザーン係が、礼拝の刻限を知らせる〕アザーンを唱え、少ししてから〔礼拝の始まりを告げる〕イカーマを唱え、彼〔ムハンマド〕は正午過ぎの礼拝を先導しました。少しして〔係が〕イカーマを唱え、夕刻の礼拝をおこないました。[36] 二つの礼拝の間には、他の〔任意の〕礼拝はしませんでした。そして、アッラーの使徒は彼のラクダのカスワーに騎乗して、ウクーフ〔滞在の行《ぎょう》〕[37]の場所まで来ると、ラクダを岩山〔ラフマ山〕の側に座らせました。彼はキブラを向いて、太陽が沈み、黄色い光が少し薄れるまでそこに立ち続けました。太陽の円環が〔地平の下に〕消えると、ウサーマ〔・イブン・ザイド〕を自分の後ろに乗せ、カスワーの頭が鞍に触れるほど鼻綱を強く引きながら、彼は右手を挙げて、「おお、人びとよ、平穏に、平穏に〔ゆっくりと進みなさい〕」と〔大声で〕指示しました。砂山があるたびに鼻綱を緩めて〔ラクダを進ませ〕、ムズダリファの地[38]に到着しました。ここで〔夜になってから〕日没後の礼拝と夜の礼拝を、一回のアザーンと〔それぞれの礼拝の際の〕二回のイカーマとでおこない、二つの礼拝の間には神を称えること〔任意の礼拝〕を何もしませんでした。アッラーの使徒は暁まで横になり、朝の兆候が見え始めると、暁の礼拝を一回のアザーンと一回のイカーマでおこないました。それからカスワーに騎乗し、マシュアル・ハラームまで来ると、キブラを向いて、神に祈り、神の偉大さを称え、「アッラーのほかに神なし」を唱え、神の唯一性を称え、陽光が射すまで立ち続けました。

太陽が昇りきる前にここを出発し、〔ラクダの上で〕背後にファドル・イブン・アッバース[39]を座らせました。彼は髪がきれいで色白の端整な顔の男性でした。アッラーの使徒が進むと、脇を女性たちの輿《こし》が進み、ファドルが彼女たちを見つめ始めました。アッラーの使徒が手をファドルの顔の前に差し出し〔視線をさえぎり〕ましたところ、ファドルは逆の側に顔を向けましたので、アッラーの使徒も逆の側で、手をファドルの顔の前に差し出しましたが、ファドルはまた顔を逆の側に向け〔女性たちを見〕ました。

やがてムハッスィルの渓谷[40]に着きましたので、彼〔ムハンマド〕は〔ラクダを〕少し急がせ、最大の石投げの場所に通じる真ん中の道を通って、木のところにある石投げの場[41]に到着しました。そこで、七個の小石[42]を、一個ごとに「アッラーは偉大なり」と言いながら指でつまんで谷間の中央で投げました。それからマンハル〔犠牲をささげる場所〕に行き、六三頭〔のラクダ〕を自らほふりました。それから残り〔の犠牲獣〕をアリーに託し、アリーもほふる役を果たしました。次いで、すべての犠牲獣から少しずつ肉を取って鍋に入れるよう指示し、料理ができあがると、二人〔ムハンマドとアリー〕は肉を食べ、汁を飲みました。それから、アッラーの使徒は騎乗し、館〔カアバ聖殿〕に戻り、マッカで正午の礼拝をおこないました。そして、アブドゥルムッタリブ家の人びとがザムザムの泉[43]を人びとに飲ませているところにやってきて、「アブドゥルムッタリブ家よ、〔水を私に〕汲んでください。もし、人びとが〔私のすることを見て〕あなたたちの給水権を奪ったりしないのであれば[44]、私も自分で汲みたいところです」と呼びかけた。彼らが桶を差し出すと、彼〔ムハンマド〕は桶から水を飲みました。

（ムスリム）

1　預言者の玄孫にあたり、老齢の教友ジャービルも、それゆえに敬意を示している。
2　巡礼の出発点の一つで、マディーナの民が身を清め、イフラーム着〔巡礼着〕を着る場所。マディーナ南郊（巻末図3参照）。 **3** 船の民の項で、前出（七七頁注8）。夫ジャアファルの死後、アブー・バクルと再婚した。 **4** 前出（四八頁注1）。ムハンマドの盟友で、後の第一代正統カリフ。 **5** 原義は「聖化する」ということで、巡礼者として全身の沐浴をおこない、それ以降は巡礼が終わるまで信仰行為に専心し、禁じられたこと（髪を切る、植物を引き抜く等々）を一切おこなわないことを指す。その間に着る衣服をイフラーム着といい、男性のイフラーム着は縫い目のない二枚の布という厳密な条件が付されている（女性の衣服は華美でなければ通常の服装でかまわない）。巡礼を終えてイフラームの状態を脱する場合は、通常は、髪を剃るか、髪の一部を切る。 **6** ズー・アル＝フライファからさらに南に下がった地点にある荒野。 **7** 「ラッバイカ（あなたのもとに参じました）」を含む定型の祈禱句で、巡礼者はカアバ聖殿に着くまで、これを唱え続ける。 **8** ここでは、大巡礼の際に小巡礼を合わせて実施することが論点となっている。ムハンマドが指揮した大巡礼はこの一度だけであったため、大巡礼と小巡礼を合わせる（あるいは、いったん、切り離しておこなう）方式については、この時点では知られていなかったと考えられる。 **9** カアバ聖殿は立方体の建物で、それを取り囲むモスクが「ハラーム・モスク（禁域のマスジド）」。カアバ聖殿は「アッラーの館」あるいは単に「館」とも呼ばれる。聖殿（立方体の建物）の中は入ることはできないので、「ハラーム・モスク」に入ると聖殿と向き合うことになり、二つの語が同義的に用いられることもある。**10** カアバ聖殿の四つの角のうち、南東の角に黒石が埋め込まれている（巻末図4参照）。**11** アラビア語で「タワーフ」。黒石の角からスタートして、カアバ聖殿の周りを反時計回りに七回周回する信仰行為。**12** カアバ聖殿を建立した際にイブラーヒーム（アブラハム）が足場としたとされる場所。聖跡となっている。**13** サファーの丘はカアバ聖殿の近くで、マルワの丘はやや離れている。両方とも小さな岩山で、両者の間の距離は四五〇メートルほど。巡礼者はその間を歩いて、一部は早足で、三往復半する「サアイの行」をおこなう。イブラーヒーム（アブラハム）が側妻ハージャル（ハガル）と幼いイスマーイール（イシュマエル）をこの地に残した際に、ハージャルが水を求めて、蜃気楼に翻弄されながらここを駆け回ったとの故事による。神の慈悲によって、最後に泉が湧き出たとされる。**14** クルアーンの章句で「サファーの丘とマルワの丘」とサファーの丘から言及されているように、の意。**15** 二つの丘を往復するのは「七回の行き来」と表現されるが、往復三回半に相当する。したがって、サファーの丘から始まり、マルワの丘で終わる。**16** 大巡礼の際には、犠牲をささげる儀式も必要であることを含意している。それに対して、小巡礼は、タワーフとサアイの儀式だけが主要な構成要素となっている。なお法学では、大巡礼が単独でおこなわれる場合には犠牲獣は不要とされ、大巡礼と小巡礼が合わせられる場合については、法学派によって見解が異なる。**17** キナーナ部族出身の教友。マッカ征服の際に入信。**18** 大巡礼（ハッジ）の際には、小巡礼(ウムラ)も必ずおこなうように定められた、の意。大巡礼の季節以外にウムラをする場合は、ウムラ単独である点は、変更がない。**19** 巡礼月一〇日には、羊などを犠牲としてささげる犠牲祭がおこなわれるので、その時にささげる家畜のこと。この行事はイブラーヒームが息子イスマーイールを犠牲としてささげるよう神に命令され、従おうとした時、忠誠心が確認されたとして、代わりに犠牲獣をささげるよう命じられたという故事による。一家の主人は、羊なら一人で一頭、牛なら七人で一頭ささげるものとされる。**20** 通常の衣服の意。イフラーム着は白ないしは華美でない服が原則。サフランのように香水のうちに数えられるもので染めた服は許されないが、染めただけであれば好ましくないというにとどまる。**21** 通常の化粧をしていることが含意されている。**22** クーファ市のこと。アリーは、第四代正統カリフに就任した後に、クーファに遷都し、ここから統治をおこなった。**23** 原義は「水汲みの日」。水場のないミナーの谷に泊まるために、マッカで水を用意して移動する。**24** マッカ郊外。アラファの野に行く途中に位置する(巻末図4参照)。**25** アラファの野に隣接する場所。ミナーの谷で命じているので、ナミラの地に先行してそこにテントを立てておくよう、命じたの意。**26** ミナーの谷とアラファの野の中間にあるクザフの丘。ムズダリファ(後出)の中にあり、ムズダリファ全体がマシュアル・ハラームとする説もある。**27** アラファの野のそばであるが、アラファの野の一部ではない。**28** 後に「別離の説教」と呼ばれる。**29** 自分の身内が他家、他部族の者に殺害されたり傷害を負わされた際に、同等の復讐をおこなうこと。イスラーム以前には、血讐には高い部族的価値があり、部族の成員にとってその執行は務めであった。イスラームはこれを廃止し、公権力による刑法に置きかえた。
30 イブン・ラビーウが被害者で、その父ラビーウが血讐権者であったとされる。31 イブン・ラビーウはクライシュ族に属し、殺害者の属するライス・イブン・バクル部族に対して血讐を求める対立が生じていた。32 イスラーム以前には、貸し付けを期日までに返せないと、期限が同じだけ延びる代わりに返済額も倍になるような高利貸がおこなわれていた。33 クルアーンの次の章句による――「おお、信仰する人びとよ、アッラーを畏れ、リバー〔利子〕の残額を帳消しにしなさい。もし、あなたたちが〔本当に〕信徒であるならば。〔帳消しに〕しないのであれば、アッラーとその使徒〔ムハンマド〕からの戦いが宣告される。もし、あなたたちが悔い改めるならば、元本はあなたたちのものである。〔そうすれば〕あなたたちも不義をなさず、あなたたちが不義にあうこともない」(雌牛章二七八―二七九節)。34 アッバースはムハンマドの叔父で、後のアッバース朝の家祖。アッバースがおこなっていた高利貸しは大きな利益を生んでいた。35 妻に対する軽微な折檻《せっかん》。現代では、夫にこのような権利を認めることは男尊女卑の一部という批判がなされている。36 巡礼中であるため、正午過ぎに、正午過ぎの礼拝と夕刻の礼拝を連続してささげた。37 アラファの野、特にその中央にあるラフマ山の山麓で、午後の間ずっと祈りに専心すること。**38** アラファの野からミナーの谷に行く途中の地点。ここで夜を明かす。「ムズダリファ」には「近づく場所」の意味もあり、アラファの野から巡礼者が近づくからという説のほか、楽園から地上に墜ちた人類の祖アーダムとハウワーがこの地で再会したとの故事にちなむという説もある。**39** アッバースはムハンマドの叔父なので、ファドルは従弟にあたる。ファドルはアッバースの長男で、ハディース伝承者のアブドゥッラー・イブン・アッバースの兄にあたる。**40**「疲弊させる者の渓谷」。象の年(二一頁注2)にアフリカ象がここで斃《たお》れたため、この名がついたとされる。本文にあるように、巡礼者は早めに通り過ぎるのが慣行。**41** アラビア語で「ジャムラ」。イブラーヒームが石を投げて悪魔を遠ざけたとの故事に倣う場所。アカバの地にあるため、アカバの石投げ場ともいう。**42** 大きさは指先ほどの小さな小石でよいとされる。前夜に泊まるムズダリファの地で集めておくのが慣例となっている。**43** アブー・ザッルがこの水だけを飲んで過ごした、前出ハディースを参照(五九―六七頁)。**44** アブドゥルムッタリブ(ムハンマドの祖父)がザムザムの泉を再発掘して以来、その給水権はアブドゥルムッタリブの子孫たちの権利・名誉とされていた。ムハンマドが自ら水を汲んだ場合に、人びとがアブドゥルムッタリブ家から給水権をムハンマドが共同体の長として召し上げた、と解釈する可能性があった。

最後の説教

イブン・アッバースは、次のように伝えている――アッラーの使徒〔ムハンマド〕は、やがて死を迎える病の中で、〔モスクに〕現れました。シャツを着て、頭には油を浸した布を巻いていました。ミンバル[1]〔説教壇〕に座ると、アッラーに感謝し、アッラーを称賛し、次いで言いました。「人びと〔ムスリム一般〕は多くなり、援助者〔アンサール＝もともとのマディーナ住民〕は少なくなりました。彼らは人びとの中では、食事の塩のように〔わずかに〕なっています。〔私の死後に〕あなたたち〔移住者〕の誰が統治権を後継して誰かを害したり他の者に益を与えたりする〔権能を持つ〕にせよ、その人は彼ら〔アンサール〕の善を受け入れ、彼らの過ちを許してください」。これは預言者が人びとの集まりに姿を見せた最後のことでした。　　（ブハーリー）

1　ミンバルの役割と製作については、五〇〇頁注2、五〇一頁の本文を参照。

ウクバ・イブン・アーミルは、次のように伝えている――アッラーの使徒は、八年過ぎてからウフド[1]の戦いの戦死者たちへの葬儀礼拝をおこないました。〔今から思えば〕あたかも、生者と死者に別れを告げているかのようでした。その後、ミンバル〔説教壇〕に上り、次のように述べました。「私はあなたたちの前において先行者であり、あなたたちに対して証人です。あなたたちと〔まみえる〕約束の場所は、〔楽園の〕池[2]です。私は今、私のこの場所からそれ〔池〕を目の当たりにしています。私はあなたたちが多神教〔の罪〕を犯すとは全く心配していません。しかし、あなたたちが現世で競い争うことは心配です」。（ウクバ・イブン・アーミルは付言しました。）これは私がアッラーの使徒を見た最後の機会でした。　（ブハーリー）

1 ウフドの戦いの直後に葬儀礼拝をおこなわず、八年後に、の意。 2 クルアーンが「われ〔アッラー〕はまことにあなた〔ムハンマド〕にカウサル〔の池〕を授けた」（豊潤章一節）と述べている楽園にある池（または川）。一度その水を飲んだ人は二度と喉の渇きを覚えないとされる。

ズフリーは、ウルワ・イブン・ズバイルが、アーイシャから次のように聞いたと伝えている――「預言者が亡くなった時、六三歳でした」。ズフリーは、サイード・イブン・ムサイヤブも同様のことを述べたと伝えている。（ブハーリー）

最期の日々

アーイシャは、次のように伝えている――〔死が近づいた〕アッラーの使徒は、〔毎日妻たちの部屋を移り住む〕苦痛を訴えました。そこで、妻たちは〔相談して〕「あなたが望むところをおっしゃってください。私たちがお連れしますから」と告げた。彼が「あなたたちは皆がそれでよいのですか」と尋ねると、彼女たちは「はい」と答えた。そこで彼はアーイシャの家〔部屋〕に移り、そこで亡くなりました。（イブン・ヒッバーン）

アーイシャは、次のように伝えている――私に〔父の〕アブー・バクルが「アッラーの使徒が亡くなったのは、何曜日だっただろうか」と尋ねました。私が「月曜日です」と答えると、彼は「私もその日に死にたいものだ」と言いました。そして〔実際に〕月曜日の夕刻に亡くなり、その夜埋葬されました。（イブン・ヒッバーン）

アーイシャは、次のように伝えている――〔預言者が息をひきとったと聞いて〕アブー・バクルはスヌフの住まい[1]から騎馬で駆けつけました。彼は馬から降りるとマスジド〔預言者モスク〕に入りましたが、誰とも口をききませんでした。〔モスクに隣接した〕アーイシャの部屋に入ると、アッラーの使徒がヒバラの衣服[2]に包まれていました。彼〔アブー・バクル〕は預言者の顔〔の部分〕を開け、かがんで彼〔の額〕に口づけし、涙を流しました。そして、こう言いました。「私はわが父母を差し出してでもあなたを守ったでしょう[3]。アッラーにかけて、アッラーがあなたを二度死なせる[4]ことは決してありません。アッラーがあなたに定めた死について言えば、確かにその死がやってきました」。（ナサーイー）

1 マディーナのスヌフ地区にある妻の家。 2 イエメンの綿ないしは麻でできた縞模様の衣服。 3 極度の敬愛の表現。「父母を差し出す」は「たとえもっとも大事な父母を犠牲に差し出すとしても」という比喩表現。 4 ムハンマドの肉体と使命（イスラーム）の両方を死なせること。使命は永続することを含意。

イブン・アッバースは、次のように伝えている――アブー・バクルが〔モスクの中に〕入ると、ウマルが人びとに〔預言者は蘇ると〕語っていました。アブー・バクルは「ウマルよ、座りなさい」と言いましたが、ウマルはそれを拒みました。人びとは彼〔アブー・バクル〕のほうに顔を向け、ウマルから離れました。アブー・バクルは、こう言いました。「さて、あなたがたの誰かがムハンマドを崇拝していたのであれば、ムハンマドは確かに世を去りました。あなたがたの誰でも、アッラーを崇拝していたのであれば、アッラーは永生者にして決して死ぬことはありません。アッラーは〔クルアーンの中で〕おっしゃっています、「ムハンマドはただ、使徒にすぎない。彼以前にも多くの使徒が過ぎ去った。もし彼が死ぬか殺されたら、あなたたちは踵《きびす》を返すのであろうか。誰が踵を返そうとも、何一つアッラーを害することはない。アッラーは感謝する者たちに報奨をさずける」〔イムラーン家章一四四節〕。（彼〔イブン・アッバース〕は続けて言いました。）

神にかけて、あたかも人びとはアブー・バクルが朗誦《ろうしょう》するまで、この章句が啓示されたことを知らなかったかのようでした。人びとは皆彼からこの章句を受け取り、私は彼らのいく人かがそれを〔その場で〕朗誦するのを聞きました。イブン・ムサイヤブは〔後に〕ウマルがこう言ったと私〔イブン・アッバース〕に伝えました――「神にかけて、アブー・バクルがその章句を朗誦しているのを聞いた時、私の両脚は私を支えることができず、彼が章句を朗誦して預言者が亡くなったと告げるのを聞いて、私は大地に倒れました」。

（ブハーリー）

II　マディーナの暮らしと社会

1　ムハンマドの日常生活

背丈と髪の色

アナス・イブン・マーリクは、次のように伝えている――アッラーの使徒〔ムハンマド〕は群を抜くほど背が高くはなく、低くもありませんでした。肌の色は真っ白ではなく、褐色でもありませんでした。髪は巻き毛でも、直毛でもありませんでした。四〇歳になった時、神の召命があり、それからマッカで〔およそ〕一〇年、マディーナで〔およそ〕一〇年を過ごしました。六〇歳になって亡くなった時、髪とヒゲには白髪は二〇本もありませんでした。

（ムスリム）

アブー・イスハークは、バラーウ〔・イブン・アーズィブ〕が次のように述べたと伝えている――アッラーの使徒は、誰よりも美男で、誰よりも気立てのよい方でした。背丈はのっぽでもなく、低くもありませんでした。

（ブハーリー）

アブー・イスハークは、バラーウ〔・イブン・アーズィブ〕が「預言者のお顔〔の輝き〕は剣のようでしたか」と聞かれ、「いいえ、月のように〔輝いていました〕」と答えたと伝えている。

（同前）

健脚

アブー・フライラは、次のように伝えている――私はアッラーの使徒よりも素晴らしい方を見たことがありません。太陽がそのお顔に昇るかのようでした。また、彼よりも速く歩く人を見たことがありません。あたかも、大地が彼のために滑らかにされたかのようで、私たちが苦労して歩いている時も、こともなげに歩いていました。

（ティルミズィー）

歯磨き

アブー・ブルダは自分の父〔アブー・ムーサー・アシュアリー〕から次のように伝えている――私〔アブー・ブルダの父〕が預言者のもとに参じたとき、ちょうど彼はスィワーク[1]を手に持って歯をきれいにしているところでした。スィワークを口の中に入れて、「うっ、うっ」と吐き気〔がある時〕のような声をあげていました。

（ブハーリー）

1 アラークの木（前出二九頁注2）の根は、皮を剥いて中をほぐすと、ブラシ状になる。当時はそれを歯磨きに用いていた。今日でも、スンナ（預言者慣行）として励行されている。スンナについては、六七五―六七六頁参照。

フザイファは、次のように伝えている――預言者は、タハッジュド〔深夜〕の礼拝

に立つときは必ず、スィワークを使って口〔と歯〕をきれいにしていました。（ブハーリー）

アブー・フライラは、アッラーの使徒が次のように語ったと伝えている——わがウンマに過大な負担とならないのであれば、ウドゥー〔礼拝のための清め〕をする度にスィワークを使うよう、あなたたちに命じたことでしょう。（マーリク）

アーイシャは、次のように伝えている——アブドゥッラフマーン・イブン・アブー・バクル〔アーイシャの兄〕がスィワークを持って、口をきれいにしながら、〔私の家に〕やってきました。アッラーの使徒がそれをじっと見ましたので、〔察した〕私は「アブドゥッラフマーンよ、そのスィワークを私にください」と頼みました。彼がくれたので、私はスィワークを二つに裂いて、それを〔ブラシになるように〕歯でほぐして、アッラーの使徒に渡しました。彼は私の胸に寄りかかったまま、スィワークを使いました。（ブハーリー）

ヒゲ

イブン・ウマルは、預言者が次のように言ったと伝えている――多神教徒と違うようにしてください。あごのヒゲはそのままに〔伸ば〕して、鼻ヒゲは刈って下さい。〔イブン・ウマルからの伝承者ナーフィウ〔イブン・ウマルの被保護者〕は付言しています。〕イブン・ウマルは大巡礼または小巡礼に行く時は、手であごヒゲをつかみ、手からはみ出た分を切っていました。

（ブハーリー）

割礼

アブー・フライラは、アッラーの使徒が次のように語ったと伝えている――天性〔フィトラ〕[1]にふさわしいことは、五つあります。割礼すること、[2]〔陰部の毛を〕剃ること、鼻ヒゲを短くすること、ツメを切ること、[3]腋〔の毛〕を抜くことです。

（ブハーリー）

1 人間は天性（フィトラ）をもって生まれるとされる（前出八六頁注4）。天性において、人間は神が創った自然の摂理に従うとされる。ここでは、天性にふさわしい成人男性のみだしなみとして、五点があげられている。**2** 男児のペニスから、亀頭部分の皮を除去すること。成人へ向かう通過儀礼として、男性には必須と見なされている（法学的には義務かスンナか、学派によって学説が異なる）。**3** 腋毛を除去することが目的で、法学では、抜く・剃る・刈る等の方法が認められている。

サイード・イブン・ジュバイルは、次のように伝えている――イブン・アッバースは、「預言者が亡くなった時、あなたはどのくらいの年齢でしたか？」と聞かれ、次のように答えました。「その当時、私はすでに割礼を済ませていました」。（続けて、次のように付言しました。）「その頃は、思春期に達するまで[1]、男性の割礼はおこないませんでした。」

（ブハーリー）

1 夢精があって（＝子どもを作る能力を得て）、成年に達したと見なされる時期まで。現代では、男児の割礼の年齢は地域によって異なるが、場合によっては生後すぐにおこなうこともあり、七歳前後が標準とされることもある。

服装や衣服

ミスワル・イブン・マフラマは、次のように伝えている――〔子どもだった〕私が重い石を担いでいると、〔着ていた〕服が脱げてしまいました。〔それを見た〕アッラーの使徒は、「あなたの服を着なさい。裸で歩いてはいけません」と言いました。

（アブー・ダーウード）

イブン・ウマルは、次のように伝えている――預言者は、「衣服の裾を自尊心から後ろに引きずっている人は、復活の日にアッラーはその者をご覧にならない」と言いました。すると、アブー・バクルが「おお、アッラーの使徒よ、気をつけないと私の裾は片方が引きずられてしまいます」[1]と訴えた。預言者は「あなたは、自尊心からそうしているわけではありません」と答えました。

（ブハーリー）

1　アブー・バクルはやせていたため、腰に巻く衣服の裾が時折ずり下がったと伝えられる。

ムアーウィヤ・イブン・スワイド・ムカッリンは、次のように伝えている――私がバラーウ・イブン・アーズィブを訪ねた時、彼がこう言うのを聞きました――アッラーの使徒は私たちに七つのことを命じ、七つのことを禁じました。私たちに命じられたのは、病人を見舞うこと、葬儀に参列すること、くしゃみをした人に声かけすること[1]、誓いを守ること、不義にあっている人を助けること、招待に応えること、皆にあいさつをすることです。私たちに禁じられたのは、指輪または金の指輪をすること、銀〔の器〕で飲むこと、赤い絹の鞍布を用いること、カッスィー織り[2]の絹服を着用すること、絹・錦・ビロードの衣服を着ることです。（ムスリム）

1　くしゃみをした人、あるいは自分のくしゃみに「アルハムドゥリッラー（アッラーに称えあれ）」と声を出した人に、「ヤルハムカッラー（アッラーがあなたに慈悲をくださいますように）」と声かけすること。　2　エジプトのカッス産の絹織物。

ジャービル〔・イブン・アブドゥッラー〕は、次のように伝えている――アッラーの使徒は、左手で食べる〔食物を左手で口に運ぶ〕ことや、片方だけサンダルを履いて歩くこと、身体に〔腕が出ないような形で〕布を巻き付けること〔布はサンマーと呼ばれる〕、〔下に何もつけずに〕一着だけ衣服を着て〔何かに〕寄りかかって陰部を露呈させること[1]を、禁じました。

（ムスリム）

1　アラビア半島で用いられる長衣は、シャツをそのまま足元まで伸ばしたような形なので、裾から中が見える場合は、下着をつけていないと陰部まで見えてしまう。

アースィム・アフワルは、アブー・ウスマーンから聞いて、次のように伝えている――私〔アブー・ウスマーン〕たちがアゼルバイジャン[1]〔の戦線〕にいる時、〔当時のカリフ〕ウマルが私たちに書簡を届けて、こう述べました。「おお、〔指揮官の〕ウトバ・イブン・ファルカド[2]よ、それ〔戦利品・得られた富〕はあなたの労苦の結果でも、あなたの父親の労苦の結果でも、あなたの母親の〔労苦の〕結果でもありません。それゆえ、あなたが自分の家で〔家族を〕食べさせるように、ムスリムたちも彼らの家で食べられるようにしてください。現世の享楽〔におぼれたり〕、多神教徒の服装〔をまねたり〕、絹の着用〔をしないよう〕に気をつけてください。アッラーの使徒〔ムハンマド〕は、絹の着用を禁じました〕。彼は、ただ、このくらいは別として、と言って中指と人差し指をあげて、〔幅を示すために〕二つの指を合わせました。

〔アースィムの次の伝承者〕ズハイルは、アースィムが「このことも書簡に書かれていました」と言ったと伝えています。〔ズハイルの次の伝承者は〕ズハイルも二本の指で〔幅を〕示した、と伝えています。（ムスリム）

1　カスピ海西岸の地域・国。第二代正統カリフのウマルの代に征服がおこなわれた。

2　ムハンマド時代末期に入信した教友。軍人として傑出し、イラク北部からアゼルバイジャンを征服した功で知られる。

アブー・アフワスは、彼の父〔マーリク・イブン・ナドラ〕[1]が次のように語ったと伝えている――私が預言者のもとに、ひどい衣服を着て行くと、彼は「財産はないのですか？」と尋ねました。私が「あります」と答えると、「どのような？」と聞かれ、「アッラーは私に、ラクダ、羊、馬、奴隷をくださいました」と答えました。すると、彼は言いました。「アッラーがあなたに財産をくださったならば、アッラーからの恵みと誉れが〔他の人にも〕わかるようにしてください〔きちんとした衣服を着てください〕」。

（アブー・ダーウード）

1　ハワーズィン部族ジャシュム支族出身の教友。ムハンマド没後はクーファに住み、イブン・マスウードから教えを受けた。彼が伝えた有名なムハンマドのことばに「手には三種類あります。アッラーの至高の手、それに続く〔喜捨を〕与える人の手、一番下の請う者の手」（アブー・ダーウード）がある。

アブー・フライラは、次のように伝えている——アッラーの使徒は、女性の服装をする男性と男性の服装をする女性を拒絶しました。

（アブー・ダーウード）

イブン・ウマル[1]は、アッラーの使徒は次のように言ったと伝えている——他の民〔の服装や習慣〕をまねる者は、その民の一人〔であるとの同じ〕です。

（アブー・ダーウード）

1 この考え方のゆえもあって、ムスリムたちは独自の服装を発展させ、他の宗教の人びとと似た服装をすることを避けた。ただし、近代に入るといわゆる「洋服」が普及し、特に男性の間で伝統的な服装がすたれる地域が生じた。たとえばネクタイはそのような洋装の一部であったが、現代では、ネクタイが世界的に広範に普及したため、特定の「民」の服装ではなく、このハディースの規定にはあてはまらないという解釈もなされている。

アブー・ブルダは、次のように伝えている――私がアーイシャを訪れると、彼女はイエメンで作られた目の粗い〔下半身用の〕巻き布と、ムラッバダと呼ばれる布で作られた〔上半身用の〕服を出してきて、「アッラーにかけて、アッラーの使徒は亡くなった時にこの二つの衣服を身につけていました」と言いました。（ムスリム）

指　輪

アナス・イブン・マーリクは、次のように伝えている――アッラーの使徒がビザンツ〔の皇帝〕に書簡を送ろうとした時のことです。彼ら〔教友たち〕は、彼ら〔ビザンツの高官たち〕は押印していない書簡を読まないそうです、と助言しました。そこで、アッラーの使徒は銀の指輪を作らせました。私〔アナス〕は、今もアッラーの使徒の手〔の指〕につけられた指輪の白い輝きがまぶたに浮かびます。その刻印は、「ムハンマドはアッラーの使徒なり」でした。

（ムスリム）

アナス・イブン・マーリクは、次のように語っている――私はある日、アッラーの使徒の手に銀の指輪がつけられているのを見ました。すると、人びとは〔われがちに〕銀の指輪を作って、手につけました。〔それ以前に〕預言者が〔金の〕指輪[1]を捨てると、人びとは自分たちの〔金の〕指輪を捨てました。

（ムスリム）

1　ムハンマドは初め、金の指輪を作ったが、後にこれをやめた。男性が金の装飾品をつけることも禁じられた。銀の指輪は、ムハンマドの慣行により、男性が身につけることが許されている。

イブン・ウマルは、次のように伝えている――アッラーの使徒は、銀の指輪を作らせ、それを手〔の指〕につけていました。後に、それは〔第一代正統カリフの〕アブー・バクルの手につけられていました。その後は、〔第二代正統カリフの〕ウマルの手につけられていました。その後は、〔第三代正統カリフの〕ウスマーンの手につけられていましたが、彼の手からアリースの井戸[1]に落ちて〔なくなって〕しまいました。指輪の刻印は「ムハンマドはアッラーの使徒なり」でした。

なお、〔伝承者の一人アブドゥッラー・〕イブン・ヌマイルは、「井戸に落ちて」とだけ言って、「彼の手から」とは言っていません。〔次の伝承者による注釈〕（ムスリム）

1　マディーナのクバー・モスクの西側に位置する。この泉に指輪が落ちて以降、「指輪の井戸」とも呼ばれる。

履き物

イブン・ウマルは、次のように伝えている――預言者は、染色された革のサンダルを履き、ヒゲをワルス[1]とサフランで黄色く染めていました。（イブン・ウマルから伝承を伝えたナーフィウは付言しました。）イブン・ウマルも同じことをしていました。

（アブー・ダーウード）

1　カマラの木（クスノハガシワ）から採れる染料。

ジャービル〔・イブン・アブドゥッラー〕は、次のように伝えている――預言者は、私たちが一緒に出陣した戦役の一つの際に、こう言いました――サンダルを履くようにしなさい。サンダルを履いていると、騎乗している〔のと同じ〕ようです。

（ムスリム）

アブー・フライラは、アッラーの使徒が次のように言ったと伝えている――サンダルを履くときは、右足から履いてください。脱ぐときは、左から脱いでください。両方を一度に履いてもよいし、一度に脱いでもかまいません。（ムスリム）

アブー・フライラは、預言者が次のように言ったと伝えている――サンダルの紐が切れてしまった人は、それを直すまでは、〔切れていない〕片方だけを履いて歩いてはいけません。（ナサーイー）

食事の作法

ウマル・イブン・アビー・サラマは、次のように伝えている[1]――私がアッラーの使徒〔ムハンマド〕の家に〔保護されて〕いた少年の頃、食事の時は皿の周りで手をうろつかせるのが常でした。すると、アッラーの使徒が言いました、「おお、少年よ。アッラーの名を唱え、右手で食べ、近いところから食べなさい」。それ以来ずっと、

それが私の食事作法です。（ブハーリー）

1 ウマルはその名の通りアブー・サラマの息子で、アブー・サラマとその妻ウンム・サラマ（サラマの母）は長男の名から、このように呼ばれる。アブー・サラマの死後、ムハンマドはウンム・サラマを妻とし（後出二八五頁注1）、彼女の子どもたちを養育した。子どもたちとは、ウマル、兄のサラマ、姉妹のザイナブ、ドゥッラである。

ジャービル〔・イブン・アブドゥッラー〕は、アッラーの使徒が次のように言ったと伝えている――左手で食べないでください。悪魔が左手で食べるからです。（ムスリム）

アーイシャは、次のように伝えている――〔ある時〕アッラーの使徒が六人の教友と食事をする時、一人の遊牧民が来て〔一緒に座ると〕あっという間に食べてしまいました。そこで、アッラーの使徒がこう言いました――もし彼が「ビスミッラー〔アッラーの御名によって〕」と言ったならば、それは全員にとって有効です。あなたたちの誰かが食事をする時は、「ビスミッラー」と唱えてください。もし、最初に「ビスミッラー」を唱えるのを忘れたならば、〔気がついた時に〕「最初と最後にビスミッラー」と唱えてください。

（イブン・マージャ）

カターダ〔・イブン・ディアーマ〕は、次のように伝えている——私たちがアナスを訪れていた時、そこにパン焼き人が一人いました。彼〔アナス〕は、「預言者はアッラーにまみえるまで〔死ぬまでずっと〕薄パンも羊の丸焼きも食べることはありませんでした」と述べました。

（ブハーリー）

カターダ〔・イブン・ディアーマ〕は、アナスから、次のように伝えている——私〔アナス〕の知る限り、預言者はお盆に載せて食事をしたことはありませんでしたし、薄パンを食べたこともありませんし、食卓を使ったこともありません。

カターダは、「では、何に載せて食べていたのですか」と聞かれると、彼は「〔食事用の〕敷物です」と答えました。

（ブハーリー）

アナスは、次のように伝えている――預言者は〔旅の途中で〕サフィーヤ[1]との婚礼のために停まりました。私は〔召使いとして〕ムスリムたちをその祝宴に招待しました。彼は革の敷物をいくつも広げるよう命じ、〔それが床に広げられると〕その上にナツメヤシの実、アクト〔乾燥ヨーグルト〕、サムン〔乳脂肪〕が供されました。〔別の伝承経路で〕アナスは付言している――預言者が彼女〔サフィーヤ〕と婚礼をした時、ハイス[2]が革の敷物の上に供されました。

（ブハーリー）

1 彼女はハイバルの戦い（六二八年）の際に捕虜となり、奴隷身分であった。彼女はユダヤ教からイスラームに改宗し、ムハンマドは奴隷身分からの解放をマフル（婚資金）として妻とした。なお、当時のユダヤ教の部族はイスラエルの民の子孫がアラブ化した人びとと考えられ、彼女もハールーン（旧約聖書のアロン）の血を引くとされる。ムハンマドのこの結婚には宗教上の政略性も感じられる。 2 ナツメヤシの実、アクト、サムンを混ぜて作るスイーツの一種。

アブー・フライラは、次のように伝えている――ムハンマドの一家は、彼が亡くなるまで、三日続けて満足に食べる〔ほど食べ物がある〕ことはありませんでした。

（ブハーリー）

イブン・アッバースは、「神の剣」[1]と呼ばれた〔武将の〕ハーリド・イブン・ワリードが次のように伝えたと語っている――彼〔ハーリド〕がアッラーの使徒とともにマイムーナ、[2]すなわち彼〔ハーリド〕とイブン・アッバースにとって母方のオバ[3]にあたりますが、その家に行った時、彼女の姉妹のフファイダ・ビント・ハーリス[4]がナジュド地方から持ち帰ったダッブ[5]〔トカゲの一種〕の肉が焼いてありました。彼女〔マイムーナ〕がそのダッブ〔の肉〕をアッラーの使徒に差し出しました。彼〔ムハンマド〕はめったに〔見知らぬ〕食べ物に手を出すことはなく、それがどんなものか、名前は何かをまず聞いたものですが、〔この日はそうせずに〕ダッブ〔の肉〕に手を伸ばしました。食事の世話をしていた女性たちの一人が、アッラーの使徒に何が供されているのかを「アッラーの使徒よ、それはダッブ〔の肉〕です」と知らせました。すると、アッラーの使徒はダッブ〔の肉〕から手を引き戻しました。ハーリド・イブン・ワリードが「ダッブはハラーム〔禁止されている〕ですか、アッラーの使徒よ」と尋ねると、彼は「そうではありません。しかし、私の民の土地〔ヒジャーズ地方〕にはいませんから、私の好みではありません」と答えました。（ハーリドは続けて言いました。）私はそれ〔ダッブの肉〕を自分に引き寄せて、アッラーの使徒が私を見ている前で、それを食べました。

（ブハーリー）

1 イスラーム軍の猛将であったハーリドに対する敬称。ムウタ（現ヨルダン西部）での戦い（六二九年）で、ビザンツ帝国とガッサーン朝の大軍に敗れた後に無事にイスラーム軍を撤退させたことを、帰還後ムハンマドが称賛して「神の剣」と呼んだ。後にシリア征服に貢献。 **2** ヒラール部族出身のムハンマドの妻の一人。 **3** マイムーナと、イブン・アッバースの母である大ルバーバ、ハーリドの母である小ルバーバは姉妹であった。 **4** ウンム・フファイドとも呼ばれる。 **5** 沙漠に棲息するトゲオアガマ属の動物。一種の大きなトカゲで、尾のウロコがトゲ状になる特徴があり、体長は八五センチ程度に達する。

イブン・ウマルは、次のように伝えている——預言者はダッブ〔トカゲ〕を食べることについて聞かれて、「私は食べませんが、禁じることもしません」と答えました。

〔ハディース集編者のティルミズィーの解説〕この主題について、ウマル[1]、アブー・サイード[2]、イブン・アッバース[3]、サービト・イブン・ワディーア[4]、ジャービル[5]、アブドゥッラフマーン・イブン・ハサナ[6]などの伝承があります。ダッブを食することについては学者たちの見解が分かれており、預言者の教友やその他の学者の一部は合法という見解で、好ましくないという見解の学者もいます。イブン・アッバースから伝えられるところでは、彼は、アッラーの使徒の食卓でダッブは食されましたが、アッラーの使徒自身はまずいということで手を付けなかった、と述べています。[7]

（ティルミズィー）

1　ダッブを食することの是非に関して。以下に言及のハディースはいずれも禁止はしていないが、ダッブを食べることについて否定的なニュアンスを伴っている。　2　ウマル・イブン・ハッタープが伝えるハディースは、ムスリム、イブン・ハンバルが収録している。**3** アブー・サイード・フドリーが伝えるハディースは、ムスリム、イブン・マージャが収録。**4** アブドゥッラー・イブン・アッバースが伝えるハディースは、ブハーリー、イブン・ハンバルが収録。**5** サービト・イブン・ワディーアはアウス部族出身の援助者。彼が伝えるハディースは、ナサーイーが収録している。**6** ジャービル・イブン・アブドゥッラーが伝えるハディースは、ムスリム、イブン・マージャが収録。**7** アブドゥッラフマーン・イブン・ハサナはタミーム部族出身とも言われる。ハサナは母親の名。彼が伝えるハディースは、バイハキーが収録。

アムル〔・イブン・ディーナール〕は、次のように伝えている――アブー・ナヒーク[1]は大食いの男性でした。〔ある日〕イブン・ウマルが「アッラーの使徒は、不信心の人は七つの腸で食べる、とおっしゃいました」と告げると、彼〔アブー・ナヒーク〕は「私は〔大食漢ですが〕アッラーとその使徒を信じています」と答えました。

（ブハーリー）

1 マッカ出身者。当人の詳細は伝わっていない。

食器

イブン・アビー・ライラーは、次のように伝えている――私たちがフザイファといた時、彼は預言者がこう言ったと〔私たちに〕言いました――金銀の器[1]で飲んではいけません。絹や〔絹の〕刺繡の衣服を着てはなりません。それらは、彼ら〔非ムスリム〕は現世で用い、あなたたちは来世で用いるのです。（ブハーリー）

1　金・銀の食器は、皿や杯を含めて、すべて使用が禁じられている。

ナツメヤシ

イブン・ウマルは自分の実聞として語りました――預言者は〔ある時〕「信徒というものは、葉が落ちることも枯れることもない常緑の樹のようである」とおっしゃいました。すると人びとは、それは「～の樹でしょう」「～の樹ですね」と言い合いました。私は「ナツメヤシでしょう」と答えたかったが、当時は年若い少年だったので恥ずかしいままに〔言えないで〕いました。すると、彼〔預言者〕が「ナツメヤシである」とおっしゃいました。私がこれを〔父の〕ウマルに語ると、彼は「お前がちゃんと言っていたならば、私にとっては多産のよいラクダ〔を得る〕よりも嬉しいことだった」と言いました。

（ブハーリー）

ウンム・ムンズィルは、次のように伝えている――〔ある日〕アッラーの使徒が私たちを訪問した時、病み上がりのアリーも同行していました。うちには、熟したナツメヤシの実が掛けられていました。アッラーの使徒は立ち上がって、それを食べ始めました。アリーも立ち上がって食べようとしましたが、アッラーの使徒は「やめなさい。あなたは病み上がりなのだから」と言って、アリーを止めました。〔彼女は続けて言いました。〕私はオオムギとフダンソウ[1]を調理して、それを出しました。すると、アッラーの使徒が「おお、アリーよ、これを摂《と》りなさい。あなたにとって、こちらの方が〔身体に〕よいから」と言いました。

〔編纂者の〕アブー・ダーウードは、〔伝承者の一人である〕ハールーンが〔彼女は〕アディー部族の出身[2]と述べたと伝えている。

（アブー・ダーウード）

1　葉菜類の一種。　2　マディーナのナッジャール部族のアディー支族を指す。彼女はムハンマドにとって母方のオバにあたる。

アブー・フライラは、次のように伝えている――〔ある時〕預言者は教友たちにナツメヤシの実を分け与え、各自に七粒の実をくれました。私も七粒もらいました。そのうちの一つだけが非常に固かったのですが、私はじっくりと嚙まなければいけないこの一粒がいちばん好きでした。

（ブハーリー）

アーイシャは、次のように伝えている――アッラーの使徒は「おお、アーイシャよ、ナツメヤシもない一家はひもじいでしょう。おお、アーイシャよ、ナツメヤシもない一家はひもじいでしょう」（あるいは「ナツメヤシもない一家は飢えているでしょう」）と二度か三度、言いました。

（ムスリム）

アーイシャは、次のように伝えている――預言者が亡くなった時、私たちはもっぱらナツメヤシの実と水で空腹を満たしていました。（ブハーリー）

蜂　蜜

アーイシャは、次のように伝えている――アッラーの使徒は、甘いもの、特に蜂蜜がお好きでした。（ブハーリー）

アナスは、次のように伝えている――私は〔仕えていたとき〕いつもこの私のカップに入れて、アッラーの使徒に飲み物、つまり蜂蜜、ブドウ・ジュース、水、ミルクを差し上げていました。（ムスリム）

ムアーウィヤ・イブン・ハイダは、預言者が次のように語ったと伝えている――

楽園には真水の海、蜂蜜の海、ミルクの海、酒の海があり、そこから川が流れ出ています。

（ティルミズィー）

あいさつ

アブー・フライラは、アッラーの使徒から次のように聞いたと伝えている——ムスリムには他のムスリムに対して、五つの権利があります。サラームのあいさつへの返礼を受けること、病気見舞いをしてもらうこと、葬儀に参列してもらうこと、招待に応えてもらうこと、くしゃみに声かけしてもらうことです。[1]（ブハーリー）

1　前出（二一七頁注1）。

アブー・フライラは、アッラーの使徒がこう述べたと伝えている——わが魂がその手にある方〔アッラー〕にかけて、あなたたちは本当に信仰するまで楽園に入ることができませんし、互いに愛し合うまでは信仰は確かではありません。あなたたちに、それをおこなえば互いに愛することができることを教えましょうか。互いの間でサラームのあいさつをし合ってください。[1]

（アブー・ダーウード）

1　最初のあいさつは「アッサラーム・アライクム（平安があなたたちの上にありますように）」、これにさらに「そしてアッラーの慈悲と祝福がありますように」と付加することもある。返礼は「ワ・アライクムッサラーム（そして、あなたたちの上にも平安がありますように）」。付加することばは返礼でも言う。サラームのあいさつは、イスラーム圏でほぼ普遍的なあいさつことばとなっている。

アブー・フライラは、アッラーの使徒が次のように語ったと伝えている――あいさつをする時は、騎乗している人から歩いている人に対して、歩いている人から座っている人に対して、数の少ない集団から数の多い集団に対して、してください。

（ブハーリー）

あくび

アブー・サイード・フドリーは、アッラーの使徒が次のように言ったと伝えている——あなたたちの誰かがあくびをする時は、手で口を覆ってください。シャイターン〔悪魔〕が中に入らないように。　（ムスリム）

笑い

アブー・フライラは、預言者が次のように語ったと伝えている——やたらに笑いすぎないように。やたらに笑うと、心が衰えますから。　（ブハーリー『アダブ』）

アーイシャは、次のように伝えている——私は預言者が口蓋が見えるほど〔口を開けて〕笑うのを見たことがありません。いつも、ほほえんでいました。

（ブハーリー）

座り方

ハンザラ・イブン・ヒズヤムは、次のように伝えている――私が預言者のところに行った時、彼があぐらをかいて座っているのを見ました。

（ブハーリー『アダブ』）

アッバード・イブン・タミームは、自分のオジ[1]から次のように伝えている――彼〔オジ〕は、アッラーの使徒がマスジド〔モスク〕で横になり、片方の足をもう片方の上に載せているのを見ました。

（ムスリム）

1　父方のオジで、ハズラジュ部族系の援助者アブドゥッラー・イブン・ザイド。

旅の作法

アブー・サイード・フドリーは、アッラーの使徒が次のように語ったと伝えている――三人が旅に出たならば、そのうちの一人を指導者にしなさい。

（アブー・ダーウード）

イブン・ウマルは、アッラーの使徒が次のように語ったと伝えている――もしあなたたちが独りでいること〔の問題〕を知っているならば、誰も単独で夜旅に出かけないでしょうに。

（イブン・マージャ）

イブン・ウマルは、次のように伝えている――アッラーの使徒は、マッカからラクダに乗ってマディーナに向かっている時は、顔が向いている方に向かって礼拝をささげていました。このことについて、「あなたたちがどちらを向こうとも、そこにはアッラーの御顔」〔雌牛章一一五節〕が啓示されました。

（ムスリム）

ジャービル・イブン・アブドゥッラーは、次のように伝えている――アッラーの使徒は、ラクダの上では、ラクダが向いている方に向かって〔任意の〕礼拝をささげていました。義務の礼拝をささげる時は、降りてキブラを向いていました。

（ブハーリー）

香水

スマーマ・イブン・アブドゥッラーは、次のように伝えている――アナスは、決して香水を断ることはしませんでした。[1] アナスは「預言者は、決して香水を断ることをしませんでした」と述べています。

（ティルミズィー）

1 ムスリムの男性の間では、香水をほかの人に分ける、つまり相手の手に香水を付けることが好まれているが、これはその典拠。ふつうは、香水瓶の蓋にスティックが付属しており、それの先に付けた香水を相手の手や衣服に移す。なお、香水を付けるのは男性が外出する時で、公共の場でよい香りをさせるため。女性は家内では用いるが、外出時は、強い香水は他の男性を誘惑するものとして好まれない。

アブー・サイード・フドリーは、アッラーの使徒が次のように語ったと伝えている――香水の中でもっともよいのは、ムスク〔麝香《じゃこう》〕です。（ティルミズィー）

アーイシャは、次のように伝えている――私はアッラーの使徒に、彼が巡礼着に着替える前に、手に入る一番よい香水を付けました。髪とヒゲに香水のきらめきが見えるほどでした。（ナサーイー）

アブー・フライラは、アッラーの使徒が次のように語ったと伝えている――男性たちの香水は、香りがはっきりしていて色が隠れている〔のがよいです〕[1]。女性たちの香水は色がはっきりしていて香りが隠れている〔のがよいです〕[2]。（ナサーイー）

1　たとえば、バラ水、麝香、アンバル（竜涎香《りゅうぜんこう》）、カーフール（竜脳《りゅうのう》）など。　2　たとえば、サフラン。

アナスは、次のように伝えている――預言者は、男性がサフランを香水として使うのを禁じました。[1]　（ナサーイー）

1　前項の注にあるように、サフランは女性が用いる香料とみなされていた。

アンマール・イブン・ヤースィルは、次のように伝えている――私が家族のところに帰った時、手がひび割れていましたので、家族は私〔の手〕をサフランで染めてくれました。そして預言者のもとへ行き、サラーム〔のあいさつ〕をしました。彼は返答せずに、「行って、それ〔サフラン〕を洗ってきなさい」と言いました。　（アブー・ダーウード）

もてなし

アブー・シュライフ・カアビーは、アッラーの使徒が次のように述べたと伝えている――アッラーと終末の日を信じる者は、よいことを口にするか、そうでなければ黙っていなさい。アッラーと終末の日を信じる者は、隣人に親切にしなさい。アッラーと終末の日を信じる者は、客に親切にしなさい。客の歓待は一昼夜〔が務め〕であり、客としての期間は三日間です。それを超えたものは〔主人からの任意の〕喜捨であり、客は主人に重荷になるほど滞在してはなりません。（マーリク）

動物

アディー・イブン・ハーティムは、次のように伝えている――私はアッラーの使徒に質問をして、「私たちは猟犬で狩りをする者たちです〔かまいませんか〕」と尋ねました。彼〔ムハンマド〕はこう答えました――もし、あなたたちの訓練された猟犬を放つ時は、アッラーの御名を唱えてください。もし猟犬があなたのために捕まえたものは、たとえ犬がそれを殺してしまったとしても、食べてかまいません。ただし、犬がそれを〔一部でも〕食べてしまったら、食べないでください。犬が自分のために捕まえたのかもしれませんから。ほかの犬が〔猟に〕加わっていたら、食べないでください〔アッラーの御名を唱えたのはあなたの犬についてだけですから〕。

（イブン・マージャ）

アブー・アイユーブ〔・アンサーリー〕は、次のように伝えている――〔ある時〕一人の遊牧民が預言者のところにやって来て、「おお、アッラーの使徒よ。私は馬が好きです。楽園には、馬がいるでしょうか」と尋ねました。アッラーの使徒は、こう答えました――もし、あなたが楽園に入れていただいたならば、あなたには二つの翼を持つルビーの馬が与えられるでしょう。あなたの行きたいところへ、どこへでも飛んでいってくれます。

（ティルミズィー）

アブー・フライラは、アッラーの使徒が次のように言ったと伝えている――猫は〔家の中にいても〕礼拝を無効にするようなことは起きません。彼らは家の中で役立つものだからです。

（イブン・マージャ）

アブドゥッラー・イブン・ラーフィウは、次のように伝えている――私は〔ある日〕アブー・フライラに「なぜ、あなたのあだ名はアブー・フライラ〔子猫の父〕なのですか」と尋ねました。彼は「私のことが恐くないですか」と尋ねました。私〔アブドゥッラー〕は「はい。アッラーにかけて、私はあなたが恐いです」と答えました。彼は続けて、こう言いました――かつて私は自分の一族のために羊を飼っていました。私は小さな子猫を持っていて、夜には木の上にそれを置き、昼間は〔羊飼いの時に〕連れていって、遊んでいました。それで彼ら〔私の一族〕は私にアブー・フライラというあだ名を付けたのです。

（ティルミズィー）

2　ムハンマドの妻たち

最初の妻ハディージャ

アリーは、アッラーの使徒が次のように述べたと伝えている――その時代の〔世界で〕最良の女性は、マルヤム・ビント・イムラーン〔聖母マリア〕であり、また、その時代の最良の女性は、ハディージャである。（ブハーリー）

ヒシャーム・イブン・ウルワがその父〔ウルワ・イブン・ズバイル〕から、次のように伝えている――ハディージャは、預言者が〔マディーナへ〕移住する三年前、あるいはそのくらいの時に亡くなり、ハディージャの死後まもなく、アーイシャと婚姻契約を結びました。ハディージャ以外とは、彼女が亡くなるまで誰とも結婚しませんでした。

（アブドゥッラッザーク）

ヒシャーム・イブン・ウルワが父〔ウルワ・イブン・ズバイル〕から聞いたところでは、アーイシャは、次のように語った――私はハディージャに対するほど、他の女性に嫉妬を覚えたことはありません。アッラーの使徒は、よく彼女のことを語っていましたから。（アーイシャは続けて言った。）彼は彼女の死後三年して、私と結婚しました。彼の主〔アッラー〕あるいは〔大天使〕ジブリールが彼に、〔来世の〕楽園には金襴《きんらん》の御殿が用意されているとの朗報を彼女〔ハディージャ〕に伝えるよう命じたそうです。

（ブハーリー）

アーイシャは、次のように伝えている――ある日、ハディージャの妹ハーラが、アッラーの使徒に入室の許可を求めました。それが、かつてハディージャが許可を求める時の様子を思い起こさせ、彼の思いがこみ上げて、「おお、アッラーよ、ハーラか」と言いました。（アーイシャは続けて語った。）私は嫉妬を覚えて、言いました。「なぜ〔今さら〕あなたは、とっくの昔に亡くなったクライシュ族の〔歯もなくなって〕赤い歯茎の老いた女性[1]を思い出すのでしょうか。アッラーがもっとよい女性[2]を授けてくださったというのに」。　（ブハーリー）

1 ハディージャは四〇歳の時に、一五歳年下のムハンマドと結婚し、預言者となる前に一五年、なってから一〇年ほどを過ごしたので、亡くなった時は六〇代半ばであった。 2 アーイシャが自分のことを言っている。

アーイシャは、次のように語っている――私は預言者の妻たちの中で、ハディージャに対するほど嫉妬を覚えたことはありません。彼女に〔生前に〕会ったことはないのですが、預言者はしきりと彼女の思い出話をするのでした。たとえば彼は、羊をほふると、肉をばらしてから、それをハディージャの友人たちに送っていました。時には私も彼に「あたかもこの世にハディージャしか女性がいないみたいです！」と〔不満を〕言うのでした。すると彼は「彼女はこんなでした、あんなでした。[1]そして私に子どもを産んでくれた[2]のです」と答えました。

（ブハーリー）

1　イブン・ハンバル『ムスナド』のハディースには、具体的に語られている――「人びとが私を信じなかった時に、彼女は信じてくれました。人びとが私を嘘つきと言った時に、彼女は私のことばを真実だと言いました。人びとが私に何もしてくれない時に、彼女はその財産で私を助けてくれました。そして、他の妻たちからは子どもがいただけない時に、アッラーは彼女から子どもを授けてくださいました」。2　ムハンマドの成人した四人の娘（ザイナブ、ルカイヤ、ウンム・クルスーム、ファーティマ）、夭折《ようせつ》した二人の息子（カースィム、アブドゥッラー）はいずれもハディージャから生まれた。唯一の例外は、エジプト人マーリヤから生まれた息子のイブラーヒーム（ただし夭折）。

マディーナでの妻たち

ヒシャームは、その父〔ウルワ〕から、次のように伝えている――ハディージャは、預言者がマディーナへと移住する三年前に亡くなりました。それから二年またはそのくらいしてから、アーイシャと、彼女が六歳の時に婚姻契約を結びました[1]。彼女

が九歳の時に〔実際の〕結婚生活を始めました。　　（ブハーリー）

1　次に掲載のハディースでは、実際の同居は「九歳の時」となっている。アーイシャは、ムハンマドの盟友アブー・バクルの娘で、幼い時から利発であったとされる。アーイシャ契約時には思春期に達していなかったため、実際上の妻となったのは三年後であった。婚姻その時の年齢については、このハディースの六歳、九歳よりも少し年上の伝承もあるが、いずれにしても、今日的な基準から言えば極端な早婚であった。もともと西洋のムハンマド像は古くから、西洋的な禁欲の価値を投影して、逆に性的要素が強すぎるという批判を受けていたが、現代では、欧米諸国がアーイシャを児童婚の原型として批判することがあり、イスラーム世界との文化摩擦をも生み出している。「婚姻契約を結びました」は契約だけを交わした、の意。契約だけでは婚姻としては不十分。それについては三五八—三五九頁参照。

アーイシャは、次のように伝えている——私たちがマディーナに〔移住して〕来たあとのことです。私はブランコに乗って遊んでいました。私の髪は両耳までの長さでした。女性たちが来て、私を連れて行き、〔婚礼の〕準備をしてくれて、私を飾り付けて、それからアッラーの使徒のところに行きました。そして彼は私と一緒に暮らすようになりました。私は九歳でした。

（アブー・ダーウード）

ムハンマド・イブン・カイスはアーイシャから次のように聞いたと伝えている――あなたたちに、私と預言者の間におこったことをお話ししましょうか。（私たちが「是非」と答えると、彼女は続けて言いました。）彼が私のところに滞在する〔番に当たっている〕夜のことでした。彼は入ってくると、履き物を揃え、寝台の上にシャツと〔下半身用の〕服を広げて置きました。私が寝入ったと思うと、ゆっくりと履き物を履き、服を着ました。そして扉をそっと開け、外に出て、扉をそっと閉めました。私は頭を覆い、服を着て、ズボンを履いて、彼の後をつけました。彼はバキーウ〔の墓地〕に達すると、両手を三回あげて〔祈り〕、長い間そこに立っていました。そして帰路につきましたので、私も戻りました。彼が早足で歩くので、私も早足で歩きました。彼が駆けたので、私も駆けて、先に部屋に入りました。彼が部屋に入ったときは、私はなんとか横たわっていました。彼は尋ねました、「アーイシャよ、息が切れているのは、どうしたのです?」。私は「いいえ」と答えました。すると彼は「あなたが私に教えてくれるか、全知なる優しき方〔アッラー〕が私に教えてくれるか〔どちらですか〕」と聞きました。私は「おお、アッラーの使徒よ、あなたの父と私の母にかけて〔お教えします〕」と答えて、何があったか語りました。すると、「あなたが、私の前に見えていた黒い影だったのですね」と聞きました。「そうです」と私は答えました。彼が私の胸を強く押したので、私は痛みを覚えました。彼は「アッラーとその使徒があなたを不当に扱うことがありうると、あなたは思ったのですか」と尋ねました。(アーイシャは言いました。)「人びとが何を隠そうとも、アッラーは必ずご存じです」。「その通りです」と彼は答えました。(そして言いました。)「あなたが〔私が出て行くのを〕見た時は、〔大天使〕ジブリールがいらしたのですが、あなたがすでに衣服を脱いでいたので、〔家の中に〕入ってこなかったのです。そして、あなたにわからないように私に呼びかけ、私はあなたにわからないようにそれに答えたのでした。私はあなたがすでに眠っていると思い、起こさないように気をつけました。彼〔ジブリール〕はバキーウに来るよう私に命じ、私は彼ら〔墓地に埋まっている人びと〕のために〔アッラーに〕赦しを請いました」。

（ナサーイー）

アナス〔・イブン・マーリク〕は、次のように伝えている——アッラーの使徒が妻たち〔と結婚する際〕に催した宴の中で一番よかったのは、ザイナブ[1]との婚礼の時で、その時は羊を一頭〔食事に〕出しました。

（ブハーリー）

1　ザイナブ・ビント・ジャフシュ。ムハンマドの父方のオバ、ウマイマの娘（つまり従姉妹）で、かつてはムハンマドの養子であったザイド（後出二八〇頁注14）と結婚していた。彼との離婚後、部族連合の戦いの後にムハンマドと再婚。実子の妻と再婚することは認められないため、この婚姻に疑義が生じたが、クルアーンは養子との親子関係を否定した。なお、養育者としての養父と養子の関係は認められるが、養父の名をとって「〜の息子」と称することは認められない（クルアーンの部族連合章四―五節）。

アナス〔・イブン・マーリク〕は、次のように伝えている——私は、アッラーの使徒が〔聖遷で〕マディーナにやってきたとき、一〇歳でした。私の母たちは私を彼の奉仕人にすることにしましたので、私は一〇年彼に仕えました。彼が亡くなったとき、私は二〇歳でした。ですから、私は誰よりもヒジャーブ〔幕〕[1]の事案を知っているのです。アッラーの使徒が最初に〔幕を〕付けることについて啓示を受けたのは、ザイナブ・ビント・ジャフシュと結婚なさったときでした。彼は〔祝宴に〕人びとを招待し、彼らは食事をしました。そして彼らは〔大半〕帰りましたが、数人[2]が残り、長居をしました。そこで彼は、彼らが帰るようにと席を立ち、私も同行しました。彼と私は、アーイシャの部屋の前まで来て、もう彼らが帰ったかと思い、戻ってザイナブの部屋に入ると、彼らはまだ座っていました。そこで、彼と私はまたアーイシャの部屋の前まで行き、もう彼らが帰ったかと思って戻ると、〔今度こそ〕彼らはいなくなっていました。そして、預言者は私と彼の間に幕を付け、ヒジャーブ〔の章句〕[3]が啓示されました。

（ブハーリー）

1　原義は「幕」「さえぎるもの」を指す。ここでは、部屋に掛ける幕（カーテン）のこと。女性の衣服の場合は、ヒジャーブは髪を隠すスカーフや顔を隠すヴェールを指すこともある。 **2** アラビア語の「ラフト」は、三人程度、七—一〇人、一〇人未満を指す。

3「おお、預言者よ、あなたの妻たち、娘たち、そして信徒の女性たちに、長衣を〔顔や頭、胸を覆って〕まとうように言いなさい」（部族連合章五九節）

イブン・ジュライジュは、次のように伝えている——アターから〔総督の〕イブン・ヒシャーム[1]が女性が男性たちと一緒にタワーフ〔カアバ聖殿周回〕の行をすることを禁じたと聞いた時、彼〔アター〕が「どうして、それを禁じることができるでしょうか。預言者の妻たちが〔かつて〕男性たちとタワーフをしていたというのに」と言ったと聞きました。私〔イブン・ジュライジュ〕が「それは、ヒジャーブの〔義務化の〕後ですか、前ですか」と尋ねると、アターは「私の命に誓って、ヒジャーブの〔義務化の〕後です」と答えました。私が「彼女たちはどのように男性たちと混じっていたのでしょうか」と尋ねると、彼は答えました、——〔男性たちとは〕混じっていませんでした。アーイシャは男性から離れて、タワーフをしていて、男性とは混じっていませんでした。ある女性が彼女に「〔一緒に〕行ってください、〔黒石に〕触れたいのです」と頼むと、彼女は「一人で行きなさい」と言って、自分は行きませんでした。

彼女たち〔ムハンマドの妻たち〕は、夜に身をやつして〔カアバ聖殿を〕訪れ、男性たちがいるところでタワーフをしていました。しかし、聖殿〔の境内〕に入るときは、男性たちが出て行ってから入りました。私〔アター〕とウバイド・イブン・ウマイル〔・ライスィー〕[2]は、彼女がジャウフ・サビールの地[3]に隠棲している時に彼女を訪問したものです。（私〔ジュライジュ〕は〔アターに〕尋ねました。）「彼女のヒジャーブは？」。（彼は答えました。）古い布のヴェールを付けていましたが、私たちの間をさえぎるものはそれだけでした。私は、彼女がバラ色のかぶり物をしているのを見ました。

（ブハーリー）

1　ウマイヤ朝第一〇代カリフのヒシャームは、母方のオジにあたるイブラーヒーム・イブン・ヒシャームを、マディーナ総督および巡礼長に任命した。　2　マッカ生まれで、タービウ（第二世代）に属する。この当時は、マッカの裁判官。　3　マッカ周辺には六つの山があり、その一つ。マッカとアラファの野の間に位置する。

妻たちの仲

アナスが伝えるところでは、〔マディーナ時代後期の〕預言者には九人の妻があって、〔妻の部屋に泊まる日を〕それぞれに分けていたため、最初の日の妻のところに戻ってくるのは九日後でした。彼女たちは、その日に彼〔ムハンマド〕が泊まる妻の部屋[1]に集まるのが常でした。ある日、アーイシャの部屋に泊まる日に、そこにザイナブ〔・ビント・ジャフシュ〕がやってきました。彼〔ムハンマド〕が〔間違えて〕ザイナブに手を伸ばしたため、彼女〔アーイシャ〕は「彼女はザイナブです」と言いました。彼は手を引っ込めましたが、二人の妻の間で言い争いが起き、声高になった時、礼拝が始まる知らせ〔イカーマ〕の声が聞こえました。そこにアブー・バクルが通りかかって二人の声を聞き、「アッラーの使徒よ、礼拝に行きましょう。二人の口には土を投げこんでおけばよろしい」と言いました。預言者が部屋を出て行くと、アーイシャが言いました。「預言者が礼拝を終えたら、きっと父〔アブー・バクル〕が来て、私にいろいろと言うわ」。預言者が礼拝を終えると、アブー・バクルが彼女のところに来て、厳しいことばで「いつもそんな態度を取っているのか」と彼女を叱責しました。

（ムスリム）

1 ムハンマドには彼だけの家はなく、預言者モスクの周囲にそれぞれの妻の部屋を築き、そこを回って暮らしていた(巻末図5)。

ヒシャーム・イブン・ウルワがその父〔ウルワ・イブン・ズバイル〕から、アーイシャのことばを次のように伝えている――アッラーの使徒の妻たちは、二つの派に分かれていました。一つは、アーイシャ、ハフサ、[1]サフィーヤ、[2]サウダ[3]であり、もう一つはウンム・サラマ[4]と残りの妻たちでした。ムスリムたちは、アッラーの使徒がアーイシャを好んでいることを知っていましたので、何かアッラーの使徒に贈りたい贈り物が手元にある時はしばらく取っておいて、アッラーの使徒がアーイシャの部屋に泊まる日に、その贈り物をアーイシャの部屋にいるアッラーの使徒に届けたものでした。ウンム・サラマの派はこのことを話し合い、彼女〔ウンム・サラマ〕に、アッラーの使徒に話して人びとに「贈り物があるなら、どの妻の部屋に泊まっている時でも持ってくるように」と言ってもらうよう、提案しました。ウンム・サラマは、彼〔ムハンマド〕にそのように話しました。彼は何も返事をしませんでした。彼女たちは〔どうなったかとウンム・サラマに〕尋ねました。彼女は「何も返事をいただけませんでした」と答えました。彼女たちは「返事がもらえるまで、話してください」と言いました。日がめぐって彼女〔ウンム・サラマ〕の日になったので、彼女は彼〔ムハンマド〕に話しました。すると、彼は答えました。「私を困らせないでください。私が妻の衣の中にいる時に啓示がやってくるのは、アーイシャの時だけなのですから」。

〔アーイシャは続けて語りました。〕彼女〔ウンム・サラマ〕は「あなたを困らせたことを、私はアッラーに悔悟します、おお、アッラーの使徒よ」と言いました。彼女たち〔ウンム・サラマ派の他の妻たち〕は〔今度は〕アッラーの使徒の娘のファーティマに頼んで、「あなたの妻たちは、あなたがアブー・バクルの娘〔アーイシャ〕と皆を公平に扱うよう、求めていますよ」と言うようにしました。彼女〔ファーティマ〕が父〔ムハンマド〕に話をすると、彼は「わが娘よ、あなたは私が好む者を好むのではないのですか」と尋ねました。彼女は「確かに」と答えて、彼女たちのもとに戻り、それを告げました。彼女たちは、もう一度彼〔ムハンマド〕のもとに戻るよう頼みましたが、彼女〔ファーティマ〕は断りました。彼女たちは〔彼女らの中の年長者の〕ザイナブ・ビント・ジャフシュ[5]を送りました。彼女は彼〔ムハンマド〕のもとに来て、厳しいことば遣いで「あなたの妻たちは、あなたがイブン・アビー・クファーハ〔アブー・バクル〕の娘〔アーイシャ〕と皆を公平に扱うよう、求めています」と迫りました。彼女が大きな声をあげたため、〔近くに〕座っていたアーイシャにも聞こえました。彼女〔ザイナブ〕が彼女〔アーイシャ〕を非難し続けたため、アッラーの使徒はアーイシャを見て「自分で話しますか」と聞きました。アーイシャは、ザイナブに反論を始め、彼女が黙るまで続けました。（アーイシャは続けて語った。）預言者はアーイシャを見つめて、「確かに彼女は、アブー・バクルの娘だ〔決してひるまない〕」と言いました。

（ブハーリー）

1 ムハンマドの妻。ウマル・イブン・ハッターブの娘〔前出七七頁注9〕。 **2** ユダヤ教徒出身でイスラームに改宗したムハンマドの妻〔前出二二八頁注1〕。 **3** サウダ・ビント・ズアマ。ムハンマドはマッカ時代の彼を支えた愛妻ハディージャが亡くなった後、最初にサウダと結婚した。彼女は早くからの入信者で、エチオピア移住(第二波)を経験している。ヒジュラ前に夫が亡くなり、ムハンマドと再婚し、彼の世話をした。その後、ムハンマドはアブー・バクルの娘アーイシャとも結婚した。サウダとアーイシャは仲がよく、すでに若くなかったサウダは、夜を一緒に過ごす妻の権利をアーイシャに譲っていた。ウマイヤ朝時代に入って、ムアーウィヤの代に没。**4** マッカ出身のムハンマドの妻。ハディース伝承者。初期の入信者の一人で、夫アブー・サラマとエチオピア移住(第一波)。ウフドの戦いの負傷が後に悪化して夫が亡くなった後、ムハンマドと再婚した。ウマイヤ朝になってから、第二代カリフのヤズィードの代に没。ムハンマドの妻たちの中では最後に亡くなった。**5** 前出(二五五頁注1)。このハディースの別バージョン(ムスリム『真正集』)では、アーイシャが彼女について、「彼女ほど善行に励み、神を畏れ、真実を語り、親族を大事にし、多くの喜捨をし、神のためのおこないで自ら謙虚な女性を見たことがありません」と敬意を表している。

アーイシャは、次のように伝えている――何人かの妻たちが預言者に、「私たちのうちの誰が、あなたの〔亡くなった〕後にすぐ続きますか〔死にますか〕?」と尋ねました。すると、彼は「あなたたちの中で、もっとも手が長い者が」と答えました。私たちは杖で互いの手の長さを測り、サウダ[1]の手が一番長いことがわかりました。後で〔ザイナブ・ビント・ジャフシュが最初に亡くなった時に〕「手が長い」[2]というのは、喜捨をよくすることの意味とわかりました。彼女〔ザイナブ〕は喜捨を一番よくしており、〔預言者の没後〕私たちの中で最初に世を去ったからです。（ブハーリー）

1 前出（二六二―二六三頁注3）。 **2** 困っている人に手を差し伸べることを比喩的にいう表現。

ヒシャーム・イブン・ウルワが父〔ウルワ・イブン・ズバイル〕から伝えているところでは、アーイシャは、次のように伝えている――アッラーの使徒が〔私に〕「あなたが怒っている時と嬉しい時がわかります」と言いました。（アーイシャは続けて言いました。）私が「どうやって、それがわかるのですか、おお、アッラーの使徒よ」と聞くと、彼は答えました。「嬉しい時は、あなたは「本当ね、ムハンマドの主にかけて」と言い、腹を立てている時は、あなたは「いいえ、イブラーヒーム

〔アブラハム〕の主にかけて」と言うのです」。（アーイシャは続けて言いました。）私は、「そうですね。これからは、あなたの名前しか言わないようにしましょう」[1]と答えました。

（ブハーリー）

1 「イブラーヒーム〔アブラハム〕の主にかけて」と言うのをやめて、腹を立てていることがわからないようにする、の意。

ウルワ〔・イブン・ズバイル〕は、アーイシャが次のように語ったと伝えている――アッラーの使徒は、〔ある時〕妻の一人に口づけしてから〔モスクへと〕礼拝に出かけましたが、ウドゥー〔清め〕は〔あらためて〕しませんでした。[1] 私〔ウルワ〕が、「〔口づけの〕相手はきっと、あなたにほかなりませんね」と尋ねると、彼女は笑いました。

（イブン・マージャ）

1 礼拝のための清めであるウドゥーは、その効力が消滅する行為（用便等）をしない限り、有効性が持続する。ここでは妻との口づけでは効力が失せないことが示されている。他のハディースの中には、教友が一回のウドゥーで多くの礼拝をおこなった例が語られている。

アーイシャに対する中傷事件

ズフリーは、次のように伝えている――私に、サイード・イブン・ムサイヤブ、ウルワ・イブン・ズバイル、アルカマ・イブン・ワッカース、ウバイドゥッラー・フザリーが、預言者の妻アーイシャのハディースを語ってくれました。中傷の民[1]が〔彼女を中傷することばを〕語ったことについて、アッラーが彼女の無実を確立した際のことです。彼ら全員がこのハディースの一部を語ってくれたのですが、他の人よりもはっきりと覚えていて、より詳しく語ってくれた人もいました。私は、それらのハディースを語られた通りに覚えましたが、それらは互いの〔話の〕真実を証明するものでした。彼らの伝えたところでは、預言者の妻アーイシャは、次のように語りました――アッラーの使徒〔ムハンマド〕は旅に出る時はいつも、妻たちのくじを引いて[2]、くじが当たった妻を同行していました。

（アーイシャは続けて語りました。）ある戦役[3]の時に、彼がくじを引くと私〔アーイシャ〕のくじが出ましたので、私がアッラーの使徒に同行しました。それはヒジャーブ〔の章句〕[4]が啓示された後でした。私は〔ラクダの〕輿《こし》で目的のところまで運ばれました。アッラーの使徒が戦役を終えて、遠征隊がマディーナに近づいた時、彼〔ムハンマド〕は夜行を命じました。その命令が下された時、私は歩いて軍の宿営地から離れていました。私は用を足して、元の場所に戻りました。私が自分の胸に触れると、〔イエメンの〕ザファール産の真珠でできたネックレスが切れて〔なくなって〕いるのに気がつきました。私は来た道を引き返して、ネックレスを探して〔そのあたりに〕とどまっていました。私を輿に乗せていた一隊は、私がそれまで乗っていた輿をラクダに載せて、私が中にいるものと思い込んだままで出発してしまいました。（彼女は話を続けました。）当時の女性はあまり食べませんでしたから、体重も軽く贅肉《ぜいにく》も付いていなかったのです。私はまだ若い娘でしたから、彼らは輿の重さ〔の違い〕に気がつかなかったのです。彼らはラクダを駆り立てて行ってしまいました。私は軍隊が行軍した後にネックレスを見つけ、彼らの居た場所に戻りましたが、そこには誰も〔呼ぶ者も応える者も〕いませんでした。私はもと居た場所で、彼らが私のいないことに気づいて、私のところに戻ってくるだろうと思って待っていました。じっと座っていると眠気に襲われ、私は眠ってしまいました。

サフワーン・イブン・ムアッタル・スラミー・ザクワーニー[5]は、休息を取って、遠征隊から遅れていました。夜の間に歩き、明け方には私のところに到着し、誰かが眠っているのに気がつきました。彼は私のそばに来ると、ヒジャーブをする前に私を見たことがあったので、私のことがわかりました。彼は私とわかって、〔自分がいることを知らせるために〕「私たちはまことにアッラーのものにして、かれへと還りゆく[6]」と唱え、私は目を覚ましました。私は服で顔を隠しました。アッラーにかけて、彼は私に一言も話しかけませんでした。私も「私たちはまことにアッラーのものにして、かれへと還りゆく」と彼が唱えるのを聞いただけでした。彼が自分のラクダをひざまずかせ、前脚を押さえたので、私はラクダに乗りました。彼がラクダの手綱を引いて、私たちは軍隊が炎天下で休息を取っているところまで来ました。〔それを見て〕私のことで嫌疑をかけた人たちに災いがありますように。特にひどかったのは、アブドゥッラー・イブン・ウバイユ・イブン・サルール[7]でした。

私たちがマディーナに帰還した後、私は一か月体調を崩していました。人びとは「中傷の民」がまく噂話でもちきりでしたが、私はそれに全く気がつきませんでした。ただ、病気の間に、アッラーの使徒が私が以前に病気をした時ほどは優しくないことに気がつき、心に疑念が生じました。アッラーの使徒は、私のところにやって来ると、サラームのあいさつをして「具合はどうか」とお聞きになるだけでした。それ〔そっけなさ〕が私に疑念を感じさせましたが、何も悪いこと〔誹謗や噂〕には気がつきませんでした。私は病がいちおう癒えると、ウンム・ミスタフ[8]と一緒に外出し、マナースィウの地[9]へ出かけました。そこは私たちが用を足す場所で、いつも夜にしか行きませんでした。それは、私たちの家の近くに厠《かわや》が設けられる前のことで、用足しについては〔当時の〕私たちは昔のアラブ人たちと同じでした。家の近くに厠が設けられるまで、とても不便でした。

ウンム・ミスタフは、父親がアブー・ルフム・イブン・ムッタリブ・イブン・アブド・マナーフで、彼女の母親はサフル・イブン・アーミルの娘、つまり〔私の父の〕アブー・バクルの母方のオバにあたります。彼女の息子はミスタフ・イブン・ウサース・イブン・アッバード・イブン・ムッタリブです。[10] 私と彼女が用を足し終わって、家に向かって帰る途中、〔虫か〕何かがウンム・ミスタフの頭の被り布の中に入って、彼女が〔思わず〕「ミスタフ〔自分の息子〕に災いあれ」と口にしました。私が「そんなことを言うと災いがありますよ。バドルの戦いに参加した人を誹謗するのですか」と言うと、「無邪気なものね。それとも、彼が言っていることを聞いていないの？」と答えました。私が彼女に「何のこと？」と尋ねると、彼女は中傷の民が噂している内容を教えてくれました。それで、私は体調が悪くなりました。

家に戻ると、アッラーの使徒がやってきて、サラーム[11]のあいさつをなさり、「具合はどうか」とお尋ねになりました。私は「両親のもとに行くことをお許しください」と頼みました。〔彼女は続けて言いました。〕私はその時、両親から〔中傷の〕話について確信を得たかったのです。アッラーの使徒が許可してくださいましたので、私は両親のもとを訪れ、母に「お母さん、人びとは何を言っているのでしょうか」と尋ねました。母は「娘よ、心配いりません。夫に愛するきれいな妻がいれば、他の妻たちは彼女についてあれこれ言うものです」と慰めました。〔彼女は続けて言いました。〕私は「アッラーに称えあれ。人びとはずっと噂をしているのですね」と言いました。〔彼女は続けて言いました。〕それから私は一睡もせずに一晩中泣きあかし、朝になっても涙が流れていました。このことについて啓示はまだありませんでした[12]ので、アッラーの使徒はアリー・イブン・アビー・ターリブ[13]とウサーマ・イブン・ザイド[14]を呼んで、妻〔アーイシャ〕と別れることについて相談していました。〔彼女は続けて言いました。〕ウサーマは、アッラーの使徒に対して、妻〔アーイシャ〕が無実であり、彼も妻たちに深い愛情を抱いていることを自ら知っていると述べて、「おお、アッラーの使徒よ、彼らはあなたの家族であり、私たちは〔彼女たちについて〕良いことしか知りません」と言いました。アリーは、「アッラーがあなたに〔妻たちに関して無用に〕重荷を課すことはありえません。ほかにもたくさんの妻がいるのですし、もし〔アーイシャの〕召使いに尋ねれば、彼女は正直に答えるでしょう」と言いました。アッラーの使徒は、〔召使いの〕バリーラ[15]を呼び、「バリーラよ、アーイシャについて何か疑わしいことを見たことはないか」と尋ねました。バリーラは「あなたを真実とともに遣わした方〔アッラー〕にかけて、彼女には何一つ責められるべきことはありません。ただ、彼女は若い女性ですので、一度だけ、小麦をこねている間に寝てしまい、羊が来てそれを食べてしまったことがありました」と答えました。

アッラーの使徒は説教壇に上り、アブドゥッラー・イブン・ウバイユ・イブン・サルールに対して〔その名はあげずに、誹謗に対する〕謝罪を求めました。〔彼女は続けて言いました。〕彼は説教壇の上から、こう言いました。「おお、ムスリムたちよ。わが家族を傷つけた者から、誰が汚名をそそいでくれるのであろうか。アッラーにかけて、わが妻がただ善良であることを知っています。また、人びとがその名をあげている男性についても、ただ善良なことを知っています。彼〔サフワーン〕は私と一緒でなければ、私の家族と会ったこともありません」。

援助者の一人サアド・イブン・ムアーズ[16]が立ち上がり、言いました。「私があなたの汚名をそそぎましょう、アッラーの使徒よ。もし、その者〔誹謗者〕が〔自分たちの〕アウス部族に属しているのであれば、私たちがその首を打ちましょう。もし、その者がわれらが兄弟ハズラジュ部族に属しているのであれば、あなたが〔その者を打てと〕お命じになったら、その命を果たしましょう」。（彼女は続けて言いました。）すると、ハズラジュ部族の長であったサアド・イブン・ウバーダ[17]が立ち上がりました。彼は敬虔な男性でしたが、部族意識を残している人[18]でした。彼は〔アウス部族の〕サアド・イブン・ムアーズに向かって、「アッラーの永遠なることにかけて、あなたは偽りを言っている。あなたはその者を殺すこともないし、殺す力もない」と言いました。すると〔そのことばに怒って〕、ウサイド・イブン・フダイル[19]が立ち上がりました。彼はサアド・イブン・ムアーズの従兄弟でした。彼は〔ハズラジュ部族の長〕サアド・イブン・ウバーダに向かって、「アッラーの永遠なることにかけて、あなたこそ偽りを言っている。必ずや、私たちはその者を殺すでしょう。あなたは偽善者だから、偽善者たちをかばっているのです」と叫びました。そして、アウスとハズラジュの両部族はいきり立ち、[20]アッラーの使徒が説教壇に立っているのに、互いに殺し合いを始めそうになりました。アッラーの使徒は彼らを静まらせようとして、ようやく皆が黙り、静かになりました。（彼女は続けて言いました。）

私はその日も泣き続け、〔その夜も〕一睡もせずに涙を流し、次の夜も涙が止まらず、一睡もせずに泣きあかしました。両親は私が泣き続けて肝を壊すのではないかと心配しながら、泣いている私のそばに座っていました。援助者の女性が一人やってきましたので、招き入れると、彼女も〔私のそばに〕座って泣きました。私たちがそんなふうであった時、アッラーの使徒がいらして、サラームのあいさつをすると、お座りになりました。(彼女は続けて言いました。)噂が立ってから、ずっと私のそばにお座りになることはなく、もう一か月もたっていましたが、私のことでの啓示もありませんでした。(彼女は続けて言いました。)アッラーの使徒は信仰告白を唱えてから、言いました。「アーイシャよ、あなたについて、かくかくしかじかということが私の耳に届いています。もし、あなたが無実であるならば、アッラーが必ずあなたの無実を示してくださるでしょう。もし、あなたに罪があったとしたら、アッラーにお赦しを請い、悔悟しなさい。しもべが罪を認め、悔悟するならば、アッラーは悔悟をお受け入れになります」。(彼女は続けて言いました。)アッラーの使徒が話し終わると、私の涙は乾き、涙の一滴すら感じられませんでした。

私は父〔アブー・バクル〕に向かって、「私のかわりに、アッラーの使徒に返答ください」と頼みました。父は「アッラーにかけて、アッラーの使徒に何と言うべきか、わかりません」と答えました。私は母に向かって、「私のかわりに、アッラーの使徒に返答くださいい」と頼みましたが、母も「アッラーにかけて、アッラーの使徒に何と言うべきか、わかりません」と答えました。私はまだ年若い女で、クルアーンもそれほど読んでいませんでしたが、私は言いました——アッラーにかけて、あなたたちはこのこと〔の噂〕を聞いて、心の中でそう思えてしまって、〔噂を〕信じているとことがわかりました。もし私が「私は潔白ですし、アッラーは私が潔白とご存じです」と言っても、私を信じてもらえないでしょう。でも、アッラーは私が潔白なことをご存じなのに、私がそのこと〔罪〕を認めてしまったら、みなは私を信じることでしょう。私は、アッラーにかけて、私自身にもあなたたちにも、ユースフ〔預言者ユースフ＝ヨセフ〕の父のことば、[23]「そうであれば、忍耐こそが美しい。あなたがたが述べていることについては、アッラーにこそお助けを求めます」〔ユースフ章一八節〕以外に言うことはありません。

その後、私は〔みなに〕背を向けて、床に横になりました。（彼女は続けて言いました。）アッラーにかけて、その時に私は自分が潔白であることを知っていましたし、アッラーが私の潔白を示してくださると思っていましたが、アッラーにかけて、私のことで啓示の章句が下されるとは思っていませんでした。私のことはあまりに卑しくて、偉大なるアッラーが章句として語ってくださるとは思いもよりませんでした。ただ、アッラーの使徒がお休みの間にご覧になる夢[24]でアッラーが私の無実をお示しになることを期待していました。

アッラーにかけて、アッラーの使徒は座った場所から微動だにしませんでしたし、家族も誰も出て行かないうちに、アッラーがその預言者〔ムハンマド〕に啓示をお下しになりました。彼〔ムハンマド〕は、いつもの啓示の際のように苦しげになさいました。啓示されることばの重さのゆえに、彼は真冬でも真珠ほどの大粒の汗を垂らしていました。（彼女は続けて言いました。）それが終わると、彼は笑みを浮かべて、最初に言ったことばは「アーイシャよ、喜びなさい。アッラーがあなたの無実をお示しになりました」でした。すると、母が私に「彼に向かってお立ちなさい〔謝意を示しなさい〕」と言いました。私は言いました――アッラーに誓って、私は彼に向かっては立ちません。私が称えるのはただアッラーです。かれ〔アッラー〕が私の無実を啓示くださいました。

〔彼女は続けて言いました。〕その時啓示されたのは、「まことに虚言を広めたのは、あなたたちの中の一団であった」〔光章一一節〕からの一〇節でした。[25]〔彼女は続けて言いました。〕〔父の〕アブー・バクルは、それまで貧しい近親者ということでミスタフの支援をしていましたが、「アーイシャに対してあんなことを言った後では、今後は一切、彼の支援はしません」と断言しました。すると、アッラーは「あなたたちの中の〔神の〕恩寵や富裕を得ている者に、近親者や貧しき者、アッラーのために移住した者たちに与えない、と誓わせてはならない。彼らを赦し、宥和しなさい。あなたたちはアッラーがお赦しくださることを望まないのであろうか」〔光章二二節〕を啓示なさいました。[26]〔ヒッバーン・イブン・ムーサー〔伝承者の一人〕[27]は、アブドゥッラー・イブン・ムバーラク[28]〔ヒッバーンの一代前の伝承者〕が「この節はアッラーの書〔クルアーン〕の中で、もっとも希望にあふれる節です」と言ったと述べています。）アブー・バクルは「まことに、私はアッラーがお赦しくださることを望みます」と言って、かつてミスタフに与えていた支援を再開し、「決してこれを止めることはないでしょう」と明言しました。（アーイシャは言いました。）アッラーの使徒は、〔別な〕妻の〔一人の〕ザイナブ・ビント・ジャフシュ[29]に、私のことを「何か知っているか、見たことはありますか」と尋ねていました。彼女〔ザイナブ〕は、「アッラーの使徒よ、私は自分の〔耳で〕聞いたこと、自分の〔目で〕見たことしか、言いません。アッラーにかけて、〔彼女については〕良いことしか知りません」と答えました。（アーイシャは言いました。）彼女は〔ムハンマドの妻たちの中で〕私と張り合ったただ一人でしたが、アッラーは篤信によって彼女をお守りになりました。彼女の妹のハム[30]ナは姉のために対立を続け[31]、没落した他の人たちとともに没落しました[32]。ズフリーは、これが〔中傷をした〕一団について私たちに伝わっていることです、と述べています。

（ムスリム）

1　このハディースにあるアーイシャの事件に関して、噂を広め、結果としてアーイシャの名誉を傷つけた人たちを指す。後に章句の啓示によってアーイシャの無実が示されて以降は「中傷の民」として逆に批判される結果となった。中傷したとされる中に、アブドゥッラー・イブン・ウバイユ、ミスタフ、ザイナブの妹のハムナがいる。このハディースでは名が出てこないが、他に噂を広めた人物として「預言者の詩人」として有名なハッサーン・イブン・サービトもいた。2　妻たちが自分でくじを引くのではなく、ムハンマドがくじで同行する妻を選んでいた。3　ヒジュラ暦六(六二七)年のムスタリク部族との戦い。4　前出(二五七頁注3)。5　教友の一人。もっぱらこの事件で名が知られている。当人は寝坊が常で、そのために行軍に遅れてアーイシャが一人でいるところにでくわした、ともされる。後に第二代正統カリフのウマルの代に、アルメニア戦線で戦死。6　サフワーンは、自分がいることを示すために、クルアーンの一節(雌牛章一五六節)を唱えた。特に、このことばであることには必然性はない。7　ハズラジュ部族系の指導者の一人。ムハンマドがマディーナの指導者となったことを快く思わず、対抗を続けた。そのためムハンマドに面従腹背する「偽善者」の筆頭とされた。ムハンマドたちとの対立はムスタリク部族との戦いの後に深刻となり、彼は「中傷の民」の代表格ともなった。彼の没時に偽善者の扱いをめぐって、宥和的なムハンマドと断固たる措置を求めるウマルが議論をしたが、「神は彼らを決して赦さないであろう」(悔悟章八

○節)、「彼らのために葬儀礼拝をしてはならない」(悔悟章八四節)というクルアーンの章句で決着した。　8　本人の名はサルマー。本文にあるように、アブー・バクルの母方の姪で、この時はたまたまアーイシャのところにいたのかもしれない。この事件以外では、ハディースには登場しない。　9　当時はここが女性用の用便の場所で、町の境界外とされている。　10　つまり、ウンム・ミスタフ〔ミスタフの母〕の息子がミスタフで、彼女の夫がウサース。　11　アーイシャの父は、ムハンマドの盟友アブー・バクル。母はウンム・ルーマーン・ビント・アーミルで、キナーナ部族のフィラース支族の出身。彼女は夫とマッカに定住した後に夫を亡くし、アブー・バクルと再婚した。初期にイスラームに入信し、ヒジュラの際にはアーイシャを連れてマディーナに移住。　12　啓示が来ると予想していた、という意味ではなく、回顧してみると、当時は(やがて来る)啓示もまだ来ていないため、の意。　13　アリーはムハンマドの年下の従弟で、子どもの時からムハンマドと妻ハディージャが養育した。この時はすでに娘婿でもあり、一家の中で私的なことを相談する相手であった。後の第四代正統カリフ。　14　ザイドはムハンマドの元養子で、養子制度が廃止された後も親密な関係が続いた。ウサーマはその息子で、ムハンマドにとっては自分の一家の一員とも言える。　15　アーイシャの解放奴隷。元主人から自由の身分を得ようとしてお金が足りず、アーイシャが買い取って解放することになった。教友の一人に数えられる。　16　著名なサアド・イブン・ムアーズは、アウス部族の指導者で、ヒジュラ以前のマディーナで入信した（前出一二四頁前半の注1）。ただし、彼は部族連合の戦いの直後、矢傷がもとで亡くなっている。そのサアドだとすると、ムスタリク部族との戦いの直後に生じた中傷事件の際に登場するのはおかしい。そのため、別人とする説、中傷事件が部族連合の戦い以前だったとする説などがある。**17** マディーナ出身の教友で、ハズラジュ部族の指導者。前出（一六八頁注13）。**18** この評言は、後にムハンマドの没後に援助者だけを取りまとめようとした行動に照らして、当たっていると思われる。**19** マディーナ出身の教友。ヒジュラの前に入信、二回目のアカバの誓いに参加。アウス部族の指導者の一人。主要戦役に参加。ウマルの代にエルサレム開城にも参加した。**20** もともと両部族は長い対立関係にあった。ムハンマドをマディーナに招いた一因は、彼を調停者として抗争に終止符を打つためであった。イスラームの下で団結してからも、折りに触れ摩擦が生じた。**21** 前出（六二頁、六七頁注7）。**22**「私は「アッラーのほかに神なし」と証言し、「ムハンマドはアッラーの使徒なり」と証言します」と言うこと。イスラームの立場に立脚して、それ以降の言行をすることを示している。**23** ユースフの父はヤアクーブ、つまり旧約聖書のヤコブで、ヤコブの別名イスラエルから「イスラエルの民」が生まれた。ユースフは一二人の子の一人で、物語性の薄いクルアーンの中では珍しくユースフ章は彼をめぐる物語を濃厚に語っている。父ヤアクーブは苦難の人生を忍耐心で乗り越えた人で、そのことば「そうであれば、忍耐こそ美しい。アッラーにこそお助けを求めます」〔ユースフ章一八節〕は、愛息ユースフが狼に食べられたと他の息子たちが虚偽の報告をした際に述べられたもの。**24** 神からの啓示には種類があり、クルアーンのように天使が明確な「神のことば」をもたらすもののほかに、正夢を通して教えがもたらされることもあった。**25** アーイシャの事件全体を中傷事件として、誣告《ぶこく》罪を確立している。これ以降、イスラーム法では、根拠が薄弱な嫌疑をかけることを厳しく否定し、婚外交渉を厳しく断罪するズィナー罪にしても、誣告罪のリスクを勘案すると、容易に成立しない罪となった。**26** 光章二二節は、慈善の重要性が個人的感情に優先することを明確にしている。**27** ブハーリー、ムスリムの師の一人。ティルミズィー、ナサーイーも彼からのハディースを収録している。ホラーサーン地方の主要都市メルヴ（現トルクメニスタン）の出身。当代随一の学者と言われたアブドゥッラー・イブン・ムバーラクからハディースを学んだ。**28** メルヴ出身の商人にして学者（七九七年没）。法学やハディース学を広く遊学して学び、アブー・ハニーファ（ハナフィー法学派の祖）、サウリー（初期法学派のサウリー学派の祖）、マーリク（マーリク法学派の祖）、などに師事した。**29** 前出（二五五頁注1）。**30** ザイナブの妹、教友の一人。父はアサド部族のジャフシュ。母は、ムハンマドの父方のオバであるウマイマ。夫はムハンマドがヒジュラに先立ってマディーナに教師として派遣したムスアブ・イブン・ウマイル（前出九五頁注1）であったが、ムスアブはウフドの戦いで戦死。

ハムナはウフドの戦いで、水の補給や負傷兵の援護に活躍した。**31** ハムナは、ムハンマドの妻たちの対抗関係の中で、自分の姉のザイナブの立場を強めるために、アーイシャに関する噂を広めた、の意。**32** ハムナは、ミスタフ、ハッサーン・イブン・サービトらと共に、中傷に対する罰として鞭《むち》打ち刑を受けた。

結婚相手の選び方

ジャービル〔・イブン・アブドゥッラー〕は、預言者が次のように言ったと伝えている——女性は、信仰心、財産、美貌によって、〔男性は〕結婚したがるものです。あなたは、信仰心のある女性と結婚すべきです。〔さもないと〕あなたの手は土にまみれる〔失敗してしまう〕でしょう。

（ティルミズィー）

アブー・フライラは、預言者が次のように言ったと伝えている——結婚相手の女性〔を選ぶ〕には四つの理由があります。財産、家柄、美貌、信仰心です。あなたは、

信仰心のある女性を得て〔成功して〕ください。〔さもないと〕あなたの手は土にまみれるでしょう。（ムスリム）

乳兄弟の娘とは結婚できない

アブー・サラマ[1]の娘ザイナブは、次のように伝えている――〔かつてマディーナで、ムハンマドの妻の一人であった〕ウンム・ハビーバ[2]は、アッラーの使徒に次のように頼んだということです。「どうか、私の妹のアッザ[3]と結婚してください」。すると彼は「そうしてほしいのですか」と尋ねました。彼女は「はい。私は〔妻として〕あなたを独り占めしているのではありませんから、妹にも私のようによい目にあってもらいたいと思います」と言いました。すると、アッラーの使徒は「それは私には許されないことです」と答えました。彼女は〔それに対して〕「アッラーの使徒よ、あなたがアブー・サラマの娘ドゥッラ[4]と結婚したいのではないかと、私たちの間で噂になっていますよ」と言いました。彼は「アブー・サラマの娘ドゥッラと？」と聞き返しました。「はい」と彼女は答えました。するとアッラーの使徒は次のように言いました。「たとえ、彼女が私に養育されたのではなかったとしても、彼女と結婚することは私には許されません。彼女は私の乳兄弟の娘だからです。〔私の乳母の〕スワイバ[6]は、私とアブー・サラマ[5]に乳をくれました。今後は、あなたたちの娘や姉妹を、私と結婚させようとは思わないでください」。

（ムスリム『真正集』）

1 クライシュ族マフズーム家出身、初期からの入信者。名はアブドゥッラー。母親がムハンマドの父方のオバなので、ムハンマドとは従兄弟であるが、同時に乳兄弟でもあった(ハディースの終わりにあるように、子どもの時に同じ乳母が授乳した)。ウフドの戦いの戦傷から没。ムハンマドは寡婦となったウンム・サラマと再婚、アブー・サラマの子どもたちを養育した。 **2** クライシュ族の指導者だったアブー・スフヤーン(前出一三〇頁注1)の娘。後にウマイヤ朝を開いたムアーウィヤは兄弟にあたる。彼女は早くからイスラームに帰依し、迫害期にはエチオピアに移住した。父親とは宗教をめぐってその後も対立した(マッカ征服まで父親はイスラームに敵対した)。ヒジュラ暦七(六二八／九)年にムハンマドと再婚。「ハビーバの母」という呼び名の通り、娘ハビーバがいて、ムハンマドはこの娘を養育した。 **3** アブー・スフヤーンの娘。ムアーウィヤは兄弟にあたる。このハディースの一件以外には登場しない。 **4** アブー・サラマとその妻ウンム・サラマとの間に生まれた二男二女(名前は二二六頁注1)の一人で、このハディースの伝承者ザイナブの妹。 5 ムハンマドはウンム・サラマと再婚し、アブー・サラマの遺児四人を養育した。ドゥッラはその一人。 6 アスラム部族出身のムハンマドの最初の乳母。アブー・ラハブの奴隷(後に解放奴隷)であった。彼女自身の息子、ムハンマド、ムハンマドの叔父ハムザ、アブー・サラマなどに乳を与えた(彼らは乳兄弟になった)。イスラームに帰依したかどうかは不明。ヒジュラ後も、ムハンマドはマッカにいる彼女に衣服などを贈っていたとされる。

イブン・アッバースは、預言者が〔叔父〕ハムザの娘[1]について、次のように言ったと伝えている——彼女〔と結婚すること〕は、私には許されません。親族関係で禁じられていることは、乳兄弟関係でも禁じられており、彼女は私の乳兄弟〔ハムザ〕の娘[2]にあたりますから。　(ブハーリー)

1 ハムザは、ムハンマドの父の弟で、叔父にあたる。ただし、ムハンマドよりわずかに年上なので同年代と言える。 2 イトコ同士の婚姻は、アラブ人の間では古くからおこなわれている(現在に至るまで)。その慣習から言えば、ムハンマドと叔父ハムザの娘

(＝従姉妹)との結婚は問題がない。しかし、ムハンマドとハムザとの間に同じ乳母と通じた「乳兄弟関係」が生じており、乳兄弟は実の兄弟と同等とみなされるため、彼女はムハンマドにとって実の姪と同様になり、結婚は許されない。ムハンマドとハムザに母乳を与えた乳母は、スワイバ(前出二八六頁注6)。

3　ムハンマドの子どもと孫

娘ファーティマ

サフル・イブン・サアド〔・サーイディー〕は、次のように伝えている――ある日、アリーが〔妻の〕ファーティマ[1]の家に帰ると、〔幼い〕ハサンとフサイン[2]が泣いていました。彼〔アリー〕が「なぜ、泣いているのですか」と尋ねると、彼女は「お腹を空かせています」と答えました。アリーは出かけると、市場で一ディーナール[3]を拾いました。家に戻ってそれをファーティマに知らせると、彼女は「ユダヤ教徒の何某のところに行き、小麦粉を得て〔買ってきて〕ください」と頼みました。彼〔アリー〕はそのユダヤ教徒のところに行き、小麦粉を買いました。そのユダヤ教徒は「あなたは、アッラーの使徒だと言っている男〔ムハンマド〕の婿《むこ》ですか」と尋ねました。彼〔アリー〕が「はい」と答えると、彼〔ユダヤ教徒〕は「ディーナールはとっておきなさい。小麦粉はあげます」と言いました。彼が帰ってファーティマにいきさつを伝えると、彼女は「肉屋の何某のところに行き、一ディルハム[4]相当の肉を私たちのために得て〔買ってきて〕ください」と頼みました。彼〔アリー〕は一ディーナールを担保にして一ディルハム分の肉を持ち帰りました。

彼女〔ファーティマ〕は小麦粉をこね、〔肉を焼く〕用意をして、パンを焼きました。そして彼女の父親〔ムハンマド〕を呼びにやり、彼がやってきました。彼女は彼に「おお、アッラーの使徒よ、いきさつをすべてお話ししますので、あなたがハラール〔合法〕とおっしゃるなら、私たちも食べますし、あなたも私たちと一緒に食べてください」と言って、いきさつを話しました。彼は「食べなさい、アッラーの御名によって」と言って、皆で食べました。彼らがそこにいる間に、少年が〔泣きながら〕アッラーとイスラームを呼ばわりながら、ディーナールを探しているのが聞こえました。アッラーの使徒が彼〔少年〕を呼ぶよう命じ、彼が招き入れられると彼〔ムハンマド〕は〔事情を〕尋ねました。彼〔少年〕は「〔一ディーナールを〕市場でなくしたのです」と答えました。そこで、預言者は言いました、「アリーよ、肉屋に行って、アッラーの使徒があなたに「そのディーナールを私に渡してください」と。あなたの〔取り分の〕ディルハムは私が払います」と言っていますと伝えてください」と。そして、肉屋がそれ〔一ディーナール〕を渡してくれたので、アッラーの使徒はディーナールを彼〔少年〕に戻しました。

（アブー・ダーウード）

1 ムハンマドとハディージャの間に生まれた四人の娘の末娘。ムハンマドの従弟にあたるアリーと結婚し、その子孫が「お家の人びと（ムハンマドの子孫）」と呼ばれる。アラブの系譜は男系主義であるが、ムハンマドの子孫はファーティマを通じた子孫なので、男系主義の原則とは異なっている。ファーティマは母親（ハディージャ）の死後もずっと父親の面倒を見て、ムハンマド没時まで存命したため「その父の母（父親の面倒を母のように見た娘）」と敬称された。**2** アリーとファーティマの間に生まれた長男と次男。ムハンマドの子孫は、ハサン系とフサイン系に分かれる（たとえば、今日のモロッコ王家、ヨルダン王家はハサン系）。**3** アラビア語のディーナールは金貨を指すが、語源はローマのデナリウス銀貨に由来する。イスラーム誕生期のビザンツ金貨はノミスマ

(元来はソリドゥス)金貨であるが、これをアラビア語ではディーナールと呼んでいた。ただし、正式のビザンツ金貨以外にも、金を同じ重量(約四・五五グラム)の金片にするか、金塊の重量をビザンツ金貨に換算して、ディーナールと称して使っていた。ウマイヤ朝時代にイスラーム金貨としてのディーナールが鋳造されるようになった。なお、ディーナール金貨は一三―一四世紀頃に流通しなくなったが、貨幣単位の名称としてのディーナールは生き延び、今日のアラブ諸国などでも使われている。**4** アラビア語では銀貨を指す。語源はギリシア語のドラクマであるが、アラブ人はサーサーン朝ペルシアのディレム銀貨をディルハムと呼んでいた。のちにウマイヤ朝時代にイスラーム銀貨としてのディルハムが鋳造されるようになった。

アーイシャは、次のように伝えている――預言者は、やがて世を去る病にあった時、娘のファーティマを(枕元に)呼びました。彼が彼女に小声で何かを言うと、彼女は泣きました。それから、再び彼が彼女を呼んで、小声で何かを言うと、彼女は笑いました。(アーイシャは続けて言いました。)私はそのことについて彼女に尋ねました。すると彼女は言いました。「預言者が私だけに小声で話をした時、彼は最期の病で〔まもなく〕亡くなると告げたのです。ですから、私は泣きました。そして、彼が、一族の中で私が最初に彼の後を追う〔次に亡くなる〕と告げたので、私は笑いました」。

（ブハーリー）

孫

ブライダ〔・イブン・フサイブ〕は、次のように伝えている——アッラーの使徒〔ムハンマド〕が説教をなさっていると、〔孫の〕ハサンとフサインが赤いシャツを着てやってきて、歩いたりころんだりしました。すると、アッラーの使徒は説教壇から降りて、二人を抱き上げ、自分の前に座らせて、こう言いました。「まことにアッラーは「あなたたちの財産と子どもたちには、試錬がある」〔騙し合い章一五節〕と真実をおっしゃいました。[1] この二人の幼児が歩いたり、ころんだりするのを見たら、たまらず、話を中断して、二人を抱き上げてしまいました」。

（ティルミズィー）

1 「サダカッラーフ〔アッラーは真実を言った〕」は、クルアーンを引用する時の定型句。

ヤアラー・イブン・ムッラは、アッラーの使徒が次のように述べたと伝えている——〔孫の〕フサインは私の一部で、私はフサインの一部です。アッラーは、フサインを愛する者を愛されます。フサインは、孫の中の孫です。（ティルミズィー）

イブン・アッバースは、次のように伝えている——アッラーの使徒は、〔孫の〕ハサンとフサインのために、アキーカ〔の儀礼〕[1]の際に、羊を二頭ずつほふりました。（ナサーイー）

1 新生児の誕生を祝福する儀礼。生後七日目に名前を付けて披露し、犠牲獣をほふって皆に肉を分け、ご馳走をふるまい、赤子の髪を剃ってその重さ分（の金または銀）の喜捨をする。

ジャアファル・イブン・ムハンマドは、その父から、次のように伝えている——

アッラーの使徒の娘ファーティマは、〔アキーカの際に自分の子どもたちの〕ハサン、フサイン、ザイナブ〔・ビント・アリー〕、ウンム・クルスーム〔・ビント・アリー〕の髪を剃り、その重さ分の銀を喜捨しました。（マーリク）

ウクバ・イブン・ハーリスは、次のように伝えている——私はアブー・バクルが〔幼い〕ハサンを抱いているのを見ました。彼は「わが父にかけて、あなたは〔祖父の〕預言者そっくりです。〔父親の〕アリーには似ていません」と言いました。〔それを聞いていた〕アリーは、笑っていました。（ブハーリー）

ウサーマ・イブン・ザイドは、次のように伝えている——私たちが預言者のところにいる時に、彼の娘の一人が使者をよこし、〔幼い〕彼女の息子が死にそうだから来てください、と頼みました。彼〔ムハンマド〕は〔使者に〕言いました。「戻って、彼女に伝えてください。アッラーがお取りになるものも、下されるものもすべて、かれのものです。かれのみもとでは、すべてに寿命があります。それゆえ、忍耐して

〔アッラーの〕報奨を期待するよう、伝えてくださいと」。彼女は、使者を再度よこして、誓って必ずや来ていただきたい、と言っていると伝えさせました。そこで、預言者はでかけ、一緒にサアド・イブン・ウバーダ[1]、ムアーズ・イブン・ジャバル[2]も行きました。〔娘のところに到着して〕幼児が彼〔ムハンマド〕に抱かれると、〔その胸は〕小さな革袋のように荒い息をしていました。すると、彼〔ムハンマド〕の目に涙があふれました。サアドが「おお、アッラーの使徒よ〔どうなさったのですか〕」と尋ねると、彼は答えました。「これは、アッラーがしもべたち〔人間〕の心にお創りになる情けの思い〔慈悲の念〕です。アッラーは、しもべたちの中の慈悲深い者たちに慈悲をおかけになります」。（ブハーリー）

1　前出（一六六頁、一六八頁注13）。 2　マディーナ出身の援助者の一人。ムハンマドに従って諸戦役に参加したほか、ムハンマド没後のシリア征服戦にも参加。ハディース伝承者としても有名（伝承者略伝六四一頁参照）。

4　弟子との交わり

移住者と援助者

ヒジュラ（聖遷）によってて創設されたマディーナの共同体は、マッカからの「移住者（ムハージルーン）」とマディーナ在住の「援助者（アンサール）」から成っていた。

アナス〔・イブン・マーリク〕は、次のように伝えている――〔ある日〕預言者は、〔援助者の〕子どもたちと女性たちが婚礼から戻ってくるのに出会いました。彼はじっと立っていて、こう言いました。「おお、アッラーよ、あなたたち〔援助者〕は私にとってもっとも好ましい人びとです。〔繰り返して〕おお、アッラーよ、あなたたちは私にとってもっとも好ましい人びとです」。〔伝承者による注釈〕〔あなたたちとは〕援助者のことを指していました。

（ムスリム）

アナスは、次のように伝えている――アッラーの使徒は、移住者たちと援助者たちが自分のそばにいて、自分から教えを受け取ることを好んでいました。

（イブン・マージャ）

ジャービル・イブン・ザイドは、次のように伝えている――イブン・アッバースはこう言いました。「アッラーの使徒、アブー・バクル、ウマルは、移住者でした。というのも、彼らは〔マッカの〕多神教徒を避け〔マディーナに来〕たからです。援助者の中にも移住者がいました。というのも、マディーナはかつて多神教の地でしたから、彼らはアカバ[1]〔の誓い〕の夜に、〔それを避けてマッカのムハンマドのもとに〕やってきたからです」。

（ナサーイー）

1 マディーナ〔当時の名はヤスリブ〕からのちに「援助者」となる人びとが来訪し、マッカ郊外のアカバの地でひそかにムハンマドに会い、イスラームの教えに従う誓いをおこなった（九三―九四頁参照）。

若き信徒たち

ナーフィウは、イブン・ウマルから次のように伝えている――アッラーの使徒はウフドの戦いの際に私を見て〔参戦を〕許可なさいませんでした。その時私は一四歳でした。私が一五歳になっていた塹壕《ざんごう》の戦いの際には、私を見て〔参戦を〕許可なさいました。（ナーフィウは続けて言いました。）私が〔のちのウマイヤ朝時代に〕その時カリフであったウマル・イブン・アブドゥルアズィーズ[1]の前に参上して、このハディースを語ると、彼は「これこそ、子どもと大人の境界であろう」と述べました。そして、〔各地の〕総督たちに、一五歳以上の者には俸給を支払い、それ以下の者は子どもとして扱うよう、命じました。（ムスリム）

1　ウマイヤ朝第八代カリフ。ウマイヤ朝は一般に世襲の王朝権力とみなされているが、このカリフは正義の人としてイスラーム史でも高く評価されている。時に正統カリフ時代のカリフにも匹敵するとして、「第五代正統カリフ」と呼ばれることもある。自らハディースを学び、ハディース学者たちを重用した。

アナスは、次のように伝えている――アッラーの使徒は、だれよりもお優しいかたでした。ある日、私を何かの用に使いに出しました。私は「アッラーにかけて、行かない」と言いましたが、心の中ではアッラーの預言者が命じたことをすべきと思いましたので、出かけました。すると、市場で子どもたちが遊んでいるところに通りかかりました。〔私がそれを眺めていると、後ろからついてきていた〕アッラーの使徒が突然、後ろから私の首をつかみました。私が〔驚いて〕彼を見ると、彼は笑っていました。彼は「小さなアナス[1]よ、私が命じたところに行きなさい」と言いました。私は「はい。行きます、アッラーの使徒よ」と答えました。（アナスは続けて付言しました。）アッラーにかけて、私は七年か九年、彼に仕えましたが、一度たりとも、私がしたことについて「どうしてこんなことをしたのか」とか、私がしなかったことについて「どうしてこれこれをしなかったのか」などと、とがめられたことはありませんでした。

（アブー・ダーウード）

1 原文の「ウナイス」は縮小形と呼ばれる語形で、「小さなアナス」を意味する。ムハンマドはこの愛称でアナスを呼んでいた。アナスはムハンマドの召使いとして一〇歳から奉公した。

アナス・イブン・マーリクは、次のように伝えている――〔ある日〕アッラーの使徒が〔私たちの家の前を〕通りかかり、彼の声を私の母ウンム・スライム[1]が聞きつけました。母は「おお、アッラーの使徒よ、わが父と母にかけて、〔ここに息子の〕小さなアナスがいます。〔どうか祝福してください〕」と呼びかけました。すると、アッラーの使徒は私のために、三つの祈りをささげてくださいました。そのうちの二つは[2]〔すでに〕現世で実現しました。三番目[3]は、来世で〔実現するよう〕願っています。

（ムスリム）

1　アナス・イブン・マーリクの母。ハズラジュ部族の出身で、ヤスリブ（マディーナ）で早くから入信した。先夫（マーリク・イブン・ナドル）の死後、アブー・タルハと結婚。2　資産と子だくさん、と解される。別のハディースには、実際にムハンマドが祈ったことばが「おお、アッラーよ、彼の富と子どもを多くして、あなたが彼に与えたものを祝福してください」と伝えられている。実際にアナスは、多くの子孫と長寿に恵まれた。3　来世のことなので、神による赦しを指す。

ジャリール・イブン・アブドゥッラーは、次のように伝えている――アッラーの使徒は、私がイスラームに帰依して以来、一度も私が訪ねるのをお断りにはなりませんでした。いつも私を見ると、お笑いに[1]なりました。　（ティルミズィー）

1　別なハディースでは「ほほえまれました」とある。この「笑い」は、好意的な笑みと解される。

困窮者を助ける

アブー・フライラは、次のように伝えている――アブー・ターリブの息子ジャアファル[1]〔ムハンマドの従兄弟〕は、困窮者たちを愛し、彼らと一緒に座を持ち、彼らに語りかけ、彼らも彼に語りかけていました。アッラーの使徒〔ムハンマド〕は、彼を〔讃えて〕「困窮者たちの父」と呼んでいました。（イブン・マージャ）

1　ジャアファルのエチオピア移住については、七六頁注3参照。

アブー・ザッルは、次のように伝えている――わが友〔ムハンマド〕は、私に七つのことを命じました。〔すなわち〕困窮者たちを愛し、彼らに近づくこと、下の者を見て、決して上の者を見ないこと〔羨まないこと〕、子宮のつながり〔血縁者との関係〕[1]を大事にすること、誰にも何も乞わないこと、たとえそれが苦い場合でも真実を語ること、神については〔常に真実を語り〕非難する者の非難[2]を決して恐れないこと、

「アッラーによるほか、いかなる力もなし」と数多く唱えること、これらを彼は私に命じました。これらは〔神の〕玉座[3]の下にある至宝です。

（イブン・ハンバル）

1「母親を通じるつながり」を意味し、血縁者とつきあい、助け合うこと。イスラームでは重要な社会的規範とされている。子宮（ラヒム）と慈悲（ラフマ）が同じ語根から発することを、子宮のつながりの重要性と結びつける考え方もある。 2「非難する者の非難」は「語る人の語り」などと同様のアラビア語特有の表現。「誰とはわからないが、非難する者がいた場合の、その者の非難」の意。 3 神が君臨する玉座を指し、アッラーは「玉座の主」とも呼ばれる。その下にある宝は「至宝」の意で、アブー・ザッルが自分の受けた教えの重要性を強調している。

アブー・フライラは、アッラーの使徒が次のように言ったと伝えている——三種類の人を、アッラーは必ず助けてくださいます。自らの解放のために〔主人と〕契約を交わしている奴隷、貞節を保つために結婚する人、アッラーのためにジハードを戦う人です。

（ナサーイー）

アブー・バクル

アーイシャは、次のように伝えている――アッラーの使徒〔ムハンマド〕は自分が病気の時に、アブー・バクルに人びとの導師として礼拝をするように命じました。そこで、彼は人びとと礼拝をささげていました。アッラーの使徒は少し病気が軽くなった時に、〔モスクに〕出てきて、アブー・バクルが導師をしているのを見ました。彼〔ムハンマド〕に気がついて、アブー・バクルは後ろに下がろうと〔導師を交代しようと〕しましたが、アッラーの使徒はそのままでいるように身振りで示し、彼の隣に座りました。アブー・バクルはアッラーの使徒の礼拝に従って礼拝をささげ、人びとはアブー・バクルの礼拝に従って礼拝をささげました。　（イブン・マージャ）

マーリク〔・イブン・アナス〕は、アブー・ナドルが次のように伝えたと語った――アッラーの使徒は、ウフドの戦いの殉教者たちについて、「これらの者たちについて、私は〔終末の日に〕証言するでしょう」と言いました。〔この特別扱いについて〕アブー・バクルが言いました。「おお、アッラーの使徒よ、私たちも彼らの兄弟ではないのですか。私たちは彼らが帰依したように帰依しました。また彼らがジハードに励んだようにジハードに励んできました」。するとアッラーの使徒は、「その通りです。しかし、私はあなたたちが私の〔死んだ〕後に何をするか知りません」と答えました。すると、アブー・バクルはさめざめと泣いてから、「私たちはあなたの〔亡くなった〕後まで、生きるのでしょうか」と言いました。（マーリク）

アブドゥッラー・イブン・マスウードは、預言者が次のように言ったと語っていた——もし私がハリール〔親友〕[1]を持つとしたら、きっとアブー・バクルをハリールとしたことでしょう。しかし、彼は私の兄弟であり教友であり、すでにアッラーがあなたたちの友〔ムハンマド自身のこと〕をハリールとなさっています〔だから、私はハリールを持ちません〕。（ムスリム）

1　クルアーンの文脈では、ハリールと言えば「アッラーの友」＝イブラーヒーム（アブラハム）を指すので、親友という以上に、特別に選ばれた友を意味する。

アブー・サイード〔・フドリー〕は、次のように伝えている――アッラーの使徒はミンバル（説教壇）に座り、「アッラーがあるしもべ〔ムハンマド〕に、現世の華《はな》とかれ〔アッラー〕のみもとにあるもののどちらかを選ぶよう示されましたので、彼〔しもべ〕はかれのみもとにあるものを選びました」と言いました。すると、アブー・バクルが号泣して、[1]「私たちの母親たちと父親たちを、あなたを護るためにささげましょう」[2]と言いました。（アブー・サイードは続けて言いました。）選択を与えられたのはアッラーの使徒で、アブー・バクルはそのことをよくわかっていたのです。すると、アッラーの使徒が「人びとの中で私に対して財産とその身をもってもっとも尽くしてくれたのはアブー・バクルです。もし、私が親友〔ハリール〕を選ぶとしたら、アブー・バクルをきっと選ぶことでしょう。しかし、イスラームの同胞愛が〔それに〕勝ります。もしモスクに一つだけ小さな戸口が残されるとしたならば、それはアブー・バクルの戸口でしょう」[3]と言いました。（ムスリム）

1　彼だけが、ムハンマドが世を去る（神のみもとへみまかる）ことを示唆したことを理解して、激しく泣いた。**2**　各人の父母はもっとも敬愛に値することを前提に、この表現は最大級の敬愛を相手に示す慣用表現。ムハンマドに対して、教友はしばしばこの表現を用いた。**3** アラビア語でいう「フーフ」は開閉する扉のついていない小さな戸口で、隣り合う家と家の間に設けられるものを意味した。預言者モスクには、かつてモスクを取り囲む教友の家からモスクにつながる小さな戸口があった（巻末図5参照）。

アブドゥッラー〔・イブン・マスウード〕は、次のように伝えている――アッラーの使徒が世を去った時、援助者たちが「私たち〔援助者〕から指揮官を一人、あなたたち〔移住者〕から指揮官を一人〔立てましょう〕」と言いました。するとウマルがやって来て、こう言いました。「あなたたちは、アッラーの使徒がアブー・バクルに〔自分の代わりに〕人びとの礼拝を先導するようお命じになったのを知らないのですか。あなたたちの誰が、彼〔アブー・バクル〕を差し置いて自らを立てることができるでしょうか」と尋ねました。彼ら〔援助者たち〕は「アッラーのご加護によって、アブー・バクルを差し置くようなことはしません」と答えました。[1]　（ナサーイー）

1 このハディースは、援助者が移住者と別々の指導者を立てようとした事件を、やや単純化している。援助者は、それぞれに指導者を立てることを提案したので、アブー・バクルを差し置いて全体の長になろうとしたわけではない。しかし、アブー・バクルたちはウンマの分裂につながるそのような提案に反対し、「移住者から指揮官を、援助者から副官を」という提案で、移住者から長を選ぶことを主張した。援助者がそれに納得したため、移住者から長を選ぶ段になって、アブー・バクルがムハンマドの代理で導師を務めた事績も、彼の資格を支持する材料とされた。このハディースはアブー・バクルについて語るために、その長い経過をごく単純化した語りとなっている。

ウマル

アナスは、ウマルが次のように語ったと伝えている――私は三つのことで、アッラー〔の啓示〕と同じ考えを持ちました[1]。〔ある時〕私は言いました、「おお、アッラーの使徒よ、イブラーヒームの立ち処を私たちの礼拝場所にできたらよいでしょうに」と。すると、「イブラーヒームの立ち処を礼拝所としなさい」〔雌牛章一二五節〕の章句が啓示されました。次はヒジャーブの章句です。〔ある時〕私は言いました、

「おお、アッラーの使徒よ、あなたの妻たちにヒジャーブ〔幕〕を用いるようお命じになったらよいでしょうに。彼女たちとは、善人も悪人も話をするのですから」。するとヒジャーブの章句[2]が啓示されました。そして、預言者の妻たちが嫉妬で団結した〔一緒に文句を言った〕時に[3]、私は彼女たちに「おそらく、主〔アッラー〕があなたたちを離婚なさったら、もっとよい妻を彼に下さることでしょう」と言いました。すると、この〔同じことばの〕章句[4]が啓示されました。

（ブハーリー）

1 カアバ聖殿のわきにある史跡（巻末図4参照）で、イブラーヒームによる聖殿建立を示す（前出八七頁注14）。**2** ヒジャーブには幕やカーテンを指す場合とヴェールを指す場合があり、ここでは前者にあたる。章句も五か所あり、ここでは部族連合章五三節。**3** 妻たちが二派に分かれた、二六〇一二六二頁のハディース参照。この幕に関しては、二五五―二五六頁参照。**4** 禁止章五節。

サアド・イブン・アビー・ワッカースは、次のように伝えている――ウマル・イブン・ハッタープがアッラーの使徒のところで入室の許可を求めた時、彼のもとにはクライシュ族の女性たちがいて、もっと財政的な支援をくださいと、彼の声よりも大きな声でせがんでいました。ウマルが〔入室の〕許可を求めると、〔その声を聞いて〕女性たちはヒジャーブを着けました。預言者が入室の許可を与え、彼〔ウマル〕が入ってくると、預言者は笑っていました。彼〔ウマル〕は、「おお、アッラーの使徒よ、わが父と母にかけて、アッラーがいつもあなたに笑顔をお与えになりますように」と言いました。彼〔ムハンマド〕は、「私はここにいる女性たちに驚いたところです。あなたの声を聞くと、みなが〔あわてて〕顔を隠しました」と言いました。彼〔ウマル〕は、「あなたをこそ、彼女たちは恐れるべきです、おお、アッラーの使徒よ」と答えました。そして、彼〔ウマル〕は彼女たちに向くと、「自らに害をなす者たちよ[1]、あなたたちは私を恐れて、アッラーの使徒を恐れないのですか」と問いました。すると彼女たちは、「あなたはアッラーの使徒よりもこわく厳しい方です」と答えました。アッラーの使徒は言いました。「おお、イブン・ハッターブよ、わが魂がその手の中にある方〔アッラー〕にかけて、シャイターン〔悪魔〕があなたに道で出会うと、必ずあなたとは別の道へ行くでしょう」。

（ブハーリー）

1　過ちを犯している者たちよ、の意。過ちは結果として自らに害を及ぼすことになるため。

ウマルの最期

イブン・アッバースは、次のように伝えている――私が他の人と共に、〔息をひきとり〕寝台に横たえられたウマル・イブン・ハッターブのために神に祈っている時、後ろにいた男性が私の肩に肘を載せ、次のように言うのを聞きました。「〔ウマルよ〕あなたにアッラーのお慈悲がありますように。私はいつも、アッラーがあなたを二人の友と一緒になさることを願っていました。というのも、アッラーの使徒が何度も、「私とアブー・バクルとウマルは〔どこそこに〕いた」とか「私とアブー・バクルとウマルは〔何々を〕した」とか「私とアブー・バクルとウマルは〔何々を〕始めた」と言うのを聞いたからです。だから、私はアッラーがあなたをお二人と一緒にしてくださるよう願っています」。私が振り向くと、そこにアリー・イブン・アビー・

ターリブがいました。

（ブハーリー）

アムル・イブン・マイムーンは、次のように伝えている──私は、〔当時カリフであった〕ウマル・イブン・ハッターブが〔ペルシア人奴隷に〕刺される数日前に会いました。彼はフザイファ・イブン・ヤマーン[1]とウスマーン・イブン・フナイフ[2]と共に立っていて、〔二人に対して〕「どのように〔行政を〕しましたか？　その地〔イラクのサワード地方〕[3]に対して、耐えられないような課税をした恐れはありませんか」と尋ねました。二人は「十分に耐えうる課税をしました。きわめて収穫の大きなところですから」と答えました。ウマルは〔再び〕「耐えがたい課税をしていないか、よく考えなさい」と尋ねました。二人は、「そんなことはしていません」と答えました。ウマルは、「もしアッラーが私を今後も生かしてくださったなら、私の治世以降は、イラクの民の寡婦たちが男性〔の助け〕を必要としないようにしたいものです」と述べました。しかし、わずか四日後に彼は死にまみえることになりました。

その日、私は〔モスクで〕イブン・アッバースをはさんで、〔暁の礼拝の導師を務める〕彼〔ウマル〕の後ろに立っておりました。彼は列と列の間を見回って、「まっすぐに列を作りなさい」と命じました。そして列がきちんとすると、最前列〔の前〕に行き、「アッラーは偉大なり」[4]と唱え〔礼拝を始め〕ました。たしか、〔クルアーンの〕ユースフ章か蜜蜂章のあたり〔の長めの章〕を第一のラクア[5]で朗誦《ろうしょう》し、〔遅れてくる〕人びとが列に加われるようにするのが常でした。その日は、「アッラーは偉大なり」と唱えたと思うや、「犬が私を殺した（あるいは、犬が私に嚙みついた）」と彼が言うのが聞こえました。その者〔犯人〕が彼を刺した時でした。[6]そのペルシア人[7]は〔その後〕諸刃《もろば》の短剣で左右の人びとを刺し回っていました。一三人に傷をつけ、そのうち七人が亡くなりました。現場にいた〔それを見た〕ムスリムの一人が、外套を男に投げかけました。捕まったと思った男は、自ら命を断ちました。

ウマルは、アブドゥッラフマーン・イブン・アウフ[8]の手をつかんで、彼が〔代わりに〕礼拝を導くようにしました。[9]ウマルの近くにいた者は、私が見た光景を見ましたが、モスクの他の場所にいた人びとは、ただウマルの声が消えたことだけがわかり、〔恐れの気持ちから〕「アッラーに称えあれ、アッラーに称えあれ」と声を上げていました。アブドゥッラフマーンは、短く礼拝を遂行しました。礼拝が終わると、ウマルは「イブン・アッバースよ、誰が私を刺したか、調べなさい」と命じました。彼〔イブン・アッバース〕はすばやく周りを見てくると、「ムギーラ[10]〔・イブン・シュウバ〕の〔元〕奴隷です」と報告しました。彼〔ウマル〕が「職人か」と尋ねると、「そうです」と答えました。すると、彼〔ウマル〕は言いました――「神が彼を敵となさいますように。私は彼を公正に扱っていました。アッラーに称えあれ！　おかげでわが死は、イスラームを名乗る者〔ムスリム〕の手によることはありませんでした[11]。あなたと、あなたの父〔アッバース〕は、マディーナに非アラブ人〔の働き手〕が増えることを喜んでいました。彼〔アッバース〕は、彼らに対してもっとも優しくしていました」。彼〔イブン・アッバース〕は、「お望みなら、やります」と、つまり「お望みなら、彼ら〔非アラブ人〕を殺します」の意で言いました。彼〔ウマル〕は〔それに対して〕「あなたは間違ったことを言っています[12]。〔すでに〕彼らがあなたたちのことば〔アラビア語〕を話し、あなたたちのキブラ〔礼拝の方角〕に向かって礼拝をささげ、あなたたちと同じ巡礼をおこなっている〔ゆえに、そのようなことは許されない〕のですから」と言いました。

それから、彼は家に運ばれ、私たちも同行しました。人びとは、これまで一度もこれほどの災厄〔人の死〕に出会ったことがないかのようでした。ある者は「大丈夫〔きっと快復するでしょう〕」と言い、ある者は「〔死ぬのではと〕心配です」と言っていました。ナツメヤシ飲料[13]が彼〔ウマル〕にもたらされ、彼は飲みましたが、腹部〔の傷口〕から出てしまいました。次にミルクがもたらされましたが、飲むと傷口から出てしまいました。そこで、彼の死が近いと皆にわかり、私たちは彼のもとに参じました。人びとがやってきて、彼を称えました。〔援助者の〕若い男性が来て、[14]「おお、信徒たちの指揮官[15]よ、あなたにアッラーからの朗報を伝えます。それはアッラーの使徒と共にあり、古くから帰依したからで、そのことはあなたもよく知っています。次いで、あなたは統治をおこない、公正に裁き、殉教に至りました」と述べました。彼〔ウマル〕は、「それが〔自分の足りなさを補うに〕十分で、少なくもなく、多くもないことを望みます」と返答しました。若い男性が立ち去るとき、衣の裾が地面に触れていました。彼〔ウマル〕は「若者を連れ戻してください」と頼み、〔戻ってくると〕

「わが甥よ、[16]衣〔の裾〕を上げなさい。そのほうが長持ちし、あなたの主に対しても
より篤信ですから」[17]と告げた。
彼は〔息子に対して〕「アブドゥッラー・イブン・ウマルよ、私の債務がどれほど
あるか、調べなさい」と命じました。数えると、八万六〇〇〇〔ディーナール〕ほど
でした。彼〔ウマル〕は次のように言いました――「ウマルの一家の財産に十分なだ
けあれば、そこから払ってください。もし足りなければ、アディー・イブン・カア
ブ家[18]に〔債務の清算を〕頼んでください。それでも十分でなければ、クライシュ族に
頼んでください。それ以外の人びとには頼まないように。そして、その財を私の名
義で払ってください。信徒たちの母[19]アーイシャのところ[20]に行き、「ウマルがあなた
に平安のあいさつを送っています」と言ってください。〔その際に私のことを〕「信徒
たちの指揮官」とは言わないように、〔職務が遂行できない〕今日はもはや信徒たちに
とって指揮官ではありませんから。そして〔彼女に〕ウマル・イブン・ハッターブが
二人の友〔ムハンマドとアブー・バクル〕と共に埋葬される許可[21]を願っていますと言っ
てください」。

彼〔イブン・ウマル〕は〔アーイシャの家に行き〕サラームのあいさつをして、〔家に入る〕許可を願ってから、中に入りました。すると、彼女は座って泣いていました。彼は「ウマルがあなたへの平安のあいさつを言付けました。彼は二人の友と共に埋葬される許可を願っています」と伝えました。彼女は「私は私自身にそう〔ここに埋葬されるよう〕望んでいました。今日は、私よりも彼にそうしてもらいたいと思います」と返答しました。彼が戻ると、〔ウマルに対して〕「あなたの息子アブドゥッラーが帰ってきました」と告げられました。彼〔ウマル〕は「私を起こしてくれ」と頼み、誰かが彼を〔起こして〕支えました。彼〔ウマル〕は「首尾はどうか」と尋ねました。彼〔イブン・ウマル〕は「信徒たちの指揮官よ、あなたのお望みを彼女は許可なさいました」と答えました。彼〔ウマル〕は「アッラーに称えあれ、それ以上に私にとって重要な事はありませんでした」と言いました。そして、「されば、私が息絶えたら、私を〔彼女のところへ〕運び、サラームのあいさつをして、「ウマル・イブン・ハッターブが許可を求めています」と言って、彼女が許可したならば、私をそこに埋めてください。もし彼女が断ったならば、私をムスリムたちの墓地に連れて行ってください」と命じました。

信徒たちの母ハフサ[22]〔ウマルの娘〕が他の女性たちと一緒にやって来ました。彼女を見て、私たちはその場を離れました。彼女は彼〔ウマル〕のもとへ行き、ひととき嗚咽《おえつ》を漏らしました。男性たちが〔来て〕面会を求めると、彼女は場所を空け、奥で彼女が泣いているのが私たちに聞こえました。彼ら〔主だった者たち〕は「信徒たちの指揮官よ、後継者を指名してください」と〔ウマルに〕頼みました。彼〔ウマル〕は「私は、アッラーの使徒が生前に満足なさっていた幾人かの者たちよりも、このこと〔ウンマの指導権〕に適任な者を知りません」と言って、アリー、ウスマーン、ズバイル[23]〔・イブン・アウワーム〕、タルハ[24]〔・イブン・ウバイドゥッラー〕、サアド〔・イブン・アビー・ワッカース〕、アブドゥッラフマーン〔・イブン・アウフ〕の名を挙げました。[25] そして次のように言いました――「〔息子の〕アブドゥッラー・イブン・ウマルは証人となりますが、彼はその任〔指導権〕には関わりを持ちません〔代わりに証人の名誉を得ます〕」。彼は続けました――「もし指導権がサアドのものとなったら、それはそれでよいでしょう。そうでない場合は、あなたたちの誰がその任にあたるとしても、サアドの助けを求めなさい。私が彼〔息子のイブン・ウマル〕を含めないのは、力量がないからでも信頼できないからでもありません」。

そして彼〔ウマル〕は次のように述べました――「私を継ぐカリフ〔ハリーファ〕に指示を遺します。早くからの移住者たちについては、彼らの権利を知り、彼らの名誉を守ってほしい。以前からこの町〔マディーナ〕と信仰を守ってきた援助者たちについては、彼らの善を受け入れ、彼らの過ちを許してほしい。26 諸都市の民についても扱いをよくしてほしい。彼らはイスラームの支持者であり、国庫の源泉であり、敵を悩ますものなのですから。彼らからは剰余を徴収するときは、彼らの同意を得てください。遊牧民については、彼らをよく扱ってください。彼らはアラブ人の起源であり、イスラームの素材なのですから。彼らが所有する小さなラクダから〔喜捨を〕徴収して、彼らの中の貧しき者に分け与えてください。アッラーの保護とアッラーの使徒の保護については、彼らとの盟約を守り、彼らを防衛し〔彼らのために戦い〕、彼らにできる以上の課税をしないでください」。

彼が亡くなった時、私たちは遺体を担いで歩いて行きました。アブドゥッラー・

イブン・ウマルは〔アーイシャに〕あいさつし、「ウマル・イブン・ハッターブがあなたの許可を求めていました」と告げました。彼女が「どうぞ彼を中に入れてください」と言ったので、遺体はそこ〔彼女の家の地中〕に二人の友と並べて置かれました。[27]

埋葬が終わると、〔ウマルが任命した〕六名が集まりました。アブドゥッラフマーンが「本件〔選考〕を、まずこの中の三人に絞りましょう」と提案しました。ズバイルが「私の分はアリーに託しました」、タルハが「私の分はウスマーンに託しました」、サアドが「私の分はアブドゥッラフマーン・イブン・アウフに託しました」と言いました。アブドゥッラフマーンは〔アリーとウスマーンに対して〕「あなたたちのどちらかがこの件を〔もう一人に〕引き渡して、アッラーとイスラームを証人として、残りのうちの一人をよりよき者として選びませんか」と尋ねました。二人は黙ったままでした。アブドゥッラフマーンは「では、この件を私にまかせてくれませんか。アッラーを私に対する証人として、私はあなたたち二人のうち、よりよき人以外は選びません」と提案しました。二人は「はい」と答えました。アブドゥッラフマーンは、その一人〔アリー〕の手を取り、「あなたはご自分も知っているように、アッラーの使徒の近親者であり、古くから帰依してきました。それゆえ、アッラーにかけて、私があなたを選任すれば、あなたは公正を尽くすでしょう。もし、私がウスマーンを選任すれば、あなたはそれを受け入れ、彼に従うでしょう」と言いました。次いで、彼はもう一人〔ウスマーン〕に向き合い、同様のことを言いました。このこと〔に二人が同意したこと〕を確かめると、彼〔アブドゥッラフマーン〕は「ウスマーンよ、あなたの手をあげてください」と言って、彼に臣従を誓い、アリーも彼に臣従を誓い、マディーナの人びとも臣従を誓いました。

（ブハーリー）

1 ガタファーン部族出身で、マッカ生まれの教友。父親の事情でマディーナに移住し、ヒジュラを迎えた。ムハンマドの信任が厚かったとされる。ウマルの代にマダーイン（かつてのサーサーン朝首都）の総督を務め、この地で没した。 **2** マディーナ生まれの教友。アウス系の援助者。ウマルの代にサワード地方の徴税官となった。後にアリーの代にバスラ総督。 **3** サワードは「黒い土地」の意で、チグリス・ユーフラテス両川流域の肥沃な穀倉地帯を指す。 **4** 礼拝を始める際の最初のことば。 **5** 暁の礼拝は二つのラクア（前出八六頁注3）から成っており、その最初のラクア。暁、日没後、夜の三つの礼拝は、導師が最初の二ラクアのクルアーンの章句を声を出して朗誦するので、何を朗誦しているかが他の信徒にもわかる。 **6** 三回刺したという。 **7** 原文の「イルジュ」はムスリムではない非アラブ人、特にペルシア人を意味する。ウマルを刺したアブー・ルウルウ〔真珠の父〕・ファイルーズは、ペルシア人のゾロアスター教徒とされる。そこから、暗殺の理由をサーサーン朝ペルシアを滅ぼされた怨恨とする推論もなされる。 **8** クライシュ族ズフラ家出身の教友。最初期の入信者で、ムハンマドの高弟の一人。いわゆる「楽園〔に入ると〕の朗報を得た十人」の一人ともなった。マッカ期の迫害を逃れて、エチオピアに移住。のちにマディーナに移住してから、バドルの戦いをはじめ主要な戦役すべてに参加。ウマルの没時には、後継者を決める「協議〔シューラー〕の民」六人の一人に任命され、事実上の議長としてカリフのウスマーンの誕生に貢献した。ウマル、ウスマーンの治世でカリフを補佐したが、本人は権力には関心が薄かった。豪商として知られ、イスラーム共同体に財政的にも大きな貢献をした。六五三年没。 **9** 事情があって導師を交代する場合は、間断がなければ礼拝をやり直す必要がなく、そのまま継続されることになる。この場合は、礼拝が始まったばかりで、ウマルも礼拝外のことばを発しているので、アブドゥッラフマーン・イブン・アウフが導師としてやり直したと思われる。 **10** ムギーラはサキーフ部族出身の教友で、事件当時はカリフのウマルに任命されてクーファ総督を務めていた。次のカリフのウスマーンは一年ほどで彼の職を解き、ムギーラはいったん公職から退いたが、のちにウマイヤ朝期にふたたびクーファ総督を務めた。**11** アブー・ルウルウがゾロアスター教徒だったため。**12** 原文は「あなたは嘘を言った」であるが、これは当時のヒジャーズ地方の表現では「間違ったことを言った」を意味している。**13** 水とナツメヤシをまぜたジュース。前出(一七八頁注1)。**14** 援助者の一人とされるが、氏名不詳。また、カリフに対してなぜ不相応な発言をしたか不明。**15** ウマルが創唱したカリフの称号の一つ。ウンマ全体の軍事司令官の意。**16** イスラームにおける兄弟の息子よ、の意。目下の人に敬意を示して呼ぶ。**17** イスラーム以前の習慣として、己を誇る者が裾を長くする習慣があり、ムハンマドがそれを戒めたこと(前出二二六頁)に基づく助言。**18** ウマルが属するクライシュ族の支族。**19** ムハンマドの妻たちの称号(前出一一三頁注1)。**20** アーイシャの住まいを指す。ムハンマドは彼女の部屋で亡くなり、そこで埋葬された。彼女の父であった第一代正統カリフのアブー・バクルはすでに、娘に頼んでムハンマドの隣(彼の肩の高さのところ)に埋葬されていた。**21** ウマルもムハンマド、アブー・バクルと共に埋葬されることを望んだが、それが彼女の私宅であるため彼女の許可が必要とされた。ちなみに、ウマイヤ朝第六代カリフのワリードの代にモスク拡張のために周囲の部屋はすべて取り壊され、アーイシャの部屋すなわち三人の墓所はその後モスクの内部に位置する墓廟となった。**22** ハフサもムハンマドの妻で、「信徒たちの母」の称号で呼ばれた。この称号はムハンマドの没後も維持された。ハフサについては、前出七七頁注9参照。

23 前出(九九頁注1、一六四頁注1)。息子のアブドゥッラー、ウルワはハディース伝承者としても知られる(アブドゥッラーが父親から伝えたハディースは、後出三九六―三九七頁)。ハディース学者となったウルワはアブドゥッラーより二〇歳も年下で、父親からではなく、兄のアブドゥッラーや叔母のアーイシャから伝えたハディースが多い。**24** クライシュ族タイム家出身の教友。最初期の入信者の一人で、ムハンマドの高弟。いわゆる「楽園〔に入ると〕の朗報を得た十人」の一人でもあった。ウマル没後の後継カリフを選定する「協議(シューラー)の民」の六人の中に選ばれたことからも、共同体の最長老の一人であったことがわかる。のちに第四代正統カリフのアリーと争い、ラクダの戦い(六五六年)の際に戦死。**25** ウマルが指名した六名は「協議(シューラー)の民」とも呼ばれる。当時のウンマの最長老たちであった。**26** ムハンマドが最後の説教で述べたことばを述べている(前出二〇三頁)。**27** ムハンマドとアブー・バクルと並べて埋葬された、の意。ウマルはアブー・バクルの肩のところに頭が来るように横たえられたという。

ウスマーン

アーイシャは、次のように伝えている――アッラーの使徒が私の部屋で横になっている時、太腿《ふともも》〔の一部〕か脛《すね》が見えていました。そこにアブー・バクルが入室の許可を求め、許可されて〔入室し〕、彼〔ムハンマド〕はそのままの状態で〔アブー・バクルと〕話をしました。次いで、ウマルが入室の許可を求め、許可されて〔入室し〕、彼〔ムハンマド〕はそのままの状態で〔ウマルと〕話をしました。次いで、ウスマーンが入室の許可を求めると、アッラーの使徒は座って衣服をただしました。(〔伝承者の一人である〕ムハンマド〔イブン・アビー・ハルマラ〕は、これは同じ日の出来事とは限りませんと注釈している。)そして、彼〔ウスマーン〕が入室すると、〔二人が〕話をしました。(彼〔ウスマーン〕が退出すると、アーイシャが尋ねました。)アブー・バクルが入室しても、あなた〔ムハンマド〕は気にせず居住まいもただしませんでした。ウマルが入室しても、あなたは気にせず居住まいもただしませんでした。ウスマーンが入室すると、あなたは座って衣服をただしました。すると、彼〔ムハンマド〕は言いました――天使ですら恥じらう相手に対して、私が恥じらわないことがあるでしょうか。(ムスリム)

アブー・ウマーマ・イブン・サフルは、次のように伝えている――〔第三代正統カリフ〕ウスマーンが自宅で〔叛徒《はんと》に〕包囲されている時、私たちは彼と一緒にいました。家には入り口があり、そこから入った人は中庭にいる人の声が聞こえました。ウスマーンは入り口から中に入りました。そこから出てくると、彼の顔は蒼白でした。彼は「彼ら〔叛徒たち〕はこれから私を殺すと脅しています」と言いました。私たちは「おお、信徒たちの指揮官よ、彼らに対するにあなたにはアッラーだけで十分です」と答えました。彼はこう言いました――彼らはなぜ私を殺そうとするのでしょうか。私はアッラーの使徒が「ムスリムの血は、三つのどれか〔の理由〕でなければ〔それを流すことは〕許されません。つまり、イスラームに帰依した後の不信仰、結婚経験の後のズィナー〔婚外性交〕、不当な殺人です」と言うのを確かに聞きました。アッラーに誓って、私はジャーヒリーヤ時代にもイスラームになってからもズィナーを犯したことはありません。私はアッラーが〔イスラームに〕お導きくださってから、他の教えに入りたいと思ったことはありません。人を殺したこともありません。

なぜ、彼らは私を殺そうとするのでしょうか。

〔〔編者の〕アブー・ダーウードは付言しました。〕ウスマーンとアブー・バクルは、ジャーヒリーヤ時代にすでに飲酒もやめていました。

（アブー・ダーウード）

ウバイドゥッラー・イブン・アディー・イブン・ヒヤールは、次のように伝えている――私〔ウバイドゥッラー〕がウスマーンのところに行くと、彼は二つの信仰告白を唱えた後、こう言いました――さて、まことにアッラーは真実と共にムハンマドを遣わし、私はアッラーとその使徒〔の呼びかけ〕に応え、ムハンマドが遣わされたこと〔すべて〕を信じた一人でした。そして、二回の移住をおこないました。[1] そして、アッラーの使徒の娘婿となりました。[2] 彼に忠誠を誓ってから、アッラーにかけて、アッラーが彼を死なせるまで、〔一度も〕その命に背いたこともありませんし、彼を欺いたこともありません。

（ブハーリー）

1 エチオピアへの移住とマディーナへの移住。 **2** エチオピア移住の際は、ムハンマドの次女ルカイヤと結婚していた。ルカイヤはバドルの戦いの日に亡くなり、その後、ウスマーンはムハンマドの三女ウンム・クルスームと結婚した。ムハンマドの四人の娘のうち二人と結婚したことになる。

アリー

フブシー・イブン・ジュナーダは、次のように伝えている――アッラーの使徒は、こう言いました。「アリーは私の一部であり、私はアリーの一部です。私の代理をするのは、私自身でない場合はアリーです」。

（ティルミズィー）

サラマ〔・イブン・アクワウ〕は、次のように伝えている――ハイバルの〔戦い（六二八年）の〕時、アリーは預言者〔の軍勢〕から遅れていました。彼は目を患っていたのです。アリーは「私がアッラーの使徒に遅れてよいものだろうか」と言って、出撃し、預言者に追いつきました。翌朝アッラーがその〔ハイバルの〕征服をお授けになる前夜のことでした。アッラーの使徒が「私は、アッラーとその使徒が愛する男に

〔あるいは「アッラーとその使徒を愛する男に」〕明日は旗を与えるでしょう〔あるいは「彼に旗を持たせましょう」〕、そしてアッラーが彼〔の旗の下〕に勝利を授けるでしょう」と言いました。私たちの前にアリーが現れました。私たちは彼とは思いもしなかったので、「〔なんと〕これは、アリーだ」と言いました。アッラーの使徒は彼に〔旗を〕与え、アッラーは彼〔の旗の下〕に勝利を授けました。

〔ブハーリー〕

ムハンマド・イブン・ハナフィーヤは、次のように伝えている――私はわが父〔アリー〕に「アッラーの使徒に次いで、もっともよい人は誰ですか」と尋ねると、彼は「アブー・バクルです」と答えました。〔イブン・ハナフィーヤは続けて言いました。〕私が「次は誰ですか」と尋ねると、彼は「ウマルです」と答えました。〔イブン・ハナフィーヤは続けて言いました。〕私は「次は誰ですか」と尋ねて、彼が「ウスマーンです」と答えるのを恐れて、「その次はあなたですか、わが父よ」と尋ねると、彼は「私はただ、一人のムスリムに過ぎません[1]」と答えました。

〔アブー・ダーウード〕

1 アリーはすでに正統カリフの座に就いていたので、彼の極度の謙虚さを示すことばとなっている。

アブー・ハーズィムは、次のように伝えている――〔ある時〕一人の男性がサフル・イブン・サアド〔・サーイディー〕のところへ来て、「〔マディーナ総督のことを指して〕何某が、説教壇の上からアリーのことを〔悪く〕言っています」と訴えました。彼〔サフル〕は「何と言っているのですか」と尋ねました。その男性は「彼をアブー・トゥラーブ〔土の父〕と呼んでいます」と答えました。すると彼〔サフル〕は笑って、「アッラーにかけて、その名を付けたのは預言者〔ムハンマド〕にほかなりません。彼〔アリー〕にとっても、それ以上に好ましい呼び名はありませんでした」と言いました。私〔伝承者のアブー・ハーズィム〕はその話をもっとサフルから聞きたくなって、「おお、アブー・アッバースよ〔サフルのこと〕、どんなふうにですか」と尋ねました。彼〔サフル〕はこう話しました――アリーは〔妻の〕ファーティマのところに行った後、モスクへ行って横になったのです。すると〔アリーに用があった〕預言者が

〔ファーティマに〕「あなたの従兄[1]はどこですか」と訊きました。彼女は「モスクです」と答えました。彼〔ムハンマド〕がモスクへ行くと、〔寝ているアリーから〕上半身の衣服が背中から脱げて、彼の背中が土だらけになっていました。彼〔ムハンマド〕はアリーの背中から土をはらって、「座りなさい。アブー・トゥラーブ〔土の父〕よ」と、二度言いました。

（ブハーリー）

1　ムハンマドとアリーが従兄弟同士であるから、ムハンマドの娘ファーティマにとって夫のアリーは従兄ではない。ここでは広義の用法で、アリーを「あなたの従兄」と呼んでいる。

アムル・イブン・アースの最期

イブン・シャマーサ・マフリーは、次のように伝えている――私たちは、死の床にあるアムル・イブン・アース[1]を見舞いました。彼は長い間涙を流し、顔を壁に向けていました。そして、彼の息子が「父よ、アッラーの使徒は、あれこれのことについて、よいことをお教えくださったではありませんか」となぐさめました。やがて、彼〔アムル〕は私たちに顔を向けて、こう言いました――私たちが準備できる最良のことは、「アッラーのほかに神なし、ムハンマドはアッラーの使徒なり」と証言することです。私の人生は、三つの段階を経てきました。〔最初の段階は多神教徒としてイスラームと対立している時で〕アッラーの使徒を私ほど憎んでいる者はなく、彼に勝って斃《たお》すことができるのがもっとも好ましいことでした。その状態で死んでいたら、私は間違いなく火獄[2]の民の一人となっていたことでしょう。〔次の段階となって〕アッラーが私の心にイスラームを入れてくださったとき、私は預言者のところに行き、「右手を出してください。忠誠を誓います」と言いました。彼が右手を伸ばすと、私は手を下げました。「どうしたのか、アムルよ」と彼が尋ねるので、「条件をつけたいと思います」と答えると、彼は「何を条件としたいのか」と尋ねました。「私をお赦しいただくことを」と私は答えました。すると彼は「あなたは知らないのですか、帰依〔イスラーム入信〕によって、それ以前のこと〔罪や過ち〕が消し去られることを。ヒジュラ〔マディーナへの移住〕によって、それ以前のことが消し去られることを。巡礼によって、それ以前のことが消し去られることを」と告げました。

〔その瞬間から〕アッラーの使徒は誰よりも私にとって好ましい方となり、私の目にとって彼は誰も及ばない威光の方となりました。そのお顔の威光を私の目はとても受け止めることができなくなりました。彼がどのようなお方か尋ねられても、まともにお顔を見ることができなかった私には答えられません。もし、その状態で死んだとしたら、私は楽園の民の一人となることを望めたに違いありません。その後〔三番目の段階に入って〕、その中で私がどのような状態にあるのかわからない事柄[3]が続きました。もし私が死んだならば、泣き女[4]も松明《たいまつ》[5]も近づけないでください。私を埋葬したら、土をよくかけてください。そして、私の墓の周りに立って、ラクダをほふり、その肉を分けて、その間あなたたちと私が親しく過ごして、我が主の遣い〔天使〕[6]へ何と答えるか考えられるようにしてください。

（ムスリム）

1　クライシュ族サフム家出身の教友。マッカ征服の前にマディーナに赴き、イスラームに加わった。ウマルの代にパレスチナ征服事業での貢献に加えて、エジプト征服の司令官として軍功を立て、新首都フスタート(現カイロ市内)を創建。のちにウマイヤ朝期にはいってムアーウィヤの代にエジプト総督に返り咲いた。エジプトで六六四年没。**2** 不信仰によって火獄に送られる民、の意。楽園と火獄が対概念として使われ、それに対応してそれぞれ「楽園の民」「火獄の民」と呼ばれる(後出五四三—五五一頁)。**3** 第三代正統カリフのウスマーンから第四代正統カリフのアリーの時代に起きた内乱、ウマイヤ朝が成立してからエジプト総督になった時期などを指す。アムルは、アリーとムアーウィヤ(のちのウマイヤ朝創立者)の対立では後者の陣営に属し、権力政治に参画した面も持つため、その時期を悔いていると解される。**4** その禁止については、三六頁注3。**5** ジャーヒリーヤ時代の死者を悼む習慣の一つで、イスラームでは禁止ないしは忌避された。**6** 死者を訪問して、信仰に関して問いを発する天使。五八一—五八二頁のハディース参照。

5　結婚と家族

結婚の奨励

アナスは、次のように伝えている――教友たち〔ムハンマドの弟子たち〕は、彼〔ムハンマド〕の妻たちに彼の私的な生活ぶりについて尋ねていました。ある者は〔篤信行為として〕自分は決して結婚しないと言い、ある者は自分は決して肉を食べないと言い、ある者は自分は決して柔らかな寝床に寝ないと言っていました。彼〔ムハンマド〕はそれを聞いて、神を称えてから、次のように説教をしました――人びとがあれこれ言っているのは何のことでしょうか。〔預言者である〕私は礼拝もすれば〔夜には〕眠りもし、断食もすれば断食明けの食事も取り、妻たちとも結婚しています。

わがスンナ〔慣行〕を嫌う者は、私たちの仲間ではありません。（ムスリム）

イブン・アッバースは、アッラーの使徒が次のように述べたと伝えている――二人が愛し合うのに、結婚ほどよいものはない。（イブン・マージャ）

サイード・イブン・ジュバイルは、次のように伝えている――イブン・アッバースが私に「あなたは結婚していますか？」と尋ねたので、「いいえ」と答えました。すると彼は私に言いました。「では、結婚しなさい。われらが共同体の最良の方〔ムハンマド〕は、誰よりもたくさん結婚していましたから」。（ブハーリー）

イブン・マスウードは、アッラーの使徒が次のように述べたと伝えている――おお、若者たちよ、〔家庭を持つことが〕できるなら、結婚しなさい。それは、〔いやらしい〕視線を抑え、秘所を〔醜行から〕守るのですから。もし、できないのであれば、断食をしなさい。それは〔性欲の〕抑制となりますから。（ムスリム）

アブドゥッラフマーン・イブン・ヤズィードは、次のように伝えている――私と私のオジのアルカマ〔・イブン・カイス・ナフイー〕[1]、〔私の兄の〕アスワド[2]が、イブン・マスウードを訪ねました。（アブドゥッラフマーンは続けて言いました。）当時、私は若者でした。すると、彼〔イブン・マスウード〕が私のために、〔結婚をうながす〕ハディース[3]を語りました。（アブドゥッラフマーンは付け加えて言いました。）私はすぐに結婚しました。　（ムスリム）

1　ムハンマド時代に生まれたが、会うことはなかった（従って教友ではなく、次世代《タービイー》）。クーファでイブン・マスウードに師事し、法学者として名を残した（六八一年没）。**2**　アブドゥッラフマーンの兄で、名前はアスワド・イブン・ヤズィード。アスワドはクルアーン朗誦《ろうしょう》に優れ、ハディースの伝承者としても名を残した（六九四／五年没）。**3**　三三六頁の「おお、若者たちよ」のハディースを指す。

禁じられた結婚の様式

ナーフィウ（イブン・ウマルの被保護者）は、イブン・ウマルから、「アッラーの使徒はシガール婚を禁止しました」と伝えています。〔これをナーフィウから伝えるウバイドゥッラー[1]のことばを〕ムサッダド[2]は、次のように付け加えています――私（ウバイドゥッラー）がナーフィウに「シガール婚とは何ですか」と尋ねると、彼はこう答えました。「男性が別な男性の娘と結婚する代わりに、その男性に自分の娘を結婚させることで、サダーク（婚資金）は支払われません。または、男性が別な男性の姉妹と結婚する代わりに、その男性に自分の姉妹を結婚させることで、サダーク（婚資金）は支払われません」。

（アブー・ダーウード）

1　第二世代の中では後期（若手）に属し、第二世代の長老であるナーフィウなどからハディースを伝えた。第二代正統カリフのウマルの直系の子孫にあたり、クライシュ族アディー家の出身。　2　南アラブ系のアサド部族の出身で、バスラのハディース学者。アブー・ダーウードの『スンナ集』には、彼の伝えるハディースが多く収録されている。

サブラ・イブン・マアバドは、次のように伝えている——預言者はムトア婚を禁止しました。[1]
（ムスリム）

1　結婚期間をあらかじめ定めておく「一時婚」。ブハーリー『真正集』では、この禁止はハイバルの戦い（六二八年）の際とされている。それ以前には認められていた。ジャアファル法学派（シーア派）は、今日でもムトア婚を認めている。

イブン・ウマルは、次のように伝えている——ウマルが〔第二代正統カリフに〕就任した時、彼は人びとに説教して、言いました——アッラーの使徒は三度、私たちにムトア婚を許可なさり、その後お禁じになりました。アッラーにかけて、既婚者の誰かがムトア婚をしたと知ったならば、私は必ず石打ち刑に処するでしょう。ただしその者が、アッラーの使徒がこれをお禁じになった後で〔再び〕お許しになったと証言する人を四人、私のもとに連れてくるならば別です。[1]

1　その場合は、再度許可、というムハンマドの決定を法規定の典拠とする、の意。そうでない限りは、禁止が最終決定とみなされる（スンナ派四大法学派はいずれも、期限を定めた婚姻契約（＝一時婚）は無効としている）。

結婚の披露

アブドゥッラー・イブン・ズバイルは、その父〔ズバイル〕から、預言者が次のように述べたと伝えている――結婚は〔人びとに〕知らせてください。

（イブン・ハンバル）

アブドゥッラー・イブン・ウマルは、アッラーの使徒が次のように述べたと伝えている――あなたたちの誰かが〔結婚の〕披露宴に招かれたならば、行ってください。

（ブハーリー）

アブー・フライラは、〔預言者から聞いて〕次のように伝えていた――一番よくない食事は、金持ちが招かれて貧者が呼ばれない披露宴の食事です。〔また〕招待されて

断る者はアッラーとその使徒に従わない〔のと同じ〕ことになります。（ブハーリー）

婚資金

サフル・イブン・サアドは、次のように伝えている――〔ある時〕預言者〔ムハンマド〕のもとに一人の女性が来て、「私自身をアッラーとその使徒のために〔妻として〕差し上げたい[1]と思います」と提案しました。彼〔ムハンマド〕が「私は妻を必要としていません」と答えると、一人の男性が「どうか私を彼女と結婚させてください」と言いました。彼〔ムハンマド〕が「では〔婚資金として〕彼女に衣服をあげてください」と言うと、彼〔男性〕は「持っていません」と答えました。彼〔ムハンマド〕が「では、たとえ鉄の指輪[2]でもいいですから、彼女にあげてください」と言うと、彼〔男性〕にはそれもありませんでした。彼〔ムハンマド〕が「では、あなたが覚えているクルアーン〔の章句〕は何ですか」と尋ねると、彼〔男性〕はこれこれ、これこれ〔を覚えています〕と答えました。すると彼〔ムハンマド〕は、「あなたが覚えているクルアーン

〔を彼女に教えること〕をもって、あなたを彼女と結婚させます」と宣言しました。

（ブハーリー）

1 法学では、相手が預言者ムハンマドであったために許される行為として、例外とされる。一般のムスリムの典拠とはならない。 2 法学では、婚資金の最低限は通常はもっと高い。このハディースを典拠に、婚資金は女性が合意するなら値が低くともよいとする説もある。

ザイド・イブン・サービトは、〔預言者の教えとして〕次のように伝えている――男性が女性を妻として、同衾《どうきん》する場合は、サダーク〔婚資金〕が義務です。（マーリク）

アナスは、次のように伝えている――アブー・タルハ[1]がウンム・スライム[2]と結婚した時、二人の間のサダーク〔婚資金〕はイスラームでした。ウンム・スライムは、アブー・タルハよりも先に帰依していました。彼〔アブー・タルハ〕が彼女と婚約する時、彼女は「私はすでにイスラームに帰依しました。あなたも帰依するのでしたら、私はあなたと結婚します」と言いました。そこで彼は帰依しました。ですから、それが二人の間のサダークだったのです。

（ナサーイー）

1　ハズラジュ部族ナッジャール支族出身の教友。イスラーム以前には樹木を崇拝していたと伝えられる。ウンム・スライムとの結婚を契機にイスラームに加わり、アカバの誓いでは一二人の代表の一人となった。マディーナの援助者の中でもっとも富裕であったとされる（後出三四七―三四八頁）。　2　前出（三〇一頁前半の注1）。

セックス

ムハンマド・イブン・ハーティブは、アッラーの使徒が次のように述べたと伝えている――〔男女の性的関係の〕合法と非合法を分けるものは、結婚の〔式を祝う〕太鼓と〔歌〕声[1]です。

（ナサーイー）

1　婚姻契約とその公表をもって結婚が成立する、の意。

ジャービル〔・イブン・アブドゥッラー〕は、次のように伝えている――ユダヤ教徒たちが「妻とその背後から〔後背位で〕交わると斜視の子どもが生まれる」と言っていました。すると、啓示が下されました――「あなたたちの妻は、あなたたちにとって耕地です。望むところから[1]耕地に赴きなさい」〔雌牛章二二三節〕。（ブハーリー）

1　性交の際の体位は自由、の意。

イブン・アッバースは、預言者が次のように語ったと伝えている――あなたたちの誰かが妻と交わろうと思ったならば、「アッラーの御名によって。おお、アッラーよ、私たちからシャイターン〔悪魔〕を遠ざけ、あなたがお授けくださるものからシャイターンを遠ざけてください」と言ってください。そうすれば、もしそれ〔その性交〕から子どもを授かる場合に、シャイターンがその子を害することは決してないでしょう。（ブハーリー）

アブー・ムーサー〔・アシュアリー〕は次のように伝えている――〔ムハンマド没後の〕ある時、移住者と援助者の何人かで〔性交時の清めに関して〕見解が対立しました。援助者たちは「グスル(沐浴)は、分泌あるいは射精がない限りしなくてもよい」と述べ、移住者たちは「そうではなく、交わったならばしなければいけない」と述べました。(アブー・ムーサーは彼らに言いました。)では、私がこのことを解決しましょう。(彼は続けて言った。)私はアーイシャのもとに行き、面談を請いました。許可されたので、私は「おお、母よ(あるいは、おお、信徒たちの母よ)、あなたに尋ねたいことがあるのですが、恥ずかしくも思います」と言いました。すると彼女は、「あなたを産んだ母に聞けることについて私に尋ねることを恥ずかしがることはありません。私はあなたの母〔と同じ〕なのですから」と答えました。そこで私は「〔性交について〕沐浴が義務となるのは、どのような場合でしょうか」と尋ねました。すると彼女は答えました――あなたは〔それについて〕よく知っている人〔私〕のところに来ました。アッラーの使徒はこう言いました、「男性が妻の四肢の間に座り[1]、割礼〔部分〕と割礼〔部分〕が触れる[2]ならば、沐浴が義務となります」。

(ムスリム)

1 性行為をすることの婉曲表現。「四肢」は原文では「四つの部分」で、四肢または両方の脚と腿を指すと解釈される。2 男性の割礼部分は亀頭を指し、女性については、それに対応する部分の比喩。「触れる」の具体的な意味は、法学では、男性器の亀頭が女性の膣内に挿入されること。

家族・親族の扶養やケア

イブン・アッバースは、預言者が次のように言ったと伝えている――あなたたちの中でもっともよい人は、自分の妻にもっともよくする人です。私はあなたたちの中で、妻たちにもっともよくしています。（イブン・マージャ）

サウバーンは、アッラーの使徒が次のように言ったと伝えている――もっともよいディーナール〔金貨〕は、家族のために費やすディーナールです。〔次に〕アッラーのための〔戦いの〕馬に費やすディーナールです。〔そして〕アッラーのための〔道を共

に歩む〕仲間に費やすディーナールです。　（イブン・マージャ）

アナス・イブン・マーリクは、次のように伝えている――アブー・タルハ[1]はマディーナの援助者の中で、ナツメヤシの果樹園を誰よりも多く所有していました。その中でも彼が一番気に入っていたのはバイルハーの果樹園で、それは預言者モスクの前にありました。アッラーの使徒はそこに行って、その美味しい〔湧き〕水を飲んだものでした。（アナスは続けて言いました。）「あなたたちは、自分の好んでいるものから費やさない限り、篤信を得ないであろう」〔イムラーン家章九二節〕が啓示された時、アブー・タルハはアッラーの使徒のところにやって来て、こう言いました。「おお、アッラーの使徒よ。偉大なアッラーは「あなたたちは、自分の好んでいるものから費やさない限り、篤信を得ないであろう」とおおせです。私が一番好んでいる資産はバイルハーの果樹園です。それをアッラーに喜捨いたします。それによってアッラーのみもとで〔来世での〕よきものと蓄えを得たいと思います。おお、アッラーの使徒よ。どうぞ、アッラーがあなたにお示しになることにお使いください」。(アナスは続けて言いました。)するとアッラーの使徒は、こう言いました。「素晴らしい! これこそ利益〔報奨〕を生む[2]財産です。これこそ利益を生む財産です。[3]あなたの言ったこと〔純粋な意図〕を私は確かに聞きました。私は、それを親族に分けるのがよいと思います」。アブー・タルハは「そうします。おお、アッラーの使徒よ」と言って、それ〔果樹園〕を親族と従兄弟たちに分配しました。

(ブハーリー)

1 伝承者のアナスの母はアブー・タルハと再婚したので、アナスは彼についてよく知っていた。アブー・タルハについては前出(三四二―三四三頁)。 2 原語の「ラービフ」は経済行為で「利益を生む」「利益があがる」と同じ語。財産の使い方として来世で大きな利益があがる、の意。これを「ラーイフ〔果実を生む〕」の語で伝えているハディースもある。意味は同じ。 3 ここではムハンマドが感動してこのことばを二回繰り返したバージョンを訳出した。このことばを一度だけ伝えるバージョンもある。

アブドゥッラー〔・イブン・マスウード〕の妻ザイナブは、次のように伝えている

――私はアッラーの使徒に尋ねました。「私が喜捨として、自分の夫と私が面倒を見ている孤児たちに費やしたものは、報奨をいただけるのでしょうか」。するとアッラーの使徒は、こう言いました――それには二つの報奨があります。喜捨の報奨と、親族を大事にする報奨です。

（イブン・マージャ）

母親と母性について

アブー・フライラは、次のように伝えている――ある男性が預言者ムハンマドに次のように尋ねました。「おお、アッラーの使徒〔ムハンマド〕よ。私が親しく一緒にいる[1]のに、一番ふさわしい人は誰でしょうか」。彼〔ムハンマド〕は「あなたの母です」と答えました。男は再び「その次は誰でしょうか」と尋ねました。彼はまた「あなたの母です」と答えました。男はさらに「その次は誰でしょうか」と尋ねました。彼はまた「あなたの母です」と答えました。男がさらに「その次は誰でしょうか」と尋ねると、彼は「あなたの父です」と答えました。

（ブハーリー）

1「一緒にいる」は、そばにいたり同行すること自体が愛情や誠意の表現であるというアラブ的な観念を示している。三度同じことばを繰り返しているのは、重要性を強調する語り方である。

ムアーウィヤ・イブン・ジャーヒマが、その父から次のように伝えている――〔ある時、イブン・ジャーヒマの父である〕ジャーヒマは預言者〔ムハンマド〕のもとに来て、「おお、アッラーの使徒よ。私は戦いに参じたく思い、〔そのことを〕あなたに相談するためにやってきました」と尋ねた。彼〔ムハンマド〕は答えて訊きました――「あなたに母はありますか〔存命ですか〕？」。彼〔ジャーヒマ〕は「はい」と答えました。彼〔ムハンマド〕は言いました。「そうであれば、彼女に仕えなさい。まことに楽園は母の足元にあります[1]」。　（ナサーイー）

1 母親への孝行によって楽園に入ることができ、そこでの報奨が与えられる、の意。クルアーンの章句でも「母親は胎内で苦労に苦労を重ねて子を育て、〔生まれてからも〕離乳し手が離れるまで二年間〔も苦労して育てる〕。われ〔アッラー〕に、そして、あなたの両親に感謝しなさい。」（ルクマーン章一四）と、両親の重要性が主として母親の苦労から説かれている。アラブ社会では血統はふつう父系で語られるが、イスラームはそれと同時に母性を非常に重視する立場をとっている。現代に至るまで、イスラーム社会では一般に母親に対する敬意が強い。

ムアーウィヤ・イブン・ジャーヒマは、次のように伝えている――私はアッラーの使徒のもとを訪れ、言いました。「おお、アッラーの使徒よ、あなたとともにジハードに赴こうと思い立ちました。私はそれによって、アッラーへの奉仕と来世を願います」。彼〔ムハンマド〕は「なんということを！　あなたの母は存命ですか」と尋ねました。私は「はい」と答えました。彼は「戻って、母に孝行してください」と言いました。私は反対側から彼に近寄り、言いました。「おお、アッラーの使徒よ、あなたとともにジハードに赴こうと思い立ちました。私はそれによって、アッラーへの奉仕と来世を願います」。彼は「なんということを！　あなたの母は存命ですか」と尋ねました。私は「はい、アッラーの使徒よ」と答えました。彼は「母のもとに戻って、孝行してください」と言いました。そこで私は、正面から彼に向かって、言いました。「おお、アッラーの使徒よ、あなたとともにジハードに赴こうと思い立ちました。私はそれによって、アッラーへの奉仕と来世を願います」。彼は「なんということを！　あなたの母は存命ですか」と尋ねました。私は「はい、アッラーの使徒よ」と答えました。彼は「なんということを！　母の足元で仕えてください。そこに楽園〔への道〕がある〔のですから〕」と言いました。

（イブン・マージャ）

新生児

アブー・ラーフィウは、次のように伝えている——私はアッラーの使徒が、〔娘の〕ファーティマが〔夫〕アリーの子ハサンを産んだ時に、彼〔ハサン〕の耳元で礼拝のアザーン〔呼びかけ〕を唱えた[1]のを見ました。

（アブー・ダーウード）

1　新生児が生まれて初めてきちんと聞くことばを礼拝の呼びかけにする、というスンナ。今日でも広くおこなわれている。

サムラ・イブン・ジュンドゥブは、アッラーの使徒が次のように述べたと伝えている――新生児にはアキーカ〔の儀礼〕[1]をすべきで、〔生まれて〕七日目に〔犠牲獣を〕ほふり、髪を剃って、名前をつけなさい。

（ナサーイー）

1　前出（二九三頁注1）。

ウンム・クルズは、次のように伝えている――私がフダイビーヤの地[1]にいた預言者のところに行って、犠牲獣の肉について尋ねると、彼がこう答えるのを聞きました。「〔新生児が〕男児ならば羊を二頭、女児ならば一頭〔犠牲にささげてください〕」。羊はオスでもメスでもかまいません」。

（ナサーイー）

1　マッカ郊外の地名。マディーナ勢とマッカ勢の間で和約が締結された場所で、これはその機会のことと思われる（前出一四〇頁）。

親の務めと愛情

アブー・フライラは、アッラーの使徒が次のように述べたと伝えている――三つの祈りは、疑いなく叶えられるものです。それは、不義を受けている〔被害〕者の祈り、旅人の祈り、子を想う親の祈りです。

（ティルミズィー）

アーイシャは、次のように伝えている――〔ある時〕私のところに、二人の娘を抱いた貧しい女性がやってきました。私は三粒のナツメヤシの実[1]を、それぞれに一粒ずつあげました。その女性が自分の一粒を食べようとすると、娘たちが〔それも〕ほしがったので、彼女は自分が食べようとした一粒を二つに割いて、娘たちに食べさせました。私は驚きましたので、このことをアッラーの使徒にお話しすると、彼はこう言いました。「まことにアッラーは、これがゆえに彼女〔の来世〕に楽園を定め、火獄から彼女を解放なさいました」。

（ムスリム）

1　貧しい人に喜捨をする際に、三粒は少ないように思えるが、ムハンマドの一家も食べ物が乏しい生活をしていたことがわかる。

アブー・サイード・フドリーは、アッラーの使徒が次のように語ったと伝えている――三人の娘か三人の姉妹がいる男性、あるいは二人の娘か二人の姉妹がいる男性で、彼らの面倒をよくみて、アッラーを畏れて彼らに〔養育を〕よくした人には〔来世において〕楽園が待っています。（ティルミズィー）

親孝行

アブドゥッラー〔イブン・マスウード〕は、次のように伝えている――預言者はこう言いました。「もっとも優れた行為は、刻限内の礼拝と親孝行です」。（ムスリム）

イブン・マスウードは、次のように伝えている――私がアッラーの使徒に、「何がもっとも優れたおこないですか?」と尋ねると、「刻限内の礼拝です」と言いました。「その次は?」と尋ねると、「親孝行です」と言いました。「その次は?」と尋ねると、「アッラーのためのジハードです」と言いました。私は〔しつこくなると〕おもんばかって、それ以上は尋ねませんでした。　（ムスリム）

アブドゥッラー・イブン・アムルは、アッラーの使徒が次のように述べたと伝えている――大罪に含まれるのは、アッラーに何かを並べ立てる〔並置する〕こと、親不孝、殺人、偽証です。　（ブハーリー）

マーリク・イブン・ラビーアは、次のように伝えている――私たちが預言者のもとにいる時、スライム部族の男性がやってきて、質問をしました。「おお、アッラーの使徒よ、私の両親について、二人が世を去った後でもできる親孝行はありますでしょうか」。彼は〔答えて〕言いました――二人のための〔葬儀の〕礼拝、彼らのために〔アッラーに〕お赦しを請うこと、彼らの〔果たしていない〕約束を彼らが亡くなった後に果たすこと、[1] 彼らの友人を大事にし、彼らを通してでなければあなたが持ちえなかった子宮のつながり〔血縁関係〕を大事にすることです。　（イブン・マージャ）

1　債務の支払いのみならず、たとえば巡礼をしようとして果たしていなかった場合など、子どもが親の死後に代行することができる。

アブドゥッラー・イブン・アムル・イブン・アースは、次のように伝えている――ある時、一人の男性がアッラーの使徒のみもとに来て、言いました。「私は、あなたに忠誠を誓って、〔マディーナに〕移住したいと思います。私は〔それを聞いて〕泣いている私の両親を置いてきました」。すると、彼〔ムハンマド〕はそれに対して、「両親のもとに戻り、二人を泣かせたように、〔今度は〕二人を笑わせてきてください」と命じました。　（アブー・ダーウード）

離婚

アブドゥッラー・イブン・ウマルは、アッラーの使徒が次のように述べたと伝えている――アッラーにとって合法の事柄の中でもっとも好ましくないのは、離婚です。

（イブン・マージャ）


アーイシャは、次のように伝えている――クライザ部族のリファーア〔という男性〕がある女性と結婚し、その後彼女を〔三回〕離婚しました。[1] 彼女は別の男性と再婚したのち、預言者のところに来て、〔新しい〕夫が彼女に手を触れず、彼には毛ほどの力もない〔全く不能〕と訴えました。すると、彼〔ムハンマド〕は、「あなたが彼〔今の夫〕の秘所を味わい、彼があなたの秘所を味わう〔実際に性交する〕までは、[2] だめです〔前夫と再び結婚することは許されません〕」と言いました。

（ブハーリー）

1　これは一般的な離婚の形式で、夫の側にだけ離婚宣言権がある。夫が妻を離婚した場合、二回目までは再婚できるが、三回目に離婚を宣言すると、最終的な離婚となる。

その場合、いったん別の男性と結婚し、さらにその夫と離婚した場合でなければ、最初の夫と再婚することはできない。別な男性との結婚は、単に婚姻契約を交わすだけでは、有効とならない。 **2** 結婚の実態は、婚姻契約と夫婦の性交を定義とする。契約しただけでは、結婚が成就したとはみなされない、の意。現代でも、このこと、つまり三回目の最終的な離婚をした夫婦がよりを戻そうとする場合に他の男性との再婚と離婚が必要とされるという規定は、しばしば問題となっている。法学者は、夫婦げんかをしても安易に三回の離婚をしてはいけない、とアドバイスするが、後手《ごて》に回ることも少なくない。

イブン・アッバースは、次のように伝えている――サービト・イブン・カイス〔イブン・シャンマース〕[1]の妻[2]が預言者のところに来て、こう言いました。「おお、アッラーの使徒よ。〔私の夫の〕サービト・イブン・カイスのことです。私は彼の性格も宗教心も何一つ責める気はありません。しかし、〔自分が〕イスラームに入った後の不信仰〔のような態度を取ってしまうこと〕が嫌なのです〔そのくらい彼には耐えられません〕」。するとアッラーの使徒は、「あなたは〔婚資金としてもらった〕彼の庭園を返しますか」と尋ねました。彼女が「はい」と答えましたので、アッラーの使徒は〔サービトに〕「庭園〔の返却〕を受け入れて、彼女を離婚してください」[3]と頼みました。[4]

（ブハーリー）

1 マディーナ出身の教友。 2 サービトには妻から離婚を要求されたケースが二回あり、このハディースに出てくる妻が誰かは二説ある。 3 これはフルウ離婚といい、女性の側から離婚を求め、離婚の際に受け取る経済的な権利や結婚時に受け取った婚資金を放棄することを条件とする。離婚の宣言権は、法的にはこの場合でも夫側にある。ただし、実際的には妻が夫を離婚するのに等しい。 4 ムハンマドのことばは原文では命令形となっているが、アラビア語では単に命令形というだけでは内容は命令とは限らず、ここは助言または依頼を意味している。

イッダ〔待婚期間〕

サイード・イブン・ムサイヤブは、次のように言っていました――離婚〔宣言権〕は男性のものであり、女性にはイッダ[1]〔待婚期間〕があります。

（マーリク）

1 死別・離別して再婚する場合に、妊娠していないことを確認して、親子関係の混乱を防ぐための期間で、そのあいだは再婚できない。離別の場合は、月経を三回経過する期間。死別の場合は四か月一〇日。妊娠している場合は出産まで。

男女平等

アターは、イブン・アッバースが次のように語ったと伝えている――私には、誰も次の章句〔の教え〕を守っているとは思えません――「おお、人びとよ、われ〔アッラー〕はあなたたちを一人の男性と一人の女性から創造し、互いによく知り合うようにと、あなたたちを諸民族と諸部族に分けた。まことにアッラーのみもとでもっとも貴い者は、もっとも〔神を〕畏れる者である」〔部屋章一三節〕。ところが、ある人が別な人に「私の方があなたより貴人だ」などと言っています。誰一人として、篤信によるほか、他人より貴いということはないのです。　〔ブハーリー『アダブ』〕

イクリマが伝えるところでは、アンサール〔マディーナの援助者〕の女性ウンム・ウマーラ[1]が預言者のもとにやってきて、「〔啓示は〕どれも男性のことで、女性のことが述べられたものがありません」と〔不満を〕述べた後、次の章句が啓示されました――「まことに帰依する男性と女性、信仰する男性と女性、身をささげる男性と女性、誠実な男性と女性、忍耐する男性と女性、〔神を〕畏れる男性と女性、喜捨をする男性と女性、断食する男性と女性、貞操を守る男性と女性、アッラーを数多く祈念する男性と女性、彼らのためにアッラーはお赦しと偉大な報奨をご準備なさった」〔部族連合章三五節〕。（ティルミズィー）

1　名はヌサイバ。マディーナのハズラジュ部族ナッジャール支族出身。第二アカバの誓いに参加した二人の女性のうちの一人。信仰心が強く勇敢な女性として知られ、ウフドの戦いでは夫、息子と出陣し、奮戦して負傷した。後にハイバル遠征などにも参加。ムハンマドの没後、第一代正統カリフのアブー・バクルの治下で反乱部族の平定戦に参加、ヤマーマの戦いでの負傷がもとで第二代正統カリフのウマル期に入ってから没。

アブー・フライラは、預言者が次のように言ったと伝えている――あなたたちの誰も〔自分が所有している奴隷に対して〕私のしもべ〔アブド〕、私の女しもべ〔アマ〕と言うべきではありません。あなたたちは全員がアッラーのしもべであり、女性たちは全員がアッラーの女しもべなのです。ですから、私のグラーム〔少年〕、私のジャーリヤ〔少女〕、私のファターー〔若者〕、私のファタートゥ〔若い女性〕と言うべきです。

（ブハーリー『アダブ』）

イブン・ウマルは、次のように伝えている――ウマルの妻の一人が、暁の礼拝と夜の礼拝をささげるのに、いつもモスクでの集合礼拝に参加していました。誰かが彼女に「ウマルがそれを好まず、自尊心も高い人であるのを知っていて、なぜ〔モスクに〕出かけるのですか」と尋ねると、彼女は「なぜ、彼は私が出かけるのを禁じないのでしょうか」と聞き返しました。その人は、その理由は「アッラーの女性のしもべに、アッラーのモスク〔に行くこと〕を禁じてはなりません」というアッラーの使徒のことばでしょう、と答えました。

（ブハーリー）

6　法の定め

飲酒の禁止

アブー・サイード・フドリーは、次のように伝えている――私はアッラーの使徒がマディーナでこう説教しているのを聞きました。「おお、人びとよ。アッラーはブドウ酒〔ハムル〕についてご示唆をくださいました。おそらく、それ〔ブドウ酒〕について命令がくだされるでしょう。少しでもそれ〔ブドウ酒〕を持っている人は、〔今のうちに〕売って利益を得てください」。（彼〔アブー・サイード〕は続けて言いました。）ほどなくして、預言者がこう言いました。「アッラーがブドウ酒をお禁じになりました。この章句[1]を聞いた人は、手元にそれ〔ブドウ酒〕がいくらかあっても、飲むことも売ることもなりません」。（彼〔アブー・サイード〕は続けて言いました。）ブドウ酒を持っている人はそれをマディーナの通りに持ってきて、流して捨てました。

（ムスリム）

1 「おお、信仰する人びとよ、ブドウ酒〔ハムル〕、賭矢《かけや》〔マイスィル〕、偶像、占い矢は、シャイターン〔悪魔〕の汚濁のおこないゆえ、これを避けなさい。おそらく、あなたたちは成功するでしょう」（食卓章九〇節）。

ヤフヤー・アブー・ウマル・ナフイーは、次のように伝えている――ある人びとが、イブン・アッバースに酒〔ハムル〕[1]の売買と商いについて尋ねました。彼が「あなたたちはムスリムですか」と尋ねると、「はい」と返答しましたので、彼は「そうであれば〔イスラームの教えによって〕酒を売ることも買うことも、酒を商売にすることも許されません」と述べました。彼らがナビーズ〔ブドウ飲料〕[2]について尋ねたので、彼はこう言いました――ある時、アッラーの使徒が旅に出て戻った時、教友の何人かが壺の中にナビーズを作ってありました。〔すでに発酵していたため〕彼はそれを棄てさせました。そして、革袋に干しブドウと水を入れさせ、一晩置いてから、翌朝起きると、それを飲みました。その日、次の夜と、彼はそこから飲み、さらに翌日も夕方まで、自分も飲み、〔他の人にも〕飲ませました。その次の日が明けると、〔発酵しそうな〕残りは棄てさせました。（ムスリム）

1　ハムルはもとはブドウ酒のこと。クルアーン（食卓章九〇節）によって、マディーナ期の後半に飲酒が禁じられた。禁酒の理由は、酩酊して礼拝などを忘れるためとされ、ハムルは、酩酊性のある酒一般を指すものと解釈された。アラビア半島は一部を除くとブドウの栽培には適していないため、彼らが飲んだ酒はシリアなどからの輸入品か、このハディースにあるように干しブドウを使った自家製のものが多かった。　2　前出（一七八頁注1）。ブドウ、ナツメヤシ、蜂蜜を用いた飲料、または発酵させた酒。ここでは干しブドウを用いた飲料。このハディースにあるように、飲酒が禁止された後も、ジュースの状態であれば飲まれていた。

ブライダ・イブン・フサイブは、アッラーの使徒が次のように述べたと伝えている――私はこれまで、革袋に入っているものを除いて、ナビーズ[1]を飲むことを禁止していました。〔これからは〕どのような容器でも、[2]飲んでかまいません。ただし、酔うものは飲んではなりません。　（ナサーイー）

1 ここでは、ブドウ飲料の意。 2 かつて酒造や酒杯に用いられていた容器を禁止していたが、飲酒禁止が浸透したため、容器についての制限を解除したと解される。

アナス・イブン・マーリクは次のように伝えている――私は、援助者の中のアブー・タルハ[1]、アブー・ドゥジャーナ[2]、ムアーズ・イブン・ジャバル[3]など〔の主だった人びと〕に酒を供していました。すると、〔そこに〕やってきた人が酒の禁止が啓示されたことを伝えました。そこで、私たちは酒を棄てました。それは干しナツメヤシの実と熟したナツメヤシの実を混ぜて作ったものでした。（カターダはさらにアナスのことばを伝えている。）当時、皆が飲んでいた〔自家製の〕酒は、干しナツメヤシの実と熟したナツメヤシの実を混ぜて作ったものでした。　（ムスリム）

1 前出（三四三頁前半の注1）。 2 ハズラジュ部族系の援助者の一人で、バドルの戦い以降の主要な戦役にすべて参加した。 3 前出（二九五頁注2）。

アーイシャは、次のように伝えている――アッラーの使徒はビトウ〔蜂蜜酒〕[1]について尋ねられると、「人を酔わせる飲み物はすべてハラームです〔禁止されている〕」と答えました。

（ナサーイー）

1　ブハーリーの伝える別なハディースでは「蜂蜜から作られるナビーズで、イエメンの人びとが常飲していた」と注釈されている。ナビーズは主にブドウ酒を意味するが、他の原料から作られる酒にもこの語が用いられることがわかる。

ジャービル・イブン・アブドゥッラーは、アッラーの使徒が次のように言ったと伝えている――たくさんの量で酔うものは、少量であってもハラームです。

（イブン・ハンバル）

イブン・ウマルは、アッラーの使徒が次のように述べたと伝えている――酩酊物はすべてハムル〔酒〕です。そして、酩酊物はすべて禁じられています。現世で飲酒し、酒に溺れて悔いることもなく死んだ者は、来世では決して酒を飲むことはできません。[1]

（ムスリム）

1　クルアーンによれば、来世の楽園には、酔うことのない美酒の川がある〔ムハンマド章一五節〕。言いかえると、楽園に入る善人は来世で酒を楽しむことができる、の意。

イブン・ウマルは、アッラーの使徒が次のように言ったと伝えている――アッラーはハムル〔酒〕とそれを飲む者、提供する者、売る者、買う者、〔原料を〕搾《しぼ》る者、搾ることを頼む者、運ぶ者、運ばせる者を〔すべて〕拒絶なさいました。

（アブー・ダーウード）

ハラームとハラール（禁止と許容）

イブン・マーハクは、次のように伝えている――私が信徒たちの母アーイシャのところにいた時、一人のイラク人がやってきて、「どんなカフン[1]〔遺体を被う布〕がよいのでしょうか」と尋ねました。彼女が「〔何が聞きたいのですか〕どれでもよいでし

2 ょう」と答えると、彼は「おお、信徒たちの母よ。私にあなたのムスハフ〔紙に書かれたクルアーン〕を見せてください」と頼みました。彼女が「なぜですか」と聞き返すと、彼は「それを書き写して、〔正しい章順の〕クルアーンにしたいからです。〔今は〕正しい順ではなく読まれています」と言いました。彼女は「〔何を気にしているのですか〕どこから読んでもよいでしょう」と答えました。〔さらに彼女は言いました。〕――最初に下されたのは、楽園と火獄について述べられた短い章でした。人びとがイスラームに導かれると、ハラール〔合法〕とハラーム〔非合法〕について〔の章句が〕下されました。もし最初に下されたのが、酒を飲んではならないということでしたら、きっと〔人びとは〕決して酒をやめるものか、と言ったことでしょう。〔同じように最初に〕ズィナー〔婚外性交〕をしてはならないということでしたら、きっと〔人びとは〕ズィナーをやめるものか、と言ったでしょう。私がまだ遊んでいる少女だった頃にマッカでムハンマドに下されたのは、「終末はあなたたちに約束された時である。終末は〔何よりも〕禍々《まがまが》しく苦いであろう」〔月章四六節〕でした。雌牛章や女性章が下されたのはのちに〔マディーナ時代になって〕私が彼〔ムハンマド〕と結婚している時でした。（イブン・マーハクは続けて言いました。）それから彼女はムスハフを取り出し、彼〔イラク人〕に章を〔正しい配列で〕読み聞かせました。（ブハーリー）

1 カフンは遺体を覆う布や衣服の総称で、特定の形状のものを指すわけではない。全身を覆うことができれば生前に着ていたような衣服でも支障はないため、アーイシャは「どれでもよいでしょう」と答えている。質素な白い木綿布が好まれ、男性は上・下半身、全身を三枚で包み、女性は念を入れ五枚で包む。いずれの場合も、包み終わった遺体は全く外からは見えない状態になる。後出五七六―五七七頁。 2 クルアーンを紙などに書いたもの。書物の形をしたクルアーンはムスハフであるが、全部が収録されていなくとも、一部の章句を書いたものもムスハフに相当する。

ヌウマーン・イブン・バシールは、アッラーの使徒が次のように述べたと伝えている――ハラール〔許可されたこと〕は明らかです[1]。ハラーム〔禁じられたこと〕も明らかです[2]。その間には曖昧な事柄があり、多くの人はそれをよく知りません。疑わしい事を避ける人は、自らの信仰と名誉について罪なきを得ますが、そこに立ち入る人はハラーム〔の領域〕に立ち入ることになります。それはちょうど、禁域[3]〔立入禁止の場所〕の周りで〔家畜に〕草をはませる牧者が禁域の中に踏み込んでしまうのと同じです。王は誰でも禁域を持っていますが、アッラーの禁域とはかれが禁じた事柄なのです。〔人間の〕身体には、それが健全であれば全身が健全であり、それがだめになれば全身がだめになる肉塊があります。それはまさに、心臓[4]にほかなりません。

（ブハーリー、ムスリム、ナワウィー）

1 たとえば、クルアーンに明文として許されている事項や行為は信徒に共通に認識されており、議論の余地がない。具体例で言えば、「おお、信仰する人びとよ、われ〔アッラー〕が糧として授けたよきものを食べなさい」（雌牛章一七二節）の「食べなさい」という命令から、よいものを食すことが許容されていることが判然とする。ラマダーン月でも、「暁の白糸と黒糸が識別されるまで、食べ飲みなさい」（雌牛章一八七節）から、夜間は飲食が自由であることがはっきりする。 **2** たとえば、クルアーンに明文として禁じられている事項や行為も信徒たちの共通認識となり、議論の余地がない。ハラームが明示された具体例で言えば、豚肉、死肉、アッラー以外の神にささげられたものは「あなたたちに禁じられた」（雌牛章一七三節）と疑問の余地なく禁止されている。 **3** 特定の人物や部族などの保護地を指す。他の人びとは立入りが禁止される。 **4** 日本語では心と心臓を分けて表現するが、アラビア語では両者はどちらも「カルブ」であり、心は心臓に位置すると考えられている。生きている人間を肉体と魂が合体したものと見て、魂の諸機能が肉体の各部と結びついていると理解される（理性が前頭、心が心臓というように）。

アブー・フライラは、預言者が次のように語ったと伝えている――アッラーはお怒りになる方であり、そのお怒りは、人間がアッラーの禁じたことをすると向けられます。

（ブハーリー、ムスリム）

アブー・フライラは、アッラーの使徒が次のように述べたと伝えている――まことにアッラーは善にして、善のみをお受け入れになります。アッラーは信徒たちに、使徒たちが命じられたことをお命じになりました。アッラーは〔クルアーンにおいて〕仰せです、「使徒たちよ、よきものを食べ、善行をしなさい」〔信徒たち章五一節〕。またアッラーは〔クルアーンにおいて〕仰せです、「おお、信仰する人びとよ、われ〔アッラー〕が糧として授けたよきものを食べなさい」〔雌牛章一七二節〕。（アブー・フライラは続けて言いました。）それから彼〔ムハンマド〕は、長旅をして髪が乱れ埃《ほこり》にまみれた男性が、天に向かって手を伸ばし「おお、主よ、おお、主よ」と叫ぶ例を話して、言いました――〔その例のように〕食べるものがハラーム〔禁じられたもの〕で、飲むものがハラームで、着ているものがハラームで、〔すべてが〕ハラームなものを得ながら、いったい祈りに応えていただけるようなことがあるでしょうか。

（ムスリム、ナワウィー）

サアド・イブン・アビー・ワッカースは、アッラーの使徒が次のように述べたと伝えている――ムスリムがムスリムに対して犯す一番大きな罪は、禁じられていないことについて質問をし、その問いのゆえにそれが人びとに対して禁じられることです。

（アブー・ダーウード）

アブー・フライラは、アッラーの使徒が次のように述べたと伝えている――〔人びとを〕導きへと呼びかけた人には、その人に従った人たちの報奨〔全部〕と同じだけの報奨がありますが、彼ら〔従った人びと〕の報奨もいささかも欠けることがありません。〔人びとを〕迷妄へと呼びかけた人には、その人に従った人たちの罪〔全部〕と同じだけの罪がありますが、彼ら〔従った人びと〕の罪もいささかも欠けることがありません。

（アブー・ダーウード）

神の定め＝ハッド刑

アブー・サアラバ・フシュニーは、アッラーの使徒が次のように述べたと伝えている――アッラーは、〔信徒の〕義務をお定めになりました。それゆえ、それを怠ってはなりません。また、〔越えてはいけない〕境界〔ハッド刑〕[1]をお定めになりました。それゆえ、それを越えてはなりません。また、いろいろなことをお禁じになりました。それゆえ、それを犯してはなりません。また、いろいろなことについて何も〔定めを〕下していません。それはあなたたちへの慈悲としてであって、忘れたわけではありません。それゆえ、それについて〔無用に〕詮索してはなりません。

（ダーラクトニー、ナワウィー）

1 ハッドの語は文字通り境界、ボーダーを指し、生命・身体・信教・財産・血統などの不可侵なものについて、境界を越えてそれを犯す行為（つまり殺人・背教・盗み・婚外性交など）に対して、「ハッド刑」が定められた。ハッド刑は、クルアーンまたはスンナによる明文の典拠が必要とされる。裁判官が下す量刑は「タアズィール刑」と呼ばれ、ハッド刑とは明確に分けられる。

アーイシャは、次のように伝えている――クライシュ族の人びとは、盗みを犯したマフズーム家の女性のこと〔どのように罰せられるか〕を心配していました。彼らは「誰が彼女のことをアッラーの使徒に話すべきだろうか」と相談し、「アッラーの使徒に愛されているウサーマ[1]〔・イブン・ザイド〕こそがふさわしい」と結論しました。〔彼らに頼まれた〕ウサーマが彼〔ムハンマド〕に話をすると、アッラーの使徒は「あなたは、アッラーのお決めになったハッド刑について、執《と》りなしをしようというのでしょうか」と言いました。彼は〔人びとに向かって〕立って、説教をしました。「おお、人びとよ。あなたたち以前の人びとは、高貴な者が盗みを働くとこれを放置し、弱い者が盗みを働くとハッド刑を執行して〔不義な法の適用によって〕、滅びました。アッラーにかけて、たとえムハンマド〔私〕の娘ファーティマであろうとも、盗みを働いたならば、彼女は断手刑に処されるでしょう」。（ムスリム）

1　ウサーマの父はムハンマドが寵愛したザイドで、息子のウサーマもムハンマドに可愛がられていた。父ザイドは、ムハンマドがハディージャと結婚したときに彼女がムハンマドに贈った奴隷であったが、ムハンマドは彼を解放して養子とした。のちにイスラームで養子制度が廃止されたため、保護者─被保護者となったが、親子同然の関係は続き、ザイドの子ウサーマも孫のようであった。なお、ザイドは教友の中で唯一、個人名がクルアーンに登場する（部族連合章三七節）。ザイドがムウタの戦い（六二九年、現ヨルダン）で戦死すると、ムハンマドは続く遠征軍の司令官にウサーマを抜擢した。このあとムハンマドが没したため、後継者たちが年若いウサーマを司令官にし続けるべきか論じるほど、この抜擢は異例であった。このようにウサーマはムハンマドの寵愛を受ける存在であったため、クライシュ族の人びとは仲裁を彼に依頼した。

罪と罰

アブー・フライラは、預言者が次のように語ったと伝えている——ズィナー〔婚外性交〕の罪を犯す者は、ズィナーをしている間は信仰者ではありません。盗みを犯す者は、盗みを働いている間は信仰者ではありません。〔酒を〕飲む者は、飲んでいる間は信仰者ではありません。悔悟〔の門〕は、その後も大きく開かれています。

（ブハーリー）

アーイシャは、アッラーの使徒が次のように述べたと伝えている——〔刑罰であっても〕ムスリムの血を流すことは、三つのいずれかの場合以外は、許されません。既婚者でズィナーを犯す者は石打ち〔の刑〕に処されます。他の人を意図的に殺害した者[1]は、死刑となります。イスラームを棄てて[2]、アッラーとその使徒と戦う者は、死刑とされるか、磔刑《たっけい》とされるか、追放されます。

（ナサーイー）

1 故意の殺人者は死刑に相当する。これは「目には目を、歯には歯を」という古代オリエントからの同態報復刑の一つとみることもできるが、その一方でイスラーム法は、賠償金〔ディヤ〕によって殺害者を許す制度を作り出した。過失による殺人やその他の傷害は、賠償金の支払いによって解決する。このような制度は刑事と民事が混合しているとはいえ、イスラーム法の特徴の一つとなっている。2 棄教罪については究極的には死刑とされるが、実施されることは少なく、学派によっては悔悟するまで禁固するといった措置を定めている。

アブー・フライラは、次のように伝えている——アッラーの使徒は、「身を破滅させる七つの罪を避けてください」と言いました。「おお、アッラーの使徒よ。それは何ですか」と訊かれると、彼〔ムハンマド〕はこう答えました——「アッラーに〔他のものを〕並べ立てること、魔術を使うこと、アッラーが正義によるほかは不可侵とした人命を殺すこと、孤児の財産を〔勝手に〕使うこと、リバー〔利子〕を貪ること、敵襲の日に逃亡すること、信徒の中の貞淑な女性を罪がないのに誣告《ぶこく》する[1]ことです」。

（ムスリム）

1　他人を（男女いずれでも）ズィナーの嫌疑で訴える場合、四人の証人を揃えられない場合、逆に誣告罪に問われる。このことを定めたクルアーンの章句はアーイシャの中傷事件の際に下された（前出二七七頁、二八二頁注25）。

殺人の禁止

アブー・バクラ・サカフィーは、次のように伝えている──預言者は、「もし二人のムスリムが剣を持って戦ったならば、殺した者も殺された者も火獄に行きます」と言いました。私は〔驚いて〕「おお、アッラーの使徒よ。こちらは殺した方です〔罰せられるのはわかります〕。でも、殺された方がなぜ〔罰せられるの〕ですか」と尋ねました。彼は「〔戦った以上〕相手を殺そうとしていたからです」と答えました。

（ブハーリー、ムスリム）

アブドゥッラー〔・イブン・マスウード〕は、アッラーの使徒が次のように言ったと伝えている――人が不当に殺される時は、アーダムの最初の子[1]からそれ〔殺人の罪〕を受け継いでいるでしょう。というのも、彼が殺人の慣例を始めたからです。（フマイディー〔六代目の伝承者、ブハーリーの師〕は、スフヤーン〔五代目の伝承者〕が「その血を〔受け継いでいるでしょう〕」と言ったかもしれない、と述べている。[2]）

（ブハーリー）

1　名は、アラビア語でカービール。旧約聖書のカイン。　2　ブハーリーの伝える別のハディースでは、「その血を」という表現はなく、「それを」だけが伝えられている。

自殺の禁止

サービト・イブン・ダッハークは、預言者が次のように述べたと伝えている――イスラーム以外の教えに属していると故意に嘘をつく者は、言った〔嘘の〕通りとなります。刃物で自殺した人は、火獄の炎の中でそれ〔刃物〕によって罰せられます。

ジュンドゥブ〔・イブン・アブドゥッラー・バジャリー〕は、預言者が次のように述べたと伝えている――負傷した男性が自殺すると、アッラーは「わがしもべが、自ら〔死に〕急いでしまった。それゆえ、われは彼に楽園を禁じた」とおっしゃいます。

（ブハーリー）

サフル〔・イブン・サアド・サーイディー〕は、次のように伝えている――預言者と多神教徒〔の両軍〕が何度か戦っていた時のことです。〔戦闘が終わり〕それぞれが宿営地に帰陣しました。ムスリムの〔戦士の〕中に、多神教徒〔の隊列〕から外れたりはぐれたりした者を追尾し、残らず自らの剣で討ち取っている者がいました。〔ムスリムの中からその者について〕「おお、アッラーの使徒よ、何某ほど果敢に戦う者はありません」と声があがりました。すると、彼〔ムハンマド〕は「彼は火獄の民の一人です」と言いました。すると彼ら〔ムスリムたち〕は「もしこの人が火獄の民というなら、私たちの誰が楽園の民でありえましょうか」と言いました。一人の男性が「〔明日は〕私は彼を追いかけます。たとえ素早くともゆっくりでも、私は彼と共にいるでしょう」と断言しました。〔その通りにした後、くだんの戦士は〕傷を負い、死を早めようと、自分の剣の柄《つか》を地面に埋め、剣先を自分の胸にあて、身を投げかけて、自殺してしまいました。〔それを目撃した〕男性は預言者のもとに戻ってくると、「あなたはアッラーの使徒であると、私は証言いたします」と言いました。彼〔ムハンマド〕が「何のことですか」と尋ねると、彼は〔目撃談を〕知らせました。すると彼〔ムハンマド〕はこう言いました。「人間が楽園の民のおこないをして、人びとにもそう見えていても、火獄の民である時は〔最後は〕そうなるのです。火獄の民のおこないをして、人びとにもそう見えていても、楽園の民である時は〔最後は〕そうなるのです」。（ブハーリー）

ズィナー（婚外性交）

ウバーダ・イブン・サーミトは、アッラーの使徒が次のように述べたと伝えている——私から〔教えを〕受け取ってください、〔繰り返して〕私から〔教えを〕受け取ってください。アッラーは彼ら〔婚外性交を犯した者〕に[1]道を定めました。童貞〔の男性〕と処女〔の女性〕の場合[2]は、一〇〇回の鞭打ちと一年の追放[3]〔の刑〕、結婚経験者[4]の男性と結婚経験者の女性の場合は、一〇〇回の鞭打ちと石打ち〔の刑〕です。（ムスリム）

1 刑罰を指すが、クルアーンに「〔醜行を犯した女性は〕自宅軟禁しなさい。死が彼女たちに訪れるか、アッラーが彼女たちの道を定めるまで」（女性章一五節）とある「道」の語を受けている。 **2** 片方だけが童貞・処女でも、その人にはこの規定が適用される。もう片方が結婚経験者の場合は、その人には結婚経験者の規定が適用される。 **3** 追放は必須ではないという法学見解もある。特に女性の場合、見知らぬ地に単独で行かせるべきではないため。 **4** アラビア語のサイイブは、既婚者も、死別・離別で独身に戻っていても、該当する。つまり、童貞・処女ではなく、合法的に（つまり結婚して）性交をした経験者を指す。

アブー・フライラは、次のように伝えている――〔ある時〕一人のムスリムがアッラーの使徒がモスクにいる時にやってきて、呼びかけました。「おお、アッラーの使徒よ、私はズィナーを犯しました」。彼〔ムハンマド〕は顔を背けました。すると、その男性は彼〔ムハンマド〕が顔を向けている側に来て、また「おお、アッラーの使徒よ、私はズィナーを犯しました」と言いました。彼〔ムハンマド〕は再び顔を背け、これが四回繰り返されました。自らの証言〔告白〕が四回繰り返された後、アッラーの使徒は彼に向かって、「あなたは正気を失っているのではありませんか」と尋ねました。彼は「いいえ」と答えました。彼〔ムハンマド〕は「あなたは結婚していましたか[1]」と尋ねました。彼は「はい」と答えました。すると、アッラーの使徒は「彼を連れて行き、石打ちの刑に処しなさい」と命じました。（ムスリム）

1　ここでは動詞で聞いているが、その名詞形は「ムフスィン」と言い、現に結婚しているかどうかではなく、結婚経験があるか否かが問われる。一度でも結婚していると、婚姻能力があるということで、婚外交渉について重い責任が問われる。この点では完全な男女平等で、女性に対してだけ姦通をとがめる考え方はない。

ブライダ・イブン・フサイブは、次のように伝えている――〔ある時〕マーイズ・イブン・マーリク[1]が預言者のもとに来て、「おお、アッラーの使徒よ、私を清めてください」と言いました。彼〔ムハンマド〕は〔具体的な内容を聞かずに〕「なんということとですか。帰って、アッラーに赦しを請い、悔悟してください」と答えました。すると、少し帰ってから、再びやってきて、彼〔マーイズ〕は「おお、アッラーの使徒よ、私を清めてください」と言いました。彼〔ムハンマド〕は〔再び〕「なんということですか。帰って、アッラーに赦しを請い、悔悟してください」と答えました。すると、少し帰ってから、またやってきて、彼〔マーイズ〕は「おお、アッラーの使徒よ、私を清めてください」と言いました。彼〔ムハンマド〕は同じことを繰り返し、四度目になった時、「何について、あなたを清めるのですか」と尋ねました。すると彼〔マーイズ〕は「ズィナーから」と答えました。すると、アッラーの使徒は彼に「あなたは正気を失っているのではありませんか」と尋ねました。彼〔マーイズ〕は、自分は正気を失っているわけではない、と伝えました。彼〔ムハンマド〕が「酒を飲んでいますか」と尋ねると、彼〔マーイズ〕は立ち上がって自分の臭いをかがせましたが、酒の臭いはしませんでした。（スライマーンは続けて言いました。）アッラーの使徒が「あなたはズィナーをしたのですか」と尋ねると、彼は「はい」と答えました。そこで彼〔ムハンマド〕は彼〔マーイズ〕の石打ち刑を命じ、執行されました。

人びとは、このことについて二派に分かれていました。一派は「彼は間違いを犯し、滅びたのだ」と言いました。もう一派は、「マーイズの悔悟ほど立派な悔悟はありません。彼は預言者のもとに来て、彼〔ムハンマド〕の手に自分の手を置き、私を石打ちで殺してください、と言ったのです」と言いました。これ〔議論〕が二日か三日続き、アッラーの使徒が彼ら〔教友たち〕が座っているところにやってきて、サラームのあいさつをすると〔一緒に〕座りました。そして、「マーイズ・イブン・マーリクのために〔アッラーに〕赦しを請うてください」と言いました。彼らは「アッラーがマーイズ・イブン・マーリクをお赦しくださいますように」と祈りました。（スライマーンは続けて言いました。）アッラーの使徒は「マーイズは〔きわめて大きな〕悔悟をしました。それ〔彼の悔悟〕をウンマ全体に分けても、十分に足りるほどです」と述べました。

しばらくして、アズド部族のガーミド支族の女性[2]がやってきて、言いました。「おお、アッラーの使徒よ、私を清めてください」。彼〔ムハンマド〕は「なんということですか。帰って、アッラーに赦しを請い、悔悟してください」と答えました。

すると、彼女は「あなたは、マーイズ・イブン・マーリクの時になさったように、〔問答を〕繰り返したいのでしょうか」と尋ねました。彼〔ムハンマド〕が「それは何のことですか」と尋ねると、彼女はズィナーをして妊娠している、と告げました。彼〔ムハンマド〕が「あなたが？」と尋ねると、「はい」と答えました。そこで、彼は「胎内の子を産むまで〔待ちなさい〕」と命じました。そして、アンサール〔支援者〕の一人の男性に彼女を委託しました。（スライマーンは続けて言いました。）やがて、その男性が預言者のもとに来て、「ガーミド支族の女性は子どもを産みました」と告げました。彼〔ムハンマド〕が「その赤子に乳をやる人もないのに、彼女〔母親〕を石打ちにすることはできません」と述べると、アンサールの一人の男性が立ち上がり、「おお、アッラーの預言者よ、私にその子の授乳の責任をおまかせください」と言いました。（スライマーンは続けて言いました。）そして彼女は石打ちの刑に処されました。

（ムスリム）

1　アスラム部族出身の教友。

2　当人の名前は挙げられていない。

盗みと断手刑

アブー・バクラは、アッラーの使徒が次のように述べたと伝えている——アッラーは、清めなしの礼拝も、盗んだものからの喜捨も、お受け入れになりません。

（イブン・マージャ）

アーイシャは、預言者がこう言ったと伝えている——断手〔刑〕は、四分の一ディーナールかそれ以上〔の盗みの場合〕です。

（ブハーリー）

アブー・フライラは、アッラーの使徒がこう言ったと伝えている——断手〔刑〕は、〔ナツメヤシの〕実や茎の芯〔の盗み〕では、ありえません。

（ブハーリー）

アブー・フライラは、預言者がこう言ったと伝えている——アッラーは盗人を呪われました。バイダ〔卵〕を盗んだら、断手されなくてはなりません。綱を盗んだら、断手されなくてはなりません。

アアマシュ[1]〔アブー・フライラから二代後の伝承者〕は、彼ら〔法学者〕が〔バイダは〕鉄のバイド[2]〔ヘルメット〕の意味であり、綱は数ディルハム分の綱を指すものと理解していたと述べている。（ブハーリー）

1　第二世代に属し、クーファを代表するハディース学者として知られた。クルアーン朗誦学にも長じた。「アアマシュ」は「弱視でいつも涙目の人」の意。七六四／五年没。

2　バイド（または単体を意味するバイダ）は卵または卵状のものを意味する。鶏卵一つで断手刑はありえないので、卵形のヘルメットの意に解した、の意。綱の値については、三ディルハムの価値のある鎧《よろい》を盗んで断手刑が執行されたハディースを参考にしたと思われる。

スンナ（預言者慣行）

ミクダーム・イブン・マアディーカリブは、アッラーの使徒が次のように語ったと伝えている――私はクルアーンをもたらし、それと一緒に同様のもの〔預言者による指示・慣行〕をもたらしました。しかるに、〔やがて〕飽食した男性が寝椅子に座って、「あなたたちの義務はこのクルアーン〔だけ〕。その中にハラール〔合法〕とあるものはハラールとしなさい。その中にハラーム〔禁止〕とあるものはハラームとしなさい」と言うでしょう。しかし、〔クルアーンで決められていなくとも〕家畜のロバの肉[1]はあなたたちにとって合法ではなく、牙を持つ禽獣《きんじゅう》[2]も合法ではありません。同盟者の落とし物[3]も持ち主が要らないというのでなければ〔取得することは〕合法ではありません。また誰かが客としてある民を訪れたならば、彼らにはその人をもてなす義務があり、もし、もてなさないのであれば、その人は彼らに同じように対応する〔もてなさない〕ことが許されます。

（アブー・ダーウード）

1　預言者時代には長らく食されていたが、ハイバルの戦いの時に、ムハンマドはこれを禁じた。運搬用の家畜としてのロバの役割を優先するためとも考えられる。　2　ライオン、豹など。猛禽《もうきん》類も食することが禁じられている。　3　たとえ同盟者（＝被保護者）のものであっても、の意。落とし物は誰のものであれ、勝手に取得することは許されない。

アブー・フライラは、アッラーの使徒が次のように言ったと伝えている――私はあなたたちの間に、それがあれば（それに従えば、あるいは、それによっておこなえば）決して踏み迷うことがない二つのものを残しました。アッラーの書〔クルアーン〕とわがスンナです。その二つは、〔楽園の〕池で邂逅《かいこう》するまで決して分かれることがないでしょう。

（ダーラクトニー、バイハキー）

イジュティハード（解釈）

アムル・イブン・アースは、アッラーの使徒が次のように述べるのを聞いたと伝えている――裁決者が裁決をおこなった際に、自ら解釈の努力〔イジュティハード〕をした場合、正答を得ていれば、彼には〔来世で努力と正答の両方に対して〕二つの報奨があります。裁決の際に解釈の努力をして間違えた場合は、〔努力に対してだけの〕一

つの報奨があります。 （ムスリム）

ハーリス・イブン・アムルは、ムアーズ・イブン・ジャバルの弟子たちから次のように伝えている――アッラーの使徒はムアーズを〔総督として〕イエメンに派遣する際に、「どのように裁きますか」と尋ねました。彼〔ムアーズ〕は「アッラーの書〔クルアーン〕によって私は裁きます」と答えました。彼〔ムハンマド〕は「もし、アッラーの書の中に〔典拠が〕なかったならば？」と尋ねました。彼〔ムアーズ〕は「その場合は、アッラーの使徒のスンナによって〔裁きます〕」と答えました。彼〔ムハンマド〕は「もし、アッラーの使徒のスンナの中に〔典拠が〕なかったならば？」と尋ねました。彼〔ムアーズ〕は「その場合は、努力して自分の見解を得ます〔それによって裁きます〕」と答えました。彼〔ムハンマド〕は「アッラーの使徒の使徒[1]を適任としたアッラーに称えあれ」と言いました。 （ティルミズィー）

1　ムハンマドはムアーズを自分（アッラーの使徒）が派遣する「使徒」と呼んでいる。

アーイシャは、次のように伝えている――〔ある時〕預言者は人びとの喧噪を耳にして、「これは、何の騒ぎですか」と聞きました。彼らは「ナツメヤシに〔人工的に〕授粉をしているところです」と答えました。そこで彼が「〔授粉を〕しない方がよいでしょう」と言いました。その年は授粉をしなかったところ、あまり実りませんでした。彼らが預言者にそのことを言うと、彼はこう言いました。「物事があなたたちの世事ならば、それはあなたたちの〔判断すべき〕事柄です。[1] もし、それがあなたたちの教え〔イスラーム〕に関わることであれば、それは私に聞いてください」。

（イブン・マージャ）

1　ムスリム『真正集』に収録されているハディースでは、「あなたたちの世事については、あなたたちの方がよく知っています」と述べられている。

逸脱《ビドア》の戒め

ジャービル・イブン・アブドゥッラーは次のように伝えている――アッラーの使

徒が〔金曜礼拝の〕説教で、アッラーを称え、アッラーにふさわしい称賛のことばを述べた後、次のように述べました――アッラーがお導きになった人にはもはやその人を踏み迷わせるものはなく、アッラーが迷妄を与えた人にはもはやその人を導くものはありません。もっとも信頼できることばはアッラーの書〔クルアーン〕であり、もっともよき道はムハンマドの道です。もっとも悪しき事は、その〔教えの中での〕新奇なことです。すべての新奇なことは逸脱〔ビドア〕であり、すべての逸脱は迷妄です。そしてすべての迷妄は火獄の中にあります。（さらにアッラーの使徒は言いました。）私が〔預言者として〕遣わされてから終末までは、この二つのようです〔彼は手の指二つをあげて、近接している様子を示した〕。（彼が終末について語る時は、いつも頬が真っ赤になり、声が高くなり、怒りが見えました。あたかも、軍隊の伝令が「朝に敵襲が来る！」「夜に敵襲が来る！」と叫ぶかのように。次いで、次のように言いました。）あなたたちが〔死後に〕財産を残したならば、それは家族のものです。もし負債や扶養すべき者を残したならば、それは私に寄こしてください（あるいは、私に預けてください）。私は信徒たちにとって〔その世話をするに〕もっともふさわしいのですから。

（ナサーイー）

アリー・イブン・ラビーアは、次のように伝えている――私がマスジド〔クーファ・モスク〕に参じた時、クーファ総督のムギーラ[1]〔・イブン・シュウバ〕がアッラーの使徒からこう聞いたと言っていました――私〔ムハンマド〕についての嘘は、ほかの誰かについての嘘とは全く違います。私について意図的に嘘を言う人は、必ずや火獄の中に座らされるでしょう。

（ムスリム）

1　ムギーラは二度にわたって、第二代正統カリフのウマルとウマイヤ朝開祖のムアーウィヤからクーファ総督を命じられた。このハディースは、ウマイヤ朝期の任期中（六六一―六七一年）のことと思われる。

アブドゥッラー・イブン・ズバイルは、次のように伝えている――私は〔父の〕ズバイルに「あなたがアッラーの使徒について語るのを聞きません。何某や何某はしきりと語っていますのに」と聞きました。すると、彼は答えました――私は確かにいつも彼〔ムハンマド〕と共にいました。しかし〔彼について語るのを控えているのは〕彼がこう言うのを聞いたからです、「私について意図的に嘘を言う人は、必ずや火獄の中に座らされるでしょう」。

（ブハーリー）

アーイシャは、預言者が次のように語ったと伝えている――私たちのこの事〔イスラーム〕に〔本来はその一部ではない〕新奇なことを持ち込む人は拒絶されます。

（ブハーリー、ナワウィー）

実業の勧め

イブン・アッバースは、次のように伝えている――ウカーズ[1]、ミジャンナ[2]、ズー・アル＝マジャーズ[3]は、ジャーヒリーヤ時代には〔皆が交易する〕市場でした。イスラームの時代となると、彼ら〔ムスリムたち〕は〔市場での商売が〕何か罪のような気がしました。すると、巡礼の季節に啓示が下りました。（そしてイブン・アッバースは朗誦しました。）「〔巡礼中に商売をして〕あなたたちの主の恵みを求めることは、何らさしつかえない。」〔雌牛章一九八節〕。（ブハーリー）

1 ジャーヒリーヤ時代には数多くの定期市が開かれていた。中でも三大市が有名で、ウカーズの市はその第一。毎年、大巡礼前のズー・アル＝カアダ月の上旬・中旬に開催されていた。ターイフ（巻末図1参照）近くにあったが、その後すたれて正確な所在地は不明となっていた。近年になって場所を特定し、ウカーズ市の復興が試みられている。**2** ジャーヒリーヤ時代の三大市の一つ。毎年、大巡礼前のズー・アル＝カアダ月の下旬に、マッル・ザフラーンで開催されていた（巻末図1参照）。**3** ジャーヒリーヤ時代の三大市の一つ。大巡礼のおこなわれるズー・アル＝ヒッジャ月の上旬に、アラファの野の近く（巻末図4参照）で開催されていた。ムハンマドがここに集まる人びとにイスラームを説いたことが、ハディースにも記録されている。

ズバイル・イブン・アウワームは、預言者が次のように述べたと伝えている――あなたたちの誰にしても、綱を持って山に行き、薪《たきぎ》を背負ってきて、それを売って代金で自活するほうが、人びとに〔施しを〕請うて、もらったりもらわなかったりするよりも、ずっとよい。

（イブン・マージャ）

貸借、債務の返済

アブー・フライラは、次のように伝えている――ある男性がアッラーの使徒のところにやってきて、〔貸した〕ラクダを返すように求めました。彼〔ムハンマド〕は「彼に同じ年齢かそれよりも成熟したラクダを返してください」と指示してから、「あなたたちの中でもっともよい人は、〔借りたものや債務の〕返済をきちんとする人です」と述べました。

（ムスリム）

アナスは、次のように伝えている――アッラーの使徒は「アッラーのための〔ジハードでの〕戦死は、すべての過ちを帳消しにしてくれます」と言いました。すると〔大天使〕ジブリールが「負債を除いて」[1]と言いましたので、預言者も「負債を除いて」と付け足しました。

（ティルミズィー）

1 負債は人間同士の関係において生じたもので、債権者に権利がある。債権者が帳消しにすることはありうるが、神が債権者の権利(債権)を一方的に帳消しにすることはありえない、の意。たとえ殉教者であっても、この点は変わりがない。

アブー・フライラは、アッラーの使徒が次のように言ったと伝えている――金持ちが債務の支払いを引き延ばすのは、不義です。

(ブハーリー)

サラマ・イブン・アクワウは、次のように伝えている――預言者のところへ誰かの遺体が、葬儀の礼拝をしてもらうために運ばれてきました。彼〔ムハンマド〕は「この人には負債はありますか」と聞くと、彼らは「いいえ」と答えましたので、彼は葬儀の礼拝をささげました。別な遺体が葬儀礼拝のために運ばれてくると、彼〔ムハンマド〕は「この人には負債はありますか」と聞きました。彼らが「はい」と答えると、彼は「あなたたちの仲間のために〔自分たちで〕葬儀の礼拝をしてください」と答えました。[1]アブー・カターダが「彼の債務は私が払います〔どうか礼拝を先導してください〕、おお、アッラーの使徒よ」と告げると、彼は葬儀の礼拝をしました。

（ブハーリー）

1　債務がある故人は、復活の日にその責任を問われる。その状態を解消してから葬送すべきであるが、マディーナ時代初期のムハンマドはそれを助ける財政的なゆとりがなく、このような立場を取った。

アブー・フライラは、次のように伝えている――アッラーの使徒のところに亡くなった人〔の遺体〕が運ばれてきて、その人に債務がある場合、「その人は債務に充てる財を残しましたか」と尋ね、十分なものを残していると聞かされると、葬儀の礼拝をしていました。そうでなければ、彼はムスリムたちに「あなたたちの仲間のために〔自分たちで〕葬儀の礼拝をしてください」と言っていました。やがてアッラーが勝利〔と戦利品〕を授けると、こう言いました――私は信徒たちにとって、彼ら自身よりも保護者としてふさわしいのです。ですから、信徒が亡くなって債務がある時は、私が弁済します。財産を残している場合は、それは遺産相続者たちのものです。

（ブハーリー）

ジャービル・イブン・アブドゥッラーは、次のように伝えている——アッラーの使徒はこう言っていました。「私は信徒たちにとって彼ら自身よりも近しいのです。〔亡くなって〕財産を残した人については、財産はその家族のものです。債務あるいは〔貧しい〕家族を残した人については、私のところに来てください。私が面倒をみます」。

（アブー・ダーウード）

商取引や契約

アブー・サイード・フドリーは、アッラーの使徒が次のように言ったと伝えている——売買〔契約〕は、互いの納得[1]によります。

（イブン・マージャ）

1　アラビア語の「タラーディー」は互いに満足することを意味する。契約は双方の自由意思による合意を前提とする。

ハキーム・イブン・ヒザームは、アッラーの使徒が次のように述べたと伝えている――売買する人は、〔売買が終わって〕別れる前ならば（あるいは、別れるまでは）、〔売買を完結するか取り消すかの〕選択権を持っています。両者が互いに真実を言い、〔品物の品質や瑕疵《かし》について〕明らかにしたならば、彼らはその取引において祝福されるでしょう。もし〔品物の実態を〕隠したり嘘をついたりするならば、その取引の祝福は失われるでしょう。（ブハーリー）

アブー・ザッルは、預言者が次のように述べたと伝えている――審判の日にアッラーは、三種類の人を決してご覧にならないでしょう。〔それは〕人に何かをあげるといつも恩着せがましくする者、嘘の誓いをして商品を売る者、〔傲慢から〕服の裾を引きずる者です。[1]（ムスリム）

1　前出（二一六頁）。

アブドゥッラー・イブン・ウマルは、アッラーの使徒が次のように言ったと伝えている——食べ物[1]を購入した人は、それをきちんと量り入手するまで、それを売ってはいけません。[2]　（ムスリム）

1 このハディースの趣旨は、売買一般に適用されるもので、食べ物は一つの事例。 2 売買取引が完結するまでは、購入物の所有権は移転しないので、所有権が完全に自分のものになっていない品物を売ることはできない、の意。先物取引の禁止の典拠ともされる。

サイード・イブン・ザイドは、預言者が次のように言うのを聞いたと伝えている——たとえわずかな土地[1]でも、不当に取得した者は、復活の日に、〔その首に〕鎖を巻かれて七層の大地につながれるでしょう。　（ムスリム）

1 原文の「シブル」は手のひらを広げたときの親指の先から小指の先までを指す。

アブー・フライラは、次のように伝えている——アッラーの使徒は、ムラーマサ[1]

〔取引〕とムナーバザ[2]〔取引〕を禁止しました。　（ムスリム）

1 原義は「触り合い」で、衣服を手で触る以上の検品をせずに交換する取引。**2** 原義は「投げ合い」で、互いの衣服を相手に投げて、受け取ることで交換が成立する取引。イスラーム法では、商品の検品と確認を公正な取引の要件としている。

アーイシャは、次のように伝えている――アッラーの使徒はあるユダヤ教徒から食べ物を〔後払いで〕購入し、鉄の鎧《よろい》を担保にしました。　（ムスリム）

アブー・フライラは、次のように伝えている――アッラーの使徒がガラル[1]〔不確実性〕の売買とハサー〔小石〕の売買を禁止しました。

〔ティルミズィーの解説〕この主題については、イブン・ウマル、イブン・アッバース、アブー・サイード〔・フドリー〕、アナス〔・イブン・マーリク〕からも伝わっています。このハディースを採用する学者たちは、ガラルの売買を忌避しています。シャーフィイー[2]は「ガラルの売買の中には、水の中にいる〔捕獲していない〕魚を売る、逃亡した奴隷を売る、空《そら》にいる〔捕獲していない〕鳥を売るというような売買が含まれる」と述べています。ハサーの売買は、売り手が買い手に「私が小石を投げてあなたに届けば、取引が成立です」というものです。これはムナーバザ売買[3]のたぐいで、ジャーヒリーヤ時代の民の売買の一つでした。（ティルミズィー）

1　ハディースの後半の説明にも出てくるように、売り手が入手していない商品（水の中の魚など）を売ることは、不確実なものを売ることとして禁じられている。実る前・収穫前の作物も含まれる。建てていない家も不確実と言えるが、土地を持っていて、設計図があり、建築の契約が済んでいるような場合は、不確実性が低減して、禁止の範囲に入らないとされる。　2　シャーフィイー法学派の名祖（八二〇年没）。　3　前出（四〇五頁注2）。

アブー・ミンハールは、次のように伝えています――私が〔教友の〕バラーウ・イブン・アーズィブとザイド・イブン・アルカムに、両替[1]について聞くと、二人はこう答えました――私たちはアッラーの使徒の生前に商人をしていました。〔あるとき）私たちがアッラーの使徒に両替について聞くと、「手から手（のその場での取引）ならば、かまいません。後払いにする[2]のは、いけません」と答えました。

（ブハーリー、ムスリム）

1　当時は金と銀の交換が主。　2　後払いにすると貸し付けになるので、法学用語でいう「期限のリバー」に相当し、リバー禁止に抵触する。ここの後払いは「ナサーウ」で、「期限のリバー」の期限（ナスィーア）と同語根。

アラー・イブン・アブドゥッラフマーンは、父（アブドゥッラフマーン）を通して、祖父[1]から、次のように伝えている――ウスマーン・イブン・アッファーン[2]が彼（アラーの祖父）に貸し付けをして、彼がそれを使って事業をするときは、利益を両者の間で分けるのが条件[3]でした。

（マーリク）

1　祖父の名はヤアクーブで、マディーナでジュハイナ部族系の一支族の被保護者であった。　2　ムハンマドの高弟で、のちの第三代正統カリフ。マッカ時代から大商人で、初期のイスラーム共同体に財政的に大いに貢献した。このハディースでは、彼の事業の一つが話題とされている。**3** これはいわゆる「ムダーラバ契約」に相当する。出資者と事業者が共同で責任を持ったため、利益が出るとそれを両者で分配する。出資者(貸し付ける側)が事業の成否にかかわらず元本保証を受け、利子を取ることは、シャリーア(イスラーム法、六七〇頁参照)で禁じられた。利益がなく、むしろ損失が出る場合は、出資者も事業者も損失を負担せざるをえないので、この形態の契約は「損益分配方式」とも邦訳されている。

アブドゥッラー・イブン・ウマルは、預言者が次のように述べたと伝えている——雇った人には労賃を、彼の汗が乾くまえに支払ってください。

(イブン・マージャ)

破産と債権

イブン・ハルダ・ズラキー(彼はマディーナの裁判官でした(伝承者による注))は、次のように伝えている——私たちはアブー・フライラのところに行って、破産した知人〔の処遇〕について尋ねました。すると彼〔アブー・フライラ〕は、預言者はこのように裁決していましたと言いました――誰かが亡くなったり破産した場合、品物の持ち主が品物そのものを〔破産者のところで〕見つけた場合、その品物について他の人よりも権利を有しています。

（イブン・マージャ）

アブー・フライラは、預言者が次のように言ったと伝えている――誰かが商品を売った後、〔買った〕相手が破産した後にその商品そのものを見つけた場合、それまでに代金を全く受け取っていなければ、それ〔商品〕はその人〔売り手〕のものです。もし、少しでも代金を受け取っていれば、その人は他の債権者と同じ〔立場〕です。

（イブン・マージャ）

公　正

アムル・イブン・アウフ・ムザニーは、アッラーの使徒が次のように言ったと伝えている――和解〔の合意〕はムスリム同士の間で許されています。ただし、〔シャリーアで〕許されていることを禁じるか、あるいは禁じられていることを許容する合意はできません。ムスリムは自分たちが決めた条件に拘束されます。ただし、許されていることを禁じるか、あるいは禁じられていることを認める条件は無効です。

（ティルミズィー）

アブー・サイード・フドリーは、アッラーの使徒が次のように述べたと伝えている――損害〔ダラル〕[1]〔を与えて〕はいけないし、〔それに対して〕報復〔ディラール〕[2]〔して〕もいけない。

（イブン・マージャ）

1 商取引などの経済行為においては、詐欺や瑕疵《かし》を隠しての契約など、故意に損害を与える行為が禁止されている。このハディースは短いが、法学における原則の一つを確立する重要な役割を果たした。 2 前項の損害に対して、相手に損害を与えることで報復するような行為を指す。なお、最初の損害〔ダラル〕を故意ではなく与えた損害と解し、次のディラールを故意に損害を与えることと解する説もある。

退蔵の禁止

ムハンマド・イブン・イブラーヒームは、次のように伝えている――サイード・イブン・ムサイヤブが、マアマル・イブン・アブドゥッラーから、アッラーの使徒が「退蔵〔買い占め〕をする者は過ちを犯しています」と言ったと伝えました。私〔ムハンマド〕は、サイードに「アブー・ムハンマド〔サイードのこと〕よ、あなたは〔食料以外で〕退蔵をしていますね」と尋ねました。彼は「マアマルも〔かつて食料以外を〕退蔵していました」と答えました。アブー・イーサー〔ハディース集編者ティルミズィー〕は〔注釈して〕[1]、サイードから、彼がかつて油や〔ラクダの〕飼料などを退蔵していたと伝わっている、と述べています。アブー・イーサーは、ウマル、アリー、アブー・ウマーマ〔・バーヒリー〕、イブン・ウマルからもこの主題についてはハディースがあり[2]、マアマルのハディースは良好で真正と述べています。これに基づく実践については、学者の間では食品の退蔵は忌避行為とされています[3]。学者の中には、食品以外の退蔵を許容する見解もあります。イブン・ムバーラク[4]は、綿やヤギの革

などを退蔵することはかまわない、と述べています。（ティルミズィー）

1 ハディース集は、書物として成立するのみならず、編纂者がそれを口承で弟子に伝えるため、弟子や孫弟子の代で注釈が加わることが起きる。ティルミズィーが自分で自分のことを「アブー・イーサー」と呼んだわけではない。 2 ここで四人の伝承者が言及されているのは、いずれも食料を退蔵することを戒めるハディースについて。 3 アブー・ダーウードの『スンナ集』には、同じハディースを収録した後の編者の注釈として、「私がアフマド〔・イブン・ハンバル、ハンバル法学派の祖〕に、フクラ〔退蔵〕とは何ですかと尋ねると、〔対象は〕人びとの生活必需品です、と返答しました。アウザーイー〔初期法学派のアウザーイー学派の祖〕は、ムフタキル〔退蔵者〕とは市場〔への供給〕を阻害する者、と述べています」と記している。 4 名はアブドゥッラー。前出（二八二頁注28）。

リバー（利子）の禁止

ジャービル〔・イブン・アブドゥッラー〕は、次のように伝えている――アッラーの使徒は、リバーを取る者、リバーを支払う者、それ〔リバー契約〕を記録する者、〔契約の〕二人の証人を拒絶し、「彼らはみな〔罪が〕同じです」と言いました。

（ムスリム）

ウバーダ・イブン・サーミト（彼はバドルの戦いに参加し、預言者にアッラーのためには非難する者の非難も恐れないと忠誠を誓った人でした）が〔金曜礼拝の〕説教者として立ち、次のように言いました――おお、人びとよ、あなたたちがつくり出している売買〔の方法〕は、私には何であるかよくわかりません。〔しかし〕金と金〔の交換〕は、同じ純度で同質のものでなければなりません。銀と銀〔の交換〕は、同じ純度で同質のものでなければなりません。銀を売って金を得るときは、手から手へと〔直接〕取引するならば、銀がより多くてもかまいません。しかし、後払いはいけません。コムギとコムギ、オオムギとオオムギを交換する時も、同量でなければなりません。しかし、コムギを売ってオオムギを得るときは、手から手へと〔直接〕取引するならば、コムギがより多くてもかまいません。しかし、後払いはいけません。

ナツメヤシとナツメヤシを交換する時も、同量でなければなりません。（さらに彼は言いました。）塩と塩も同量でなければなりません。より多く与えても、より多く求めても、それはリバーにあたります。（ナサーイー）

アブー・バクラは、次のように伝えている――アッラーの使徒は、金と金、銀と銀の交換は、同量でなければ禁じました。金で銀を買う場合、銀で金を買う場合は、私たちが望むようにやってかまわないと命じました。（アブー・バクラは続けて言いました。）一人の男性が〔取引形態について〕質問をしたところ、彼〔ムハンマド〕は「手から手へ〔直接取引で〕」と答えました。（アブー・バクラは言いました。）このように、私は確かに聞きました。（ムスリム）

アブー・フライラは、アッラーの使徒が次のように言ったと伝えている――ナツメヤシとナツメヤシ、コムギとコムギ、オオムギとオオムギ、塩と塩は、〔重量・容量が〕同じものを手から手へ〔直接取引で〕交換するのはかまいません。それよりも付

け加えたり、付け加えを求めたりすれば、リバー〔利子〕になります。ただし、種類が全く違う場合は、別です。（ムスリム）

訴訟

イブン・アッバースは、アッラーの使徒が次のように述べたと伝えている——もし、訴えるだけで人びとが他人の財産や生命を得られるならば、人びとは〔それを不当に〕求めるでしょう。しかし、訴える人には明らかな証拠〔の提示〕が務めであり、〔訴えを〕否定する人には誓言が務めとなります。（バイハキー、ナワウィー）

アブドゥッラフマーン・イブン・アビー・バクラは、次のように伝えている——〔教友であった〕私の父が[1]、スィジスターンで裁判官をしている〔私の兄弟でもある〕ウバイドゥッラー・イブン・アビー・バクラに手紙を、それを私が聞き書きしたのですが、こう書きました——二人の人の間で〔係争があるときに〕、あなたは怒っているときは裁いてはならない。というのも、私はアッラーの使徒がこういうのを聞いたのです――あなたたちの誰も、怒っているときは二人の間で裁いてはなりません。

（ムスリム）

1　アブー・バクラ・サカフィーのこと。伝承者略伝六〇〇頁を参照。

Ⅲ　イスラームの教え

1　預言者と啓示

預言者としてのムハンマド

ムハンマド・イブン・ジュバイルは、その父〔ジュバイル・イブン・ムトイム〕から、預言者が次のように語ったと伝えている――私には五つの名前があります。私はムハンマド[1]であり、アフマド[2]です。そして、私はマーヒー〔払拭《ふっしょく》する者〕[3]であって、アッラーが私を通して不信仰を払拭なさいます。私はハーシル〔集合せしめる者〕であって、〔復活の日に〕人びとが私のあとに集められます。そして、私はアーキブ〔最後の者〕[4]です。

（ブハーリー）

1 ムハンマド自身のファーストネーム。語義は「限りなく称賛される者」。イスラーム以前には、ごく珍しい名前であったが、イスラーム以後は彼にちなんで命名に使うため、頻出する名前となった。 **2** 「もっとも称賛される者」の意。クルアーンにも、イエスが「わたしの後に使徒がやってくる朗報を伝える。彼の名はアフマドである」と述べた〔戦列章六節〕と言及され、このアフマドはムハンマドを指している。この名は、ムハンマドの別名として、ムスリムの命名の際には多出するようになった。 **3** マーヒー以下の三つは、個人名というよりも、役割を示す敬称に近い。このような敬称を用いてムハンマドを称賛することが後代に盛んになり、「ムハンマドの別名」として二〇〇以上を収録する作品も書かれている。 **4** 最後の預言者、諸預言者たちの最終の者、の意。

アブー・フライラは、預言者が次のように語ったと伝えている――「クライシュ族が私を非難し、誹謗するのに対して、アッラーがいかに私をお守りになっているか、皆は驚いているでしょう。彼らが私を誹謗し、呪いをかけて悪しき者としても、〔彼らが呼ぶ〕私〔の名〕はムハンマド〔限りなく称賛される者〕なのですから[1]」。

（ブハーリー）

1　ムハンマドを誹謗する者も、彼を呼ぶときは必ずその名〔「限りなく称賛される者」〕で呼ばざるをえないことを指す。

イブン・スィーリーンは、アブー・フライラが次のように述べるのを聞いたと伝えている――アブー・カースィム〔ムハンマドのクンヤ名〕[1]は、こう言いました。「あなたたちは、わが名〔ムハンマド〕を命名に使ってください。わがクンヤ名〔アブー・カースィム〕を使わないようにしてください」。（ブハーリー）

1　「アブー・～」（～の父）という形の個人名。実際にその名の子どもがいる場合と、そうでない場合があり、後者であれば幼少時からクンヤ名で呼ばれるひともいる。女性の場合は、「ウンム・～」（～の母）という形になる。ムハンマドのクンヤ名は夭折した長男の名前から。

アナス・イブン・マーリクは、アッラーの使徒が次のように言ったと伝えている――あなたたちの信仰は、〔神の使徒である〕私がその人にとって誰よりも、自分の子どもよりも、自分の父親よりも、すべての人びとよりも好ましいと思うまで、完全ではありません。

（ムスリム）

アブー・フライラは、アッラーの使徒から次のように聞いたと伝えている――私があなたたちに禁じたことは、それを避けてください。あなたたちに命じたことは、できる限りそれを実践してください。あなたたち以前の人びとが滅びたのは、彼らの預言者たちにやたらと質問をし、また意見を彼らと違《たが》えたからです。

（ムスリム）

ウマルは〔マディーナの預言者モスクの〕説教壇の上から〔説教をして〕、預言者が〔かつて〕こう語るのを聞いたと述べました――キリスト教徒たちがイブン・マルヤム〔マリアの息子＝イエス・キリスト〕を過剰に称えている[1]ように、私を称えないでください。私はかれ〔アッラー〕のしもべ[2]にすぎません。ですから私のことは「アッラーのしもべにして、かれの使徒」と言ってください。

（ブハーリー）

1 イエスを「神の子」としていることを批判している。厳格な一神教の観点からは、預言者と言えども神格化は許されないの意。 2 「神のしもべ」は人間を意味するので、ムハンマドも人間、ということ。

アブー・フライラは、アッラーの使徒が次のように言ったと伝えている――どの預言者でも、一つの〔必ず叶う神への〕願いを認められています。私は、自分の〔そのような〕願いをわがウンマのための執りなしに〔使うために〕、来世までとっておきたいと思います。（ブハーリー）

最後の預言者

アブー・フライラは、預言者が次のように語ったと伝えている――「私と、私以前の諸預言者〔の関係〕をたとえるならば、ちょうど誰かが家を建てて見事で美しい家となったのに、一角のレンガだけが欠けているのと同じことで、人びとはその家の中を回り、素晴らしいと思うものの、「ああ、このレンガさえ置かれていれば〔家は完璧となったのに〕!」と言うことでしょう。私はそのレンガであり、諸預言者の封印です[1]」。（ブハーリー）

1　それをもって完了となる、すなわち、ムハンマド以降には預言者は遣わされない、の意。

サウバーンは、アッラーの使徒が次のように述べたと伝えている——終末が来るまでに必ず、わがウンマの中の部族が多神教徒と結びつき、偶像を崇拝することが起きます。また、わがウンマから三〇人の大嘘つきが出て、自分は預言者と主張するでしょう。〔真実は〕私は諸預言者の封印であり、私の後には預言者は誰もいません。（ティルミズィー）

サーイブ・イブン・ヤズィードは、次のように伝えている——〔私が子どもの時〕母方のオバが私をアッラーの使徒のもとに連れて行き、「おお、アッラーの使徒よ、私の甥が病気です」と訴えました。すると彼〔ムハンマド〕は私の頭をなで、私のために祝福を〔アッラーに〕祈ってくれました。それから彼はウドゥー〔清め〕をして、私はその〔清めに使った〕水を飲みました。それから彼の後ろに立つと、彼の両肩の間に預言者の封印〔預言者であることを示す印〕があるのを見ました。それはテントの〔飾りに使う〕ボタンのようでした。

（ブハーリー）

啓示の受け取り

アーイシャが伝えるところでは、ハーリス・イブン・ヒシャームがアッラーの使徒に次のように尋ねました――「アッラーの使徒よ、どのようにあなたに啓示が来るのでしょうか」。彼〔ムハンマド〕は答えました――「時に、〔啓示は〕激しい鈴の音のように私にやってきます。これが私にとってもっとも厳しいものです。啓示として言われたことを私が知覚すると、それは終わります。時には、天使が人間の姿で現れ、私に語りかけ、私はそれを知覚します」。アーイシャは付け加えて、次のように述べました――私は、極寒の日に啓示があって、彼〔ムハンマド〕の額から〔寒さにもかかわらず〕汗がしたたり落ちるのを見たことがあります。（ブハーリー）

イブン・アッバースは、次のように伝えている――アッラーの使徒は人びとの中でもっとも優しい方でした。〔大天使〕ジブリールが訪れるラマダーン月には、いっそう優しくあられました。ジブリールはラマダーン月には毎夜訪れ、クルアーンを〔示してムハンマドと〕確認するのでした。アッラーの使徒は、ジブリールが訪れている間、〔慈雨を運ぶ〕風よりもいっそう優しいのでした。

アブー・フライラとファーティマは、「ジブリールは彼〔ムハンマド〕に〔それまで啓示された〕クルアーンを示して〔確認して〕いました」と述べている。（ブハーリー）

聖典クルアーンの結集《けつじゅう》

ザイド・イブン・サービトは、次のように伝えている――アブー・バクル〔ムハンマド没後の第一代正統カリフ〕が、ヤマーマの戦い[1]の時〔に多くが戦死した際〕に、私〔ザイド〕に使いを寄こしました。〔私がアブー・バクルのもとに参じると〕ウマルがそばに座っていました。アブー・バクルは私に言いました――ウマルが私〔アブー・バクル〕に、「ヤマーマの戦いは激戦で、多くのクルアーン暗誦者《あんしょうしゃ》[2]が亡くなりました。これからも、さまざまな地で激戦があって暗誦者が亡くなり、〔彼らが暗誦している〕クルアーンの多くが失われることを恐れます。〔カリフの〕あなた〔アブー・バクル〕がクルアーンの結集をお命じになるとよいと思います」と進言しました。私〔アブー・バクル〕が彼〔ウマル〕に「アッラーの使徒がなさらなかったことをしようというのですか」と反論すると、彼〔ウマル〕はなおも「これは神にかけて、よいことです」と説得しました。やがて、私〔アブー・バクル〕の心が開かれ、彼〔ウマル〕と同じ考えに至りました。〔ザイドは続けて語りました。〕アブー・バクルは私〔ザイド〕に、「あなたは若くて聡明で、私たち〔アブー・バクルとウマル〕の信頼を受けています。かつては、アッラーの使徒のために啓示を書き留めていたのですから、クルアーンを〔暗誦者から〕探し求めて、章句を集めてくれませんか」と頼みました。神にかけて、たとえ山を担げと命じられたとしても、クルアーンの結集を命じられるほどの重責ではなかったでしょう。私〔ザイド〕が〔二人に〕「あなたがたはアッラーの使徒がなさらなかったことをなさるのですか」と反論すると、アブー・バクルは「これは神にかけて、よいことです」と私への説得を続け、私もついに心が開かれて、アブー・バクルやウマルと同じ考えに至りました。そこで、私はクルアーンの章句をナツメヤシの〔平らにした〕茎や獣皮や白い石片〔に書き記されたもの〕や暗誦している人びとから集め、ついには、他の誰も暗誦していなかった悔悟章[3]の最後の部分をアブー・フザイマ・アンサーリー[4]から聞き取りました。「まことにあなたたちの間から使徒がやってきた」からバラーア章[5]の締めくくりまで〔の二節〕です。〔私が集めた章句を記した〕紙片群は、アブー・バクルが保管し、その死後はウマルが終生それを保管し、次はウマルの娘ハフサ[6]に託されました。

（ブハーリー）

1　アブー・バクルの代に反乱した諸部族との戦いがおこなわれた際に、アラビア半島中央部のヤマーマ地方ではハニーファ部族の討伐戦がおこなわれた（六三二年。前出一二九頁注2・一三〇頁注3）。ただし、クルアーン朗誦者が数多く戦死したのがヤマーマの戦いであったか、他の戦いであったか、歴史研究では議論がなされている。どの戦いであれ、戦死による暗誦者の激減がマディーナの指導部にとって大きな懸念であったことは疑いをいれない。**2** クルアーンは朗誦を聞いて、それを覚え、暗誦するのが原則であった。**3** クルアーンの九番目の章で、今日の標準版では悔悟章であるが、古くはクルアーンの章はさまざまな名称で呼ばれていた。このハディースの少し後では、バラーア章と呼ばれている。**4** マディーナ出身の教友。高名なフザイマ・イブン・サービトと混同されることがあるが、別人。**5** 悔悟章と同じ。**6** ムハンマドの妻の一人。その父ウマルは、アブー・バクルの死後に第二代正統カリフとなった。クルアーンを記した紙片群をハフサが預かったのは、ウマルが娘に託したということか、彼女の社会的な機能によるのかは、議論が分かれる。アーイシャがそうであったように、ムハンマドの妻たちは、彼の死後、再婚が許されていない「信徒たちの母」(ムハンマドの妻の称号)としてムハンマドの教えを広める役割を果たした。前出七七頁注9。

2　ムスリム(帰依者)という生き方

ムハンマドは弟子である教友たちに、イスラームの教えに沿う生き方や人生のあり方についても、多くの指示や助言をおこなった。

人間関係

アブー・フライラは、アッラーの使徒が次のように述べたと伝えている——アッラーと最後の日〔終末〕を信じる者は、よいことを口にしてください。さもなければ、口をつぐんでいてください。アッラーと最後の日を信じる者は、隣人に親切にしてください。アッラーと最後の日を信じる者は、客をもてなしてください。
（ブハーリー、ムスリム、ナワウィー）

アブー・ムーサー・アシュアリーは、預言者が次のように語ったと伝えている——〔信徒の務めとして〕飢えている人に食を与え、病気の人を見舞い、捕虜となっている人を〔身代金を払って〕解放してください。
（ブハーリー）

アブー・フライラは、次のように伝えている——ある男性が預言者に、「どうか、〔ムスリムとしての生き方について〕お教えください」と頼みました。彼〔ムハンマド〕は「怒るなかれ」と教えました。男性が繰り返し教えを請いましたので、そのたびに彼〔ムハンマド〕は「怒るなかれ」と答えました。
（ブハーリー、ナワウィー）

アブー・ザッル〔・ギファーリー〕とムアーズ・イブン・ジャバルは、アッラーの使徒が次のように述べたと伝えている——あなたたちはどこにいても、アッラーを畏れなさい。悪いことをしたならば、それを消し去るように良いことをしてください。人とは良い心根《こころね》でつき合ってください。

（ティルミズィー、ナワウィー）

アブー・フライラは、アッラーの使徒が次のように述べたと伝えている――帰依の良いあり方の一つは、自分に関わりのないことに関わらないことです。

（ティルミズィー、ナワウィー）

アブー・フライラは、アッラーの使徒が次のように述べたと伝えている――〔あなたたちムスリムは〕互いに、ねたみ合ってはいけません。互いに、〔売買の際に〕値をつり上げ合ってはいけません。互いに、嫌い合ったり背を向け合ったりしてはいけません。互いに、〔売買の際に〕値を下げさせ合ってはいけません。〔ムスリムは〕アッラーのしもべとして同胞であってください。ムスリムは、ムスリムの同胞ですから、相手を不当に扱ったり、見捨てたり、嘘をついたり、見下《みくだ》したりしないものです。篤信は、ここにあります（と、彼は自らの胸を三度指しました）。人にとって、同胞であるムスリムを見下すほど悪いことがあるでしょうか。すべてのムスリムにとって、ムスリムは不可侵です。その血も、その財産も、その名誉も。

（ムスリム、ナワウィー）

意図《ニーヤ》の重要性

信徒たちの指揮官[1]ウマル・イブン・ハッタ－ブは、アッラーの使徒が次のように述べたのを聞いたと伝えている――〔人の〕おこないは、すべて〔その〕意図〔ニーヤ〕[2]によります。誰もが自らの意図したことを得るのです。〔マディーナへの〕移住[3]が、アッラーとその使徒〔ムハンマド〕のためであった人の移住は、アッラーとその使徒のためのものです。現世の利益のためや、〔マディーナにいる〕女性と結婚するために移住したのであれば、その人の移住はその目的のためのものです。

（ブハーリー、ムスリム、ナワウィー）

1 カリフの称号の一つ。カリフを意味する。第二代正統カリフのウマルが創始したため、彼以降のカリフに使われる。なお、「正統カリフ」は英訳の「オーソドックス・カリフ」からの重訳で、アラビア語では「正しく導かれたカリフ(ハリーファ・ラーシド)」といい、敬虔さや宗教的な公正さに重きがある。**2** イスラームの法規定ではしばしば、何かの行為が正しく成立するためにはそれにふさわしい意図が必要とされる。たとえば、礼拝に際しては何の礼拝をささげるのか、意図を神に対して明示する必要がある。このハディースは、意図の重要性の典拠となっている。**3** ムハンマドがマディーナに移住したことは「ヒジュラ(聖遷)」と呼ばれるが、それ以降もマッカ征服までの八年間は、ムスリムがマディーナに移住することが奨励された。ここでは、そのような個々人の移住を指すものと解される。

イブン・アッバースは、至高の主〔アッラー〕から伝えられたこととして、アッラーの使徒が次のように述べたと伝えている――まことにアッラーは、善いおこないと悪しきおこないをお定めになり、それについて〔次のように〕明らかになさいました。善いおこないをなそうと思い、〔実際には〕やらなかった人については、アッラーは自らのみもとで完全なる善いおこない一つ分を記録なさいます。善いおこないをなそうと思い、〔実際に〕やった人については、アッラーは自らのみもとで善いおこないの一〇倍から七〇〇倍、さらに何倍にも記録なさいます。もし、悪しきおこないをなそうと思い、〔実際には〕やらなかった人については、アッラーは自らのみもとで〔悪しきおこないを控えたことを〕完全なる善いおこない一つ分として記録なさいます。悪しきおこないをなそうと思い、〔実際に〕やった人については、アッラーは自らのみもとで悪しきおこない一つ分を記録なさいます。

（ブハーリー、ムスリム、ナワウィー）

誠実さ

タミーム・ダーリー[1]は、預言者が次のように語ったと伝えている――教え〔イスラーム〕とは、誠実さです。私〔タミーム〕が「誰に対してでしょうか」と尋ねると、彼はさらに言いました――アッラーに対して、かれの書〔クルアーン〕に対して、かれの使徒〔ムハンマド〕に対して、そしてムスリムの指導者たちと一般信徒に対してです。

（ムスリム、ナワウィー）

1 アラビア語でいう「ナスィーハ」は多義的で、もっとも一般的な意味は「助言」であるため、このハディースを「イスラームでは他者に対して助言すべき」と解する場合がある。神や聖典に対する助言が成り立たないことから明らかなように、ここでは「誠実さ」「真摯《しんし》さ」「真面目さ」などに解される。

スフヤーン・イブン・アブドゥッラー・サカフィーは、次のように伝えている——私〔スフヤーン〕が「おお、アッラーの使徒よ、イスラームについて、あなた以外の誰からも教えていただけないようなことを教えてください」とお願いすると、彼はこう答えました——「私はアッラーを信じました」と言って、あとは真っ直ぐに生きてください。

（ムスリム、ナワウィー）

嘘はいけない

サフワーン・イブン・スライムは、次のように伝えている――〔あるとき〕アッラーの使徒に「信徒が臆病[1]ということがありえますか」と聞かれると、「はい[2]」と答えました。次いで、「信徒がケチ[3]ということはありえますか」と聞かれると、「はい[4]」と答えました。次いで、「信徒が嘘つき[5]ということはありえますか」と聞かれると、「いいえ[6]」と否定しました。（マーリク）

1 この質問には、臆病者は信徒としてよくないのではないか、という含意がある。 2 この答は、勇気が称揚され、臆病が好まれないとしても、信仰と矛盾するわけではないため。 3 イスラームではケチ、吝嗇《りんしょく》も嫌われるため、信仰と矛盾するのではないかと聞いている。 4 家族などのためにきちんと費やし、困窮者には喜捨することが奨励され、吝嗇が好まれないとしても、信仰と矛盾するわけではないため。 5 原語では「カッザーブ」、嘘をつく人の強意形で、いつも嘘をつく人、大嘘をつく人の意。 6 嘘、虚言は、真実を語るべき信仰と矛盾するため。

アブドゥッラー・イブン・マスウードは、アッラーの使徒が次のように語ったと伝えている――あなたたちは正直にことばを発しなければなりません。正直さは〔人を〕善きおこない〔ビッル〕に導き、美徳は楽園に導きます。本当のことを言い続け、正直さを貫く人は、最後にはアッラーのみもとで真実の人〔スィッディーク〕として記録されます。そして、あなたたちは嘘を言わないよう気をつけなくてはいけません。嘘は〔人を〕堕落へ導き、堕落は火獄へと導きます。嘘を言い続け、不誠実な態度を貫く人は、最後にはアッラーのみもとで大嘘つきとして記録されます。

（ティルミズィー）

羞恥心

アブー・フライラは、預言者が次のように言ったと伝えている――信仰は七十数部門（あるいは、六十数部門）あります。もっとも優れているのは「アッラーのほかに神なし」と言うことで、もっとも簡単なのは〔人びとが歩く〕道から障害物を取り

除くことです。羞恥心も、信仰の一部門です。（ムスリム）

ウクバ・イブン・アムル・アンサーリーは、アッラーの使徒はこう言ったと伝えている――かつての預言〔者たち〕のことばとして人びとが知っていることの一つは、「もしあなたが恥ずかしくないのであれば、何であれおこなうがよい」[1]ということです。（ブハーリー、ナワウィー）

1　清廉な人は自分が恥ずかしくないと思うことなら堂々と行動しなさい、という解釈と、恥知らずな人は何をするかわからず制御しがたい、という解釈がある。両義的にとらえることもできる。

善行

ヌウワース・イブン・サムアーンは、預言者が次のように語ったと伝えている――善きおこない〔ビッル〕は、美徳〔の現れ〕です。罪〔のおこない〕はあなたの胸に染みつき、人びとには決して知られたくないものです。

（ムスリム、ナワウィー）

ワービサ・イブン・マアバドは、次のように伝えている――私がアッラーの使徒のもとに参じた時、彼が「あなたは、善きおこない〔ビッル〕について尋ねに来たのですか」と聞くので、「そうです」と答えると、こうおっしゃいました――あなたの心に訊いてください。善きおこないは、魂が安心を感じ、心が安らぐものです。〔それに対して〕罪〔のおこない〕はあなたの魂に染みつき、胸を不安にさせるものです。たとえ人びとが〔あなたのおこないを是《ぜ》とする〕意見を繰り返し言ったとしても。

（イブン・ハンバル、ダーリミー、ナワウィー）

サフル・イブン・サアド・サーイディーは、次のように伝えている――預言者のもとに、男性がやってきて、「おお、アッラーの使徒よ。私に、それをおこなったら、アッラーが私を愛し、人びとが私を愛するおこないを教えてください」と尋ねました。彼は答えて、言いました――この世から身を引きなさい。アッラーはあなたを愛するでしょう。人びとが持っているものから身を引きなさい。人びとはあなたを愛するでしょう。

（イブン・マージャ、ナワウィー）

アブー・サイード・フドリーは、アッラーの使徒から次のように聞いたと伝えている――あなたたちの誰かがよくないこと〔ムンカル〕を見たならば、それを自分の手で〔実践によって〕変えてください。もし、それができないのであれば、ことば〔舌〕によって〔変えてください〕。もし、それもできないのであれば、心〔祈り〕によって〔変えてください〕。それ〔祈ることしかできないこと〕はもっとも弱い信仰〔のあり方〕です。

（ムスリム、ナワウィー）

ことばの重さ

アブー・マーリク・アシュアリーは、アッラーの使徒が次のように述べたと伝えている――清潔は信仰の半分[1]〔の価値〕です。「アッラーに称えあれ〔アル＝ハムド・

リッラー)」〔という称賛の句〕は〔審判の〕天秤《てんびん》[2]を満たします。「アッラーの栄光に称えあれ(スブハーナッラー)」と「アッラーに称えあれ」〔という称賛の二句〕は天地の間を満たします。礼拝は光[3]であり、サダカ〔任意の喜捨〕は明証[4]であり、忍耐は光輝[5]で[6]す。クルアーンはあなたの裁きの基準[7]です。すべての人は朝になると自らの魂を売買し、魂を解放する者もあれば破滅させる者もいるでしょう。[8]

(ムスリム、ナワウィー)

1 「半分」の意義には数説ある。清めは礼拝の条件であるが、衣服の清潔さと水を使って身体の部分を清潔にするのは外面の清め、礼拝はさらに内面を清めるので、外面の清潔は信仰の半分という説、清潔にすることの報奨は信仰の半分に相当という説など。ここでは後者に沿って〔の価値〕と補った。 2 審判の日に人間の善悪のおこないを量り、天秤がどちらに傾くか調べる。「満たします」は、善の側を満たすの意。 3 「礼拝は〔性的〕醜行と悪しきおこないから〔礼拝者を〕遠ざける」(蜘蛛章四五節)ので、信徒を過ちの闇から光の中へ導く、と解される。 4 信仰心を示す証拠。 5 一般的な忍耐を指すという説と、礼拝・喜捨の後に来ているので、断食の忍耐を指すという説がある。 6 光輝は闇を照らすとともに、太陽光のように熱をともなう(注3の光は、月光のように熱を持たないのに比べて)。忍耐は困難や苦しみに耐えることなので、熱と光が発される、とする解釈がある。 7 直訳すると、「あなた(の善行)を支持するか、あなた(の悪行)を批判する証拠」。 8 魂をアッラーに売って、善行に励んで火獄から魂を解放するか、魂を他の者(我欲や悪魔)に売って、破滅の道を歩むか、どちらか、の意。

神の加護と赦し

アブー・ザッル・ギファーリーは、アッラーの使徒がその主(アッラー)からのことばとして、[1]次のように述べたと伝えている――おお、わがしもべ(人間)たちよ、われは自らに不正を禁じ、あなたたちの間でも不正を禁じたゆえに、決して不正をおこなってはならない。おお、わがしもべたちよ、あなたたちは、われが導いた者を除いて、みな踏み迷っている。それゆえ、われに導きを求めよ、われは導くであろう。おお、わがしもべたちよ、あなたたちは、われが糧を与えた者を除いて、みな飢えている。それゆえ、われに糧を求めよ、われは与えるであろう。わがしもべたちよ、あなたたちは、われが着物を与えた者を除いて、みな裸でいる。それゆえ、われに着物を求めよ、われは与えるであろう。おお、わがしもべたちよ、あなたたちは昼夜を通して過ちを犯している。われは罪をすべて赦すものである。それゆえ、われに赦しを求めよ、われは赦すであろう。おお、わがしもべたちよ、あなたたちがわれに害をなそうとしても、それはかなわぬこと、あなたたちがわれに益を与えようとしても、それも決してかなわないであろう。おお、わがしもべよ、あなたたちの最初の者や最後の者、人間とジン〔幽精〕[2]の誰もが、もっとも敬虔な者と同じように敬虔だとしても、それはわが大権にとって何を増やすものでもない。おお、わがしもべよ、あなたたちの最初の者や最後の者、人間とジンの誰もが、もっとも堕落した者と同じように堕落していたとしても、それはわが大権にとって何を減ずるものでもない。おお、わがしもべよ、あなたたちの最初の者や最後の者、人間とジンの誰もが、ひとところに立って、われに請い願い、われが請うものすべてを与えたとしても、それでわがものから何か減ずることもない。針が大洋に入れられた時〔に水が減ずる〕ほどのことさえもない。おお、わがしもべたちよ、われはあなたたちのおこないをすべて数え、それに〔賞罰で〕応ずるであろう。それゆえ、よきものを見いだした者には、アッラーを称えしめよ。それ以外を見いだす者には、ただ己を責めさせよ。

（ムスリム、ナワウィー）

1 ムハンマドがアッラーのことばを伝えるハディースである「聖ハディース（ハディース・クドスィー）」の一つ（後出五〇九頁後半の注1）。 **2** ジンは通常は不可視の存在であるが、時にはその姿を見ることができる。人間と同じように家族や集団をなして暮らしていると考えられる。なお、アラビア語ではイスラーム以前から「気が狂う」ことを「ジンに憑《つ》かれる」と表現するが、この通念もイスラームに継承された。

アブー・フライラが伝えるところでは、アッラーの使徒は、アッラーが次のようにおっしゃったと述べました〔聖ハディース〕——わが友〔敬虔なしもべ〕に敵対する者があれば、われはその者に戦いを宣するであろう。わがしもべ〔人間〕がわれに近づこうとするならば、われがしもべに課した義務を果たすことがもっとも好ましい〔道である〕。しもべがさらに、われに近づこうとして任意の〔信仰〕行為を続けるならば、われはしもべを愛するであろう。われがしもべを愛したならば、われはしもべが聞く聴覚、しもべが見る視覚、しもべが打つ手、しもべが歩く足となるであろう。しもべがわれに〔何かを〕頼むのであれば、われは与えるであろう。しもべがわれに加護を求めれば、われは加護するであろう。

（ブハーリー、ナワウィー）

イブン・アッバースは、アッラーの使徒が次のように述べたと伝えている――まことにアッラーは私〔ムハンマド〕のために、わがウンマについて、その過ち、忘却〔による過誤〕、やむをえずしたことを、お赦しになります。

（イブン・マージャ、バイハキー、ナワウィー）

アナス・イブン・マーリクは、アッラーの使徒がアッラーは次のようにおっしゃったと述べたのを、自ら聞いたと伝えている〔聖ハディース〕――おお、アーダムの子〔人間〕よ。あなたがわれに呼びかけ、われに請うならば、あなたのしたことを、われは赦し、とがめ立てしないであろう。おお、アーダムの子よ、あなたの罪が天の雲に届くほど〔大きいもの〕でも、あなたがわが赦しを請うならば、われは赦すであろう。おお、アーダムの子よ、あなたが大地〔の大きさ〕に及ぶほどの過ちを犯しても、わがもとに来て、われにまみえて、われに何ものも並べ立てない〔並置しない〕のであれば、同じほどの〔大きさの〕赦しを与えるであろう。

（ティルミズィー、ナワウィー）

ウンマ（イスラーム共同体）

アブー・ザッル〔・ギファーリー〕は、預言者が次のように言ったと伝えている——二人は一人よりもよく、三人は二人よりもよく、四人は三人よりもよいものです。それゆえ、あなたたちは集団〔ジャマーア〕と一緒にいてください。アッラーはわがウンマを導き以外の上には決して集合させません。[1]

（イブン・ハンバル）

1　ウンマが一体になっている時は、イスラームの導きを体現している、の意。

バフズ・イブン・ハキームは、その父〔ハキーム〕から、祖父〔ムアーウィヤ・イブン・ハイダ〕がアッラーの使徒がこう言ったのを聞いたと伝えている――あなたたちは七〇の諸ウンマを完結させました〔その最後に登場しました〕。あなたたちは、アッラーにとって、最良にしてもっとも貴い〔ウンマな〕のです。（イブン・マージャ）

イブン・アッバースは、預言者が次のように言ったと伝えている――私たちは諸ウンマの中で最後のウンマです。そして〔復活の日に〕最初に「無文字のウンマとその預言者はどこにいますか？[1]」と呼び出されるウンマです。ですから、私たちは最後であり、最初なのです。（イブン・マージャ）

1　原語の「ウンミー」は読み書きのできない人。クルアーンには、「かれ〔アッラー〕こそは文字の読めない人びとにその中から使徒を遣わし、彼らにわが徴《しるし》〔章句〕を読み聞かせて彼らを清め、彼らに啓典と英知を教えた」（金曜礼拝章二節）と述べられている。当時のアラビア半島では読み書きのできる人は限られていた。

イブン・マスウードは、次のように伝えている――〔ある時〕女性に口づけをしてしまった男性が〔罪の念から〕預言者のところにやって来て、〔自分のしたことを〕伝えました。すると、アッラーが啓示を下しました――「礼拝は、昼間の両端と夜の始めに確立しなさい。まことに善行は悪行を消し去る」〔フード章一一四節〕。すると、その男性が「これは私のことでしょうか」と尋ねました。彼〔ムハンマド〕は「わがウンマの全員に当てはまります」と答えました。

（ブハーリー、ムスリム）

イブン・アッバースは、預言者が次のように言ったと伝えている――まことにアッラーは、わがウンマについて、間違い、忘却、〔他人からの〕強制〔による過ち〕をお赦しになりました。

（イブン・マージャ）

アブー・フライラは、アッラーの使徒が次のように言ったと伝えている――わがウンマからは、〔来世で〕七万人ずつが一群として、月のごとく〔輝く顔で〕楽園に入ります。

（ムスリム）

アウフ・イブン・マーリクは、アッラーの使徒が次のように言ったと伝えている――ユダヤ教徒は七一の分派に分かれ、そのうちの一つが楽園に入り、七〇は火獄へ行きます。キリスト教徒は七二の分派に分かれ、そのうちの一つが楽園に入り、七一は火獄へ行きます。ムハンマドの魂がその手の中にある方〔アッラー〕にかけて、わがウンマは七三の分派[1]に分かれるでしょう。そのうちの一つが楽園に入り、七二は火獄へ行きます。(「おお、アッラーの使徒よ、それ〔楽園に入る人〕は誰ですか」と尋ねられると、彼は答えました。)ジャマーア〔集団〕です。（イブン・マージャ）

1　イスラームではのちの時代に、神学的な議論と結びついて前近代の一種の比較宗教学が生まれた。イスラームには正統・異端を決めるような制度はないため、イスラーム内部の諸派についてはこのハディースに依拠して「分派学」という形をとった。しばしば、実在する諸派のどれが七三に相当するかという議論が好まれたが、数字は象徴的な上に、将来に誕生する分派は数えようがないという限界がある。

サーリム〔・イブン・アビー・ジャアド〕は、次のように伝えている——私はウンム・ダルダー[1]がこう言うのを聞きました——〔夫の〕アブー・ダルダー[2]が怒りをあらわに帰宅しましたので、「何に怒っているのですか」と尋ねました。すると彼は、「アッラーにかけて、ムハンマドのウンマは今や、集団礼拝をささげる以外、何一つ〔以前のような善行を〕やっていないではないか」と答えました。　（ブハーリー）

1 アブー・ダルダーの妻で「ウンム・ダルダー」と呼ばれたのは、教友であったハイラ・ビント・アビー・ハドラド（アスラム部族出身、ムハンマド時代に没）とその後に再婚したフジャイマ・ビント・フヤイユ（イエメン系）で、ここは後者。彼女自身もタービイー（第二世代）の女性の中で知識に優れるものとして重きをなした。 2 ハズラジュ部族系のアディー・イブン・カアブ支族出身の教友。援助者としては遅めの入信者で、ウフドの戦いには参加した。「大征服」の後にダマスカスに移住し、裁判官を務めるかたわら、モスクでクルアーンの読誦《どくしょう》やハディースを教えた。ダマスカスにおける学統の創始者の一人にも位置づけられる。

同胞精神

アッラーの使徒の召使いであったアナス・イブン・マーリクは、預言者が次のように語ったと伝えている――あなたたちは、自分自身に望ましいことを自分の同胞〔他のムスリム〕にも望むようになるまでは、信仰が十分ではありません。

（ブハーリー、ムスリム、ナワウィー）

アブー・フライラは、預言者が次のように語ったと伝えている――誰かが〔他の〕信徒の現世の苦しみを一つ取り除いてあげたならば、アッラーはその人から復活の日の苦しみの一つを取り除いてくださいます。他の人の困苦を和らげてあげたならば、アッラーはその人に現世と来世で〔の暮らしを〕容易にしてくださいます。〔他の〕ムスリムを覆ってあげるならば[1]、アッラーがその人を現世と来世で覆ってくださいます。アッラーは、同胞を助けるしもべ〔人間〕をお助けになります。誰かが知識を求める道を歩むならば、アッラーはその人の楽園への道を容易にしてくださいます。

人びとがアッラーの館〔モスク〕の一つに集って、アッラーの書〔クルアーン〕を朗誦《ろうしょう》して、それを互いに学び合うならば、〔アッラーは〕必ずサキーナ〔平穏〕を彼らにお下しになり、彼らを慈悲で包んでくださり、天使たちが彼らを取り囲みます。アッラーは彼らを、かれ〔アッラー〕のみもとに置かれる者たちの中にお入れになります。自らのおこないで〔歩みを〕遅くする人は、たとえ優れた血統でも、それを早めることはできません。

（ムスリム、ナワウィー）

1　「覆う」には、過ちや他人に知られたくないことを覆って隠してあげるという意味と、他人に知られたくないような状態（つまり困窮）そのものから助けるという含意がある。

アブー・ムーサー〔・アシュアリー〕は、次のように伝えている——アッラーの使徒は、教友の中から誰かを、何かの役目で派遣する時は、次のように指示していました——よい知らせを〔人びとに〕伝えてください。〔彼らが〕逃げたくなるようなことを言ってはなりません。物事を容易にして、決して厳しくしてはなりません。

（ムスリム）

アブドゥッラー・イブン・アムルは、預言者が次のように語ったと伝えている

――ムスリムとは、他のムスリムがその人の舌〔ことば〕からもその人の手〔行為〕からも安全であるような人のことです。移住者とは、アッラーが禁じたことから立ち去る人のことです。

（ブハーリー）

アナス・イブン・マーリクは、アッラーの使徒が次のように述べたと伝えている

――あなたたちは互いに憎み合ったり、ねたみ合ったり、敵対し合ったりしてはなりません。アッラーのしもべとして同胞でいてください。ムスリムはその同胞〔ムスリム〕に対して三日以上遠ざかることは許されません。

（ムスリム）

病気と癒し

ジャービル〔・イブン・アブドゥッラー〕は、アッラーの使徒が次のように言ったと

伝えている――すべての病には癒《い》やしがあります。癒やしが病気をとらえるならば、アッラーのお許しによって、快復することでしょう。

（ムスリム）

ウサーマ・イブン・シュライクは、次のように伝えている――私が預言者と教友たちのところに行くと、皆が頭に鳥がとまっているかのように〔じっと〕[1]座っていました。私はサラームのあいさつをして、座りました。そこへ、あちこちからの遊牧民が来て、「おお、アッラーの使徒よ、〔病気の時は〕治療をすべきでしょうか」[2]と尋ねました。彼〔ムハンマド〕はこう答えました――治療をしてください。アッラーは病気をお創りになった時は必ず癒やしもお創りになりました。ただ、一つの病、老化だけは別として。

（アブー・ダーウード）

1　鳥は動くものの上にはとまらないので、皆がじっとムハンマドのことばに傾注している様子をたとえている。　2　当時は医療が普及していない時代だったので、この質問の背景には、治療に頼るよりも神にまかせるという考え方が感じられる。

身体の権利

アブドゥッラー・イブン・アムルは、次のように伝えている――アッラーの使徒が私のところに来ると、「〔前に〕あなたに夜は〔礼拝に〕立ち、昼は断食をするように言いませんでしたか」と尋ねました。私が「確かにおっしゃいました」と答えると、こう言いました――もう、それはしないでください。〔夜の礼拝に〕立ったら、〔その後は〕寝てください。断食をする日があったら、〔次はふつうに〕食べる日にしてください。あなたの身体はあなたに対して〔休む〕権利を持っています。あなたの目はあなたに対して〔休む〕権利を持っています。あなたの訪問者はあなたに対して〔客として応対される〕権利を持っています。あなたの妻はあなたに対して〔気にかけてもらう〕権利を持っています。あなたが長生きをするよう願っています。〔そのためにも〕あなたがすべきなのは月に三日の断食です。それぞれに一〇倍の報奨があれば、一年中断食をしたのと同じになります。

(アブドゥッラーは続けて言いました。) 私がさらに強く主張すると、強いことばが返ってきました。私が「私はもっとたくさん〔断食が〕できます」と言うと、彼〔ムハンマド〕は「では、週に三日、断食をしなさい」と言いました。〔アブドゥッラーは続けて言いました。〕私がさらに強く主張すると、強いことばが返ってきました。私が「私はもっとたくさん〔断食が〕できます」と言うと、彼〔ムハンマド〕は「では、アッラーの預言者ダーウード〔ダヴィデ〕の断食をしなさい」と言いました。私が「アッラーの預言者ダーウードの断食とは何ですか」と尋ねると、彼〔ムハンマド〕は「一年の半分です[1]」と答えました。　（ブハーリー）

1　一日おきの断食、の意。

アブー・ジュハイファは、次のように伝えている――〔マディーナへの移住直後に〕預言者は、サルマーン[1]とアブー・ダルダー[2]を義兄弟[3]にしました。サルマーンがアブー・ダルダーの家を訪ねると、〔妻の〕ウンム・ダルダー[4]がみすぼらしい格好をしていました。彼は彼女に「どうしたのですか」と尋ねると、彼女は「あなたの兄弟

〔アブー・ダルダー〕は現世に興味がない〔現世で何も必要としていない〕のです」と答えました。〔そのうちに〕アブー・ダルダーが帰宅して、食事を用意しました。〔サルマーンは〕「〔一緒に〕食べてください」と言うと、彼〔アブー・ダルダー〕は「私は断食中です」と答えました。彼〔サルマーン〕は「あなたが〔一緒に〕食べるまで、私は食べません」と言いました。(彼〔伝承者〕は続けて言いました。)そこで彼〔アブー・ダルダー〕も食べました。夜になって〔しばらくすると〕、彼〔アブー・ダルダー〕は〔夜中の礼拝のために〕起きました。彼〔サルマーン〕が「〔もう少し〕寝るのです」と言いましたので、彼〔アブー・ダルダー〕は寝ました。しばらくして、彼〔アブー・ダルダー〕はまた起き上がりました。すると彼〔サルマーン〕が「〔もう少し〕寝るのです」と言いました。夜の終わりになった時、彼〔サルマーン〕が「さあ、起きましょう。礼拝をしましょう」と言いました。彼は〔アブー・ダルダーに向かって〕こう言いました。「あなたの主〔アッラー〕は、あなたに対して権利を持っています。あなたの魂も、あなたに対して権利を持っています。あなたの妻も、あなたに対して権利を持っています。〔あなたに対する〕すべての権利者に、その権利を差し出してください」。アブー・ダルダーは預言者のところにやって来て、この話をすべて語りました。すると預言者は「サルマーンは真実を述べています」と言いました。（ブハーリー）

1 ペルシア人サルマーンとして知られる教友。サーサーン朝期ペルシアの出身のキリスト教徒が預言者を求めて各地を放浪し、マディーナに至ってムハンマドに邂逅《かいこう》したとされる。 **2** 前出（四五〇頁注2）。 **3** マディーナ期のごく初期に、ムハンマドはマッカに財産を置いてきた移住者たちの救済策として、特定の移住者個人と特定のマディーナの援助者個人を「兄弟」として、後者に前者の面倒を見させる制度を作った。これは一時的な制度にとどまったが、義兄弟となった二人の間の絆はしばしば、その後もずっと続いた。 **4** ウンム・ダルダーと呼ばれた二人の妻については前出（四五〇頁注1）。ここは先妻のハイラ・ビント・アビー・ハドラド。

責任

イブン・ウマルは、預言者が次のように語ったと伝えている――あなたたちは誰もが〔何かの〕保護者であり、自分が保護するものに対して責任を負っています。[1] 指揮官は人びとに対する保護者であり、保護対象について責任を負っています。男性は家族に対して保護者であり、彼らに対して責任を負っています。妻は夫の家と子どもに対して保護者であり、彼らについて責任を負っています。奴隷は主人の財産の保護者であり、それに責任を負っています。あなたたちは誰もが〔何かの〕保護者であり、自分が保護するものに対して責任を負っているのです。（ムスリム）

1　アラビア語では「責任がある」は「問われる」と表現する。イスラームの文脈では、復活の日に責任をきちんと果たしたかどうかが「問われる」ことが含意されている。

アブー・ムーサー〔・アシュアリー〕は、次のように伝えている――預言者のところへ、私と私の二人の従兄弟が赴いた際に、二人のうちの一人が「おお、アッラーの使徒よ。アッラーがあなたにおまかせになったこと〔支配地域〕のどこかについて、私を指揮官〔総督〕にしてください」と言いました。もう一人も、同じようなことを言いました。彼〔ムハンマド〕は答えました――私は、アッラーにかけて、この仕事

には、それを求める者やそれをほしがる者を任命することはしません。（ムスリム）

アブドゥッラフマーン・イブン・サムラは、アッラーの使徒が自分に対して次のように言ったと伝えている――おお、アブドゥッラフマーンよ。〔自分から〕指揮権を求めてはいけません。求めて与えられたとすれば、〔アッラーの助けもなく〕あなたは自分ひとりでしょう。もし求めることなく与えられたならば、あなたは〔アッラーの〕助けを得るでしょう。（ムスリム）

アブー・ザッル〔・ギファーリー〕は、次のように伝えている――私が「おお、アッラーの使徒よ、私を〔どこかの総督に〕任命してください」と尋ねると、彼は私の肩をたたいて、言いました――アブー・ザッルよ、あなたは弱いし、それは〔重い〕信託です。復活の日には、それは屈辱と後悔〔をもたらすもの〕です。ただ、その責任を果たし、職務を立派に遂行した人を除いては。（ムスリム）

知識と学び

アブドゥッラー・イブン・マスウードは、アッラーの使徒が次のように言ったと伝えている――知識の探求はすべてのムスリムの義務です。（タバラーニー）

ウスマーン・イブン・アッファーンは、アッラーの使徒が次のように言ったと伝えている――あなたたちの中で一番よい人は、クルアーンを学び、クルアーンを教える人です。（ブハーリー）

アナス・イブン・マーリクは、アッラーの使徒が次のように言ったと伝えている――わがウンマの中でわがウンマに対してもっとも慈悲深いのはアブー・バクルです。アッラーの教え〔の実践〕についてもっとも厳しいのはウマルです。恥じらいをもってもっとも誠実なのはウスマーンです。裁決にもっとも優れているのはアリーです。アッラーの書〔クルアーン〕の朗誦《ろうしょう》にもっとも優れているのはウバイユ・イブン・カアブです。ハラールとハラーム〔の規定〕をもっともよく知っているのはムアーズ・イブン・ジャバルです。遺産相続にもっとも詳しいのはザイド・イブン・サービトです。すべてのウンマに信頼される人があり、このウンマの信頼される人はアブー・ウバイダ・イブン・ジャッラーフ[1]にほかなりません。（イブン・マージャ）

1　前出（一七四頁注4、一八三頁）。

マスルークは、次のように伝えている――アブドゥッラー・イブン・アムルのところで（人びとが）イブン・マスウードに言及しました。すると、彼（アブドゥッラー）はこう言いました――その人を私は今でも大好きです。というのも、アッラーの使徒がこう言うのを聞いたからです。「クルアーンの朗誦を四人の人から学んでください。それはイブン・マスウード、アブー・フザイファの解放奴隷のサーリム、[1]ウバイユ・イブン・カアブ、ムアーズ・イブン・ジャバルです」。（ムスリム）

1　前出(九六頁注4)。

アナス・イブン・マーリクは、次のように伝えている——〔かつて〕預言者はウバイユ・イブン・カアブに「アッラーがあなたにクルアーンを教えるよう、お命じになりました」と言いました。彼〔ウバイユ〕は「アッラーがあなたに私を名指しなさったのですか」と尋ねました。彼〔ムハンマド〕が「そうです」と答えると、彼〔ウバイユ〕は「諸世界の主〔アッラー〕のみもとで私の名があげられたのですね」と聞きました。彼〔ムハンマド〕が「そうです」と答えると、彼〔ウバイユ〕の目から涙が溢れ出ました。（ブハーリー）

アナス・イブン・マーリクは、次のように伝えている——預言者が亡くなった時、クルアーンをすべて暗唱しているのは四人だけでした。アブー・ダルダー、ムアーズ・イブン・ジャバル、ザイド・イブン・サービト、アブー・ザイドです。彼〔アブー・ザイド〕からは、私たちは遺産を相続しました。[1]（ブハーリー）

1 アブー・ザイドはアナスの父方のオジで、子どもがいなかったため、アナスたちが相続者となった。

[1] カスィール・イブン・カイスは、次のように伝えている――私がアブー・ダルダーと一緒にダマスカス・モスク〔ウマイヤ・モスク〕に座っていると、一人の男性が来て、言いました、「おお、アブー・ダルダーよ。私は、使徒の町〔マディーナ〕から、あなたがアッラーの使徒から伝えたというハディースのために〔それを直接聞くために〕やって来ました。ほかに何の用もありません」。彼〔アブー・ダルダー〕は、私はアッラーの使徒がこう言うのを自分の耳で聞きましたと言いました――知識を求めて道を歩む人には、アッラーは楽園への道を歩ませてくださいます。天使たちは、知識を求める人〔学究者〕に満足して、彼らの翼を垂れるでしょう。知識ある人〔知者〕とは、天にある者たち、地にある者たち、深海の魚たちがその人のために〔アッラーの〕赦しを請うものです。知識ある人が信仰行為にいそしむ人よりも優れているのは、満月の夜の月が他の星々よりも優れているのと同じです。知識ある人びとは預

言者たちの継承者です。預言者たちはディーナールもディルハムも〔いかなる財産も〕遺産として遺すことはなく、知識を遺すのです。それ〔知識〕を得る人は、〔知識という〕取り分を十分に得るものです。

（ティルミズィー）

1　前出（四五〇頁、四五六―四五八頁）。

3　イスラームの基柱――五行

イスラームの義務行為(信徒がなすべきこと)は五つあり、「五行《ごぎょう》」と呼ばれる。そのほかにも多くの義務行為があるが、これら五つがもっとも重要な「基柱」とされる。

天使が五行六信を教える／ジブリールとの対話

ウマルは、次のように伝えている――ある日、アッラーの使徒と一緒に座っていると、真っ白な服を着た黒髪の男性がやってきました。旅をしてきた様子は微塵《みじん》も見られませんでしたが、私たちの誰もその男性に見覚えがありませんでした。

彼はアッラーの使徒〔ムハンマド〕の前に膝詰めで座り、両手を腿の上に置いて、「ムハンマドよ、イスラームについて教えてください」と問いました。アッラーの使徒は答えました。「イスラームとは、[1]「アッラーのほかに神なし、ムハンマドはアッラーの使徒なり」と証言し、礼拝を確立し、[2]ザカート〔義務の喜捨〕を支払い、ラマダーン月の断食をおこない、できるならば聖殿〔カアバ〕に巡礼に行くことです」。すると、その男性は「まことにあなたは真実を述べました」と言いました。私たちは、その人物が問いを発し、それに対する答を正しいと断じたことに驚きました。

彼は続いて、「イーマーン〔信仰〕について教えてください」と問いました。彼〔ムハンマド〕は答えました。「アッラー、天使たち、諸啓典、使徒たち、最後の日〔終末〕を信じ、定命《ていめい》〔運命〕[3]を、それがよい定めでも悪い定めでも、信じることです[4]」。

その男性は「まことにあなたは真実を述べました。次に、イフサーン〔美徳〕について教えてください」と言いました。彼〔ムハンマド〕は答えました。「アッラーを自分が見ているかのように崇拝することです。あなたに見えなかったとしても、かれ〔アッラー〕は必ずあなたをご覧になっています」。

続いて、男性は「終末について、教えてください」と問いました。彼〔ムハンマド〕は「問われた者〔私〕が問う者よりも知っていることではありません」と答えた。男性は、「では、〔終末の〕兆候について教えてください」と問いました。彼〔ムハンマド〕は、「やがて、子どもが親の主人のように振る舞い、[5] 裸足のみすぼらしい羊飼いたちが高い建物を競って建てる[6] のを見ることでしょう」と答えました。

その男性が立ち去っても、私はじっと動かずにいました。彼〔ムハンマド〕は私に「ウマルよ、問いかけた者が誰か、わかりますか」と尋ねました。私が「アッラーとアッラーの使徒こそがご存じです」と答えると、彼は「あれこそはジブリール〔大天使〕、あなたたちの宗教についてあなたたちに教えるためにいらしたのです」と言いました。

（ブハーリー、ムスリム、ナワウィー）

1 以下に五つの義務行為が述べられているが、クルアーンではこのような形で整理された章句はない。「五行」という規定は、このハディースに拠る。 **2** 毎日の礼拝をきちんとおこなう、の意。単に「礼拝をする」よりも強意。 **3** アラビア語の「カダル」は神が被造物に予め決定していることを指す。定命と訳するのは、日本語の「運命」が偶然性の含意を含むため。定命は神が予め決めているという意味で「神の予定」とも訳される。**4** 心で信ずべきことを六つの信仰箇条として提示することは、このハディースに拠る。クルアーンでは一箇所では五信がまとまって述べられている章句がある。**5** 直訳すると「女奴隷が自らの女主人を産む」。**6** 現代では、これを遊牧民が多くいたアラビア半島の諸国が豊かな産油国となり、近年高層ビルを競って建てていることになぞらえる注釈もある。

信徒の義務

イブン・ウマルは、アッラーの使徒が次のように述べたと伝えている――イスラームは五つ〔の柱〕の上に建てられています。すなわち、「アッラーのほかに神なし、ムハンマドはアッラーの使徒なり」と証言すること、礼拝を確立すること、ザカート〔義務の喜捨〕を払うこと、聖殿〔カアバ〕へ巡礼すること、ラマダーン月に断食することです。[1]

（ブハーリー、ムスリム、ナワウィー）

1 通例の五柱の順番は、頻度順に、信仰証言(常日頃)、礼拝(日々)、ザカート(年一度)、断食(年一回、一か月間)、巡礼(生涯に一度)と並ぶ。このハディースでは、断食と巡礼が逆順となっている。

ムアーズ・イブン・ジャバルは、次のように伝えている――私が「おお、アッラーの使徒よ。私を楽園に入れ、火獄から遠ざけてくれるような〔よき〕おこないについて、教えてください」と尋ねると、彼は次のように言いました――あなたは大いなることについて質問しました。それは、アッラーが容易にしてくださった人にとっては容易なことです。アッラー〔だけ〕を何も並べ立てずに崇拝すること、礼拝を常におこない〔確立し〕、ザカート〔義務の喜捨〕を支払い、ラマダーン月の断食をおこない、館〔カアバ聖殿〕に巡礼することです。(次いで、彼は言いました。)あなたに善への入り口を教えてあげましょうか。断食は〔悪しきことから身を護る〕楯《たて》です。サダカ〔任意の喜捨〕は、水が火を消すように、過ちを消してくれます。そして、深夜の礼拝です。(そして、彼は朗誦《ろうしょう》しました。)「彼らは床から起き上がると、畏れと願いから彼らの主に祈り、われ〔アッラー〕が与えた糧《かて》から〔他者のために〕費やす。どの魂も、彼らがおこなっていた〔よい〕ことに対する報奨としてひそかに用意されているものを知らない」〔サジュダ(平伏礼)章一六―一七節〕。(そして、彼は言いました。)あなたに、事の真髄、基柱、頂点を教えましょうか。私が「はい、アッラーの使徒よ」と答えると、彼は言いました――事の真髄は帰依〔イスラーム〕であり、その基柱は礼拝で、頂点はジハードです。(さらに彼は言いました。)あなたに、これらすべての基礎を教えましょうか。私が「はい、アッラーの使徒よ」と答えると、彼は自らの舌をつかみ、言いました――これを慎みなさい。私が「おお、アッラーの預言者よ、私たちは自分たちが語っていることをとがめられるのでしょうか」と尋ねると、彼は答えました――ムアーズよ、あなたの母親を嘆かせてはいけない〔こんなこともわからないようではいけない〕。人びとが口にすること以上に、彼らを〔真っ逆さまに〕顔面から(あるいは鼻から)火獄に突き落とすものがあるでしょうか。

(ティルミズィー、ナワウィー)

信仰告白

アナス・イブン・マーリクは、次のように伝えている――〔ある時〕乗り物〔ロバ〕に乗ったアッラーの預言者が背後にムアーズ・イブン・ジャバルを同乗させていて、「おお、ムアーズよ」と呼びかけました。彼〔ムアーズ〕は「おお、アッラーの使徒よ、私はここにおります。何でもおっしゃってください」と答えました。〔再び〕彼が「おお、ムアーズよ」と呼びかけると、彼〔ムアーズ〕も「おお、アッラーの使徒よ、私はここにおります。何でもおっしゃってください」と答えました。彼〔ムハンマド〕は、「しもべ〔人間〕は誰でも、「アッラーのほかに神なく、ムハンマドはそのしもべにして使徒です」と証言するならば、アッラーは彼に火獄を禁じます〔火獄に入れることは決してありません〕」と言いました。彼〔ムアーズ〕は「おお、アッラーの使徒よ、これを人びとに伝えて、朗報を教えてもよいでしょうか」と尋ねました。彼〔ムハンマド〕は「そうしたならば、彼らはそれだけに頼ってしまうでしょう〔ほかの善行をないがしろにするかもしれない〕」と答えました。ムアーズは〔そのようにしてしま

う〕罪を恐れて、死の間際にこの話をしました。（ムスリム）

　アブー・フライラは、次のように伝えている――〔ある時〕私たちはアッラーの使徒の周りに座っていました。一緒に、アブー・バクル、ウマル、ほかの何人かがいました。アッラーの使徒は立ち上がり、私たちを置いて〔どこかに〕いきました。帰りが遅いので、私たちは自分たちがいない間に〔敵に〕襲われたのではないかと恐れました。胸騒ぎがした私たちは〔探しに〕立ち上がりましたが、私がその一番でした。私が外に出て、アッラーの使徒を探し回ると、援助者の中のナッジャール部族[1]の庭園がありましたので、入り口を探しましたが、見つかりませんでした。外の泉からの流れが庭園に入っていましたので、そこからキツネがもぐりこむように私ももぐりこみました。

　すると、アッラーの使徒に出会いました。彼が「アブー・フライラですか」と訊いたので、「はい、そうです。アッラーの使徒よ」と答えました。彼が「どうしたのですか」と訊くので、私は「あなたは私たちの間にいらしたのに、〔席を〕お立ちになって、なかなか戻ってきませんので、私たちがいないところで襲われたかもしれないと恐れて、私が一番に胸騒ぎを覚えてこの庭園まで来て、キツネがもぐりこむように、もぐりこみました。みなが、私の後に来ています」と答えました。彼は「おお、アブー・フライラよ」と言って、私に彼のサンダルを渡し[2]、「私のこのサンダルを持っていき、庭園の外で出会った人が「アッラーのほかに神なし」と証言し、それを心で確信するならば、その人に楽園の朗報を伝えてください」と言いました。〔外に出て〕最初に出会ったのはウマルでした。彼は「〔あなたが手にしている〕そのサンダルは何ですか、アブー・フライラよ」と訊きましたので、私は「これはアッラーの使徒のサンダルです。彼はこれを私に渡して、私が出会った人が「アッラーのほかに神なし」と証言し、それを心で確信するならば、その人に楽園の朗報を伝えてくださいと送り出しました」と答えました。ウマルが手で私の胸を打ちましたので、私は後ろに倒れました。彼は「アブー・フライラよ、アッラーの使徒のもとに戻りなさい」と言いました。私は涙ながらにアッラーの使徒のところに戻り、ウマルは私のすぐ後ろに付いてきていました。アッラーの使徒は「おお、アブー・フライラよ、どうしたのですか」と訊きました。私は「ウマルに会ったので、あなたがお命じになったように知らせましたら、私の胸を打って私は後ろに倒れました。そして、戻りなさい、と言ったのです」と答えました。するとアッラーの使徒は彼〔ウマル〕に「おお、ウマルよ、何があなたをそのようにさせたのですか」と訊きました。

〔それに対して〕彼〔ウマル〕は「おお、アッラーの使徒よ、あなたの父とわが母にかけて、あなたはアブー・フライラにサンダルを渡して、出会った人が「アッラーのほかに神なし」と証言し、それを心で確信するならば、その人に楽園の朗報を伝えてください、と命じたのですか」と聞き返しました。彼〔ムハンマド〕が「そうです」と答えると、彼〔ウマル〕は「〔そのようなことは〕なさらないでください。私は人びとがそれに頼ってしまうことを恐れます。〔そうさせないで〕彼らに今〔善行を〕しているようにさせましょう」と言いました。アッラーの使徒は「〔確かにそうです。〕かれらに〔今しているように〕させましょう」と答えました。

（ムスリム）

1 ムハンマドの祖父アブドゥルムッタリブの母方の親族であり、マディーナでもムハンマドをさまざまな形で支援した(前出二五頁注3)。彼らから土地を得て預言者モスクを建設したことは、一〇〇—一〇一頁参照。 2 アブー・フライラは新参のムスリムであったため、ムハンマドからの伝言である証拠として渡したと解される。

アブー・ザッル〔・ギファーリー〕は、次のように伝えている——ある時、私が預言者のところに行くと、彼は白い服を着て、眠っていました。私が再び行くと、彼は目覚めていました。彼は言いました——しもべ〔人間〕が「アッラーのほかに神なし」と言って、そのまま〔それを信じたまま〕死んだとしたら、必ず楽園に入るでしょう。私〔アブー・ザッル〕が「たとえズィナー(婚外性交)を犯し、盗みを働いたとしてもですか」と尋ねると、彼は「たとえズィナーを犯し、盗みを働いたとしても」と答えました。私が〔再び〕「たとえズィナーを犯し、盗みを働いたとしてもですか」と尋ねると、彼は「たとえズィナーを犯し、盗みを働いたとしても」と答えました。私が〔三度目に〕「たとえズィナーを犯し、盗みを働いたとしてもですか」とした。

尋ねると、彼は「たとえズィナーを犯し、盗みを働いたとしても。たとえアブー・ザッルがそれを嫌がったとしてもです」と答えました。〔伝承者の付言〕アブー・ザッルは、これを語る時は「たとえアブー・ザッルがそれを嫌がったとしても」と〔ムハンマドが言ったことを気に入って、これを強調して〕語りました。

アブー・アブドゥッラー〔・ブハーリー〕は「これは死の時か、その前に、後悔して悔悟して「アッラーのほかに神なし」と言うならば、その罪は赦される」と注釈している。[1]

（ブハーリー）

1　編纂者のブハーリーも、単に神の唯一性を証言すればよいのではないことを強調するために、注釈を加えている。

礼　拝

アブー・フライラは、次のように伝えている――私はアッラーの使徒が「もし、あなたたちの誰かの家の前に川があって、毎日五回沐浴《もくよく》をしたとすれば、汚れが少しでも〔その人の身体に〕残ると思いますか」と尋ねるのを聞きました。すると、彼ら〔聞いていた教友たち〕は「汚れは何一つ残らないでしょう」と答えました。彼〔ムハンマド〕は、こう言いました。「〔日に〕五回の礼拝とはそのようなものです。アッラーがそれによって過ちを〔きれいに〕消してくださるのです」。（ブハーリー）

アブー・ウマーマ〔・バーヒリー〕は、アムル・イブン・アバサ・スラミーが次のように語ったと伝えている――私は〔イスラーム以前の〕ジャーヒリーヤ時代に、人びとは踏み迷っており、正しい道もわからずに偶像を崇拝していると思っていました。ある時、マッカである人がいろいろなことを語っていると聞き、自分の乗り物にまたがり、彼〔ムハンマド〕のもとに向かいました。その当時は、自分の一族〔による迫害〕に苦しめられて、彼は身を隠していました。私はマッカで〔住民に〕友好的に接し、ついに彼にたどり着きました。私は彼に尋ねました――「あなたは誰ですか」。彼は「私は預言者です」と答えました。私が「預言者とは何ですか」と尋ねると、「アッラーが私を〔預言者として〕遣わしたのです」と答えました。私が「何をもって遣わしたのですか」と尋ねると、彼は「子宮のつながり〔血縁〕を大事にし、偶像を破壊し、アッラーが唯一〔の神〕にして何者も並び立つ者がないことを宣言することです」と答えました。私が「このことで、あなたに従っているのは誰ですか」と尋ねると、「一人の自由人と一人の奴隷がいます」と答えました。（アムルは〔これに注釈して〕言いました。）当時、彼を信じていた人の中に、アブー・バクル〔自由人の商人〕とビラール[1]〔エチオピア系の奴隷〕がいました。私は「私はあなたに従います」と告げました。すると、彼は「あなたは、今はそれができないでしょう。私と私の民の現状をご覧なさい。あなたの民のもとに帰り、私が勝利を得たときに、おいでください」と答えました。

私が故郷にいる時に、アッラーの使徒がマディーナに移住しました。私は自分の故郷にあって、いろいろな知らせを集め、彼がいつ到着するのか、人びとに尋ねていました。とうとうある日、ヤスリブの民の一団がやってきましたので、「マディーナに来た人は、何をしていますか」と尋ねました。すると彼らは、「人びとは彼のもとに急いで来ています。彼の民〔クライシュ族〕は以前に彼を殺そうとしましたが、できませんでした」と教えてくれました。私はマディーナに赴き、彼のもとに参じました。私が「アッラーの使徒よ、私を覚えていますか」と尋ねると、「はい。マッカで私に会いましたね」と答えました。私は「そうです」と言って、「アッラーの預言者よ、アッラーがあなたにお教えになったことで、私が知らないことを教えてください。私に礼拝について、お教えください」と頼みました。

彼は答えました――朝〔暁〕の礼拝をしてください。その後は太陽が高く昇るまで、礼拝を控えてください。太陽は悪魔の二つの角《つの》の間を昇り[2]、その時に不信仰者たちは太陽に額《ぬか》ずくのです。それから、〔昼の〕礼拝をしてください。その礼拝は〔天使たちが〕目撃し、相伴《しょうばん》しているのです。影が矢と同じ長さになったら、礼拝をやめてください。その刻限は、火獄が燃えさかっています。そして、影が伸びてきたら、〔夕刻の〕礼拝をしてください。その礼拝は〔天使たちが〕目撃し、相伴しています。夕刻の礼拝をしたら、日が沈むまでは礼拝をしないでください。太陽は悪魔の角の間を沈み、その時に不信仰者たちは太陽に額ずくのです。

私は「アッラーの預言者よ、ウドゥー〔礼拝前の清め[3]〕について教えてください」

と頼みました。彼は言いました――ウドゥーする人が、水で口をゆすぎ、鼻から〔水を〕吸って吹き出すならば、彼の顔と口と鼻の〔犯した〕過ちが落ちます。その人がアッラーがお命じになったように顔を洗うならば、ヒゲの端から顔の〔犯した〕過ちが水と共に落ちます。次いで、その人が手を肘《ひじ》まで洗うならば、彼の手の〔犯した〕過ちが指先から水と共に落ちます。その人が頭を拭うならば、頭の〔犯した〕過ちが毛先から水と共に落ちます。その人が足を踵《かかと》まで洗うと、脚の〔犯した〕過ちが足の指先から水と共に落ちます。そしてその人が礼拝に立って、アッラーを称え、かれを称賛し、かれにふさわしいことばによってその栄光を称え、心をアッラーだけにささげるならば、母親が彼を産んだ日のように、その人から過ちがすべて離れるでしょう。

アムル・イブン・アバサは、このハディースをアッラーの使徒の教友であるアブー・ウマーマ〔・バーヒリー〕に伝えました。アブー・ウマーマは「おお、アムル・イブン・アバサよ、一つのこと〔ウドゥー〕だけで、それほどのものが与えられるものでしょうか」と尋ねました。アムルはこう答えました――おお、アブー・ウマーマよ、私はもう歳を取り、骨は弱くなり、寿命も近づいています。私には、アッラーとアッラーの使徒について嘘を言う必要は何もありません。もし、私がこれ〔このハディース〕をアッラーの使徒から一度、あるいは二度、あるいは三度（と彼は、七度まで数えました）しか聞いていないのであれば、これを語ることは決してなかったでしょう。しかし、私はこれをそれ以上〔の回数〕聞いたのです。（ムスリム）

1 最初期の入信者で、奴隷身分だったため激しい迫害にあった（四九頁注5）。のちに、マディーナ移住では先遣され（九五頁）、礼拝の呼びかけ（アザーン）が定められると、「預言者のムアッズィン（アザーン係）」となった（一〇五頁）。**2** 注釈書によれば、「二つの角」は顔面の両側を指すとされ、太陽が昇る時に悪魔がその方向に立ち、太陽を信仰する者たちが自分に向かって崇拝するようにすることを意味している。**3** イスラームでは宗教的に心身を清浄にするための清めが二つあり、性交などによって生じる「大きな不浄状態」はグスル（沐浴）によって清め、用便・放屁などによって生じる「小さな不浄状態」はウドゥーによって清める。ウドゥーの有効性は「小さな不浄状態」が生じない限り続くので、礼拝ごとにウドゥーをする必要はない。

アブー・ムーサー〔・アシュアリー〕は次のように伝えている――アッラーの預言者は、〔モスクで〕説教をする時は、私たちに彼のスンナ〔慣行〕を説明し、私たちに礼拝〔の仕方〕を教えてくれて、次のように言いました――あなたたちが礼拝をする時は、〔キブラに向かって横に広がる〕列をなして立ち、あなたたちの一人がイマーム〔導師〕として先導してください。イマームが「アッラーフ・アクバル〔アッラーは偉大なり〕」と唱えたら、皆が復唱してください。彼〔イマーム〕が「〔あなたが恵みをくださった人たちの道にお導きください、〕怒りをこうむった者たちや踏み迷った者たちの道ではなく」〔開扉章の終わりの節〕を朗誦《ろうしょう》したら、皆で「アーミーン〔願いが叶《かな》いますように〕」と言ってください。アッラーは聞き届けてくださいます。彼〔イマーム〕が「アッラーフ・アクバル」と唱えて、〔頭を下げて〕屈折礼をしたら、皆も屈折礼をしてください。イマームは、〔背後に立っている〕あなたたちより先に屈折礼をして、あなたたちより先に体を起こします。（アッラーの預言者は、続けて言いました。）そのように、一つずつ〔イマームの動作に〕合わせておこなうのです。

そして、彼〔イマーム〕が「アッラーはかれを称える人〔のことば〕をお聞きになる」

と唱えたら、皆は「おお、アッラーよ、われらが主、あなたに称賛は属します」と唱えてください。アッラーはあなたたち〔のことば〕をお聞きです。というのも、アッラーは〔すでに〕その預言者の舌〔ことば〕で「アッラーはかれを称える人〔のことば〕をお聞きになる」と明言しているのですから。

彼〔イマーム〕が「アッラーフ・アクバル」と唱えて、〔頭を床につけて〕平伏礼をしたら、皆も「アッラーフ・アクバル」と復唱して、平伏礼をしてください。イマームは、あなたたちより先に平伏礼をして、あなたたちより先に体を起こします。（アッラーの預言者は、続けて言いました。）そのように、一つずつ〔イマームに〕合わせておこなうのです。

〔平伏礼の後に〕座礼に移ったら、あなたがたが言わなければならないことばは、次の通りです。「アッラーに最良のあいさつと祈りをささげます。おお、預言者よ、あなたに平安とアッラーの慈悲と祝福がありますように。私たちと篤信のしもべたちの上に平安がありますように。私は「アッラーのほかに神なし」と証言します。そして私は「ムハンマドはかれのしもべにして使徒なり」と証言します」です。

〔これらの〕七つの句が礼拝の〔終わりにする〕あいさつです。

（ナサーイー）

礼拝の導師（イマーム）

アブー・サイード・フドリーは、アッラーの使徒が次のように語ったと伝えている――もし三人以上いるならば、そのうちの一人が導師〔イマーム〕を務めてください。導師をするのにもっとも適切な人は、クルアーンをもっともよく知っている人です。

（ムスリム）

ウクバ・イブン・アムル・アンサーリーは、アッラーの使徒が次のように述べたと伝えている――〔礼拝で〕人びとの導師となるべきは、その中でアッラーの書〔クルアーン〕をもっともよく読める人です。皆が等しく朗誦《ろうしょう》できるのであれば、その中でスンナをもっともよく知っている人です。もしスンナについても皆が等しいのであれば、もっとも早く移住した人です。もし移住についても等しいのであれば、もっとも年上の人です[1]。権威を持つ人を〔差し置いて〕そうでない人が導いてはいけませんし、その人の家の客間に許可なく座ってもいけません[2]。　（ムスリム）

1　別のハディースでは、帰依のもっとも早い人、つまり生物年齢ではなく入信歴の長い人、となっている。　2　モスクであればその責任者〔職責としてのイマーム〕、個人宅であればその家の主人。その場合は、ハディースに述べられた順番〔クルアーンの朗誦能力等〕は勘案されない。ただし、ウンマの公権力者〔カリフやスルターン〕が同席している場合は、モスクのイマームや家の主人にも優先する。

ウクバ・イブン・アムル・アンサーリーは、次のように伝えている――ある男性がアッラーの使徒のところに来て、「私は朝の礼拝にいつも遅れています。というのも、何某が〔導師として〕長々と時間をかけるからです」と訴えました。預言者が説教をする時にこの日ほど怒っているのを、私は見たことがありませんでした。彼は〔説教で〕こう言いました――おお、人びとよ。あなたたちの中には、〔人びとを〕嫌がらせている人がいます。あなたたちの誰かが導師として人びとを先導する時は、

簡潔にしてください。彼〔イマーム〕の背後には高齢者も身体の弱い人も所用がある人もいるのです。（ムスリム）

アブー・フライラは、アッラーの使徒が次のように述べたと伝えている――あなたたちの誰かが人びと〔の礼拝〕を先導する時は、〔礼拝時間を〕短くしてください。彼ら〔背後で従っている礼拝者〕の中には身体の弱い人、病人、高齢者もいるからです。自分一人で礼拝する時は、望みのままに長くしてもかまいません。（ブハーリー）

礼拝の時の服装

ジャービル・イブン・アブドゥッラーは、アッラーの使徒が次のように言ったと伝えている――〔身体の上下に着ける〕二枚の衣服がない人[1]は、一枚の衣服を身体に巻いて礼拝をしてください。もし、その衣服が短い場合は、腰に巻いてください。（マーリク）

1　初期のイスラーム共同体は全体として物質的に乏しい時代を生きており、その中で貧しい人は衣服にも事欠いていた。

アブー・フライラは、次のように伝えている――ある男性[1]が立ち上がって、預言者に衣服一枚だけで礼拝をすることについて尋ねました。すると、彼〔ムハンマド〕は「あなたたちの誰もが二枚の衣服を持っているというわけではないのですね」[2]と言いました。〔後に〕一人の男性がウマルに〔同じことを〕尋ねました。[3]彼〔ウマル〕は、こう答えました――もしアッラーがあなたたちによく〔豊かに〕してくださったなら、よくして〔適切な服を着て〕ください。誰でも〔二つの〕衣服を合わせて、礼拝してください。〔たとえば〕下半身に巻く服〔イザール〕[4]と上半身に巻く服〔リダーウ〕[5]、下半身に巻く服と長衣〔カミース〕[6]、下半身に巻く服とショール〔カバーウ〕[7]、ズボン〔スィルワール〕[8]と上半身の服、ズボンと長衣、ズボンとショール、半ズボン〔トゥッバーン〕[9]とショール、半ズボンと長衣〔などの組み合わせ〕です。〔彼〔アブー・フライラ〕は、彼〔ウマル〕は「半ズボンと上半身の服」とも言ったと思います[10]、と付言しました。〕

（ブハーリー）

1 特定されていない。誰かは不明。 2 そうであれば一枚でもやむをえません、の意。ムハンマド時代にはムスリムは全般に貧しく物質的にも乏しかったので、例外がかなり許容されていたと思われる。 3 教友同士の対話なので、注釈書ではイブン・マスウードかウバイユ・イブン・カアブではないかと推測されている。両者はこの問題で異なる見解を示した。ウバイユは一枚の衣服で礼拝してもよいとの立場で、イブン・マスウードはそれを衣服が欠乏している例外という立場を取った。ウマルの返答は、ウバイユの立場に近い。 4 イザールは、下半身、特に臍《へそ》と膝の間を覆う衣服を指す。巡礼の際に着るイフラーム着は縫い目のない白布二枚(同じもの二枚)であるが、下半身に巻く分をイザールと呼ぶ。 5 リダーウは、上半身の服の上から肩にかける衣服を指す。巡礼の際に着るイフラーム着となる白布二枚のうち、上半身にかける分をリダーウと呼ぶ。 6 カミースは、上半身を覆い袖があり、裾は膝下から足下に達する。現代アラビア語ではシャツをカミースと言うが、シャツとは違って長衣を指す。 7 カバーウは、シャツの上にかけるか巻くようなショール。 8 スィルワールは、臍《へそ》と踝《くるぶし》の間を覆うズボン。起源は古代ペルシアと考えられる。現代のズボンと異なり、ダボダボにゆったりと作られ、股間や性器が外から想像されないようになっている。 9 トゥッバーンは、臍と膝の間を覆うズボン。ウマルが例をあげた順番は、身体をきちんと覆うものからそうでないものへと並んでおり、半ズボンは他に着るものが無い場合を除いて好まれていないように思われる。10 アブー・フライラは、断定を避けて付言している。「半ズボン(トゥッバーン)と上半身の服(リダーウ)」の組み合わせでは腿《もも》が出るため(礼拝時に腿を出してはいけない)、確信が持てなかったと解される。

アブー・ジュハイファは、次のように伝えている――(ある日)ビラール[1]が短い槍を(礼拝場所を示すために)地面に突き刺すのを[2]、私は見ました。彼がイカーマ(礼拝開始のことば)を唱えると、アッラーの使徒が服の袖を腕まくりして出てきて[3]、槍の方に向かって二ラクアの礼拝を(先導して)おこないました。人びとと家畜は彼の前を通るとき、槍より外側を通っていきました。（ブハーリー）

1 前出(四八二頁注1)。預言者のムアッズィン(アザーン係)と呼ばれたエチオピア出身の教友。 2 イスラームの礼拝は、立ったままクルアーンの章句を朗誦する立礼に始まる。その際に目線は、平伏礼で地面に額をつける地点を見ることになっている。したがって、立っている場所からその地点まで礼拝の必要区域となるので、額をつける地点の少し先に槍を刺して、その区域を示した、の意。通行者はこの区域を横切ってはいけない。礼拝用に用いられる敷物やマットは、礼拝区域を示す大きさとなっている。このハディースは、腕まくりした姿で礼拝をしてもよいとの典拠となっている。3

礼拝禁止の刻限

ウクバ・イブン・アーミルは、次のように伝えている――三つの刻限[1]について、アッラーの使徒は私たちに、その刻限に礼拝することと死者を埋葬することを禁じていました。〔すなわち〕日が昇り始めて昇りきるまで、日が正中してから傾き始めるまで、日が沈み始めてから沈みきるまでの間です。（ムスリム）

1　日の出、正中、日の入りの三つは、太陽神を信仰する場合に重視される刻限とみなされていた。

日蝕・月蝕の礼拝

アブドゥッラー・イブン・ウマルは、預言者のことばとして、次のように伝えていました――太陽と月の蝕《しょく》は、誰かの死のゆえでも誰かの生のゆえでもありません。どちらもアッラーの徴《しるし》の中の二つの徴です。ですから、それを目撃した時は、〔蝕の際の〕礼拝を捧げてください。

（ブハーリー）

大地はすべてマスジド（礼拝所）

イブラーヒーム・イブン・ヤズィードは、次のように伝えている――私は父とともに、いつも〔マスジドの〕門前でクルアーンを朗誦《ろうしょう》していました。私がサジュダ〔額《ぬか》ずき〕の節[1]を朗誦すると、父がその場で地に額ずきました。私は父に「父よ、道で額ずくのですか?」と尋ねると、父はこう答えました――アブー・ザッルがこう述べたのを私は聞いたことがあります。「私〔アブー・ザッル〕はアッラーの使徒に地上に置かれた最初のマスジドについて尋ねました。彼は、マスジド・ハラーム〔カアバ聖殿のモスク〕です、と答えました。私が、次はどこですか？と尋ねると、彼は、アクサー・モスク〔エルサレム〕です、と答えました。私が、二つの間はどれほどでしょうか？と尋ねると、彼は、四〇年間です、と答えました。そして、あなたにとって大地は〔すべて〕マスジドですから、礼拝の時間が来たら、どこにいても礼拝をしなさい、と言いました」。（ムスリム）

1　「〔神に〕額ずきなさい」という命令が含まれている節で、これが朗誦された場合は、礼拝中でもそれ以外でも、ただちにサジュダ（額ずき）をささげることになっている。クルアーン全体で一五箇所ある。

ジャービル・イブン・アブドゥッラーは、アッラーの使徒が次のように言ったと伝えている――私には、私以前〔の諸預言者〕には授けられなかった五つのものが授けられました。〔以前の〕預言者はいずれもその民だけのために遣わされましたが、私は赤い人にも黒い人にも[1]〔全人類に〕遣わされました。私には戦利品〔を得ること〕が許されましたが、これは以前には誰にも許されませんでした。私には大地すべてが、よき清浄なものでマスジド〔額《ぬか》ずく場所＝モスク〕とされました。誰でも礼拝の時間が来たら、そこで礼拝をすることができます。私は〔敵に与える〕恐れで支援され、その〔恐れが及ぶ〕距離は一月の行程です。そして、私には〔復活の日の〕執《と》りなし[2]が与えられました。

（ムスリム）

1 肌の色を指す。アラビア語では「赤黒」で人間の色を総称する。 **2** 信徒の罪に対する赦しを、神に執りなすこと（後出五三九―五四三頁）。

三つのモスクだけが特別

アブー・フライラは、次のように伝えている――預言者は次のように言いました――三つのマスジド〔モスク〕以外は、わざわざ参拝の旅に出てはいけません。〔その三つとは〕このわがマスジド〔預言者モスク〕、〔マッカの〕ハラーム・モスク、〔エルサレムの〕アクサー・モスクです。

（ムスリム）

ジャービル〔・イブン・アブドゥッラー〕は、アッラーの使徒が次のように言ったと伝えている――私のモスク〔預言者モスク〕における礼拝は、それ以外のところでの礼拝の一〇〇〇倍も優れています。ただし、〔マッカのカアバ聖殿を囲む〕ハラーム・モスクを除いて。ハラーム・モスクにおける礼拝は、それ以外のところでの礼拝の一〇万倍も優れています。

（イブン・マージャ）

カアバ聖殿

イブン・ウマルは、次のように伝えている――〔マッカ征服の後〕アッラーの使徒が、ウサーマ〔・イブン・ザイド〕、ビラール、ウスマーン・イブン・タルハ・ハジャビー[1]と共にカアバ聖殿にお入りになりました。扉が閉められ、しばらく内部でお過ごしになりました。（イブン・ウマルは続けて言いました。）彼らが出てきた時に私はビラールに「アッラーの使徒は何をなさいましたか」と尋ねました。彼はこう答えました――左側に柱が二本、右側に柱が一本、背後に三本来るようにお立ちになって（当時の聖殿には六本の柱がありました〔伝承者による注〕）、礼拝をささげました。（ムスリム）

1 クライシュ族アブドゥッダール家出身の教友。マッカ征服前にイスラームに加わり、マディーナに移住。イスラーム以前からカアバ聖殿の鍵の管理者で、マッカ征服に際して、ムハンマドはカアバ聖殿の内部に入るために彼から鍵を借りたが、そのあと鍵を返して、彼と彼の子孫が鍵の管理者であることを保証した。

ウサーマ〔・イブン・ザイド〕は、次のように伝えている――アッラーの使徒は聖殿〔の内部〕から出てくると、カアバ聖殿に向かって二ラクアの礼拝をささげ、「これがキブラです」と言いました。（ナサーイー）

アブー・アイユーブ・アンサーリーは、預言者が次のように述べたと伝えている――あなたたちが用を足す時は、キブラに向いても、キブラに背を向けてもいけません。その代わり、東か西を向きなさい。[1]（アブー・アイユーブは続けて言いました。）私たちがシャーム〔シリア〕に来ると、キブラに向いている厠《かわや》がありました。〔用を足す時はキブラから〕顔を背けて、〔後で〕アッラーのお赦しを請いました。

（ブハーリー）

1 これはマディーナなので、キブラが南という前提で述べている。シリアから見ても、キブラは南方にあたる。マディーナ時代初期におけるキブラの変更については、一〇六頁参照。

カアバ聖殿の黒石

イブン・アッバースは、アッラーの使徒が次のように述べたと伝えている――黒石[1]は、〔天の〕楽園から墜ちてきました。〔その時は〕ミルクよりも白かったのですが、アーダムの子ら〔人類〕の過ちのゆえに黒くなってしまいました。（ティルミズィー）

1 カアバ聖殿の図（巻末図4）参照。聖殿の再建時にムハンマドが黒石をはめた事績については、三〇—三二頁参照。

ヒシャーム・イブン・ウルワがその父〔ウルワ・イブン・ズバイル〕から伝えるところでは、ウマルは聖殿〔カアバ〕の周回行[1]をおこなっている時、黒石に向かって、「あなたはただ石に過ぎません。もしアッラーの使徒があなたに口づけをしたのを見なかったならば、決して口づけはしないでしょう」と言ってから、石に口づけをしました。（マーリク）

1　カアバ聖殿を黒石の角から、反時計回りに七回周回する行（巻末図4参照）。大巡礼（ハッジ）でも小巡礼（ウムラ）でも必ずおこなう儀礼となっている。

預言者モスク

アブー・フライラは、次のように伝えている——預言者モスクでの礼拝は、それ以外のところでの礼拝の一〇〇〇倍も優れています。ただ〔マッカの〕ハラーム・モスクを別として。それというのも、アッラーの使徒は最後の預言者であり、彼のモスクは最後のモスクだからです。

〔これをアブー・フライラから伝承した〕アブー・サラマ・イブン・アブドゥッラフマーンとアブー・アブドゥッラー〔・アガッル〕は、次のように述べていた。私たちは、アブー・フライラがいつも預言者のことばを語っていることは疑いませんでしたが、このハディースに限って確認をしないまま、アブー・フライラが世を去ってしまいました。私たちはこのことを語り合い、預言者から直接聞いたのか、アブー・フライラに確認すればよかったと互いにとがめ合っていました。するとある日、このことを論じている時に、アブドゥッラー・イブン・イブラーヒーム・カーリズが同席していたので、私たちが自信のないこのハディースについて話をすると、彼は私たちにこう言いました――私は確かにアブー・フライラから、「アッラーの使徒が「私は最後の預言者であり、私のモスクは最後のモスクです」と言いました」と聞いたことを、証言いたします。

（ムスリム）

アブー・フライラは、アッラーの使徒が次のように述べたと伝えている――わが家[1]とわがミンバル〔説教壇〕[2]の間は、楽園の中の庭園(ラウダ)の一つであり、わがミンバルは、〔楽園の〕わが池[3]のほとりにあります。　(ブハーリー)

1 ムハンマドはマディーナにおいて、モスクに隣接して妻たちの部屋を建て、そこから、必要に応じてモスクに出ていた(巻末図5参照)。彼はアーイシャの部屋で亡くなったため、そこに埋葬された。後に、第一代・第二代の正統カリフであるアブー・バクル、ウマルがムハンマドのかたわらに埋葬された。ウマイヤ朝時代にモスクが拡張されると、彼らの墓廟がモスク内となり、そことミンバルの間が「ラウダ(庭園)」と名付けられ、今日までモスクの他の場所と区別されている。 2 説教壇と訳されるが、ムハンマド時代は三段の台だったと伝えられる。ムハンマドは二段目に立って、説教途中で腰を下ろす場面では最上段に腰を下ろしていた。後継者のアブー・バクルは三段目に立って二段目に腰を下ろし、ウマルは床に立って三段目に腰を下ろした。後代になると段数が増え、非常に高いミンバルが作られるようになった。その場合はウマルを模範として上から二段を空けて、四段目に立って三段目に腰を下ろすのが慣例となり、現在に至っている。

3 カウサルの池。前出(二〇四頁注2)。

サフル〔・イブン・サアド・サーイディー〕は次のように伝えている——預言者はムハージルーン〔マッカからの移住者〕の一人で大工のできる若い奴隷を所有している女性に遣いをやって、「あなたの奴隷に命じて、私たちのためにミンバル〔説教壇〕を作ってもらってください」と依頼しました。彼女がそうすると、彼〔奴隷〕はタマリクス（ギョリュウ）の木を切ってきて、説教壇を作りました。彼が作り終えると、彼女は預言者に作業が終わったことを知らせました。彼〔ムハンマド〕は「それを送ってください」と依頼し、彼らがそれ〔説教壇〕を持ってくると、預言者はそれを運んで、あなたたちが今見ている場所〔預言者モスクの内部〕に設置しました。

（ブハーリー）

ザカート（義務の喜捨）

イブン・ウマルは、次のように伝えている——〔ある時〕アッラーの使徒は説教壇の上から、喜捨、〔経済的な〕支援を求めること、物乞いについて、こう語りました

――上の手は下の手よりもよいのです。上の手とは費やす〔喜捨をする〕手で、下の手とは乞う手です。（ブハーリー）

イブン・マスウードは、次のように伝えている――喜捨の章句が啓示された時[1]、私たちは荷担ぎとして働いていました。ある男性はとてもたくさんの喜捨をしました。すると彼ら〔人びと〕は「見せびらかしている」と言いました。別な男性はやって来て、一サーウ〔の穀物〕[2]を喜捨しました。すると彼ら〔人びと〕は「サーウ程度の〔少量の〕ものをアッラーは必要となさらない」と言いました。そこで、啓示が下りました――「信徒たちの中で自発的に喜捨をする人や自分の労苦しか〔喜捨物が〕ない人の悪口を言い、嘲笑する者たちは、アッラーから嘲笑を受け、痛罰が与えられる」〔悔悟章七九節〕。（ブハーリー）

1　クルアーンでは喜捨に「サダカ」の語が用いられている。後代の法学では、喜捨を義務の喜捨〔ザカート〕と任意の喜捨〔サダカ〕に区分しているが、クルアーンにおいては義務の喜捨がサダカと呼ばれることもある。　2　サーウは当時用いられていた計量単位で、一サーウは約二キロに相当。ここでは一サーウの穀物（小麦など）かナツメヤシと思われる。

アディー・イブン・ハーティムは、アッラーの使徒がこう言ったと伝えている――火獄を恐れてください。〔それゆえの善行として〕たとえナツメヤシの実の半分であっても〔喜捨をしてください〕。（ブハーリー）

サダカ（任意の喜捨）

ウクバ・イブン・ハーリスは、次のように伝えている――〔ある時〕預言者は私たちと一緒にアスル〔夕刻〕の礼拝をささげました。〔礼拝が終わると〕急いで立ち去り、家に帰りました。まもなく出てくると、私は（あるいは、ほかの誰かが）〔どうなさったのかと〕尋ねました。彼はこう答えました。「家に喜捨された金片が残されていましたが、私は〔喜捨が〕一夜を持ち越すことを好みませんので、分配してきたのです」。

（ブハーリー）

アブー・ザッルは、次のように伝えている——〔ある時〕預言者の教友たちの中のある人びと〔貧しい人びと〕が、預言者に訴え出ました。「おお、アッラーの使徒よ、富裕の民は報奨を〔みな〕もらってしまいます。彼らは私たちと同じように礼拝をささげ、私たちと同じように断食しています。〔その上〕彼らの富によって〔私たちにできない〕喜捨〔サダカ〕をしています」。彼〔ムハンマド〕は言いました。「アッラーはあなたたちに喜捨をするものを〔ふんだんに〕与えたのではありませんか。〔アッラーへの〕称賛は、すべて喜捨です。〔アッラーの〕偉大さを称えることは、すべて喜捨です。〔アッラーへの〕感謝は、すべて喜捨です。〔アッラーの〕唯一性を唱えることは、すべて喜捨です。善を命じることは、すべて喜捨です。悪を禁じることは、すべて喜捨です。あなたたちの誰かが〔妻と〕交わるなら、そこにも喜捨があります」。彼らは「おお、アッラーの使徒よ、私たちの誰かが欲望を満足させる際に、その中にも報奨があるのでしょうか」と尋ねました。彼〔ムハンマド〕は、「もし、ハラーム〔禁止物〕によって欲望を達成したならば、そこには罪があるでしょう。それと同様に、ハラール〔合法物〕によって欲望を達成するならば、それには報奨があります」と答えました。

（ムスリム、ナワウィー）

アブー・フライラは、アッラーの使徒が次のように述べたと伝えている――人びとは全身で、陽が昇る毎日、喜捨〔サダカ〕をすべきです。二人の人の間を公正にするのも喜捨です。誰かが乗り物〔の動物〕に乗り、またがるのを助けるのも、またその人の荷物を積むのを助けるのも喜捨です。よいことば〔を言うこと〕も喜捨ですし、〔マスジドでの〕礼拝に向かって歩む一歩一歩にも、喜捨があります。道の障害物を取り除くのも、喜捨です。

（ブハーリー、ムスリム、ナワウィー）

アブー・フライラは、アッラーの使徒が次のように語ったと伝えている――ある男性が喜捨をしようと思い立って出かけて、〔そう知らずに〕その喜捨を盗人に渡してしまいました。朝になって人びとは、盗人が喜捨を受け取ったと噂しました。

〔それを聞いて〕その男性は「おお、アッラーよ。あなたに称賛あれ。私は〔今度はちゃんと〕喜捨をします」と言って出かけ、〔そう知らずに〕その喜捨をズィナー〔密通＝婚外性交〕している女性に渡してしまいました。朝になって人びとは、昨夜は密通している女性が喜捨を受け取ったと噂しました。その男性は「おお、アッラーよ。あなたに称賛あれ。密通している女性に喜捨をしてしまいました」と言って出かけ、〔そう知らずに〕その喜捨を金持ちに渡してしまいました。朝になって人びとは、金持ちが喜捨を受け取ったと噂しました。その男性は「おお、アッラーよ。あなたに称賛あれ。なんと、盗人、密通している女性、金持ちに〔喜捨を渡してしまいました〕」と言いました。すると誰かがやって来て、こう言いました。「盗人に対するあなたの喜捨で、その者は盗みをやめるかもしれません。密通している女性については、密通をやめるかもしれません。金持ちについては、〔あなたの喜捨から〕学んで、アッラーが彼に下さった富から〔善行に〕費やすかもしれません」。　（ブハーリー）

マアン・イブン・ヤズィードは、次のように伝えている――私と父と祖父は、アッラーの使徒に忠誠を誓いました。彼〔ムハンマド〕は、私を婚約させ、結婚させてくれました。ある日、私は彼のところに苦情を言いに行くことになりました。〔それというのも〕私の父のヤズィードはディーナール金貨をいくつか喜捨するために取り出して、モスクにいる男性に預けていました。そこへ私がやって来て、それをもらって、父のところに持っていきました。彼〔父〕は「アッラーにかけて、〔喜捨を〕息子にあげるつもりはありませんでした」と言いました。そこで、私はアッラーの使徒のところにこれを訴えに行きました。彼〔ムハンマド〕は〔裁定して〕こう言いました。「ヤズィードよ、あなたには、あなたが意図したこと〔の報奨〕があります。マアンよ、あなたには、あなたが得たものがあります」。

（ブハーリー）

断食

ムアーズ・イブン・ジャバルは、アッラーの使徒がこう言ったと伝えている――

断食は、〔悪しきことから身を護る〕楯です。

（ナサーイー）

アブー・フライラは、アッラーの使徒がこう言ったと伝えている――断食をする人には二つの喜びがあります。断食明けの食事を摂る時の喜びと、〔やがて〕主〔アッラー〕にまみえる時の喜びです。（ティルミズィー）

アブー・サイード・フドリーは、アッラーの使徒が次のように言ったと伝えている――しもべ〔人間〕が一日アッラーのために断食するならば、その日の断食をもってアッラーは彼〔しもべ〕の顔を火獄から七〇年遠ざけてくださいます。（ムスリム）

アブー・フライラは、アッラーの使徒がこう言うのを聞いたと伝えている――アッラーのためにジハードを戦う人をたとえれば（アッラーは誰がかれのために戦っている人かご存じですが）、それは〔熱心に〕断食をし、夜半の礼拝に立ち、〔神を〕畏れ、頭を下げて屈折礼をし、額《ぬか》ずいて崇拝する人のようです。（ナサーイー）

アブー・フライラは、アッラーの使徒が次のように言ったと伝えている——断食していることを忘れて[1]食べてしまった人は、〔断食は有効なので〕断食を終わりまで続けてください。それはアッラーが食べさせ、飲ませたのです。（ブハーリー）

1　断食をしていることを自覚していて、誤って（たとえばうがい中に誤飲して）何かを飲食した場合は、「忘れて」に相当しない。その場合は、断食が無効となり、別な日にやり直す必要がある。

アブー・フライラは、次のように預言者が言ったと伝えている——アッラーはおっしゃいました。[1]「わがしもべ〔人間〕の中で、もっとも好ましいのは、断食を〔日没とともに〕大急ぎで破る者である」と。（イブン・ヒッバーン）

1　神がムハンマドに語ったことを意味するが、クルアーンが「神のことば」自体の啓示とされるのに対して、ハディースの場合は、神が語った意味をムハンマドが人間のことばで表現しているとされる。つまり、「神の意図を伝えるムハンマドの語り」という意味で、ムハンマドのことばを指す「ハディース」の範疇に含まれる。ただ、神の教えを伝えているという点から「ハディース・クドスィー（聖なるハディース）」と呼ばれる。

アーイシャは、次のように伝えている――アーシューラーの日〔太陰暦の一月一〇日〕[1]はジャーヒリーヤ時代にはクライシュ族が断食をする日で、預言者も断食をしていました。〔ヒジュラで〕マディーナに移住してからも、〔この日の〕断食をして、〔教友たちにも〕断食を命じていました。ラマダーン〔の断食の章句〕が下ってから、ラマダーン〔の断食〕が義務となり、〔アーシューラーの日には〕望む人は断食し、そうでない人は断食しなくてもよくなりました〔任意の断食となりました〕。（ブハーリー）

1 「アーシューラー」の語は数字の「アシャラ（一〇）」に由来し、一月一〇日の固有名詞。イスラーム以前からアラビア半島のユダヤ教徒たちはこの日に断食をしており、クライシュ族もそれを取り入れていたと思われる。後にマディーナでラマダーン月の断食が義務となると、アーシューラーの日の断食はスンナ（推奨行為）となった。なお、ムハンマドの没後のヒジュラ暦六一（六八〇）年のこの日にフサイン殉教の事件（いわゆるカルバラーの悲劇）が起き、シーア派ではそれを追悼する儀礼をおこなうようになった。スンナ派は従来通り、スンナの断食の日と位置づけている。

巡　礼

イブン・アッバースは、次のように伝えている――アッラーの使徒が立ち上がって、〔人びとに〕「アッラーはあなたたちに大巡礼を課しました」と言いました。するとアクラウ・イブン・ハービス・タミーミー[1]が「毎年ですか、おお、アッラーの使徒よ」と尋ねました。彼〔ムハンマド〕はしばらく黙っていましたが、〔やがて〕こう言いました。「もし私が、そうですと言えば、それが義務となるでしょう。そうなっても、あなたたちは〔厳しすぎて〕それに従うこともできず、実践する力もないでしょう。ですから、〔生涯に〕一度の義務です」。

（ナサーイー）

1　前出（一八一頁注2）。

イブン・アッバースは、次のように伝えている――預言者は、ミーカート〔イフラーム着を着る巡礼開始地点〕として、マディーナの民にはズー・アル＝フライファ、シャーム〔シリア〕の民にはジュフファ、ナジュド〔アラビア半島中央部〕の民にはカルン・マナーズィル、イエメンの民にはヤラムラムを定めました〔巻末図1参照〕。これらの地点は、それぞれの民とそれ以外の民でここを経由して大巡礼〔ハッジ〕と小巡礼〔ウムラ〕をしようとする民のためのものであり、境界内に住む者は出発点で〔イフラーム着を着れば〕よいのであり、マッカの民はマッカから出発します。[1]

（ブハーリー）

1　大巡礼では、マッカの住人・滞在者は自宅でイフラーム着〔巡礼着〕に着替えて、巡礼を開始すればよい。ただし、小巡礼では、マッカの聖域外にいったん出て、そこでイフラーム着に着替え、巡礼を開始する。通例では、マッカの北七キロほどのタンイームの地か、マッカ北東二〇キロほどのジアラーナの地から巡礼を始める。前者には、別離の巡礼の際にアーイシャがこの地から小巡礼を始めた故事にちなむアーイシャ・モスクが建っている。

ナーフィウが伝えるところでは、イブン・ウマルは、〔カアバ聖殿の周回行をする時〕黒石から黒石まで[1]早足で三周し、その後ふつうに四周を歩いていました。

（マーリク）

1　カアバ聖殿の周回行は黒石がはめてある角からスタートし、再び黒石の角に到達すると一周となる（前出一九九頁注11）。

アブー・フライラは、次のように伝えている――アブー・バクルは〔アブー・バクルが巡礼の指揮を取った〕あの大巡礼[1]の際に、ナフルの日〔犠牲をささげる巡礼月一〇日〕[2]に私を呼びかけ係の一員として派遣しました。〔巡礼者が宿営する〕ミナーの谷[3]で私たちは〔大声で〕「この年以降、多神教徒は巡礼をすることができません。〔カアバ〕聖殿を裸で周回する[4]こともできません」と知らせました。（フマイド・イブン・アブドゥッラフマーン[5]〔アブー・フライラの次の伝承者〕は付言しました。）アッラーの使徒はアリーを派遣して、バラーア章[6]を〔人びとに〕読み聞かせるよう命じました。（アブー・フライラはさらに言いました。）アリーも私たちと一緒に、ミナーの谷の民〔巡礼者たち〕に、ナフルの日に「この年以降、多神教徒が巡礼することも、聖殿を裸で

周回することもできません」と知らせました。（ブハーリー）

1 ムハンマドが「別離の巡礼」を挙行する前年（六三一年）に、ムハンマドはアブー・バクルに大巡礼の指揮をさせた。2 犠牲をささげる日。犠牲祭に当たる。大巡礼と犠牲獣については、別離の巡礼の項を参照（本文一九一頁、一九九頁注16）。3 マッカとアラファの野の間に位置する渓谷（巻末図4参照）。巡礼者たちはここで宿営し、イスラームの戒律として、近くでおこなう「石投げ」の儀礼を三日間にわたって実践する（本文一九六―一九七頁、二〇二頁注41参照）。4 ジャーヒリーヤ時代には、裸でカアバ聖殿の周回行をおこなっていた。5 クライシュ族ズフラ家の出身で、第二世代に属する。ムハンマドの高弟でハディース伝承者のアブドゥッラフマーン・イブン・アウフの息子。なお、別なハディース伝承者のアブー・サラマ・イブン・アブドゥッラフマーンは異母兄弟。七一三／四年没。6 悔悟章の別名。冒頭で「アッラーとその使徒から、あなたたち〔ムスリム〕と盟約した多神教徒への〔盟約〕破棄」が宣言されている。この章はマッカ征服以降のもので、この節で言う盟約が何かについては解釈が分かれている。文脈からは、これがムスリム以外の巡礼を禁止する根拠であることがわかる。

ウンム・サラマは、アッラーの使徒がこう言ったと伝えています――大巡礼は、誰でも〔戦う〕力のない人のジハードです。

（イブン・マージャ）

イブン・アッバースは、アッラーの使徒が次のように言ったと伝えている――ラマダーン月の小巡礼〔ウムラ〕は、大巡礼〔ハッジ〕と同じ〔価値があるの〕です。

（イブン・マージャ）

4　信仰箇条――六信

イスラームの信仰箇条（信徒が信ずべきこと）は六つある――唯一神、諸使徒（諸預言者）、天使、諸啓典、最後の日（終末と来世）、定命（運命）。義務の行為である「五行」に対して、これらの六箇条は「六信」と呼ばれる。

唯一神アッラー（アッラーの唯一性と超越性）

ムアーズ・イブン・ジャバルは、次のように伝えている――預言者は、「おお、 1
ムアーズよ、あなたはアッラーがしもべたち〔人間〕に対して、どのような権利をもっているか、知っていますか」と〔私に〕尋ねました。（ムアーズは答えました。）

「アッラーとその使徒こそご存じです」。彼〔ムハンマド〕は「かれ〔アッラー〕を崇拝し、他の誰をも〔神として〕並べ立てないことです」と答えました。彼〔ムハンマド〕が「〔では〕かれ〔アッラー〕に対する彼ら〔人間〕の権利[2]が何か、知っていますか」と尋ねると、私〔ムアーズ〕は、「アッラーとその使徒こそご存じです」と返答しました。彼〔ムハンマド〕は「かれ〔アッラー〕が彼らを罰しないことです[3]」と答えました。

（ブハーリー）

1 ここで権利が言及されているのは、神を信仰することが神と人間の間の契約という認識に基づく。 2 同前。絶対神に対して人間が権利を有するのはおかしいと思えるかもしれないが、その背景には信仰が契約である以上、人間の側にも神に対して権利を有するという考え方がある。 3 唯一神を信仰する契約をした人は、契約を守る限り神から罰されない権利を得る、の意。

アブー・サイード・フドリーは、次のように伝えている——〔ある時〕一人の男性は別な男性が「言いなさい、かれこそはアッラー、絶対無比者」〔純正章〕[1]を繰り返し朗誦《ろうしょう》しているのを聞きました。朝になると、その男性は預言者のもとに来て、その人のことを伝えました。彼はあたかも、そればかりでは足りないのではと尋ねているようでした。アッラーの使徒は〔それに対して〕言いました。「わが魂がその手の中にあるお方〔アッラー〕にかけて、それ〔純正章〕はクルアーンの三分の一に相当します」。

（ブハーリー）

1 クルアーンの一一二番目の章（後ろから三章目）で、わずかに四節であるが、純粋な一神教の原理を示した章として、重視されている――「言いなさい、かれこそはアッラー、絶対無比者。アッラーは永生の自存者。生みもせず、生まれもせず。かれに並び立つものは何一つない」。

イブン・アッバースは、アッラーの使徒が次のように祈っていたと伝えている――おお、アッラーよ、私はあなたに帰依し、あなたを信じ、あなたにすべてをおまかせし、あなたへと悔い改め、あなたに依って闘います。おお、アッラーよ、私はあなたの威権にご加護を求めます。あなたのほかに神なく、どうか私を踏み迷わせないでください。あなたは決して死ぬことのない永生者であり、ジン〔幽精〕[1]も人間もみな死にゆくものです。　（ムスリム）

1　不可視に生きる霊的存在〔前出四四四頁注2〕。人間と同じように理性を持つ存在で、家族や子孫を持つとされる。

アブー・フライラは、アッラーの使徒が次のように述べたと伝えている――人びとは、いつまでもいろいろなことを尋ね合い、ついには、アッラーはすべての被造物をお創りになったが、誰がアッラーをお創りになったのか、と聞きます。そのようなこと〔愚かな言い合い〕に直面した者は、「私はアッラーを信じます」とだけ言ってください。　（ムスリム）

ヤズィード・イブン・アサンムは、次のように伝えている――私はアブー・フライラがアッラーの使徒がこう言ったと語るのを聞きました――人びとはあなたたちにあらゆることについて質問をするでしょう。そしてしまいに「アッラーはすべてのものを創造なさった。アッラーを創造したのは誰でしょう」と聞くことでしょう。

（ムスリム）

アリー・イブン・アビー・ターリブは、預言者が次のように語ったと伝えている――クルアーンの民たち[1]よ、何事も奇数で[2]おこないなさい。まことにアッラーは奇数者[3]にして、奇数をお好みになります。

（アブー・ダーウード）

1 クルアーンに従う人びと。ムスリムの意。 2 スンナ（預言者慣行）とされる行為は、奇数であることが多い。たとえば、礼拝前の清めは、それぞれの部位を三回洗うことがスンナとなっている。 3 アラビア語で「ウィトル」といい、「神の美称」に含めることもある。ただし、ティルミズィーの一覧（五二四―五二六頁）には入っていない。

アブー・フライラは、預言者が次のように語ったと伝えている――アッラーはこう言います。「アーダムの子〔人間〕がわれを誹謗すべきでないことで誹謗し、してはならないのに、われを不信仰している。誹謗とは、われに子がある[1]ということばであり、不信仰とは、かれ〔アッラー〕が自分を創造したように復活させるはずがないということばである」と。[2]

（ブハーリー）

1 クルアーンでは、キリスト教徒がイエス・キリストを神の子としたこと、ユダヤ教徒がウザイルを神の子としたこと（ウザイルが誰かについてはいくつも説がある）、クライシュ族が天使をアッラーの娘と呼んだことが否定されている。「生みもせず生まれもせず」（純正章三節）という立場からは、神に子を並べ立ててはいけない。**2** クルアーンでは「地上を旅して、かれ〔アッラー〕がいかに最初の創世を始めたか、見るがよい。かれはやがて次の世の創造をなされる」（蜘蛛章二〇節）と言われている。

アブドゥッラー〔・イブン・マスウード〕は、次のように伝えている――〔ある日〕ユダヤ教徒が一人、預言者のもとへ来て言いました。「ムハンマドよ〔知っていますか〕、アッラーは諸天を指一つで、諸大地も指一つで、山々も指一つで、〔他の〕被造物も指一つでとらえ、われは王なり、と仰せになる」。（アブドゥッラーは続けて言いました。）預言者は奥歯が見えるほどに大笑いをして、〔クルアーンを引用して〕言いま

した。「彼らにはアッラーの真価がわからない」〔集団章六七節〕。（ティルミズィー）

イブン・ウマルは、次のように伝えている――ある時、私は一人の男性が「否、カアバ聖殿にかけて」と言うのを耳にしました。私はそれをとがめて言いました――アッラー以外に誓言してはいけません。私は確かに、アッラーの使徒が「アッラー以外に誓言する者は、不信仰あるいはシルク〔多神教〕[1]を犯したことになります」と言うのを聞きました。（ティルミズィー）

1　法学者たちはここでは、文字通りの不信仰や多神教の意味ではなく、唯一神の原理に反することへのきわめて強い警告として、この表現が用いられていると解釈することが多い。唯一神を信じながら、誓言の過ちを犯すとそれが無効になるとすれば、信仰箇条の上での矛盾も生じるからである。その一方で、字義通りに解釈する立場もある。

神の美称（神名）

アブー・フライラは、アッラーの使徒〔ムハンマド〕が次のように言ったと伝えている――アッラーには九九の御名[1]があり、それを覚えた者は楽園に入ります。まことにアッラーは奇数者〔唯一者〕にして、奇数をお好みになります。〔別の〕イブン・アビー・アムルの伝承[2]では、〔「それを覚えた者」の代わりに〕「それを数えた者は[3]」となっています。（ムスリム）

1 注釈者たちの共通の見解では、神の美称は九九だけに限定されるわけではない。九九と指定されているのは、その数の美称を唱えて神を祈念するためとされる。クルアーンやハディースに登場する神の美称を集めた文献では、二〇〇以上があげられている。どれを唱えるべき九九とするかについては、次に掲載するティルミズィーのハディースによる組み合わせがもっとも広く流布している。 **2** マッカのハディース伝承者。八五七／八年没。彼が伝えたハディースは、ムスリム、ティルミズィー、イブン・マージャが収録している。 **3** 「数える」の解釈は、美称を唱えて祈る意味か「覚える」と同義とする説が有力。

アブー・フライラは、アッラーの使徒が次のように語ったと伝えている――アッラーには九九の美称があり、それを数えた者は楽園に入ります。〔一〕アッラーとは、そのほかに神なき方であり、〔二〕慈愛あまねき方、〔三〕慈悲深き方、〔四〕〔すべてを所有し命じる〕王権者、〔五〕神聖者、〔六〕平安者、〔七〕信仰を与える方、〔八〕保護なさる方、〔九〕比類なき強力者、〔一〇〕すべてを制圧なさる方、〔一一〕偉大なる方、〔一二〕創造者、〔一三〕造物主、〔一四〕造形なさる方、〔一五〕限りなくお赦しになる方、〔一六〕すべてを征服し支配なさる方、〔一七〕限りなく恩寵を与える方、〔一八〕糧《かて》をくださる方、〔一九〕すべてを開示する方、〔二〇〕全知者、〔二一〕諸物を凝縮なさる方、〔二二〕諸物を拡張なさる方、〔二三〕〔罪人を〕低める方、〔二四〕〔篤信者を〕高める方、〔二五〕〔人間に〕勢威を与える方、〔二六〕〔人間の力を〕低減させる方、〔二七〕全聴者、〔二八〕全視者、〔二九〕裁決者、〔三〇〕正義者、〔三一〕幽玄者、〔三二〕知悉《ちしつ》者、〔三三〕優しき方、〔三四〕無限なる方、〔三五〕すべて〔の罪を〕お赦しになる方、〔三六〕正当に評価なさる方、〔三七〕至高なる方、〔三八〕至大者、〔三九〕護持なさる方、〔四〇〕維持なさる方、〔四一〕〔審判の日に〕決算なさる方、〔四二〕栄光者、〔四三〕寛大なる方、〔四四〕

すべてを監視なさる方、〔四五〕〔祈願に〕応答なさる方、〔四六〕広大無限者、〔四七〕叡智者、〔四八〕愛情者、〔四九〕荘厳なる方、〔五〇〕復活させる方、〔五一〕すべてを目撃なさる方、〔五二〕真実在、〔五三〕すべてをおまかせできる方、〔五四〕全能の強力者、〔五五〕全能の強固者、〔五六〕〔信徒を〕援護なさる方、〔五七〕称賛される方、〔五八〕すべてを数える方、〔五九〕無から創造なさる方、〔六〇〕死者を復活させる方、〔六一〕生を与える方、〔六二〕死を与える方、〔六三〕永生者、〔六四〕自立自存者、〔六五〕発現させる方、〔六六〕高貴なる方、〔六七〕唯一なる方、〔六八〕永遠なる方、〔六九〕全能者、〔七〇〕万能の権能者、〔七一〕優先させる方、〔七二〕〔罪の執行を〕猶予なさる方、〔七三〕始源者、〔七四〕最終者、〔七五〕顕現なさる方、〔七六〕神秘なる方、〔七七〕統治者、〔七八〕超越者、〔七九〕美徳の源泉たる方、〔八〇〕悔悟を受容なさる方、〔八一〕復讐なさる方、〔八二〕寛恕《かんじょ》なさる方、〔八三〕優しき方、〔八四〕大権の主、〔八五〕栄光と恩寵の主、〔八六〕公正者、〔八七〕集合させる方、〔八八〕無限に豊穣《ほうじょう》なる方、〔八九〕糧と豊かさを与える方、〔九〇〕禁止なさる方、〔九一〕害を与える方、〔九二〕益を与える方、〔九三〕光、〔九四〕導き手、〔九五〕独創なさる方、〔九六〕永続なさる方、〔九七〕〔天地を〕

最終相続なさる方、〔九八〕善導なさる方、〔九九〕〔人間の罪を〕忍耐なさる方。

（ティルミズィー）

天使

アブー・フライラは、預言者が次のように語ったと伝えている——あなたたちのことを、夜の天使たち、昼の天使たちが交代で見ています。彼らは夕刻の礼拝と暁の礼拝に集まり、〔暁の礼拝の後に〕あなたたちと夜を過ごした天使たちが天に上ると、かれ〔アッラー〕はあなたたちのことはすべてご存じですが、彼ら〔天使〕に「汝らが立ち去ったとき、わがしもべたちはどのようであったか」と尋ねます。すると、彼らは「私たちが去った時、彼らは礼拝をしていました。私たちが行った時も、彼らは礼拝をしていました」と答えるのです。

（ブハーリー）

ラーフィウ・イブン・ハディージュは、次のように伝えている——〔ある時、大天使〕ジブリールが〔あるいは〔他の〕天使が〕、預言者のもとに来ました。彼〔預言者〕は〔教友たちに〕「あなたたちは、あなたたちの中でバドルの戦いに参戦した人びとを、どう思いますか」と尋ねましたので、彼らは「私たちの中で最良の人びとです」と答えました。彼〔ムハンマド〕は〔ジブリールが〕「同様に彼ら〔バドルに参戦した天使たち〕は、わたしたちの中で最良の天使たちです」〔と告げた〕と知らせました。

（イブン・マージャ）

アブー・フライラは、預言者が次のように語ったと伝えている——もし朗誦《ろうしょう》者〔導師〕が〔開扉章の朗誦の後に〕アーミーン[1]〔祈りが叶いますように〕と唱え、彼ら〔導師の背後に立つ礼拝者たち〕がアーミーンと唱和する時には、天使たちもアーミーンと唱えています。その人のアーミーンのことばと天使たちのそれが唱和した人は、それ以前の罪がすべて赦されるでしょう。

（ナサーイー）

1　開扉章後半の神の導きを祈ることばに対して、「アーミーン（祈りが叶いますように）」と唱える（四八三頁参照）。

アブー・タルハは、預言者が次のように述べたと伝えている――犬がいる家、その中に絵[1]がある家には、天使は入りません。

（ブハーリー）

1 アラビア語の「スーラ」は、絵、似姿、複製などを指すが、ここでは彫像を指していると解されている。イスラーム以前のアラビア半島では、偶像はふつう立体物で、絵画・聖画像はあまり見られなかった。現代アラビア語では写真も「スーラ」と呼ばれるが、写真はその実用性から禁じられた絵に含まれないという見解が一般的である。

ハンザラ・ウサイイディーは、アッラーの使徒が次のように言ったと伝えている――もし、あなたたちがいつも私のところにいる時のように〔真剣で真面目に〕しているならば、きっと天使たちがその翼であなたたちに蔭《かげ》を作ってくれることでしょう。

（ティルミズィー）

アブー・フライラは、預言者が次のように言ったと伝えている――しもべ〔人間〕が目を覚ます毎日、二人の天使が〔天から〕下ってきて、その一人が「おお、アッラーよ、〔喜捨や善行に〕費やす人にはその代わり〔の財〕をあげてください」と言い、もう一人は「おお、アッラーよ、吝嗇《りんしょく》な者には破滅をお与えください」と言うのです。

（ブハーリー）

アーイシャは、アッラーの使徒が次のように祈ったと伝えている――おお、アッラーよ、〔天使たちの〕ジブラーイール[1]とミーカーイール[2]の主、イスラーフィール[3]の主、私は、火獄の灼熱と墓の罰からのあなたのご加護を求めます。（ナサーイー）

1　またはジブリール。ムハンマドにクルアーンの啓示をもたらす大天使。また、時折、人間の姿をしてムハンマドと教友の前に現れた。　2　またはミーカール。雨や植生を司る天使とされる。　3　終末の到来を告げるラッパを吹く天使。

悪　魔

イブン・アッバースは、次のように伝えている――〔かつて〕ジン〔幽精〕たち[1]は天に昇って〔諸預言者たちへの〕啓示に耳を澄ませていました。そしてことばを聞き取ると、九つ〔のことば〕[2]を付け足していました。〔元の〕ことばは真実であり、付け足したことばは虚偽です。アッラーの使徒〔ムハンマド〕が遣わされた時、〔天に〕座る事が禁じられました。イブリース〔悪魔の祖〕[3]にこのことが知らされ、またそれ以前には彼らに流星が投げつけられることもありませんでしたので、イブリースは彼らに「地上で何かが起きているに違いない」と言って、その軍勢を〔偵察に〕送りました。すると、彼らはアッラーの使徒が二つの山の間で礼拝しているのを〔私〔イブン・アッバース〕から伝承を伝えているサイード・イブン・フバイル〕[4]は彼〔イブン・アッバース〕が「マッカで」とも言ったと思います〕見つけました。彼らは彼〔イブリース〕のもとに戻り、そのことを告げると、彼〔イブリース〕は「それが地上で起こっていることだ」と言いました。

（ティルミズィー）

1　前出（四四四頁注2）。　2　多くのことば、の意。文字通り九語とは限らない。　3　イブリースは固有名詞で、クルアーンによれば、アーダムが創られた時、彼に対して額《ぬか》ずくよう命じられたが、天使がその命に従ったのに対して、イブリースは自分が炎から創られ、アーダムは土から創られている、従って自分のほうが上であると主張して、神の命を拒んだ。それ以降、彼とその子孫は人間を神に背かせることに血道をあげる存在となった。悪魔がイブリースの眷族《けんぞく》であることには異説はない。その一方で、ジンとの関係については諸説ある。わかりやすい区分は、アーダムが人類の祖であるように、イブリースがジンの祖とするものであろう。神に逆らうイブリースとその子孫が悪魔に相当する一方、少数とはいえジンにも善良な信徒がいるとされ、彼らは悪魔ではない。

4　第二世代に属する伝承者。教友のアーイシャ、イブン・ウマル、アブー・フライラなどからハディースを伝え、弟子も多かった。イブン・アッバースからはクルアーンとハディースの両方を学んだ。ウマイヤ朝への反乱に加担したため、弾圧によって七一四年落命。

アブー・サイード〔・フドリー〕は、次のように伝えている——アッラーの使徒〔ムハンマド〕とアブー・バクル、ウマルが、マディーナの道の一つで彼〔イブン・サイヤード〕[1]に出会いました。アッラーの使徒が彼に「あなたは、私がアッラーの使徒であると証言しますか?」と尋ねると、彼〔イブン・サイヤード〕は「あなたは、私がアッラーの使徒であると証言しますか？」と返答しました。アッラーの使徒は「私はアッラーと天使と諸啓典を信じます。あなたには何が見えますか」と言いました。すると彼〔イブン・サイヤード〕は「水の上に玉座が見えます」と答えました。アッラーの使徒は「あなたは、海の上のイブリース〔悪魔の祖〕の玉座を見ています。ほかに何が見えますか」と言いました。すると、彼〔イブン・サイヤード〕は「二人の誠実な人と一人の嘘つき、あるいは二人の嘘つきと一人の誠実な人が見えます」と答えました。アッラーの使徒は〔アブー・バクルとウマルに〕「彼は混乱しています。放っておきなさい」と言いました。　（ムスリム）

1　このハディースからは異様な人物に見えるが、終末に現れると予想されるダッジャール（後出五三八頁注3）の一つの姿という解釈も存在する。

ジャービル〔・イブン・アブドゥッラー〕は、預言者が次のように言ったのを聞いたと伝えている――イブリースの玉座は海の上にあります。そこから彼の軍団を送り、人びとを煽り立てるのです。彼にとってもっとも大事な者とは、一番よく内紛の種

を播く人です。（ムスリム）

アブー・フライラは、次のように伝えている――預言者はラマダーン月に夜の礼拝に立つことを推奨していましたが、義務とはしていませんでした。そして、こう言いました――ラマダーン月に入ると、楽園の門が開かれ、火獄の門は閉じられ、悪魔たちは鎖に繋がれます。（ナサーイー）

アーイシャは、次のように伝えている――ウフドの戦いがあった時、〔いったんはマッカ勢の〕多神教徒たちが負けましたので、イブリース（彼にアッラーの呪いあれ）が〔イスラーム軍に向かって〕「アッラーのしもべたちよ、後ろに気をつけろ！」と叫びました。その声で前列の者たちが後列の者たちを攻撃し始めました。フザイファが見ると、彼の父のヤマーンが攻撃されているので〔驚いて〕、「アッラーのしもべたちよ、わが父です。わが父です」と叫びました。（アーイシャから聞いているウルワは言いました――彼女は続けて言いました。）アッラーにかけて、彼らは〔攻撃を〕続けて、彼〔ヤマーン〕を殺してしまいました。フザイファは「アッラーがあなたたちをお赦しになりますように」と言いました。（ウルワは付言しました。）アッラーにかけて、フザイファは自分が亡くなるまで、〔間違って父を殺した人の赦しを請うという〕善行を続けました。（ブハーリー）

アブー・サイード・フドリーは、次のように伝えている――あなたたちに、私がアッラーの使徒が言ったことをこの両耳で聞き、わが心に刻んだことをお知らせしましょう。〔ある時〕九九人も殺したしもべ〔男性〕がいて、〔その心に〕悔悟の念が湧きました。そこで、地上の民〔人間〕の中でもっとも知識のある人を探し、その人のところに行き、「私は九九人を殺しました。私は悔悟することができるでしょうか」と尋ねました。その人が「九九人もの〔殺人の〕後で？」と言いましたので、彼は剣を引き抜き、その人を殺し、〔殺した数が〕一〇〇に達しました。その後、〔また〕悔悟の念が湧きましたので、地上の民〔人間〕の中でもっとも知識のある人を探し、その人のところに行き、「私は一〇〇人を殺しました。私は悔悟することができるでしょうか」と尋ねました。その人は「なんということか。何があなたの悔悟を邪魔しているのですか。〔あなたの住む〕悪しき町を出て、良き町に行きなさい。それは、どこどこです。そこで、あなたの主を崇拝しなさい」と言いました。彼はその良き町をめざして出かけましたが、その途上で寿命が来ました。そして、慈悲の天使たちと懲罰の天使たちが〔彼の扱いをめぐって〕議論をしました。イブリースは「私のほうが彼にふさわしい。彼は一度たりとも私に背いたことがありません」と言いました。慈悲の天使たちは「〔そうではありません。〕彼は悔悟して出かけたのです」と言いました。

（〔この続きを〕アブー・ラーフィウが、次のように伝えている。）そしてアッラーは〔裁定のために〕天使を送り、〔慈悲と懲罰の天使たちは〕その天使に訴えました。（ここで元のハディースに戻ります。）その天使は「見てください、どちらの町が近いか。近い方の町の民にこの者を加えることにしましょう」。（この続きは次の通りです。）死が彼のもとにやって来た時、彼は自ら力を振り絞り、アッラーが彼を良き町に近づけ、悪しき町から遠ざけたのでした。そして彼ら〔天使たち〕は、彼を良き

町の民に加えました。（イブン・ハンバル）

諸預言者

――クルアーンには、二五人の預言者の名があげられている。ハディースでは、それよりはるかにたくさんの預言者、使徒がいたと述べられている。

アブー・フライラは、アッラーの使徒が次のように語ったと伝えている――（ある時）ムーサー（モーセ）はアーダム（アダム）を詰問しました。「あなたは、ご自分の罪によって人類を楽園から墜とし、みなを苦しめることになりました」。（ムハンマドは続けて言いました。）アーダムはこう答えました。「ムーサーよ、あなたをアッラーは使徒として、また、かれ（アッラー）と語る者として、お選びになりました。それなのに、アッラーが私を創造なさる前に定めた（あるいは定命として決めた）ことについて非難するのですか」。アッラーの使徒は「かくして、アーダムはムーサーに言いまさったのです」と言いました。

（ブハーリー）

イブン・アッバースは、預言者が次のように言ったと伝えている――夜の旅をした〔昇天の〕夜、[1]私はムーサー〔モーセ〕に会いましたが、彼は背が高く褐色で巻き毛の人で、〔イエメンの〕シャヌーアの地の人のように見えました。私はイーサー〔イエス〕にも会いましたが、彼は中背で赤と白に近い肌色をしており髪が長い人でした。私は火獄の番人である〔天使の〕マーリクと[2]〔終末に現れる〕ダッジャール〔偽救世主〕[3]も、アッラーが私に見せてくださった徴《しるし》を通して見ました。〔彼は章句を朗誦《ろうしょう》しました。〕「あなたがそれ〔啓示〕を授かることを疑ってはならない」〔サジュダ章二三節〕。

また、アナスとアブー・バクラ〔・サカフィー〕は、預言者が「天使たちはマディーナをダッジャールからお守りくださる」と言ったと伝えています。

（ブハーリー）

1 「夜の旅」は一夜のうちにマッカとエルサレムを往復した旅で、「昇天の旅」はエルサレムから諸天を訪れたことを指す（前出七九―八八頁）。ムーサーとは第六天、イエスとは第二天で会った。天に昇る出発点となった岩は、今日ではエルサレム旧市街のアクサー・モスク境内にあり、それを囲む建物である黄金の「岩のドーム」が有名。**2** 天使の固有名詞。火獄を司る。**3** 終末に現れるとされる。アラビア語の「ダッジャール」は詐欺師、ペテン師の意で、ハディースの中では「マスィーフ・ダッジャール（大嘘つきの救世主＝偽救世主）」とも呼ばれる。隻眼で、額に「カーフィル（不信仰者）」と書いてあるという記述もある。終末の兆候の一つとしては、五六五頁参照。

審判の日

アブー・フライラは、預言者が次のように語ったと伝えている――アッラーには一〇〇の慈悲があり、その一つをジン〔幽精〕と人間と動物と昆虫にお下しになりました。それによって、互いに愛情を持ち、互いに慈悲を持つようになさいました。野獣ですら子を慈しむようになさったのです。そして、九九の慈悲を、復活の日にしもべ〔人間〕たちに慈悲を下さるために取っておかれました。（ムスリム）

アナス・イブン・マーリクは、アッラーの使徒が次のように言ったと伝えている――審判の日に、私は楽園の門に行って、開門をお願いします。すると、門番〔の天使〕が「あなたは誰ですか」と問うので、私は「ムハンマドです」と答えます。すると、彼は「あなたのために〔開門するよう〕、あなたが来るまでは誰にも開門しないように、私は〔アッラーに〕命じられていました」と言うのです。（ムスリム）

執りなし

アブー・サイード・フドリーは、アッラーの使徒〔ムハンマド〕が次のように語ったと伝えている――私は復活の日、アーダムの子ら〔人類〕の長となります。これは決して自慢ではありません。わが手には「〔神への〕称賛の旗」が握られています。これは決して自慢ではありません。その日、諸預言者はアーダムを除いてすべて、わが旗の下にいます。これは決して自慢ではありません。私は〔死に絶えた人類の中で〕最初に大地が割れて出される〔復活される〕人となります。これは決して自慢ではありません。

（ムハンマドは続けて言いました。）人びとはその日、〔復活の日の〕三つの恐ろしいことに出会い、アーダムのところにやってきて、「あなたは私たちの父親のアーダムです。どうか、私たちのために、あなたの主〔アッラー〕に執《と》りなしをしてください」と頼みます。すると彼は「私は〔最初に楽園にいたときに〕罪を犯して、地上に墜とされたのです。ですから、ヌーフ〔ノア〕のところにお行きなさい」と答えます。彼らがヌーフのところにやってくると〔執りなしの頼みに対して〕、彼〔ヌーフ〕は「私は地上の民に〔信仰の〕呼びかけをしましたが、〔拒絶した人びとは洪水で〕破滅させられてしまいました。ですから、イブラーヒーム〔アブラハム〕のところにお行きなさい」と答えます。彼らがイブラーヒームのところにやってくると〔執りなしの頼みに対して〕、彼〔イブラーヒーム〕は「私は三つの嘘[1]をつきました」と答えました。〔続けて、アッラーの使徒は言いました。〕彼の嘘はただアッラーの教えを守るためのものでした。彼〔イブラーヒーム〕は「ですから、ムーサー〔モーセ〕のところにお行きなさい」と言います。彼らがムーサーのところにやってくると〔執りなしの頼みに対して〕、彼〔ムーサー〕は「私は命を奪いました。[2]ですから、イーサー〔イエス〕のところにお行きなさい」と答えます。彼らがイーサーのところにやってくると〔執りなしの頼みに対して〕、彼〔イーサー〕は「私はアッラー以外に〔神の子として〕崇拝されてしまいました。ですから、ムハンマドのところにお行きなさい」と答えます。

（ムハンマドは続けて語りました。）そこで、彼らは私のところにやってくるので、私も彼らとともに行きます。（〔アブー・サイードから二代後の伝承者の〕イブン・ジュドアーン[3]が、アナスはここで「私は今も〔語っている〕アッラーの使徒を見ているようです」と述べたと、付言しました。）（ムハンマドは続けて語りました。）私が楽園の扉の輪〔ノッカー〕を手に取って鳴らすと、「来たのは誰か」と問われるので、「ムハンマドです」と返答します。彼ら〔楽園の門番の天使〕は私のために扉を開き、「ようこそ」と私を歓迎してくれます。私はひざまずいて、額《ぬか》ずきます。するとアッラーが称賛と感謝の啓示をくださり、私に声がかけられます。「あなたの頭をあげなさい。頼みなさい、与えられるであろう。執りなしを頼みなさい、執りなしが成就するであろう。言いなさい、あなたのことばは聞き届けられるであろう。これが、アッラーが「おそらく、あなたの主はあなたを称賛される地位へと高めるであろう」(夜の旅章七九節)とおっしゃった、称賛される地位です」[4]と。

(ティルミズィー)

1 イブラーヒームが多神教徒と論争をする中で、偶像を一つだけ残して破壊し、それが他の偶像を破壊したと挑発のために嘘をついたこと(クルアーンの諸預言者章五六―六七節)を指す。 2 ムーサーが争いに巻き込まれ、拳で打った相手が落命した話を指している(物語章一五節)。 3 名はアリー・イブン・ザイド・イブン・ジュドアーン。クライシュ族タイム家の出身。生まれつき目がみえなかったが、バスラで法学者として傑出。ハディース伝承者としては、中程度の評価。七四七/八年没。 4 ムスリムは、礼拝時にイカーマ(礼拝が始まる呼びかけ)がなされると、「預言者ムハンマドに称賛される地位をおさずけください」という祈禱《きとう》句を唱えるのが慣例となっている。

アナスは、アッラーの使徒がこう言ったと[1]伝えている――(復活の日の)私の執《と》りなしは、わがウンマの中で大罪を犯した者たちのためにあります。

(ティルミズィー)

1 他のハディースにあるように、小さな過ちは断食や巡礼によって赦されることが強調されている。そのため、ムハンマドが神から信徒の罪の赦しを請う権利を得ているのは大罪を犯した者が対象となる、の意。

来世、楽園と火獄

ハスナー・ビント・ムアーウィヤ・サリーミーヤは、彼女のオジ[1]から次のように聞いたと伝えている――私が預言者に「誰が楽園に入りますか」と尋ねると、彼はこう答えました――預言者は楽園に入ります。殉教者は楽園に入ります。新生児[2]は楽園に入ります。生き埋めにされた赤子[3]も楽園に入ります。（アブー・ダーウード）

1 ハスナーの父の兄弟アスラム・イブン・スライムとされる。**2** 罪のない無垢《むく》の状態、天性（フィトラ）の状態にある（前出八六頁注4）。**3** イスラーム以前の男尊女卑の悪習で、生まれた子が女児の場合に生き埋めにされた場合を指す。当然、他の赤子同様に何の罪もない。

ジャービル〔・イブン・アブドゥッラー〕は、預言者が次のように言うのを聞いたと伝えている――あなたたちの誰も、〔善い〕おこないによって楽園に入れられることも火獄から救われることもありません。私とて同じです。〔楽園に入るのは〕ただアッラーの慈悲によるのみなのです。　（ムスリム）

サフル・イブン・サアド〔・サーイディー〕は、預言者が次のように語ったと伝えている――楽園には八つの門があります。その中にライヤーン門[1]と名づけられた門があり、そこからは断食者たちだけが入ります。　（ブハーリー）

1　ライヤーンは、草木が青々と茂っている様子や、生き物の肉付きが良く福々しい様子を意味する。断食者たちの門とすれば、後者の意味と解される。他の門についてもハディースで名前が言及されている一方、「〔楽園に入る人びとを〕アッラーは楽園の八つの門のどれからでもお望みのままに入らせる」（ムスリム）というハディースもある。

サフル・イブン・サアドは、預言者が次のように語ったと伝えている――楽園の

中にある鞭《むち》ほどの〔細くてわずかな〕場所も、現世とその中にある〔すべての〕ものよりもずっとよいのです。（ブハーリー）

アブー・サイード・フドリーは、預言者が次のように言ったと伝えている――〔楽園には〕私の池があり、それはマッカとエルサレムの間ほども〔大きさが〕あり、〔水は〕ミルクのように白く、〔水を汲む〕容器は星の数ほどもあります。そして私は、復活の日、諸預言者たちの中でもっとも従う人が多いのです。（イブン・マージャ）

アナス・イブン・マーリクは、預言者が次のように述べたと伝えている――楽園には巨木があって、騎乗の者が一〇〇年進んでも、その蔭を通り過ぎることができないほどです。（ブハーリー）

1 イブン・ウマルは、アッラーの使徒が次のように述べたと伝えている――カウサルは楽園にある川で、両岸は金で、川底はルビーと真珠でできており、その土はムスク〔麝香《じゃこう》〕よりもかぐわしく、水は蜂蜜よりも甘く、〔その色は〕雪よりも白いのです。

（ティルミズィー）

1　前出（二〇四頁注2）。

アブー・サイード・フドリーは、アッラーの使徒が次のように述べたと伝えている――〔審判の日の後で〕アッラーは楽園の民に「おお、楽園の民よ」と声をおかけになります。彼らは「私たちは喜びとともにあなたのもとに参じました。われらが主よ、すべての善はあなたの手中にあります」と答えます。かれ〔アッラー〕が「あなたたちは満足しましたか」と尋ねると、彼らは「あなたの被造物の何ものも与えられないものをあなたが下さったのに、私たちが満足しないことがありましょうか」と答えます。かれ〔アッラー〕は「われは、それよりも佳きものをあなたたちに与えるでしょう」と言います。彼らが「これよりも佳きものとは、何でしょうか」と尋ねると、かれ〔アッラー〕は「あなたたちには、わが満悦〔リドゥワーン〕[1]が許されました。あなたたちがわが不興をこうむることは、決してないでしょう」と答えるのです。

（ムスリム）

1　神の満悦は、楽園での暮らしを超える報奨であり、至福とされる。イスラームでは、神と人間が現世での約束を成就して「満足し合う」ことが鍵概念の一つで、クルアーンにも信仰者たちが楽園に入り、「アッラーは彼らに満悦なさり、彼らはかれ〔アッラー〕に満悦する」（明証章八節）とされている。ムスリムたちは、預言者ムハンマドの名が出ると「彼にアッラーの祝福と平安あれ」との祈禱句を口にするが、教友の名が出ると「彼／彼女にアッラーが満悦されますように」との祈禱句を付け加える。教友全体に「アッラーの満悦（リドゥワーン）あれ」と言うこともある。

ジャリール・イブン・アブドゥッラーは、次のように伝えている――満月の夜にアッラーの使徒が私たちのところに出てきて、こう言いました――あなたたちは、復活の日にあなたたちの主〔アッラー〕を、これ〔満月〕を今見ているように、見ることでしょう。かれを見ることには何の難しさもありません。

（ブハーリー）

アブドゥッラー〔・イブン・マスウード〕は、アッラーの使徒が次のように言ったと伝えている――心の中に芥子《けし》の種ほどでも信仰がある人は火獄に入ることはありません。心の中に芥子の種ほどでも傲慢がある人は楽園に入ることはありません。

（ムスリム）

アブー・サイード・フドリーは、アッラーの使徒が次のように述べたと伝えている――〔審判の日に〕死が白と黒の〔毛の〕羊の形で連れてこられます。そして、呼びかける者〔天使〕が「おお、楽園の民よ」と呼びかけます。彼ら〔楽園の民〕がしっかりと首を伸ばして見ると、「これが何か知っていますか」と訊かれます。全員がはっきりと視認して、「はい、それは死です」と答えます。次に〔天使は〕「おお、火獄の民よ」と呼びかけます。彼ら〔火獄の民〕がしっかりと首を伸ばして見ると、「これが何か知っていますか」と訊かれます。全員がはっきりと視認して、「はい、それは死です」と答えます。すると、羊はほふられます。そして彼〔天使〕は「おお、楽園の民よ、永遠の生があって〔もはや〕死はありません。おお、火獄の民よ、永遠の生があって〔もはや〕死はありません」と宣言します。（次いで、彼〔ムハンマド〕は朗誦《ろうしょう》しました。）「彼らに悔恨の日〔復活の日〕について警告しなさい。〔その日には〕すべてが決裁されるのです。〔今は〕彼らは何も気にせず、信じることもしない」〔マルヤム章三九節〕。　（ブハーリー）

アブー・フライラは、次のように伝えている――ハイバル〔の戦い〕の日〔六二八年〕、私たちはアッラーの使徒と行動をともにしましたが、〔この日の〕戦利品は金も銀もなく、衣服やモノなどの財産[1]だけでした。そして、ドゥバイブ部族のリファーア・イブン・ザイド[2]という男性がアッラーの使徒にミドアム[3]という名の奴隷を贈りました。アッラーの使徒はクラーの渓谷[4]に向かい、渓谷に着いた時、ミドアムがアッラーの使徒のラクダをひざまずかせようとしていると、どこからか矢が飛んできて彼〔ミドアム〕を射殺してしまいました。人びとは「彼に楽園あれ」と祝福しました。するとアッラーの使徒が「それは違います。わが魂がその手の中にある方〔アッラー〕にかけて、彼がハイバルの日に、戦利品が分配される前に盗んだシャムラ〔肩掛け〕が火炎となって〔死んだ〕彼の上で今燃えています」と言いました。それを人びとが聞いた時、一人の男性が預言者のところにやって来て、シラーク〔靴用の革紐〕を一本か二本返却しました。彼〔ムハンマド〕は、「炎の革紐（あるいは、炎の革紐二本）〔になるところでした〕」と言いました。　（ブハーリー）

1 原文では「財産と衣服と役立つモノ」。財産（マール）は、当時のアラビア語ではラクダを指すことが多い。しかし、注釈者たちによれば、伝承者のアブー・フライラが属するダウス支族（アズド部族系）の用法では衣服など現物のみを指すとされるので、このように訳した。 **2** 原文では「ドゥバイブ部族の男性の一人でリファーア・イブン・ザイドと言われる人」とあり、アブー・フライラにとってよく知らない男性であったことがわかる。ドゥバイブ部族は南アラブのジュザーム部族系の支族で、リファーアは新しくイスラームに加わり、その際に奴隷を贈与したと言われる。ムハンマドは彼に所属部族への布教を命じ、やがて彼の部族はそれを受け入れた。 **3** このハディースにある情報以外は、ほとんど伝わっていない。ミドアムはハイバルの戦いの捕虜ではなく、リファーアが自分のところから連れてきた。 **4** ハイバルの戦いのあとに、続けて遠征をおこなった地。その際にミドアムが落命した。

アブー・フライラは、次のように伝えている――〔ある時〕預言者は「アーダムの子〔人間〕が使っている火は、ジャハンナム〔火獄〕[1]の七〇の灼熱の炎の一つに過ぎません」と言いました。すると人びとが「アッラーにかけて、もうそれだけで十分なのではありませんか。おお、アッラーの使徒よ」と尋ねました。彼〔ムハンマド〕は「さらに六九の炎があって、どれも同じように灼熱なのです」と答えました。

（ムスリム）

1　クルアーンにはいくつもの火獄を表す語が出てくる。ジャハンナムは火獄の固有名詞とされる。もっとも一般的な語は「ナール」で、これはアラビア語で「火」を意味する。いずれの語も火炎、灼熱、業火《ごうか》などを表す。

定命[1]（運命）

イブン・アッバースは、次のように伝えている――ある日、私が預言者の後ろに〔一緒に〕騎乗していると、彼はこう言われた。「若い人よ、[2]〔よい〕ことばを教えてあげよう。アッラーを〔心に〕保ちなさい、アッラーはあなたをお守りくださるでしょう。アッラーを〔心に〕保ちなさい、あなたはアッラーを目の前に見いだすでしょう。頼み事があるならば、アッラーにお頼みなさい。助けがいるならば、アッラーに助けを求めなさい。そして、知っていてください、たとえウンマが一致団結してあなたに何か益を与えようとしても、アッラーがお定めになった以外のことでは何も益を与えられないことを、また、ウンマが一致団結してあなたに何か害を与えようとしても、アッラーがお定めになった以外のことではいかなる害も与えられないことを。〔定命を書く〕ペンはすでに上げられており、〔それが書かれた〕頁はすでに乾いているのです」。

（ティルミズィー、ナワウィー）

1 神が世界のすべてをあらかじめ定めていることを指す。日本語の「運命」は日常茶飯事などに用いないが、それも定命に含まれる（信仰箇条の一部として、本文四六七頁、四六八頁注3参照）。神があらかじめ定めているという意味で「神の予定」という訳語も用いられる。**2** イブン・アッバースは、イブン・ハンバルの『ムスナド』のハディースでは、ムハンマド没時に自分は一〇歳だったと述べているので、この時はそれよりも年若いと考えられる。

イブン・ウマルは、預言者が次のように語ったと伝えている——不可視界の鍵は五つあり、アッラーだけがそれをご存じです。子宮の中に何があるか、ただアッラーだけがご存じです。明日何があるか〔未来のこと〕は、ただアッラーだけがご存じです。いつ雨が降るのか、ただアッラーだけがご存じです。〔誰であれ、その〕人がどこで死ぬのか、ただアッラーだけがご存じです。いつ終末が訪れるのか、ただアッラーだけがご存じです。（ブハーリー）

ナーフィウは、イブン・ウマルから次のように伝えている——イブン・ウマルにはシリアに友人がいて、手紙のやりとりをしていました。〔ある時〕イブン・ウマルはこの友人に手紙を書きました——あなたが定命について語っていると聞きました。どうか、私に〔その内容を〕お知らせください。というのも、私はアッラーの使徒がこう言うのを聞いたことがあるからです。「わがウンマの中から、〔やがて〕定命について嘘を言う人びとが出るでしょう」と。

（アブー・ダーウード）

5　天地創造とコスモロジー（宇宙論）

天地と人間の創造

1

アブー・フライラは、次のように伝えている――アッラーの使徒〔ムハンマド〕は私の手を取り、こう言いました――アッラーは土曜日に大地を創造なさり、日曜日にそこに山々を創造なさり、月曜日に木を創造なさり、火曜日には〔大地の〕埋蔵物を創造なさり、水曜日に光を創造なさり、木曜日に動物を〔創造して〕そこ〔大地〕に広がらせ、金曜日の午後遅く〔アスルの刻に〕アーダムを創造なさいました。それは最後の被造物で、金曜の最後の刻限、つまり午後遅くから夜になるまでの刻限でした。

（ムスリム）

1　原義は「〔取り出すのに〕困難を伴うもの」で、鉄などの人間の暮らしに役立つ資源を指すと解釈されている。

アブー・フライラは、アッラーの使徒が次のように語ったと伝えている――〔天地〕創造を終えた時、アッラーは、玉座の上方にあるかれの書に「まことにわが慈悲は、わが怒りにまさる」とお書きになりました。（ブハーリー）

アブー・フライラは、預言者が次のように言ったと伝えている――アッラーがアーダムを創造した時、〔楽園での〕彼の背丈は六〇ズィラーウ[1]ありました。かれ〔アッラー〕は「行って、これらの天使にサラームのあいさつをしてから、彼らが何とあいさつするか、よく聞きなさい。それはあなたのあいさつであり、あなたの一族のあいさつとなります」。彼〔アーダム〕は「アッサラーム・アライクム〔あなたたちの上に平安がありますように〕」と言いました。彼ら〔天使〕は「アッサラーム・アライカ・ワ・ラフマトゥッラー〔あなたの上に平安と神の慈悲がありますように〕」と返礼しました。彼らは「ワ・ラフマトゥッラー〔神の慈悲も〕」の句を足したのです。[2]〔やがて〕楽園に入る人はみな、アーダムの〔ような美しい〕姿で入ります。人びと〔の背丈〕は、〔アーダムの創造の時から〕縮んでいます。

（ブハーリー）

1 アラビア語の「ズィラーウ」は腕を意味し、長さの単位としては肘から中指の先まで長さを指す。古代オリエントで発明されたキュビットに相当。ズィラーウの下位単位はラーハ(手の平)で、手の平は親指を除く四本指の幅を指す。個々人が用いる場合は、長さに多少の差があったと考えられる。当時の一ズィラーウをおおむね四八センチと計算している研究もある。六〇ズィラーウは三〇メートル弱に当たる。なぜ楽園にいる人間が巨大であるかの説明は特にない。 2 今日でも、礼拝の最後にサラームのあいさつをする時は、「あなたの上に平安と神の慈悲がありますように」のバージョンが使われている。

人の誕生

アナス・イブン・マーリクは、預言者が次のように語ったと伝えている――アッラーは子宮に〔子どもを担当する〕天使を任命し、天使は「おお、主よ、〔今〕精滴[1]〔ヌトファ〕です」「おお、主よ、凝血[2]〔アラカ〕です」「おお、主よ、肉塊[3]〔ムドガ〕です」と言い、かれ〔アッラー〕が人間として創ることをお望みになると、「おお、主よ、男性ですか、おお、主よ、女性ですか」「おお、主よ、不幸者ですか、幸福者ですか」「糧《かて》はどれほどですか」「寿命はどれほどですか」と尋ね、それ〔答〕が母の胎内にいる間に〔その人の定命として〕定められるのです。　　　（ブハーリー）

1 受胎した最初期の状態。 2 アラビア語の「アラカ」は凝血と解釈することが多いが、この語は「ぶら下がる」という動詞から派生するので、胎芽が子宮にぶら下がっている状態を指すとの解釈もある。 3 現代のムスリム医学者の中には、骨が形成される以前の段階との解釈もある。別なハディースでは、心臓を同じ語で「肉塊」と呼んでいる（前出三七二頁参照）。

イブン・マスウードは、次のように伝えている――アッラーの使徒は真実を述べる方であり、皆から信頼される方ですが、その方が私たちにこう言いました――あなたたちが創られる時、母親の胎内で四〇日間精滴として過ごし、次いで凝血として同じ期間過ごし、それから肉塊として同じ期間過ごします。次いで天使が遣わされ、彼の中に霊〔ルーフ〕[1]を吹き込み、四つのことばを〔書くことを〕命じられます。すなわち、彼に与えられる糧《かて》、寿命[2]、おこない、そして不幸か幸福か[3]。かれ以外に神なきアッラーにかけて、あなたたちの誰かが楽園の民のおこない〔善行〕を続けて、彼と楽園の間〔の距離〕が一ズィラーウ[4]しかないほどであっても、すでに〔火獄に入ることが定命と〕書かれているならば、火獄の民のおこないをして〔結局は〕火獄に入ります。また、あなたたちの誰かが火獄の民のおこない〔悪行〕を続けて、彼と火獄の間〔の距離〕が一ズィラーウしかないほどであっても、すでに〔楽園に入ることが定命と〕書かれているならば、楽園の民のおこないをして〔結局は〕楽園に入ります。

（ブハーリー、ムスリム、ナワウィー）

1　霊が吹き込まれてからが「人間」と定義される。それまでの段階で一二〇日（四〇日×三段階）かかり、受胎からこの期間が過ぎると人間として扱われる。現代でも、妊娠中絶などの必要がある場合、イスラーム的にはこの期間の前か後かで法学上の判断は異なる。**2** 定められた人生の長さ。**3** 死んだ後、火獄の民となるか楽園の民となるか、の意。**4** 当時用いられていた長さの単位。肘から中指の先まで。五〇センチ弱にあたる（前出五五七頁注1）。

時と暦

アブー・バクラは、預言者が次のように語ったと伝えている——時間は、かれ〔アッラー〕が天地を創造した日から、その〔今あるような〕姿でめぐっています。一年は一二か月で、その中には四つの神聖月[1]があります。三つは連続している、ズルカアダ月〔一一月〕、ズルヒッジャ月〔一二月〕、ムハッラム月〔一月〕です。〔もう一つは〕ムダル部族のラジャブ月[2]で、ジュマーダー〔・アーヒラ〕月とシャアバーン月の間[3]にあります。

（ブハーリー）

1 一年が一二か月から成ることは、クルアーンでも「アッラーのみもとでの月数は一二か月」（悔悟章三六節）と明言されている。**2** 戦闘が禁じられていた四つの月。**3**

かつて部族によって月の順番が操作されていたため、それをしないムダル部族と結びつけてこのように特定したとされる。その後、単にラジャブ月となった。

未来への予見

アブー・サイード・フドリーは、アッラーの使徒が次のように語ったと伝えている――やがて人びとの中から、派遣隊が派遣される時が来て、彼らが「見てみましょう。彼らの中に預言者の教友が一人でもいるかを」と見ると、確かに教友がいて、彼らに勝利がもたらされます。やがて次の派遣隊が派遣される時が来て、彼らが「見てみましょう。彼らの中に預言者の教友に会ったことがある人が一人でもいるかを」と見ると、確かに教友に会ったことがある人〔第二世代〕がいて、彼らに勝利がもたらされます。やがて第三の派遣隊が派遣される時が来て、彼らが「見てみましょう。彼らの中に預言者の教友に会ったことがある人に会ったことがある人が一人でもいるかを」と見ると、確かに教友に会ったことがある人に会ったことがある人〔第三世代〕がいて、彼らに勝利がもたらされます。やがて第四の派遣隊が派遣される時が来て、彼らが「見てみましょう。彼らの中に預言者の教友に会ったことがある人に会ったことがある人に会ったことがある人が一人でもいるかを」と見ると、確かに教友に会ったことがある人に会ったことがある人に会ったことがある人〔第四世代〕がいて、彼らに勝利がもたらされます。　（ムスリム）

アルファジャ・アシュジャイーは、次のように伝えている――私は預言者が説教壇の上から人びとにこう説教するのを聞きました――私の〔亡くなった〕後、恐ろしいことがいくつも、いくつもあるでしょう。誰であれ、集団[1]〔の団結〕を破るか、ムハンマドのウンマを分裂させようとする者が出るならば、その者を討伐してください。アッラーの手は集団と共にあり、シャイターン〔悪魔〕は集団から分裂していく者[2]と一緒に走っているのです。　（ナサーイー）

1　ウンマの大多数を占める人びとを主たる「集団」として、その団結を重視する（四四六頁、四四九頁参照）。

2　イスラームが七三の分派に分かれる予見については、四四九頁参照。

イムラーン・イブン・フサインは、預言者が次のように述べたと伝えている――あなたたち〔人間〕の中でもっともよいのは、私の時代です。次いで、それに続く人たちで、次いで、その人たちに続く人たちです。（イムラーンは、預言者がこれを二度言ったか三度言ったか覚えていません、と付言しました。預言者は続けました。）彼らの後には、証言はするものの、その証言が求められないような民が来ます。彼らは信頼を裏切り、信用もされません。誓いを立てますが、守りません。彼らの間には、肥満[1]がたくさん見られるでしょう。（ブハーリー）

1　現世の暮らしを優先し、ぜいたくを好む結果、肥満が増えるの意。これを終末の兆候と考える解釈者もいる。

アブドゥッラー・イブン・アムルは、アッラーの使徒が次のように言うのを聞いたと伝えている――アッラーが人びとから知識〔そのもの〕を取り去るということはありえません。しかし、知識ある人びとを取り去ることで知識を取り去ることはありえます。とうとう誰も知識のある人がいなくなれば、人びとは知識のない者を指導者と仰ぎ、その者たちは問われれば知識もないのに裁定を下すのです。その者たちは踏み迷って、他の者たちをも踏み迷わせます。

（ムスリム）

アブー・フライラは、アッラーの使徒が次のように言ったと伝えている――やがて、誰もがリバー〔利子〕を手にするような時代が来ます。〔その時は〕利子を取らない人もその影響を受けてしまいます。

（ナサーイー）

イムラーン・イブン・フサインは、アッラーの使徒が次のように言ったと伝えている――わがウンマからは真理のために戦う一団がいて、敵対者に勝利を収め続けて、彼らの最後の人びとが偽救世主のダッジャールと戦うのです。

（アブー・ダーウード）

終末の兆候

アナス・イブン・マーリクは、次のように伝えている――あなたたちに私がアッラーの使徒から聞いたハディースをお話ししましょうか。これは、私の後では、彼から聞いたことばとして誰も話ができないものです――〔私は次のように直接聞きました。〕終末の兆候として、知識が失われて、無知があらわになり、ズィナー〔婚外性交〕が広がり、酒が〔たくさん〕飲まれ、男たちがいなくなって、残った女性たちは五〇人の女性に独りの男性の保護者しかいないというほどになるでしょう。

（イブン・マージャ）

アブー・フライラは、預言者が次のように言ったと伝えている――終末が訪れる前に、三〇人近い大嘘つきのダッジャール〔偽救世主〕がやって来ます。彼らは誰もが、自分はアッラーの使徒であると主張するでしょう。

（ムスリム）

アブー・フライラは、預言者は次のように述べたと伝えている――私と彼〔イーサー〔イエス・キリスト〕のこと〕の間には、誰も預言者がいません。彼が〔地上に再び〕降りてくる時[1]、あなたたちは彼を見て、すぐにわかるでしょう。彼は中背で赤と白に近い肌色で、二つの黄色い衣服を着ており、彼の髪は濡れてもいないのに雫《しずく》が垂れているように見えます。彼はイスラームのために人びとと戦い、十字架を壊し、豚を殺し、ジズヤ[2]〔人頭税〕を廃止します。アッラーは彼の時代にすべての宗教を、イスラームを除いて廃絶します。彼は偽救世主のダッジャールを斃《たお》し、地上に四〇年暮らして、世を去ります。ムスリムたちは彼のために葬儀礼拝をおこないます。

（アブー・ダーウード）

1　イエスの再臨を指す。ただし、イスラームでは彼を人間とするので、クルアーンの「彼らは彼〔イエス〕を十字架にかけたわけではない。ただ、そう見えただけである」「アッラーは彼をみもとへと上げた」（女性章一五七・一五八節）、を前提としている。つまり神の使徒として再臨する、の意。　2　前出（一二〇頁注1）。

6　死の迎え方

死とは何か

アナスは、次のように伝えている――〔ある時〕預言者は〔地面に〕いくつかの線を引いて、言いました。「これが人間です。これが彼の寿命です。その人はこうやって〔生きて〕行って、〔やがて〕一番近い線〔寿命〕が来るのです」。（ブハーリー）

ハーリサ・イブン・ムダッリブは、次のように伝えている――〔ある日〕私がハッバーブ[1]を訪れると、腹部に激痛で苦しんでいる彼が言いました。「預言者の教友たちの誰一人出会ったことがないような苦しい目に、私は出会っています。預言者の時代には、私は一ディルハムも持っていませんでした。今や、私の家には四万ディルハムもあります〔が、何の役にも立ちません〕。アッラーの使徒が死を望むことを禁じたのでなければ、私はきっと死を望んだことでしょう」。　（ティルミズィー）

1　タミーム部族出身で、奴隷としてマッカで売られ、ズフラ家の同盟者に買われた。イスラームに加わって、迫害を受けた。マディーナに移住。預言者ムハンマドの没後は、クーファに移住し、六五七／八年に没。

遺　言

アブー・ウマーマ・バーヒリーは、次のように伝えている――私はアッラーの使徒が別離の巡礼の年に、説教の中でこう言ったのを聞きました――アッラーは権利のある人にはその権利〔遺産相続権〕をお与えになりました[1]。ですから、相続者には遺言〔での遺産分与〕はありません[2]。　（イブン・マージャ）

1　イスラーム法は私的所有権を最大限に認める一方、故人の財産の分配方法はクルアーンの章句〔女性章七―八、一一―一二、一七六節〕によって細かく指示し、故人が遺言で指定できるのは遺産の三分の一と制限している。これは、人間の所有権とは神の被造物を使う〔利用する〕ゆえに与えられているという原則から、死去して財産をもはや使わない人の処分権よりも、その財産を誰が使うべきかを重視したもの。2 クルアーンによって遺産相続権を認められている相続者に対して、さらに遺言で遺産分与を増やすことはできない、の意。遺言するならば、法定相続者以外を指定する必要がある。

イブン・アッバースは、預言者が次のように言ったと伝えている――ファラーイド〔法定の遺産分配〕は権利のある人に渡してください。ファラーイドから残った分は、〔故人の〕男性親族〔に渡すの〕がふさわしいでしょう。[1]

（ブハーリー）

1 男性には一家、一族を扶養する義務があるので、このように述べられている（女性には自己の扶養義務もない）。

親しい人の死に際して

ウンム・サラマはアッラーの使徒のことばを次のように聞いたと伝えている――病人、あるいは亡くなった人のもとを訪れた時は、よいこと〔祈りのことば〕を言ってください。天使たちがあなたがたの〔祈りの〕ことばが叶うように唱和[1]してくれるでしょう。〔彼女〔ウンム・サラマ〕はまた次のように語りました。〕〔夫の〕アブー・サラマ[2]が亡くなった時、預言者〔ムハンマド〕がやってきましたので、〔悲嘆に暮れていた〕私が「アッラーの使徒よ、アブー・サラマが死んでしまいました！」と訴えると、彼は言いました――〔ウンム・サラマよ〕こう言いなさい、「おお、アッラーよ、私と〔亡き〕夫の〔罪をみな〕お赦しください。そして、私にもっとよい方をお与えください」。（ムスリム）

1 「アーミーン（願いが叶いますように）」と発声すること。クルアーン開扉章のあとに言う（四八三頁、五二七頁）ほか、どのような祈りの場合にも、祈願の成就を願って言うことができる。唱和する人がいれば、その人の願い（願いが叶うようにとの願い）も加勢すると考えられる。 2 二人はマッカで初期に入信した夫婦で、ヒジュラ直後に夫が世を去った。ハディースでは、その際のことが語られている。後にムハンマドは寡婦であった彼女を妻にした。彼女はムハンマドの没後、ハディース伝承者としても活躍した。

ウンム・サラマはアッラーの使徒〔ムハンマド〕が次のように言うのを聞いたと伝えている――しもべ〔人間〕が災厄〔ムスィーバ〕[1]に出会った時は、「私たちはまことにアッラーのものにして、かれへと還りゆく[2]」と発声し、「おお、アッラーよ、私の災厄〔に対する忍耐〕に報奨をください。どうか、私にそれ〔災厄〕よりよいものをお授けください」と祈ってください。きっとアッラーは、災厄においてその人に報奨を下さり、よりよいものをお授けになるでしょう。（彼女〔ウンム・サラマ〕は続けて言いました。）〔私の夫の〕アブー・サラマが亡くなったとき、私はアッラーの使徒がお命じになったように祈りをささげました。やがてアッラーは私によりよい方、アッラーの使徒〔との再婚〕をお授けくださいました。

（ムスリム）

1 親しい人との死別を意味する。 2 クルアーンが出典（雌牛章一五六節）。ムスリムは、特に親しい人ではなくとも、誰かの死去の知らせを耳にした時や、遺体の搬送を目撃した時は、このことばを発する。

死者を嘆いてはいけない

イブン・アビー・ムライカは次のように伝えている――ウスマーン〔後の第三代正統カリフ〕の娘がマッカで亡くなったため、私たちは〔葬儀に〕やってきました。イブン・ウマルとイブン・アッバースも参列しており、私は二人の間に座っていました。（イブン・アビー・ムライカは説明を付け足しました。）私は初め二人のうちの一人の隣に座っていたのですが、もう一人が私の隣に来たのです。イブン・ウマルは自分の向かいに座っていたウスマーンの息子アムル〔＝死者の兄弟〕に、「あなたは人びとが嘆いて泣くのをとめないのですか？　アッラーの使徒が「死者は遺族が嘆き悲しむことで罰を受けます」と言っていましたのに」と告げました。

すると、イブン・アッバースが「ウマル〔第二代正統カリフ〕も同じようなことを言っていました」と述べて、次のように語りました――ある時、私はマッカからウマルの供をして、バイダー[1]の地までやってきました。木蔭で休んでいる騎馬の一団がいて、彼〔ウマル〕が「誰がいるか見てきなさい」と命じましたので、見に行くとその中にスハイブ[2]がいるではありませんか。私がそれをウマルに告げますと、「彼を私のもとに呼びなさい」と命じましたので、スハイブのところに戻り、「信徒たちの指揮官[3]〔カリフ〕のもとに行き、会ってください」と告げました。〔この〕スハイブは〔後に〕ウマルが〔刺されて〕深い傷を負った時、「おお、兄弟よ、おお、同胞よ」と、泣きながら駆けつけました。それを見て、ウマルは「スハイブよ、私のことを泣くのですか。アッラーの使徒が「死者は遺族の嘆きの一部によって罰せられます」と言っていましたのに」と言いました。

（イブン・アッバースは続けて言いました。）ウマルが亡くなった時、私はこの話をアーイシャにしました。すると、彼女は「アッラーがウマルに慈悲をおさずけくださいますように。いいえ、アッラーにかけて、アッラーの使徒は「アッラーは誰かが泣いたために信徒が罰せられます」とは言っていません。ただ、「アッラーは不信仰者の罰を、遺族の嘆きによって増加なさる」と言いました」と告げました。さらに彼女は「あなたがたの決裁はクルアーンです。「重荷を負う者〔人間〕は誰も、他者の重荷を負うことはない」〔創造主章一八節〕のです」と言いました。イブン・アッバースはそれを聞いて、「アッラーこそが〔人間を〕笑わせ、また泣かせるのです」[4]と言いました。〔伝承者である〕イブン・アビー・ムライカは〔最後に〕「アッラーにかけて、イブン・ウマルは何ほどの〔大事な〕ことを言ったわけでもありません」[5]と述べました。　（ムスリム）

1 マディーナ南方の荒野〔前出一九八頁注6、巻末図1参照〕。 2 前出〔四九頁注4〕。
3 ウマルが創唱したカリフの称号の一つ〔前出三二三頁注15〕。 4 クルアーンの「かれ〔アッラー〕こそは〔人間を〕泣かせ、笑わせる」〔星章四三節〕から。 5 イブン・アビー・ムライカは、イブン・ウマルの見解を否定している。

アブドゥッラー〔・イブン・マスウード〕は、預言者が次のように言ったと伝えている──〔死者を嘆いて〕頬を打ったり、衣服を引き裂いたり、ジャーヒリーヤ時代の嘆き方で嘆く者は、私たちの仲間ではありません。

（ブハーリー）

服喪

ウンム・ハビーバは、預言者が次のように語ったと伝えている――アッラーと最後の日を信じるムスリムの女性には、三日を超えて喪に服することを許されていません。ただし、夫の場合は〔例外で〕、四か月と一〇日〔が服喪期間〕です。

（ブハーリー）

アブー・サラマの娘ザイナブは、次のように伝えている――アブー・スフヤーン[1]の死の報がシリアから届いた時、〔彼の娘の〕ウンム・ハビーバ[2]は三日目に黄色い香水を頼み、頬と前腕にそれを付け、言いました――私はこれ〔香水〕を必要としているわけではありません。ただ、預言者は「アッラーと最後の日を信じるムスリムの女性には、三日を超えて喪に服することを許されていません。ただし、夫の場合は

〔例外で〕、四か月と一〇日〔が服喪期間〕です」とおっしゃったのです〔だから喪が明けたしるしに香水を付けました〕。（ブハーリー）

1 クライシュ族アブド・シャムス家に属する豪商。バドルの戦い以降マッカ征服に至る時期のマッカの指導者。イスラームに敵対したが、マッカ征服直前に入信。正統カリフ時代の六五三年頃に没。イスラームに反対している時期にビザンツ皇帝に謁見して交わしたムハンマドについての問答（一五一―一五九頁）、マッカ征服時の交渉（一六五―一六九頁）参照。 2 アブー・スフヤーンの娘で、父の意に反してイスラームに参加。迫害からエチオピアに避難している間に夫が没し、マディーナに移住後、ムハンマドと再婚。前出（二八五頁注2）。

遺体の清めと包み方

援助者のウンム・アティーヤ[1]は、次のように伝えている――アッラーの使徒は、彼の娘が亡くなった時に、私たちのところにやってきて、こう言いました。「彼女[2]〔遺体〕を三回、あるいは五回、あるいは必要ならばそれ以上、水とスィドル[3]で洗っ[4]

てください。最後に樟脳《しょうのう》を〔あるいは樟脳を少し〔入れた水を〕〕付けてください。終わったら、私に知らせてください」。私たちが終えて、彼に知らせると、彼は自分のヒクウ[5]〔下半身にまとう布〕を私たちに渡して、「これで彼女を包んでください」と言いました。

（ブハーリー）

1 長女のザイナブ。夫はアブルアース・イブン・ラビーウ。亡くなったのはヒジュラ暦八（六二九／三〇）年で、三〇歳になる前であった。 **2** 女性たちのところ。あるいは、ウンム・アティーヤが当時女性の洗体係（遺体を清める役目）をしていたので、彼女たちのところ。遺体であっても、配偶者を除いて、異性の身体には触れられない。このハディースを根拠に、女性の遺体を清めるのは配偶者よりも女性たちが望ましいとする法学者の学説もある。 **3** さらに七回というバージョンもあり、いずれも奇数。イスラームの儀礼では奇数を好むことを反映している。 **4** アラビア半島などの乾燥地に生育するナツメの一種。葉、実、根などを香りや薬効のために用いる。「水とスィドル」の具体的な意味は、スィドルの葉をこすり付けたあとに水をかけるか、スィドルの葉を入れた水を用いると解される。単数形はスィドラ。天上の「最果てのスィドラの樹」については八八頁注16参照。 **5** イザール（前出四八九頁注4）と同じ。遺体はすでに布などで覆われていて、最後にムハンマドは自分のヒクウを加えた。

アーイシャは、次のように伝えている――アッラーの使徒は〔亡くなった時〕、三枚のイエメン製の綿のサフーリーヤ〔と呼ばれる布〕で包まれました。〔包む布には〕長衣〔カミース〕[1]もターバンも含まれていませんでした。（ブハーリー）

1 前出（四八九頁注6）。

モスクでの葬儀礼拝

アブー・ウマーマ〔・イブン・サフル〕は、次のように伝えている――葬儀礼拝[1]のスンナは、最初の「アッラーフ・アクバル〔アッラーは偉大なり〕」を唱えたら、〔クルアーンの〕開扉章を〔誰も〕声に出さずに読み、その後三回「アッラーフ・アクバル」を唱えて、[2]最後にサラームのあいさつを〔右と左に向かって〕します。（ナサーイー）

1 立礼だけでおこない、頭を下げる屈折礼や額ずく平伏礼などはおこなわない。2 二回目の「アッラーフ・アクバル」のあとは、預言者イブラーヒーム（アブラハム）とムハンマドのための祈り、三回目のあとは死者のための祈り、四回目のあとは自分たちのための祈りのことばを、それぞれ声を出さずに唱える。

〔編纂者の〕マーリク〔・イブン・アナス〕は、自分に次のように伝わっていると述べている――ウスマーン・イブン・アッファーン、イブン・ウマル、アブー・フライラたちはマディーナで、男性に対しても女性に対しても葬儀礼拝をおこなっていました。男性の場合は、彼ら〔の遺体〕をイマーム〔礼拝の導師〕の近くに置き、女性の場合は、彼女ら〔の遺体〕をキブラ〔マッカの方角〕に近づけて〔イマームと礼拝者から離して〕置いていました。

（マーリク）

葬列

アーミル・イブン・ラビーアは、預言者が次のように語ったと伝えている――もし、〔遺体を墓地に運ぶ〕葬列に出会ったならば、立ち上がって〔敬意を表し〕通り過ぎるまで見送ってください。（フマイディーのバージョン[1]では、「通り過ぎるまで、あるいは〔遺体が土中に〕置かれるまで、見送ってください」と伝えられている。）

（ブハーリー）

1 フマイディーは、編纂者ブハーリーの師の一人。このハディースについては、アーミル・イブン・ラビーアからのハディースとして、別な師であるアリー・イブン・マディーニー（八四九年没）から伝承されている本文をあげた後、フマイディーからの伝承にだけ記録されている語句を追記している。ほとんど同じ内容ながらも若干語句の違うハディースを併記する手法は、ハディース集では広く見られる。

埋葬

イブン・ウマルは、次のように伝えている――預言者は死者が〔土中に掘られた〕墓に置かれると、「アッラーの御名によって、アッラーの使徒のスンナ〔慣行〕に従って〔埋葬されます〕」と唱えました。

（アブー・ダーウード）

アブー・フライラは、アッラーの使徒が次のように語ったと伝えている――死者が〔あるいはあなたたちの誰かが〕埋葬される時、黒い〔目の〕天使と青い〔目の〕天使がやってきます。一人の天使はムンカルと呼ばれ、もう一人はナキールと呼ばれます。二人が〔死者に〕「あなたはこの男〔ムハンマド〕について何と言っていましたか」と尋ねると、彼は生前に言っていたように「彼はアッラーのしもべで、使徒です。私はアッラーのほかに神なく、ムハンマドはかれのしもべにして使徒なり、と証言します」と答えます。二人は「あなたがそう言うと知っていました」と応じ、その墓を縦横七〇ズィラーウ[1]に拡張し、そこを光で満たします。そして、彼〔死者〕は「眠りなさい」と言われます。彼が「家族のもとに戻り、〔このことを〕知らせます」と言うと、二人は「一番親しい家族しか起こしに来ない新婚の人のように眠りなさい。アッラーが彼をこの寝床から復活させる日まで」と言います。もし彼〔死者〕が偽善者[2]〔ムナーフィク〕であれば、〔問いに対して〕彼は「人びとが言うのを聞いていましたから、同じように言いましたが、よくわかりません」と答えるでしょう。すると二人は「あなたがそう言うと知っていました」と応じ、大地は「締めつけなさい」と命じられて、大地が彼〔死者〕を締めつけ、肋骨が押しつぶされます。彼はその寝床でアッラーが彼を復活させるまで、懲罰を受けるのです。（ティルミズィー）

1 長さの単位。五〇センチ弱（前出五五七頁注1）。七〇ズィラーウであれば三三メートル以上に相当する。ただし、死者の魂はバルザフ（現世と来世の中間界）にいると考えられるので、この墓の広さは大地にある実際の墓のことではなく、死者の魂が眠った状態で終末を待っている不可視の空間を指すと解される。 2 ムスリムのように振る舞っているが、内心では信じていない人、の意。

ウスマーン・イブン・アッファーンは、次のように伝えている――アッラーの使徒は、死者の埋葬が終わると、〔墓のかたわらで参列者に〕言っていました。「あなたたちの同胞のために〔アッラーに〕赦しを請うてください。彼〔死者〕がしっかりとできるように、祈ってください。彼は今、〔天使から〕質問[1]をされているのですから」。（アブー・ダーウード）

1 前出（五八一―五八二頁）。

赤子の葬儀

ズフリーは、次のように伝えている――赤子が亡くなった時は、たとえ母親が娼婦だったとしても、葬儀の礼拝をきちんとささげます。なぜなら、その子はイスラーム〔神への帰依〕という天性〔フィトラ〕に生まれているからです。両親、特に父親がムスリムである場合は、母親がムスリムでなくとも〔必ず葬儀礼拝をします〕。もし、生まれて泣き声をあげたら〔その後死んだのであれば、必ず〕葬儀礼拝をします。もし泣き声をあげなかったなら流産とみなされ、礼拝はしません。アブー・フライラは、預言者が次のように述べたと語っていました――すべての赤子は天性に生まれます。〔その後で〕両親がユダヤ教徒に育てたり、キリスト教徒に育てたり、ゾロアスター教徒に育てたりするのです。動物にしても、生まれる時はちゃんとした動物の子として生まれるもので、あなたたちも動物の子に手足がないと思ったりしないでしょう。（それからアブー・フライラは次の章句を朗誦しました。）「アッラーは人間をかれの〔定めた〕天性に基づいて創造なさる」〔ルーム章三〇節〕。　（ブハーリー）

墓地

ジャービル〔・イブン・アブドゥッラー〕は、次のように伝えている――アッラーの使徒は、墓にしっくいを塗ったり、その上に座ったり、その上に〔建物を〕建てることを禁じました。（ムスリム）

アーイシャは、預言者が次のように言ったと伝えている――アッラーは預言者たちの墓をモスクにする人びとを拒絶なさる。[1]（ナサーイー）

1 イスラーム世界の各地には聖者廟が建てられており、このハディースなどを典拠とする批判がなされてきた。

墓参

アブー・フライラは、次のように伝えている――〔マディーナ移住後の後年に〕預言者は母親の墓を訪ねた時、涙を流し、一緒にいた者たちももらい泣きしました。そして、彼はこう言いました――わが主に、母のために赦しを請うことの許可を求めましたが、許されませんでした。母の墓を訪問する許可を求めると、それは許されました[1]。それゆえ、あなたたちも〔親しい人たちの〕墓を訪問してください。それは死を思い起こす〔機会なのです〕から[2]。

（ムスリム）

1　アーミナ・ビント・ワフブ（前出二五頁注1）。　2　イスラームでは、墓参についても細かな規定が定められており、このハディースは、非ムスリムの墓でも墓参が許される典拠となっている。

ブライダ〔・イブン・フサイブ〕は、次のようにアッラーの使徒が述べたと伝えている――〔かつて〕あなたたちが墓を訪れることを禁止しましたが、〔その禁止は解けましたので〕墓を訪問してください。墓参は、〔死のことや来世を〕思い起こさせてくれます。

（アブー・ダーウード）

ブライダ〔・イブン・フサイブ〕は、次のように伝えている――アッラーの使徒は、墓地を訪問すると、こう言っていました。「あなたたちに平安あれ、この地の信徒およびムスリムの住民よ。私たちも、インシャーアッラー[1]、あなたたちに続きます。あなたたちは先行者で、私たちは後続者です。アッラーに、あなたたちと私たちに平穏をくださるよう祈ります」。

（ナサーイー）

1「もし、アッラーがお望みならば」の意。神の全能性（世界で生起するすべてのことは、神の創造によるものであり、神の力なしに人間が自分だけで何かをできると思ってはいけない）と、定命（未来に何が起きるかもすでに神が定めている）という信仰箇条（定命については、五五一―五五二頁）が結びついた表現。クルアーンには「何かについて「私はそれを明日します」と言明してはならない。「アッラーがお望みならば」と付け加えずには」（洞窟章二三―二四節）と言われている。

いつも通りに生きる

イブン・ウマルは、次のように伝えている――アッラーの使徒は私の肩をつかみ、「この世においては、異邦人であるか、通り過ぎゆく人のようでありなさい」と言いました。イブン・ウマルは〔他の者たちに〕よく、次のように言っていました――「夜を迎えたら、朝を待っていてはいけません。朝を迎えたら、夜を待っていてはいけません。病が来る前に、健康を享受してください。死が来る前に、人生を十分に生きてください」。

（ブハーリー、ナワウィー）

ハンザラ・ウサイイディーが、次のように伝えている――私たちがアッラーの使徒のところにいる時、彼は楽園と火獄について、私たちがこの目で見ることができるかのように〔生き生きと〕話してくれました。その後、私は妻と子どもたちのところ〔自宅〕に帰り、彼らと笑ったり遊んだりしました。（ハンザラは続けて言いました。）それから〔預言者から聞いた〕話を思い出し〔慚愧《ざんき》の念から〕家を出て、アブー・バクルに出会いましたので、「私は偽善者になってしまいました！」と彼に言いました。すると、彼は「私たちは皆、そうして生きているのですよ」と言いました。ハンザラは預言者のところに言って、このことを話しました〔伝承者による付言〕。すると彼〔ムハンマド〕はこう言いました。「おお、ハンザラよ。あなたたちがいつも私のところにいるようにしているならば、天使たちが寝台の上にいるあなたたち（あるいは、道行くあなたたち）と握手をすることでしょう。おお、ハンザラよ、〔何をすべきかは〕時によるのです」。

（イブン・マージャ）

附録

伝承者略伝

＊各人の項目に適宜「伝えたハディースの数」を、参考として入れた。これは六書（スンナ派の六点の主要ハディース集、六八九頁参照）に収録されているハディースののべ総数を指す。その数を数えたのは、イブン・ハズム（一〇六四年没）、イブン・カイイム・ジャウズィーヤ（一三五〇年没）で、今日でも両者の著作が参照文献となっている。ハディース学では、同一内容でも伝承経路が異なれば別のハディースとみなすので、この総数は必ずしも読者にとってのハディースの数ではない。とはいえ、伝承者・ハディース学者としての位置づけを理解する一助となる。

＊本書に収録したハディースでは、預言者ムハンマドからハディース集編纂者に至る「伝承者の鎖」（六八〇頁以下参照）のうち、ムハンマドに直接つながる伝承者のみを記した。本略伝でもそうした伝承者を取りあげる。ほとんどが教友であるが、伝承経路の表現によっては第二世代（教友に会ったことのある世代）、ごくまれに第三世代（第二世代に会ったことのある世代）が含まれている。

アーイシャ　ムハンマドの盟友アブー・バクル(後の第一代正統カリフ)の娘。クライシュ族タイム家出身。ムハンマドの最初の妻ハディージャ没後に、ヒジュラ(六二二年)前のムハンマドと結婚、ヒジュラ後から同居。晩年の愛妻とされ、ムハンマドは彼女の部屋で生を終え、そこに埋葬された(現在はマディーナの預言者モスクの内部に位置する)。妻として暮らした一〇年以上の歳月で得た知識と経験は、彼女の伝えるハディースによく表れている。四〇歳過ぎまでは政治にも関与し、第四代正統カリフのアリーと戦ったが、その後は二〇年余にわたって知識の伝達と教育に専心した。法規定に明るく、詩才もあった。伝承者として伝えたハディースの数は第四位で、二二一〇を数える。六七八年没。

アースィム・アフワル　バスラのハディース学者。「斜視《アフワル》」であったため、このあだ名で呼ばれる。イラクのマダーイン地域の市場監督官を務めた。七五七年以降に没。

アーミル・イブン・ラビーア　アナザ部族の出身で、ウマル・イブン・ハッターブの一族(クライシュ族アディー家)の同盟者であった。初期入信者の一人で、ウマル以前にイスラームに加わった。夫婦でアクスム(エチオピア)移住を経験。マディーナに移住して、主要な戦役にすべて参戦。六五六年、第三代正統カリフのウスマーン没直後に没。二二のハディースを伝えた。

アウフ・イブン・マーリク　ガタファーン部族出身の教友で、マッカ征服の際にはその支族アシュジャウ部族の旗手であった。第一代正統カリフのアブー・バクルの時代にシリアに移住。六七のハディースを語った。ダマスカスで、六九二／三年没。

アター〔・イブン・アビー・ラバーフ〕　第二世代のハディース伝承者。アフリカ系とされ、第三代正統カリフのウスマーンの代にイエメンで生まれ、マッカで成長した。イブン・アッバースらから学び、マッカを代表する法学者、ハディース学者となった。弟子に、アウザーイー（シリアの初期法学派アウザーイー学派の名祖）などがいる。手足が不自由で、また片目を失い後に全盲となるなど、いくつもの障害を抱えていたが、長寿で多くのハディースを伝えた。七三二／三年没。

アッバード・イブン・タミーム　ハズラジュ部族系の援助者の第二世代。父親やオジから、ムハンマドのモスクでの姿を伝えている。マディーナの住人。六八二／三年没。

アディー・イブン・ハーティム　父はイスラーム以前の「詩人の時代」に高名を馳せた族長・詩人のハーティム・ターイーで、その跡を継いでタイイ部族を率いた。キリスト教からイスラームに改宗。ムハンマドは彼をタイイ部族のザカート（喜捨）徴収官とした。正統カリフ時代には、アリーの支持者として知られた。六八五または六八六／七年没。猟犬を使った狩りに関するハディースで知られる。

アナス　↓アナス・イブン・マーリク

アナス・イブン・マーリク　十代をムハンマドの召使いとして暮らし、一家の私的な生活についても多くのハディースを残している。後に、他の教友からも多くのハディースを集めた。正統カリフ時代には、イラク、ペルシア征服戦に参加し、バスラに移住した。二〇〇人に及ぶ弟子にハディースを語った。ウマイヤ朝期には、反乱に加担したとの嫌疑で弾圧されたこともある。伝承者として伝えたハディースの数は第三位で、二三〇〇近い。没年は数説あり、一番早い七〇八／九年説でも、九十数歳の長寿であった。

アフィーフ・キンディー　キンダ部族出身の教友。イスラームに加わるはるか以前に最初期のムハンマドに邂逅《かいこう》したハディースを伝えている。教友としての事績はほとんどなく、六書には含まれていない（ハーキム『補遺』、イブン・ハンバル『ムスナド』などに記述がある）。

アブー・アイユーブ・アンサーリー　ハズラジュ部族系のナッジャール部族出身の援助者。ヒジュラ（六二二年）前のアカバの誓いにも参加。ムハンマドはマディーナに移住した当初、彼の家に宿泊した。ムハンマド時代・正統カリフ時代に多くの戦役に従軍。ウマイヤ朝期に入ってコンスタンチノープル遠征に加わったが、包囲戦中に病没（六七二年頃）。今日、イスタンブルに墓廟がある（アイユーブがトルコ語でエユップと発音され、墓廟のある地区名ともなっている）。

アブー・アフワス　ハワーズィン部族ジャシュム支族出身の第二世代に属する。父マーリクは教友。本人はクーファに住んで、この地に移住した教友の中で第一の学識者であったイブン・マスウードからハディースを伝えたほか、自分の父親からもハディースを一つ伝えている。

アブー・アブドゥッラー・アガッル　名はサルマーン。イスファハーン出身で、ジュハイナ部族の被保護者。マディーナに定住し、マダニー（マディーナの人）と呼ばれる。第二世代に属する。アブー・フライラなどからハディースを伝えた。

アブー・イスハーク　名はアムル・イブン・アブドゥッラー。南アラブ系最大の部族集団であるハムダーン部族の支族サビーウ部族出身。第三代正統カリフのウスマーン治世の末期に生まれた。クーファを代表するハディース学者として活躍。七四四／五年没。

アブー・イドリース・アーイズッラー　教友の子で、マッカ征服の年（六三〇年）に生まれたが、ムハンマドには会っていない。ウバーダ・イブン・サーミトなど、多くの教友からハディースを伝え、ハディース学者として重きをなした。ウマイヤ朝期にダマスカスの法官を務めた。六九九／七〇〇年没。

アブー・ウスマーン　ムハンマド時代に入信したが、教友ではない(会ったことがない)。正統カリフ時代にマディーナに移住してハディースを学び、後にバスラで暮らしてハディースを伝えた。七一三／四または七一八／九年没。

アブー・ウマーマ・イブン・サフル　名はアスアド。マディーナのアウス部族の出身者で、ムハンマドの晩年に生まれた。赤子としてムハンマドのもとに連れてこられ、彼がその子にその母方の祖父の名を付けた。二〇人ほどの教友からハディースを伝えている。長寿で七一八／九年まで生きたとされ、移住地のアレキサンドリアで没。

アブー・ウマーマ・バーヒリー　教友で、ハディース伝承者の一人。バーヒラ部族の出身(バーヒラは女性の祖先の名なので、部族名としては珍しい)。入信後、ムハンマドに派遣されて自部族への布教をおこなった。後にシャーム(シリア)に移住し、この地で没した最後の教友とされる。七〇五年没。

アブー・カターダ　ハズラジュ部族サリマ支族出身の援助者。若くしてイスラームに加わり、ウフドの戦い以降の主要な戦役に参加。ムハンマドが彼を騎士として称えたという。マディーナで、六七三／四年没。ムハンマドおよびウマル、ムアーズ・イブン・ジャバルから、一七〇のハディースを伝えている。

アブー・サアラバ・フシュニー　クダーア部族フシャイン支族出身の教友。フダイビーヤの和約(六二八年)の際にムハンマドの軍に従い、リドゥワーンの誓いに参加した。出身部族の人びとの入信に功績があった。後にシャーム(シリア)に移住し、ウマイヤ朝初期に没した。預言者ムハンマド、ムアーズ・イブン・ジャバル、アブー・ウバイダ・イブン・ジャッラーフからハディースを伝えている。

アブー・サイード・フドリー　マディーナのハズラジュ部族フドラ支族出身の、いわゆる「若手の教友」の一人(ムハンマドの没時にまだ若く、教友の長老らから教えを受けて、後に活躍した世代)。名はサアド。父親も教友で、ウフドの戦い(六二五年)で戦死した。アブー・サイードはそれ以降のムハンマド時代の主要な戦いに参加した。ムハンマド没後もマディーナに暮らし、法学に傑出し、重きをなした。伝承者として伝えたハディースの数は第七位で、一一〇〇を優に超えている。預言者ムハンマドのほか、自分の父親を含めて一四人の教友からハディースを伝えている。没年は数説ある(六八二―六九四年の間)。

アブー・ザッル・ギファーリー　ギファール部族出身の教友。最初期の入信者の一人で、四人目か五人目とされる。マッカ外からイスラームに加わった人としては最初。部族連合の戦い(六二七年)の後にマディーナに移住。ムハンマドの没後はダマスカスで暮らしたが、貴顕の享楽的な暮らしを批判したため、総督ムアーウィヤの苦言で第三代正統カリフのウスマーンによって、マディーナ東方約二〇〇キロのラバザの地に引退を命じられ、この地で世を去った。ムハンマド時代に、ラクダが斃《たお》れたアブー・ザッルが宿営地に独り遅参したのを見たムハンマドが「彼は独りで生き、独りで死に、独りで復活させられるであろう」と述べたという。ハディース伝承者としては、二八〇ものハディースを伝え、第一五位に位置する。

アブー・サラマ・イブン・アブドゥッラフマーン　クライシュ族ズフラ家出身の第二世代。父（アブドゥッラフマーン・イブン・アウフ）はムハンマドの高弟で、「楽園〔に入ると〕の朗報を得た十人」の一人。本人は法学に優れ、「マディーナの七法学者」の一人に数えられた。マディーナの法官も務めた。アブー・フライラなど六〇人近くの教友から、多くのハディースを伝承した。ただし、幼時に亡くなった父親からは伝承していない。七一二／三年没。

アブー・サラマの娘ザイナブ　クライシュ族出身の両親がマッカでの迫害を逃れて、アクスム（エチオピア）に避難している間に誕生した。父アブー・サラマがウフドの戦い（六二五年）の戦傷から没したのに伴い、預言者ムハンマドが彼女の母ウンム・サラマと再婚し、マディーナでムハンマドに養育された。ムハンマドの没後六〇年ほど生きて、自分の母親を含むムハンマドの妻たちから多くのハディースと法学的な知識を伝えた。六九三／四年没。

アブー・ジャムラ　バスラ生まれの第二世代。イブン・アッバースやイブン・ウマルから、ハディースを伝えた。イブン・アッバースのもとを訪れた時は、可愛がられて二か月間親しく師事したと伝えられる。七四五年頃没。

アブー・ジュハイファ　教友であるが、ムハンマドの没時には未成年であった。ムハンマド自身のほか、第四代正統カリフのアリー経由でもハディースを伝えている。クーファに住み、アリーの治世に警察をまかされた。

アブー・シュライフ・カアビー　フザーア部族カアブ支族のマッカ出身の教友。マッカ征服以前に入信し、征服時のイスラーム軍ではカアブ支族の旗手だったため、カアビーと呼ばれる。

アブー・タルハ　ハズラジュ部族系のナッジャール部族出身の援助者。ヒジュラ直前のアカバの誓いに参加した一二人の代表の一人。バドルの戦い(六二四年)から、主要な戦役に参加。ムハンマドが彼の戦場での声をほめたとも言われる。二〇余のハディースを伝え、両真正集にも一つずつ収録されている。没年はいくつか説があり、海戦に従軍して戦死とも、マディーナで没したとも言われる。

アブー・ナドル　名はサーリム。第二世代に属する。その保護者がクライシュ族出身のウマル・イブン・ウバイドゥッラー・タイミーで、アブー・ナドルは彼の書記を務めた。ウマルはイブン・ズバイルがマッカでカリフを称した際にバスラ総督となった貴顕の一人。アブー・ナドルは五〇ほどのハディースを伝えている。

アブー・ハーズィム　イブン・ズバイル(六九二年没)の存命中に生まれた第二世代。ペルシア系とも言われる。マディーナの説教師・語り部として知られ、預言者モスクで暁と夕刻の礼拝の後に、人びとに故事やハディースを語った。そのハディースは六書に収録されている。七五七／八年没(異説あり)。

アブー・バクラ・サカフィー　出自名サカフィー(サキーフ部族出身)の通り、ターイフに住んでいたサキーフ部族に属する。彼らがマッカ征服後のイスラーム軍に攻略された際(六三一年)、籠城している砦から「バクラ(若いラクダ)」に乗って投降し、イスラームに加わった。そこから「アブー・バクラ」のあだ名となった。本書に収録したムスリムが争うと両方とも火獄というハディースに従い、正統カリフ時代末期の内乱では中立を保った。バスラに住み、多くのハディースを伝えた。六書に一三二のハディースが収められている。なお、ウマイヤ朝の確立に功績のあった将軍ズィヤードとは同腹の兄弟。六七一年(またはその翌年)没。

アブー・フライラ　南アラブ系のアズド部族ダウス支族出身の教友。「子猫(フライラ)の父」というあだ名で知られる。名はアブド・シャムス(太陽のしもべ)であったが、ムハンマドによってアブドゥッラフマーン(慈愛者〔アッラー〕のしもべ)と改称。入信はハイバルの戦い(六二八年)の頃と遅く、貧しい彼はマディーナでは「回廊の民」としてモスクの中に住んだ。ムハンマドから直接教えを受けたのは三年程度であるが、その後も精力的に主だった教友から学び、膨大なハディースを集めた。第二代正統カリフのウマルによってバハレーン(アラビア半島東部)の総督となったが、行政には向かず罷免された。アーイシャの葬儀(六七八年)の導師を務めるほど長生きし、アーイシャを超えるほど多くの弟子を持った。六七八/九年没。その分だけ、その後の伝承者が彼から伝えたハディースについて、後代のハディース学者も信憑性の吟味に多大なエネルギーを費やした。伝えたハディースの数はすべての伝承者の中で最も多く、五四〇〇に近い。

アブー・ブルダ　教友だった父アブー・ムーサー・アシュアリーがバスラ総督の時に生まれた。第二世代の中でクーファの代表的な法学者・ハディース学者とされる。父親を含む教友たちから、多くのハディースを伝えた。七二一/二年没。

アブー・マーリク・アシュアリー　イエメンの南アラブ系アシュアル部族出身の教友。

アシュアリー部族の一員として、マディーナに向かおうとしてアクスム(エチオピア)に漂着。後にマディーナへ移住(七二―七七頁)。アブー・ムーサー・アシュアリーのオジにあたる。六三九年没。二七のハディースを伝え、ムスリム、アブー・ダーウード、ナサーイー、イブン・マージャの各ハディース集に収録されている。

アブー・ミジュラズ　第二世代に属し、二五人の教友からハディースを伝えている。バスラの住民で、クタイバ・イブン・ムスリムに従い、ホラーサーン征服に参加した。メルヴの河畔に館を持っていたと言われる。七二四／五年没。

アブー・ミンハール　名はアブドゥッラフマーン・イブン・ムトイム。マッカ在住の第二世代。伝えたハディースは多くはないが、主要ハディース集すべてに収録されている。

アブー・ムーサー・アシュアリー　南アラブ系のアシュアル部族出身の教友。イエメンで生まれ、マッカに移住してウマイヤ家の同盟者として暮らしている時にムハンマドに出会い入信する。イエメンに戻り自部族に布教し、ヒジュラ(六二二年)後に船でマディーナ行きを試みるが、アクスム(エチオピア)に漂着。アクスム移住の先行者たちに加わって滞在する。ハイバルの戦い(六二八年)の際にマディーナ勢に合流した。ムハンマド没後は、シリア征服戦に参加。第二代正統カリフのウマルからバスラ総督に任命され、第三代のウスマーンの代にはクーファ総督を務めた。第四代正統カリフのアリーの代にはアリーを支持し、スィッフィーンの戦い(六五七年)では、アリー陣営の調停役に選ばれた。六六二／三年没(他に数説あり)。三六〇のハディースを伝えている。

アブー・ラーフィウ　預言者ムハンマドの解放奴隷。教友。エジプトのコプト・キリスト教出身であったため「クブティー(コプト出身者)」と通称される。元は叔父のアッバースがムハンマドに与えた奴隷であったが、アッバースの入信を機にムハンマドが解放した。ヒジュラ後にマッカで密かにイスラームに改宗し、バドルの戦いの後にマディーナに移住。ムハンマドとイブン・マスウードから、七〇近いハディースを伝えている。

アブドゥッラー・イブン・アッバース　↓イブン・アッバース

アブドゥッラー・イブン・アビー・サアサア　マディーナのハズラジュ部族出身の教友の孫。彼が伝承したハディースは、マーリクの『ムワッタア』に収録されている。

アブドゥッラー・イブン・アビー・ムライカ　クライシュ族ムッタリブ家出身の第二世代。アーイシャから、また自分の母親を通してアーイシャのハディースを伝えている。

アブドゥッラー・イブン・アムル　クライシュ族サフム家出身の教友。エジプト征服で有名なアムル・イブン・アースの息子。父よりも早く、六二八／九年にイスラームに加わり、マディーナに移住(父親は翌年に入信)。なお、アブドゥッラーは早熟の父が一二歳の時の子とされる。ムハンマドに師事したのは短期間とはいえ、読み書きができたアブドゥッラーはハディースを記録することを許されたと言われ、後には他の教友からも学んで、七〇〇ものハディースを伝えている。晩年は視力を失った。没年は異説が多く、六八二／三―六九二／三年の間に、エジプトかヒジャーズ地方で没。

アブドゥッラー・イブン・イブラーヒーム・カーリズ　キナーナ部族出身の第二世代。ウマル、アリー、ジャービル、アブー・フライラなどの教友からハディースを伝承し、主要ハディース集(イブン・マージャを除く)に収録されている。

アブドゥッラー・イブン・ウマル　→イブン・ウマル

アブドゥッラー・イブン・ズバイル　クライシュ族の移住者から、ヒジュラ(六二二年)後に最初に生まれた子。父はアサド家のズバイル・イブン・アウワームで、ムハンマドの高弟であった。母はアブー・バクルの娘アスマー。ムハンマドの没時に八歳であった。伝承しているハディースは三三で、弟のウルワ・イブン・ズバイルがハディース学者になったのと比べると多くはない。ウマイヤ朝に対抗して、六八三年マッカでカリフ位を宣言、しばらくイスラーム版図の過半を従えた。六九二年、ウマイヤ朝軍に討たれて没。

アブドゥッラー・イブン・マスウード　↓イブン・マスウード

アブドゥッラー〔・イブン・マスウード〕の妻ザイナブ　サキーフ部族出身の女性教友。預言者ムハンマド、夫のイブン・マスウード、ウマル・イブン・ハッターブから、ハディースを伝えている。彼女からハディースを伝えられた弟子は一八人に上る。

アブドゥッラー・イブン・ラーフィウ　イエメンのハドラマウト地方出身。ムハンマドの妻ウンム・サラマの被保護者であった。マディーナの第二世代に属し、彼女のほか、アブー・フライラなど数人の教友から伝えたハディースがムスリム『真正集』と四スンナ集に収録されている。

アブドゥッラー・イブン・ラバーフ　マディーナの援助者の第二世代で、バスラの住人。一〇人の教友から伝承したハディースが、主要ハディース集(ブハーリーを除く)に収録されている。

アブドゥッラフマーン・イブン・アビー・バクラ　サキーフ部族出身の第二世代。父アブー・バクラは教友。第二代正統カリフのウマルの治世にバスラで生まれた。当時はイスラーム軍がこの町を作り始めたばかりで、そこで生まれた最初のムスリムとされる。父のアブー・バクラ、アリー・イブン・アビー・ターリブ(第四代正統カリフ)からハディースを伝え、六書に五七のハディースが収録されている。

アブドゥッラフマーン・イブン・サムラ クライシュ族アブド・シャムス家出身。マッカ征服の際に入信。正統カリフ時代にはバスラに住み、ホラーサーンへの軍を指揮し、スィジスターン、カーブルを征服。六七〇年にバスラで没した。一四のハディースを伝えている。

アブドゥッラフマーン・イブン・ヤズィード イエメンのマズヒジュ部族ナフウ支族出身の、第二世代。クーファで活躍した。この支族出身者は「ナフイー」と呼ばれるが、当時のクーファにはナフイー出身の高名な学者が何人もいた。アブドゥッラフマーンもその一人で、イブン・マスウードなどからハディースを伝承した。六九九／七〇〇年以降に高齢で没。

アムル・イブン・アース クライシュ族出身の教友。軍人・政治家として優れた。マッカ征服以前にマディーナを訪れて入信。ムハンマドは彼をオマーンでの徴税や遠征隊の指揮などに重用した。第二代正統カリフのウマル時代にエジプト征服をなしとげた。その名を冠したアフリカ最古のモスクが、現在もカイロで使われている。第四代正統カリフのアリー時代の内乱ではムアーウィヤ側で参戦。ウマイヤ朝治下のエジプト総督に返り咲いた。六六四年没。三九のハディースを伝えている。

アムル・イブン・アウフ・ムザニー　ムザイナ部族出身の教友（珍しくムザイナという女性の祖先を部族名としている）。古くからの信徒で、バドルの戦い（六二四年）に参戦した。マディーナで、ムアーウィヤ治世末期に没。六二のハディースを伝えている。

アムル・イブン・アバサ　最初期の入信者の一人で、四人目か五人目とされる。スライム部族出身で、ムハンマドの布教初期にウカーズの定期市を訪れた際に彼と出会い、イスラームに加わった。自部族に戻って布教し、ムハンマドの晩年にマディーナに移住して近侍した。シャーム（シリア）征服時のヤルムークの戦い（六三六年）で、指揮官の一人としてビザンツ軍を破った。三八のハディースを伝えている。おそらく六七九年以降に没。

アムル・イブン・ディーナール　ペルシア系のマッカ移住者で、クライシュ族ジュマフ家に保護された一家に生まれる。六〇人を超える教友と第二世代の教師からハディースを伝承し、法学に秀で、マッカの代表的な法学者と目されるに至った。七四三年以降に没。

アムル・イブン・マイムーン　南アラブ系のマズヒジュ部族出身の第二世代。ムハンマド時代に入信したが、彼に会う機会はなかった。ムアーズ・イブン・ジャバルに随行してシャーム（シリア）に行き、後にクーファに定住。生涯に六〇回大巡礼・小巡礼で聖地を訪れたとされる。アリー、イブン・アッバース、イブン・マスウード、ウマルなど一八人の教友から多くのハディースを伝えた。六九三／四年没。

アラー・イブン・アブドゥッラフマーン　第三世代の伝承者。父親のアブドゥッラフマーンはアブー・フライラの弟子で、そこから伝わったハディースをたくさん伝えている。本書に収録したハディースは、祖父ヤアクーブから父を通して聞いたものとして珍しい。

アリー　↓アリー・イブン・アビー・ターリブ

アリー・イブン・アビー・ターリブ　クライシュ族ハーシム家出身の教友。ムハンマドの従弟（ムハンマドの保護者で伯父のアブー・ターリブの子）で、後年、ムハンマドの末娘ファーティマと結婚し、二人の子孫が「お家の人びと（ムハンマドの子孫）」となった。最初期の入信者で、未成年者の中で最も早かったとされる。ヒジュラ直後にマディーナに移住。武人としても優れ、バドルの戦い（六二四年）では戦闘に先立つ一騎打ちの一人として武功をあげた。「楽園に入ると」の朗報を得た十人」の一人。ムハンマド没時に、一家の者として葬儀を準備している間にアブー・バクルが第一代カリフに推戴された。この時の事情が後にムハンマドの「後継者」問題として、宗教思想的な見解の対立を生むことにつながった。アリーは後に第四代正統カリフとなったが、第一次内乱に巻き込まれ、困難な時代を生きた。マディーナの援助者はアリーに従った人が多い。治世中にマディーナからクーファに遷都し、クーファでの彼の事績や教えはイラク学派に継承された。五三六のハディースを伝えている。

アルカマ・イブン・ワッカース　マディーナの第二世代のハディース伝承者。伝えたハディースは六書全部に入っているが、数はそれほど多くない。

アルファジャ・アシュジャイー　ガタファーン部族アシュジャウ支族出身の教友。伝えたハディースはごく少ない。

アンマール・イブン・ヤースィル　イエメンの南アラブ系のアンス部族の出身。イエメンから父親のヤースィルがマッカに移住し、クライシュ族マフズーム家の同盟者となり、スマイヤと結婚してから誕生。初期に親子でイスラームに加わり、クライシュ族の迫害のため父母は落命した。アンマールはマディーナに移住後、マッカ勢との最初の会戦となったバドルの戦い(六二四年)に、両親共にムスリムだった唯一のムスリムとして参戦。後の主要な戦役にも参加。第二代正統カリフのウマルの治下で、クーファの事実上の総督を務めた。第四代正統カリフのアリーと共にスィッフィーンの戦い(六五七年)で、九〇歳を超える老齢にもかかわらずムアーウィヤ陣営と戦い、戦死。ムハンマドおよび教友のフザイファ・イブン・ヤマーンから、六二のハディースを伝えている。

イクリマ　マグリブのベルベル系（現代ではアマジグ人）の出身で、「イブン・アッバース」の解放奴隷」として知られる。イブン・アッバースがバスラ総督の時に譲り受け、後に息子のアリーが解放した。第二世代に属する。イブン・アッバースに師事して、啓典解釈に優れた。シリア、エジプト、イランなどを広く旅し、弟子も非常に多かった。ハワーリジュ派的な信条を持っていたとされるが、伝承については信憑性が認められている。七二三／四年、八〇歳（太陰暦）でマディーナで没。

イブラーヒーム・イブン・ヤズィード・ナフイー　イエメン系教友の子で、第二世代に属する。アブドゥッラフマーン・イブン・ヤズィードの弟。クーファの法学者、ハディース伝承者、クルアーン朗誦者《ろうしょう》。いわゆるイラク法学派の始祖の一人。七一四／五年没。

イブン・アッバース　クライシュ族出身の教友。ムハンマドの従弟にあたり、ヒジュラ（六二二年）の三年前に生まれた。その父アッバースも後に入信し、彼を祖とするアッバース家がウマイヤ朝の後にアッバース朝を興した（七四九―一二五八年）。ムハンマド没時には一〇歳か一四歳ほどの少年であったが、多くの教友たちから学び、教友の中の代表的な学者となり、「ウンマの碩学《せきがく》」「クルアーンの通釈者」「（知識の）海」な

ど と呼ばれる。正統カリフ時代はマディーナで重きをなし、ウマイヤ朝期に入ると、マッカの学統を確立した。ウマイヤ朝に対抗するイブン・ズバイルがマッカでカリフ位を称すると、これに賛成せずターイフに亡命。この地で、六八七／八年没。伝承者として伝えたハディースの数は第五位で、一六〇〇を超えている。

イブン・アビー・アウファー　名はアブドゥッラー。アスラム部族出身の教友で、父親も教友であった。フダイビーヤの和約、リドゥワーンの誓い(六二八年)以降の主要な戦役に参加。ムハンマド没後はクーファに住み、この地で最後に亡くなった教友とされる。九五のハディースを伝承。七〇五年(またはその翌年)没。

イブン・アビー・ムライカ　名はアブドゥッラー。クライシュ族タイム家出身の第二世代。非常に多くハディースを伝え、六書すべてに収録されている。イブン・ズバイルがマッカでカリフを称した際に、ターイフの法官を務めた。七三五年没。

イブン・アビー・ライラー　マディーナのアウス部族出身の教友の子。アブー・バクル時代かウマル時代のマディーナに生まれた。数多くの教友の知己を得て、クルアーン朗誦《ろうしょう》とハディース伝承に傑出した。アリーが正統カリフとなると、彼に従ってクーファに移住した。アリー、アブー・ザッル、イブン・マスウード、ウマルといった名だたる教友三〇人以上から多くのハディースを伝えている。ウマイヤ朝期に入って、イラク総督ハッジャージュに対する反乱に加担し、七〇五年落命。

イブン・アビー・ラビーア　クーファのハディース伝承者の一人で、アリー、イブン・ウマル、サルマーン・ファーリスィー等一〇人ほどの教友からハディースを伝えた。

イブン・イスハーク　マディーナ出身の第二世代に属する。祖父の代にペルシアから戦争捕虜としてマディーナに連れてこられ、解放後はクライシュ族ムッタリブ家の被保護者となった。イブン・イスハークは七〇四年頃、マディーナで生まれ、アレキサンドリアで学び、『預言者ムハンマド伝』を編纂して、高名を馳せた。ただし、ハディース学者は預言者伝に対して一般に評価が辛く、その点ではイブン・イスハークについても預言者伝の権威としては称えているものの、伝承者としての評価は限定的なものにとどまっている。イブン・イスハークの預言者伝の全体は現存しないが、それをイブン・ヒシャーム(八三三年没)が編集したものは預言者伝としてもっとも広く流布している(邦訳あり。六八五頁、六九七頁参照)。晩年はアッバース朝の庇護を得て首都バグダードで執筆に専念し、七六七年没。

イブン・ウマル　名はアブドゥッラー。クライシュ族アディー家出身の教友。父ウマルに続いて、少年時代に入信。ウマルは第二代正統カリフを務めたが、イブン・ウマルは政治ではなく法学者の道を歩んだ。彼の弟子ナーフィウを通じて、孫弟子のマーリク・イブン・アナスが編纂したハディース集『ムワッタア』に収録されたハディースが、最も直近の経路でムハンマドに達するハディースと評価される。伝承者として、伝承するハディースの数は第二位に位置し、二六〇〇余りを伝えている。

イブン・シャマーサ・マフリー　第二世代に属するエジプトの住人。エジプト総督アムル・イブン・アース、アーイシャなどからハディースを伝え、多くのハディース集に収録されている(ブハーリーを除く)。

イブン・ジュライジュ　「ジュライジュの子」は通称(家名)で、本人の名はアブドゥルマリク。「ジュライジュ(アラビア語のグレゴリウス)」はギリシア正教徒だった祖父の名で、ウマイヤ家の奴隷身分から解放された。イブン・ジュライジュはマッカで六九九年に生まれ、アターに二〇年近く師事し、次いでアムル・イブン・ディーナールに数年間師事した。クルアーン、法学、ハディースに優れ、マッカのイマームとなった。七六八年没。彼は「スンナの書」を著し(現存せず)、書き物を弟子たちに書写させて講義するという、新しい教授法を創設したとされる。アブドゥッラッザーク・サヌアーニー(八二七年没)のハディース集は、およそ三分の一がイブン・ジュライジュの伝えたハディースを収録している。

イブン・スィーリーン　名はムハンマド。父はサーサーン朝軍の敗北後に奴隷となったが、後にアナス・イブン・マーリクに解放された。息子は第三代正統カリフのウスマーンの代にバスラで生まれ、アナスのほか、アブー・フライラ、イブン・アッバース、イブン・ウマル、ザイド・イブン・サービトなどの教えを受けて、多くのハディースを伝えた。バスラを代表する学者の一人となり、敬虔さで知られた。生業は布商人であったが、没時には多くの負債が残った。夢解釈に秀で、後代になるとこの分野での名が高まった。七二八年没。

イブン・ハルダ・ズラキー　マディーナ生まれの第二世代。マディーナで裁判官を務めたが、報酬は受け取らなかった。アブー・フライラからのみ、ハディースを伝えている。

イブン・マーハク　名はユースフ。ペルシア系。マッカのクライシュ族の解放奴隷の出身で、第二世代に属する。アーイシャやイブン・アッバースからの伝承者として評価は高いが、伝えたハディースの数は少ない。七二八―七三三年に没。

イブン・マスウード　名はアブドゥッラー。フザイル部族出身で、マッカではクライシュ族ズフラ家の同盟者として貧しい暮らしをしていた。最初期の入信者で、カアバ聖殿で初めてクルアーンを朗誦《ろうしょう》したことで知られる。クライシュ族から迫害され、アクスム（エチオピア）に避難。ヒジュラ後はマディーナに移住し、バドルの戦いとそれ以降の主要な戦役に参加。ムハンマドに近侍し、彼のサンダルを袖の中に持ち歩いたという。第二代正統カリフのウマルによって、クーファに教師として派遣され、イラク法学派の祖の一人となった。第三代正統カリフのウスマーンとは対立し、不興をこうむった。クルアーンの朗誦と解釈に優れ、ハディースも八四八を伝えている。

イムラーン・イブン・フサイン　フザーア部族出身の教友。入信は比較的遅く、父親と一緒にヒジュラ暦七(六二八/九)年にイスラームに加わった。マッカ征服の際は、フザーア部族の旗手を務めた。第二代正統カリフのウマルの代に、バスラ総督を補佐し、法官を務めた。イブン・スィーリーンは「バスラに移住した教友の中で最も優れていた」と敬虔さと知識を高く評価した。多くのハディースを伝えて、六七二年、バスラで没。

ウクバ・イブン・アーミル　ジュハイナ部族出身の教友。ヒジュラ(六二二年)でムハンマドがマディーナに到着したことを聞き、マディーナに来てイスラームに加わった。ムハンマド没後は、シャーム(シリア)やエジプト征服に参戦。第四代正統カリフのアリーの代には、ムアーウィヤの側(のちのウマイヤ朝)についた。しばらくエジプト総督を務めた。本人は詩人としても知られたが、死に際して子どもたちに「クルアーンがおろそかになる」として詩を禁じたという。クルアーン朗誦《ろうしょう》や法学にも優れ、五五のハディースを伝えている。エジプトで、六七八年没。現在もカイロの墓地地区にその墓廟とモスクが建っている。

ウクバ・イブン・アムル・アンサーリー　ハズラジュ部族出身の教友で、「援助者のアブー・マスウード」の通称で知られる。ヒジュラ前の第二アカバの誓い（六二二年）に参加した中で最年少とされる。「バドリー」と呼ばれることもあるが、バドルの住人だったためで、バドルの戦いの参戦者の意味ではない。ムハンマドの没後は、クーファに移住。第四代正統カリフのアリーはスィッフィーンの戦い（六五七年）の際にクーファをウクバにまかせた。後にマディーナに戻って、六六一―六六三年頃没（異説あり）。一〇二のハディースを伝えている。

ウクバ・イブン・ハーリス　クライシュ族ナウファル家出身の教友。マッカ征服の際に入信。ムハンマド、アブー・バクル、もう一人の教友から、七つのハディースを伝えている。

ウサーマ・イブン・ザイド　クダーア部族カルブ支族出身で、父とともに教友。父親ザイドはかつて誘拐されて奴隷となり、彼を得たマッカの女性商人ハディージャがムハンマドと結婚した際に新郎に贈った。後にムハンマドが解放し、さらに養子とした（養子制度はイスラームでは後に廃止）。ザイドはイスラームに加わった最初の解放奴隷となった。ヒジュラ後は多くの戦役で軍功をあげ、ヒジュラ暦八（六二九／三〇）年戦死。ウサーマはその息子で、父同様にムハンマドに愛されたため、「寵愛（された人）の息子・寵愛（された人）」との敬称がある。ムハンマドは最晩年に年若いウサーマをシャーム（シリア）への派遣軍の司令官とした。その後も、征服戦に参加。正統カリフ時代末期の内乱では、完全な中立を保った。ダマスカス近郊に居住した時期もあるが、マディーナで六七四年没。一二八のハディースを伝えている。

ウサーマ・イブン・シュライク　サアラバ部族出身の教友。四スンナ集やイブン・ハンバル『ムスナド』にウサーマが伝えた八つのハディースが収録されている。

ウスマーン・イブン・アッファーン　クライシュ族ウマイヤ家出身の教友。最初期の入信者の一人。後に、ムハンマドの次女ルカイヤと結婚し、彼女の死後さらに三女ウンム・クルスームと結婚したため、「二つの光の持ち主」と呼ばれる。マッカでの迫害時にアクスム（エチオピア）に避難。ヒジュラ後にマディーナに移住。豪商で、イスラーム軍の装備などに多大な貢献をしたが、軍功はほとんどない。「楽園〔に入ると〕の朗報を得た十人」の一人。共同体の長老となり、第三代正統カリフに就任（六四四―六五六年）。治世中にクルアーンの正典化をおこない、「ウスマーン版」が今日まで用いられている。一四六のハディースを伝えた。治世の後半に内乱が始まり、叛徒に襲われてマディーナで落命。

ウバーダ・イブン・サーミト　ハズラジュ部族系のマディーナ出身の教友。ヒジュラ直前のアカバの誓いに二回とも参加し、二回目(六二二年)の時は部族代表の一人。バドル、ウフドなどの主要な戦役に参加。マディーナの指導的な教友の一人となった。正統カリフ時代にはエジプト征服に参加、シリアに在住し、パレスチナの法官を務めてラムラの地で六五四／五年没。一八一のハディースを伝えている。

ウバイドゥッラー・イブン・アディー・イブン・ヒヤール　クライシュ族ナウファル家出身の第二世代。ムハンマド存命中に生まれた。アリー、ウマル、ウスマーンなど教友の長老たちからハディースを伝えているが、数は少ない。

ウバイドゥッラー・イブン・アビー・ラーフィウ　マディーナ生まれの第二世代に属する。かつて預言者ムハンマドの被保護者で、後にアリーの書記を務め、アリーや自分の父、アブー・フライラから多くのハディースを伝え、六書に収録されている。

ウバイドゥッラー・フザリー　マディーナ生まれの第二世代に属する、盲目のハディース学者・法学者。教友イブン・マスウードの大甥にあたる。第二代正統カリフのウマル時代か、その直後に生まれ、七一六／七年没。「マディーナの七法学者」の一人。多くのハディースを伝えている。

ウバイユ・イブン・カアブ　ハズラジュ部族ナッジャール支族出身の援助者。第二アカバの誓いに参加。ムハンマドに従って、バドルの戦い以降、主要な戦役にすべて参戦。クルアーンの朗誦に優れ、ムハンマドも四人の朗誦の師の一人として(四六二頁)、あるいはもっとも朗誦に優れた人として(四六一—四六二頁)、名をあげている。ムハンマドから伝えたハディースも数多い。二大『真正集』をはじめとして、一六四のハディースを伝えている。没年は六四〇—六五六年の間で、諸説ある。第三代正統カリフのウスマーンがクルアーンの結集をおこなった際に任命した編纂委員には名があがっていないので、それ以前に没したと考えられる。

ウマル　↓ウマル・イブン・ハッターブ

ウマル・イブン・アビー・サラマ　クライシュ族マフズーム家出身の教友。父母がマッカでの迫害を逃れてアクスム(エチオピア)に避難している時期に生まれた。ヒジュラよりも二年またはそれ以上前とされる。父親のアブー・サラマがバドルの戦い(六二四年)で戦死し、預言者ムハンマドが母親のウンム・サラマと再婚したため、子どものウマルらはムハンマドに養育された。ムハンマドおよび母親からハディースを伝えている。七〇二/三年没。

ウマル・イブン・ハッターブ　クライシュ族出身の比較的初期の入信者。ムハンマドの側近の一人で、「楽園〔に入ると〕の朗報を得た十人」の一人。ムハンマド没後には第二代正統カリフとなる。前任者(第一代正統カリフ)アブー・バクルの治世が二年と短かったのと比べて、一〇年の治世の間に自分自身の判断や見解を含めて多くのことばを残した。ハディースも五三〇余を伝えている。

ウルワ・イブン・ズバイル　クライシュ族出身の第二世代。父はムハンマドの高弟のズバイルで、二〇歳ほど年上の兄はアブドゥッラー・イブン・ズバイル。母はアブー・バクルの娘アスマーであったから、彼女の妹でムハンマドの晩年の愛妻となったアーイシャはウルワの叔母にあたる。母、兄、アーイシャなどから多くのハディースを伝えている。後の兄アブドゥッラーの蜂起(マッカでカリフを名乗った第二次内乱、六八三―六九二)が失敗した後はウマイヤ朝と協調し、ハディースの重要性を広めて、ハディース学の礎を築いた。法学にも詳しく、「マディーナの七法学者」の一人に数えられ、マディーナ学派(後のマーリク学派)の先駆となった。七一一/二年またはその翌年没。

ウンム・アティーヤ　名はヌサイバ。マディーナ出身の女性教友。指導的な女性教友の一人で、多くの戦役に参加して、傷病者の援護にあたった。後に、バスラの学者たちが彼女から遺体の洗浄について教わった。四〇のハディースを伝え、六書に収録されている。六八九／九〇年頃までに没。

ウンム・クルズ　マッカのフザーア部族（クライシュ族以前からの住人）出身の女性教友。フダイビーヤの和約（六二八年）の際にイスラームに加わった。一〇のハディースを伝え、四スンナ集に収録されている。

ウンム・サラマ　クライシュ族マフズーム家出身の女性教友。名はヒンド。預言者ムハンマドの乳兄弟アブー・サラマと結婚し、マッカでのイスラーム迫害を逃れて夫婦でアクスム（エチオピア）へ避難。ヒジュラ（六二二年）後、マディーナに移住したが、ウフドの戦い（六二五年）の戦傷から夫を亡くし、ムハンマドと再婚。女性教友として法学に傑出し、ムハンマド没後に非常に多くの弟子を育てた。ムハンマドの妻たちの中でももっとも後まで生き、カルバラーの悲劇（ムハンマドの孫フサインの殺害、六八〇年）を嘆き悲しんで、ほどなく世を去ったと言われる。三七八のハディースを伝え、六八一／二年没。

ウンム・ハビーバ　名はラムラ。クライシュ族ウマイヤ家出身の女性教友。ウマイヤ朝開祖ムアーウィヤはその弟。初期入信者で、父親のアブー・スフヤーンとは長らく宗教をめぐって対立した。マッカでの迫害を逃れて、アクスム（エチオピア）に避難。夫はこの地で没した。マディーナへ移住後のヒジュラ暦七（六二八／九）年、彼女は預言者ムハンマドの妻となった。彼女にはハビーバという名の娘がおり、ムハンマドは彼女を養育した。六五のハディースを伝えている。六六四／五年没。

ウンム・ムンズィル　名はサルマー。マディーナのハズラジュ部族系ナッジャール部族出身の女性教友。ナッジャール部族は、ムハンマドの祖父アブドゥルムッタリブの母の出身部族であったため、ヒジュラ以降、ムハンマドに対して非常に好意的かつ献身的な者が多かった。ウンム・ムンズィルはその一人。ムハンマドはよく彼女の家で食を供された。四つのハディースを伝えている。

カイス・イブン・アビー・ハーズィム　バジーラ部族出身。父は教友で、クーファ生まれ。生前の預言者ムハンマドに会おうとして間に合わなかったともされ、第二世代として年長者にあたる。「楽園〔に入ると〕の朗報を得た十人」のうち九人に会い、それ以外にも多くの教友からハディースを伝え、六書に収録されている。七一六／七年頃クーファで没。

カイス・イブン・マフラマ　クライシュ族ムッタリブ家出身の教友。イスラームに加わってからも躊躇するところがあった新参の信徒の一人で、ムハンマドはフナインの戦い（六三〇年）の際に彼らに寛大な戦利品の分配をおこなった。カイスはその後よく帰依した、とされる。

カスィール・イブン・カイス　シリア出身の第二世代の伝承者。ダマスカスに移住したアブー・ダルダーに師事した。スンナ集では、ナサーイー、ティルミズィー、イブン・マージャが彼の伝えるハディースを収録している。

カターダ・イブン・ディアーマ　ラビーア部族サドゥース支族出身の第二世代の学者。非常に多くのハディースを伝え、クルアーン解釈に秀でていた。生まれつき目が見えなかったが、抜群の記憶力でバスラの学者たちの中で重きをなした。アラブの系譜にも詳しかった。彼が伝えたハディースは、六書に収録されている。七三六年(またはその前年)にワースィトで疫病のため没。

クライブ・イブン・ワーイル　第二世代のハディース伝承者。マディーナ出身で、クーファの学者の一人。

サーイブ・イブン・ヤズィード　キンダ部族出身の年若い教友。父親も教友で、父親に連れられてムハンマド晩年の「別離の巡礼」に参加した時は七歳だったという。長じて、十数人の教友たちからハディースを伝え、六書に収録されている。マディーナで、七〇五—七一〇年に没。

サアド・イブン・アビー・ワッカース　クライシュ族ズフラ家出身の教友。預言者ムハンマドにとって母方のオジにあたる。最初期の入信者で、「楽園〔に入ると〕の朗報を得た十人」の一人。マディーナに移住し、バドルの戦い(六二四年)に参加。ウンマの長老の一人となり、正統カリフ時代にはサーサーン朝軍を破ったカーディスィーヤの戦い(六三七年頃)の司令官として勝利を収めた。クーファやナジュドの総督を務めた。第二代正統カリフのウマルの没時に、次期カリフを決定する六人の「協議の民」の一人として指名された。内乱期には中立を保った。二七〇ものハディースを伝えて、二大真正集にも一五が収録されている。初期の長老たちの中ではもっとも長生きし、享年七〇—八〇歳と伝えられる。富裕な商人でもあった。六七〇—六七八年の間に没。

サービト・イブン・ダッハーク　アブドゥルアシュハル部族出身の教友。ハムラー・アル＝アサドの戦い(六二五年)で道案内を務めたことやリドゥワーンの誓い(六二八年)に参加したことが伝えられている。一四のハディースを伝えている。

サーリム・イブン・アブー・ジャアド　クーファ生まれの第二世代のハディース伝承者、法学者。ガタファーン部族アシュジャウ支族のマウラー(被保護者)。ハディースを書いて記録した先駆者の一人。多くのハディースを伝え、六書に収録されている。七一五—七二〇年没。

サイード・イブン・ザイド　クライシュ族アディー家出身の教友。最初期の入信者。当時はイスラームに敵対していたウマル・イブン・ハッターブとは従兄弟で、彼の姉妹と結婚しており、さらにサイード自身の姉妹がウマルの妻であった。この縁で、ウマルがイスラームに加わることになった。ムハンマドの高弟として、「楽園〔に入ると〕の朗報を得た十人」の一人。ムハンマド時代の主要な戦役に参加したほか、ビザンツ軍とのヤルムークの戦い(六三六年)で司令官の一人を務めた。正統カリフ時代末期の内乱には関わらず、ウマイヤ朝期も隠棲した。四八のハディースを伝えている。六七一年没。

サイード・イブン・ジュバイル　クーファ生まれの第二世代。マディーナでアーイシャ、イブン・アッバース、イブン・ウマルなどの教友から、また第二世代の年長者からハディースを学んだ。クルアーン朗誦《ろうしょう》は、イブン・アッバースから学んだ。クーファの学者として重きをなしたが、ウマイヤ朝総督ハッジャージュに対する反乱に加担し、敗北後に逃走するも捕縛され、七一四年、ハッジャージュによって処刑された。

サイード・イブン・ムサイヤブ　クライシュ族マフズーム家出身で、第二世代の学者の代表的人物の一人。祖父・父ともに教友。第二代正統カリフのウマル治下のマディーナに生まれ、多くの教友から学んだが、特にアブー・フライラに師事して、その娘と結婚し、アブー・フライラからのハディース伝承の第一人者となった。「当代の第二世代の長」「マディーナの民の学者」とされ、「マディーナの七法学者」の一人に数えられる。ウマイヤ朝に批判的で、忠誠の誓いを拒んで抑圧を受けた。存命中だった教友五〇人近くから、また第二世代の伝承者から、非常に多くのハディースを伝えている。七一二／三年没（異説あり）。

ザイド・イブン・アルカム　マディーナのハズラジュ部族ハーリス支族出身の教友。孤児で、同部族の詩人アブドゥッラー・イブン・ラワーハに養育された。ウフドの戦い（六二五年）の際は年少として出陣を許されなかった。預言者ムハンマドが率いた戦役一七回に参加した。アナス・イブン・マーリク、イブン・アッバースなどの教友および第二世代から、七〇のハディースを伝えている。クーファで、六八五―六八八年に没。

ザイド・イブン・サービト　マディーナのナッジャール部族出身の教友。ヒジュラ時には一一歳の孤児で、一族とともに入信した。読み書きができ、ムハンマドの書記の一人となり、クルアーンの章句の筆記や諸国の統治者に出す書簡の聞き書きなどをおこなった。また計算が得意で、戦利品の分配に貢献し、遺産相続の法規定にも詳しかった。第三代正統カリフのウスマーンがクルアーンの正典化をおこなった際に、四人の編纂者の長とした。伝えたハディースの数は必ずしも多くないが、六書に収録されている。六六五年頃没。

ザイド・イブン・ハーリド　ジュハイナ部族出身の教友。マッカ征服の際には、同部族の旗手を務めた。預言者ムハンマドから直接に、またアーイシャ、ウスマーンなどから、八一のハディースを伝えている。没年は諸説あるが、没時には八〇歳前後だったとされる。

ザイナブ・ビント・アビー・サラマ　→アブー・サラマの娘ザイナブ

サウバーン　イエメン出身の教友。マディーナで奴隷であったところ、預言者ムハンマドに解放されマウラー（被保護者）となり、常に付き従った。ムハンマド没後はシャーム（シリア）に移住し、ホムスで終《つい》の住処《すみか》を得て、六七四年没。一二八のハディースを伝えている。

サブラ・イブン・マアバド　クダーア部族ジュハイナ支族出身の教友。マディーナに住んだが、晩年はマディーナ北方にあるジュハイナ支族の地で過ごした。ウマイヤ朝期に入ってから没。一九のハディースを伝えている。

サフル・イブン・サアド・サーイディー　ハズラジュ部族系のサーイダ部族出身の教友で、父も教友。マディーナ在住の教友の中で最後に亡くなった人とされる。ウマイヤ朝の将軍ハッジャージュが二聖都を総督として支配した時に、その弾圧を受けた。七〇九／一〇年没（七〇六／七年説もあり）。一八八のハディースを伝えた。

サフル・イブン・フナイフ　マディーナのアウス部族系ハナシュ支族の教友。バドルの戦い(六二四年)以降、主要な戦役すべてに参加。正統カリフ時代末期にはアリーを支持し、アリーがクーファに遷都した後のマディーナ総督、後にバスラ総督、ペルシア総督を務めた。スィッフィーンの戦い(六五七年)にもアリー陣営で参加。六五八／九年、クーファで没。四〇のハディースを伝えている。アブー・ウマーマ・イブン・サフルの父。

サフワーン・イブン・スライム　マディーナ出身の第二世代。父親がクライシュ族ズフラ家出身の教友の息子の被保護者だったため、ズフラ家の係累に属する。非常に多くの教友や第二世代からハディースを伝えている。

サムラ・イブン・ジュンドゥブ　ガタファーン部族ファザーラ氏族出身で、若い世代の教友に属する。ウフドの戦い(六二五年)以降、主要な戦役に参加。正統カリフ時代には、征服戦に参加し、バスラに移住。一二三のハディースを伝えた。六七七／八年没。

サラマ・イブン・アクワウ　アスラム部族出身の教友。リドゥワーンの誓い(六二八年)の際に三度誓いを立てたことで知られる。勇猛で弓の上手として知られ、ムハンマドが「われらの騎士の第一はアブー・カターダ、歩兵の第一はサラマ」(ムスリム『真正集』)と称えた。ウマイヤ朝期にはラバザ(マディーナ東方約二〇〇キロ)に隠棲したが、マディーナに戻って、六九三／四年没（異説あり）。

ジャービル・イブン・アブドゥッラー　マディーナのハズラジュ部族系サリマ部族出身の教友で、父も教友であった（父はウフドの戦いで戦死）。ムハンマド時代には、ウフドの戦い（六二五年）以後の主要な戦役に参加し、第四代正統カリフのアリーの時代にはアリーに付き従った。長寿で、六九七／八年頃まで生き、マディーナで没した最後の教友と言われる。伝承者として伝えたハディースの数は第六位で、一五〇〇を超えている。両真正集にともに掲載されているハディースは五八を数える。

ジャービル・イブン・ザイド　第二世代に属し、バスラを代表する学者の一人であった。教友イブン・アッバースの高弟で、啓典解釈学、ハディース学などに優れた。七一一／二年没。

ジャアファル・イブン・ムハンマド　敬称として「サーディク（真実の人）」と呼ばれる（七〇二―七六五年）。ムハンマドから数えて五代目（フサイン系）にあたり、父方の祖母はムハンマドの曽孫（ハサン系）にあたる。また母方は、母と祖母がそれぞれアブー・バクルの血統であった。当時のハーシム家の長として、マディーナの代表的な学者として活躍した。ハディースの伝承は父ムハンマド（・バーキル）からのものが多い。なお、シーア派は彼を第六代イマームとしており、ジャアファル法学派の名祖とされる。

ジャリール・イブン・アブドゥッラー　南アラブ系のバジーラ部族出身の教友。ムハンマドの晩年に入信した。美顔で、ウマルが「ジャリールは、わがウンマのユースフ(ヨセフ)」と評したとされる。正統カリフ時代には、各地に散っていたバジーラ部族を結集して、サーサーン朝ペルシアとのカーディスィーヤの戦いに貢献した。クーファに住み、後に第三代正統カリフのウスマーンにハマダーン総督に任命された。第一次内乱では中立を保って、隠棲。一〇〇のハディースを伝えている。六七一年没。

ジュンドゥブ・イブン・アブドゥッラー・バジャリー　アズド部族出身の教友。後にクーファに移住し、さらにバスラに移り住んで、四〇余のハディースを伝えた。

ズバイル・イブン・アウワーム　クライシュ族アサド家の出身で、ムハンマドの父方の従兄弟。最初期の入信者で、傑出した高弟として「アッラーの使徒の側近(ハワーリー)」の称号を与えられた。「楽園〔に入ると〕の朗報を得た十人」の一人。第二代正統カリフのウマルの没時に、最長老として次のカリフを選出する「シューラー(協議)の民」六人の一人に選ばれた。第四代正統カリフのアリーに反旗を翻し、「ラクダの戦い」(六五六年)で戦死。あえてハディースを多く語らなかった理由を息子アブドゥッラーに伝えている(本文三九六—三九七頁)。

スフヤーン・イブン・アブドゥッラー・サカフィー　ターイフの町のサキーフ部族出身の教友。第二代正統カリフのウマルの代に、ターイフ総督を務めた。五つのハディースを伝えた。

ズフリー　クライシュ族ズフラ家出身のマディーナのハディース学者。第二世代の若手にあたり、アーイシャの没年のヒジュラ暦五八(六七七／八)年に生まれた。抜群の記憶力に加えて、常に筆記具を持ち歩いてハディース等を書き留めたとされ、学問としてのハディース学の祖とされる。存命中だった「若手の教友」たちや「マディーナの七法学者」を含む第二世代から多くの教えを受け、弟子も非常に多かった。クルアーンや法学にも通暁した。ウマイヤ朝から厚遇され、法官や徴税官を務めたほか、ハディースの講義を官吏たちにおこなった。ズフリーの伝えたハディースは二二〇〇に及ぶ。七四二年没。

スマーマ・イブン・アブドゥッラー　バスラ生まれの第二世代。アナス・イブン・マーリクの孫で、祖父と三〇年間一緒だったとされる。バスラの法官を務めた。祖父およびバラーウ・イブン・アーズィブからハディースを伝えている。

スライマーン・イブン・スラド　フザーア部族出身の教友。元はヤサールという名であったが、預言者ムハンマドによって入信の際に改名。ムハンマド没後に、クーファに移住。第四代正統カリフのアリーと行動を共にした。ウマイヤ朝成立後、アリーの次男フサインの蜂起を促したが、フサインはカルバラーでウマイヤ朝軍の手により斃《たお》れた。スライマーンは一軍を率いてウマイヤ朝に報復戦を挑み、六八五年戦死。一五のハディースを伝えている。

ターリク・イブン・アブドゥッラフマーン　バジーラ部族出身の第二世代。クーファ生まれ。カイス・イブン・アビー・ハーズィム、サイード・イブン・ムサイヤブなどの第二世代の先達たちからハディースを伝え、六書に収録されている。

タミーム・ダーリー　南アラブ系のラフム部族ダール支族出身の教友。パレスチナで司教をしていたが、ムハンマドの晩年にキリスト教から改宗し、マディーナに移住。第三代正統カリフのウスマーンの没後にパレスチナに再び移住し、六六〇／一年没。一八のハディースを伝えている。今日でも、その子孫がパレスチナに居住。

ナーフィウ（イブン・ウマルの被保護者）　イブン・ウマルの解放奴隷で、第二世代の高名な学者。イブン・ウマルをはじめとする人々から、数多くのハディースを伝えた。戦争奴隷だった出自については諸説ある。弟子の中に、マーリク学派の祖マーリク・イブン・アナスがいる。

ナーフィウ・イブン・ジュバイル　クライシュ族ナウファル家出身の第二世代。ムハンマド・イブン・ジュバイルの兄弟。父ジュバイルは教友で、ナーフィウはマディーナにあるその家で生まれ、生家で没した。父のほか、アッバース(預言者ムハンマドの叔父)、その息子イブン・アッバース、預言者の妻ウンム・サラマなど二〇人に及ぶ教友からハディースを伝えた。七一七／八年没。

ヌウマーン・イブン・バシール　ハズラジュ部族系の教友の息子で、本人も教友。ヒジュラ後に最初に生まれた援助者の子どもとされる(従って、ムハンマド没時には年少であった)。オジのアブドゥッラー・イブン・ラワーハやアーイシャから一一四のハディースを伝えている。ウマイヤ朝期に一時クーファ総督を務めた。

ヌウワース・イブン・サムアーン　北アラブのハワーズィン部族キラーブ支族出身の教友。後年、シャーム(シリア)に移住。ブハーリーを除く五書に、一七のハディースを伝えている。

ハーリサ・イブン・ムダッリブ　北アラブのラビーア部族アブドゥルカイス支族出身の第二世代のハディース伝承者。クーファ生まれ。アブー・ムーサー・アシュアリー、アリー、イブン・マスウードなどからハディースを伝えた。

ハーリス・イブン・アムル　サキーフ部族出身の第二世代。第二代正統カリフのウマルおよびウマイヤ朝第一代カリフのムアーウィヤの代にクーファ総督を務めた教友ムギーラ・イブン・シュウバの甥。

ハーリス・イブン・ヒシャーム　クライシュ族マフズーム家出身の教友。マッカ征服（六三〇年）の際にイスラームに加わった。六三六／七年、シリア征服に参加中に戦死。伝えたハディースは二つのみ。

ハキーム・イブン・ヒザーム　クライシュ族アサド家の出身。マッカ征服の際にイスラームに加わった教友で、その後はフナインの戦い、ターイフの戦いに参加した（六三〇年）。ムハンマドの最初の妻ハディージャはオバで、高弟のズバイルは従兄弟。のちに商人としてダマスカスに移住した。多くのハディースを伝え、四つのハディースが両真正集ともに収録されている。アブー・バクルから学び、アラブ部族の系譜に詳しかったという。六七四年没。

ハスナー・ビント・ムアーウィヤ・サリーミーヤ　サリーム部族出身の女性教友。ハディースを本書に収録した一つだけ伝えている。

バフズ・イブン・ハキーム　ムアーウィヤ・イブン・ハイダの孫。バスラのハディース学者。父・祖父や他の人びとからハディースを伝え、ムスリム『真正集』を除く五書に収録されている。

バラーウ・イブン・アーズィブ　マディーナ出身の教友。父親は当初からの援助者であった。バドルの戦い（六二四年）の時は少年で参戦を認められなかったが、ウフドの戦い（六二五年）以降は多くの戦役に参加。正統カリフ時代にクーファで暮らし、法学の知識で知られた。三〇五のハディースを伝えている。六九一／二年没（その前年とする説もあり）。

ハンザラ・イブン・ヒズヤム　タミーム部族出身とされる教友。祖父・父ともに教友であった。孫のザイヤールが彼から三つのハディースを伝えている。

ハンザラ・ウサイイディー　タミーム部族ウサイイド支族出身の教友。預言者ムハンマドの書記の一人として、諸王への書簡などを代書し、「書記ハンザラ」として知られる。正統カリフ時代末期の内乱では中立を保ち、ウマイヤ朝初期のコンスタンチノープル遠征に加わり、六七二年没。伝えたハディースは三つのみ。

ヒシャーム・イブン・アーミル　マディーナのナッジャール部族出身の教友。父も教友であったが、ウフドの戦い（六二五年）で戦死。後にバスラに移住し、この地で没した。九つのハディースを伝えている。

ヒシャーム・イブン・ウルワ　ハディース学の先駆者ウルワ・イブン・ズバイルの息子（六八〇／一—七六三／四年）。マディーナでハディースを伝承し、弟子の中から、先駆的ハディース集を編んだマーリク・イブン・アナス（マーリク学派の名祖）が出た。

ビシュル・イブン・ハズン・ナスリー　クーファの伝承者。教友か第二世代かについて両説がある。ハディースはブハーリー『アダブ』とナサーイー『スンナ集』に収録されている。

ファーティマ　預言者ムハンマドの末娘。ムハンマドの従弟アリーと結婚し、ハサン、フサインを生んだ。ムハンマドの子孫たちは、この二人の孫から末広がりとなり、現在に至っている。ファーティマは四人の娘のうち、ひとりだけ父親より長生きして父の世話を続けたため、ムハンマドは彼女を「自分の父の母親〔役〕」と呼んだ。ムハンマドの没後ほどなく世を去ったため、ハディースの伝承は多くない。一八のハディースが伝わっている。

フザイファ　ガタファーン部族アブス支族出身の教友。イスラーム以前の父の代にマディーナに住みつき、父子でイスラームに加わった。ウフドの戦い（六二五年）の乱戦中に、父ヤマーンは誤って味方の手で落命した。フザイファはムハンマドの高弟の一人となり、秘書の役割を果たした。ムハンマドはマディーナ内の極秘情報を彼にだけ知らせて秘匿させたと伝えられる。ウフド以降の主要な戦役に参加。ムハンマド没後は、イラク、シャーム（シリア）征服に参加し、さらにニハーワンドの戦い（六四二年）でサーサーン朝の大軍を撃破した。マダーイン（旧クテシフォン）の総督となり、六五六年没。二二〇のハディースを伝えている。

フブシー・イブン・ジュナーダ　ハワーズィン部族サルール支族出身の教友。別離の巡礼に参加して、預言者ムハンマドに会った。後にクーファに移住。伝えたハディースは少なく、ティルミズィー、ナサーイー、イブン・マージャの『スンナ集』に収録されている。

フマイド・イブン・アビー・フマイド（通称「手が長いフマイド」）　バスラ出身の第二世代のハディース伝承者。父親は六六四年のカーブル攻略の際の戦争捕虜とされる。「タウィール（長い／のっぽ）」というあだ名があるが、史料はいずれも背は高くなく、「手が長かった」「背の低いフマイドとの区別のため」などの命名の理由をあげている。教友のアナスのほか、多くの第二世代からハディースを伝えた。六書に収録されている。

ブライダ・イブン・フサイブ　アスラム部族出身の教友。預言者ムハンマドがヒジュラ（六二二年）の際に彼らの土地を通過した時にイスラームに加わった。その後、マディーナに移住し、マッカ征服ではアスラム部族の旗手を務めた。ムハンマド没後、バスラに移住。さらにホラーサーン征服に加わり、メルヴに定住して、六八一／二年没。一六七のハディースを伝え、六書すべてに収録されている。双子の息子スライマーンとアブドゥッラーも、ハディース伝承者として知られている。

マアマル・イブン・アブドゥッラー　クライシュ族出身の教友。マッカ時代の迫害を逃れて、第二次アクスム（エチオピア）移住に加わったため、マディーナへの移住は遅かった。五つのハディースを伝えている。

マーリク・イブン・アナス　南アラブ系のヒムヤル部族の出身で、マディーナ生まれ。後にマーリク法学派の名祖とされる。生年には、ヒジュラ暦九〇（七〇八）年―九八（七一六/七）年のあいだに数説ある。祖父は第一世代の学者であった。ナーフィウ（イブン・ウマルの被保護者）に師事し、ヒシャーム・イブン・ウルワ、ズフリーなどからもハディースを伝え、全ハディース集に収録されている。彼のハディースの伝承経路の中でも、①預言者ムハンマド→②イブン・ウマル→③ナーフィウ（イブン・ウマルの被保護者）→④マーリクがもっとも信頼性の高い伝承者が最短で連なったものとして「黄金の鎖」と呼ばれる。彼が編纂したハディース集『ムワッタア』には、預言者のハディースのみならず、教友たちのことば、第二世代やそれに続く世代の法学者の見解、当時のマディーナでの慣習、さらに彼自身の見解も収録されている。当時のマディーナの慣習を法源の一つとしたことは、マーリク学派の特徴となっている。生涯をほぼマディーナだけで過ごし、七九五年没。

マーリク・イブン・ラビーア　ハズラジュ部族系の教友。援助者のリーダーの一人。バドルの戦い（六二四年）およびその後の主要な戦役に参加。いくつものハディースを伝えている。晩年に視力を失った。没年は数説あり。

マアン・イブン・ヤズィード　スライム部族出身の教友。父・祖父も教友。ムハンマド没後に、ダマスカス攻略に参加。第一次内乱では、スィッフィーンの戦い（六五七年）でムアーウィヤの側についた。第二次内乱初期には、イブン・ズバイルを支持するダッハーク・イブン・カイスの側につき、ウマイヤ朝軍に敗れて戦死。五つのハディースを伝えている。

マスルーク　第二世代の長老の一人。父が入信して、マディーナに移住。二〇人近い教友から教えを受けたが、特にアーイシャの薫陶を受け、クンヤ名も「アブー・アーイシャ」とした。ペルシア征服戦に参加し、カーディスィーヤの戦い（六三七年頃）の戦傷で片腕が麻痺した。第一次内乱では、身を張って戦いを防ごうとした。クーファに住み、法学者として無償で奉仕した。アーイシャ、アリー、イブン・マスウード、ウマルなどから多くのハディースを伝えた。六八一／二年没。

ミクダーム・イブン・マアディーカリブ　キンダ部族出身の教友。後にシャーム（シリア）に移住し、ヒムスに住んだ。四七のハディースを伝えている。七〇六年没。

ミスワル・イブン・マフラマ クライシュ族ズフラ家出身の教友。父も教友で、子どもの時に父とマディーナに移住して、預言者ムハンマドに会った。教友の長老たちから、教えを受けた。ムハンマドの没後、イラク、ペルシア征服戦に参加。マディーナに戻って、第二代正統カリフのウマルの薫陶を受けた。第三代正統カリフのウスマーンが殺害された後はマッカに隠棲。第二次内乱では、イブン・ズバイル側につき、ウマイヤ朝軍の石弾で負傷して落命。伝えたハディースは、六書に収録されている。

ムアーウィヤ・イブン・ジャーヒマ スライム部族出身の教友。父母も教友。母親の重要性についてのハディースだけが伝わっている。ウマイヤ朝開祖のムアーウィヤとは別人。

ムアーウィヤ・イブン・スワイド・ムカッリン クーファの住人。第三世代に属する。実父および教友バラーウ・イブン・アーズィブから、ハディースを伝承している。

ムアーウィヤ・イブン・ハイダ ハワーズィン部族クシャイル支族出身の教友。大征服後はバスラに住み、四〇余のハディースを伝えている。

ムアーウィヤ・イブン・ハカム スライム部族出身の教友。マディーナの住人。彼が伝えたハディースが、二大真正集、アブー・ダーウードとナサーイーの『スンナ集』に収録されている。

ムアーズ・イブン・ジャバル　マディーナのハズラジュ部族ウダイユ支族出身の教友。ヒジュラ前の第二アカバの誓い(六二二年)に参加した時は、ヒゲもない一八歳だったとされる。バドルの戦い以降、主要な戦役に参加。彼が法規定に明るいことは、ムハンマド自身が認めていた(三九三頁)。イエメンに派遣された際にムアーズが述べた「イジュティハード(法規定発見の努力)」のことばは、その後のイスラーム法の一つの原理となった。ムハンマド没後は、シャーム(シリア)征服戦に参加。駐留中に、ムスリム軍が初めて遭遇した疫病(発生地から「アムワースの疫病」と呼ばれる)によって、六三九年没。一五五のハディースを伝えている。

ムジャーヒド・イブン・ジャブル　第二代正統カリフのウマルの時代にマッカで生まれた第二世代。多くの教友から教えを受けたが、特に「クルアーン解釈学の父」とされるイブン・アッバースに師事し、クルアーンの朗誦《ろうしょう》と解釈に傑出した。ハディース学、法学にも優れ、多くの弟子が輩出した。彼が伝えたハディースは、六書に収録されている。七二〇—七二三年没。

ムッタリブ・イブン・アブドゥッラー・イブン・カイス　祖父のカイス・イブン・マフラマは、クライシュ族ムッタリブ家出身の教友。入信は遅く、ハディースも息子のアブドゥッラーとムハンマドにだけ伝えている。孫のムッタリブは、そのハディースを父アブドゥッラーから伝えた。主要ハディース集(六書)では、ティルミズィーが本書に訳出したハディースのみを収録している。

ムハンマド・イブン・アリー・イブン・フサイン　ムハンマドの孫フサインの孫(ムハンマドの玄孫《やしゃご》)にあたる。ムハンマド・バーキルとしても知られ、シーア派は第五代イマームとしている。法学に優れ、学統を息子のジャアファル・イブン・ムハンマドが継承し、ジャアファル法学派が形成された。七三三年没。教友のジャービル・イブン・アブドゥッラーに会って、「別離の巡礼」に関する長いハディースを伝えた。

ムハンマド・イブン・イブラーヒーム　クライシュ族出身の第二世代で、祖父は初期の移住者の一人であった。アブー・バクルの従弟にあたる。マディーナの法学者、ハディース伝承者の一人となった。七三七—七三九年に没。

ムハンマド・イブン・カイス　クライシュ族ムッタリブ家の出身。幼少時にムハンマドを見ているが、教友とはみなされない(父のカイスはムハンマドと同年生まれで、のちに教友となった)。アーイシャ、アブー・フライラからハディースを伝え、ムスリム、ティルミズィー、ナサーイーのハディース集に収録されている。

ムハンマド・イブン・ジュバイル　クライシュ族ナウファル家出身の第二世代。マディーナで生まれ、学者として尊敬されたが、ハディース伝承は少ない。父ジュバイル、教友のムアーウィヤ（ウマイヤ朝の開祖）などからハディースを伝えた。

ムハンマド・イブン・ハーティブ　クライシュ族ジュマフ家出身の教友。幼時に父がマッカでの弾圧を逃れてアクスム（エチオピア）に避難した際に連れられて行った。イスラーム時代になって最初にムハンマドと名づけられた子。父はアクスム滞在中に没した。預言者ムハンマド没後、第四代正統カリフのアリーに従った。ウマイヤ朝第五代カリフのアブドゥルマリクの代にマッカで没。二つのハディースを残した。

ムハンマド・イブン・ハナフィーヤ　第四代正統カリフのアリーの三男。兄二人（ハサン、フサイン）が預言者ムハンマドの娘ファーティマの子であるのに対して、彼はアリーがファーティマの没後に結婚したハナフィーヤ（ハナフィー部族の女性）から生まれた。両者を区別するために、通常はイブン・アリー（アリーの子）と呼ばない。預言者ムハンマドは自らのクンヤ名（アブー・カースィム）を一般に禁じた（四二〇頁）が、アリーの子（孫）たちにこれを許し、イブン・ハナフィーヤも「アブー・カースィム」を名乗った。アリーのカリフ時代には父をよく補佐した。兄二人の没後に一家の長となり、彼を奉じるムフタールの乱が起きた（六八五―六八七年）。マディーナの主要な法学者として、いわゆる「マディーナの七法学者」に準ずる一人。父アリーのほか、アンマール・イブン・ヤースィルやイブン・アッバースからハディースを伝えた。七

○○年没。

ムハンマド・バーキル　→ムハンマド・イブン・アリー・イブン・フサイン

ヤアラー・イブン・ムッラ　サキーフ部族出身の教友。フダイビーヤの和約(六二八年)の前に入信し、リドゥワーンの誓い、マッカ征服などに参加した。自らの出身地のターイフ戦にもイスラーム側で参戦。後にアリーに従い、クーファに移住。ムハンマド、アリーから、二六のハディースを伝えている。

ヤズィード・イブン・アサンム　第二世代に属する。ムハンマドの妻の一人マイムーナの甥にあたり、ラッカの住人。オバのマイムーナ、母方の従兄にあたるイブン・アッバース、アブー・フライラなどから多くのハディースを伝えた。七二一／二年(またはその翌年)没とされる。

ヤズィード・イブン・アビー・ウバイド　第二世代の最後期に属する伝承者の一人。自分の保護者だった教友サラマ・イブン・アクワウなどから、ハディースを伝えている。七六四／五年没。

ヤフヤー・アブー・ウマル・ナフイー　第二世代に属する。クーファ生まれ。イブン・アッバースからのハディースを伝えている。

ラーフィウ・イブン・ハディージュ　ハズラジュ部族系ハーリス部族出身の教友。バドルの戦い(六二四年)には年少で参戦を許されなかった。ウフドの戦い(六二五年)では敵の矢が突き刺さり、矢尻が生涯体内に残ったと伝えられる。沙漠を愛したという。ウマイヤ朝初期のマディーナで法規定について権威を持った。八〇近いハディースを伝えている。六九二年(またはその翌年)没。

ワースィラ・イブン・アスカウ　キナーナ部族ライス支族出身の教友。タブークの戦い(六三〇年)の前にマディーナに来て、入信。貧しいため、預言者モスクの回廊で暮らした(「回廊の民」という)。正統カリフ時代にはシャーム(シリア)征服戦に参加。後にパレスチナに住んだ。長生きし、七〇二/三年没。ムハンマドや同じく「回廊の民」の一人だったアブー・フライラなどから、五六のハディースを伝えている。

ワービサ・イブン・マアバド　アサド部族出身の教友。ムハンマドの晩年、自部族の者と共にマディーナを訪れ、入信。後にイラクのジャズィーラ地方に移住し、ラッカで没。ムハンマドと教友三人から、一一のハディースを伝えている(ナサーイーを除く三スンナ集に収録)。

出所：イブン・イスハーク『預言者ムハンマド伝4』(後藤明・医王秀行・高田康一・高野太輔訳) 岩波書店，2012年，114-120頁 (付録：系図) などを参考に，編訳者作成.

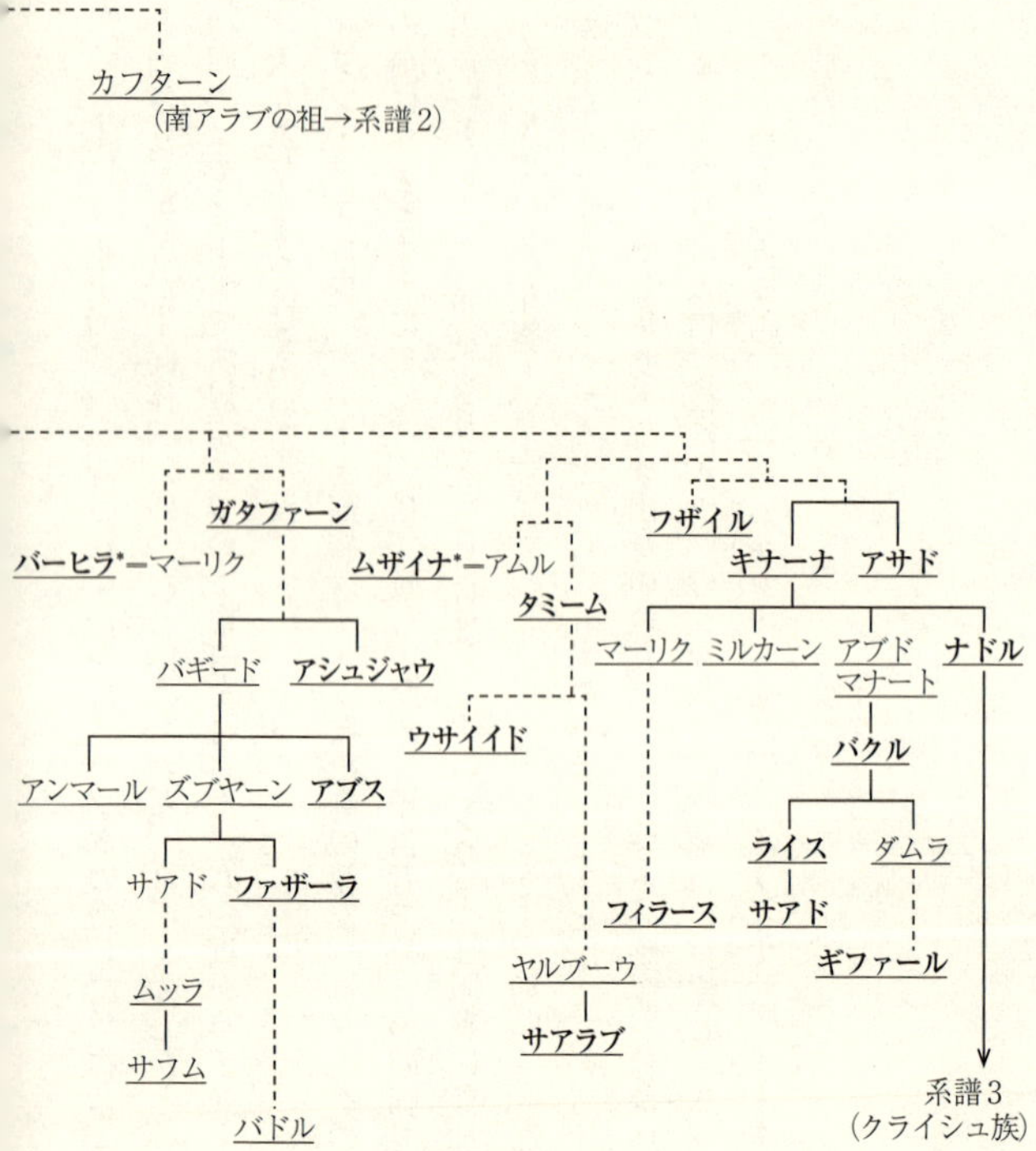

系譜1　北アラブの系譜と本書に登場する部族名

下線：個人が名祖としてその名が部族名・支族名となっている
太字：本書に登場する部族名　　*：女性
＝：婚姻　　破線：人名を省略

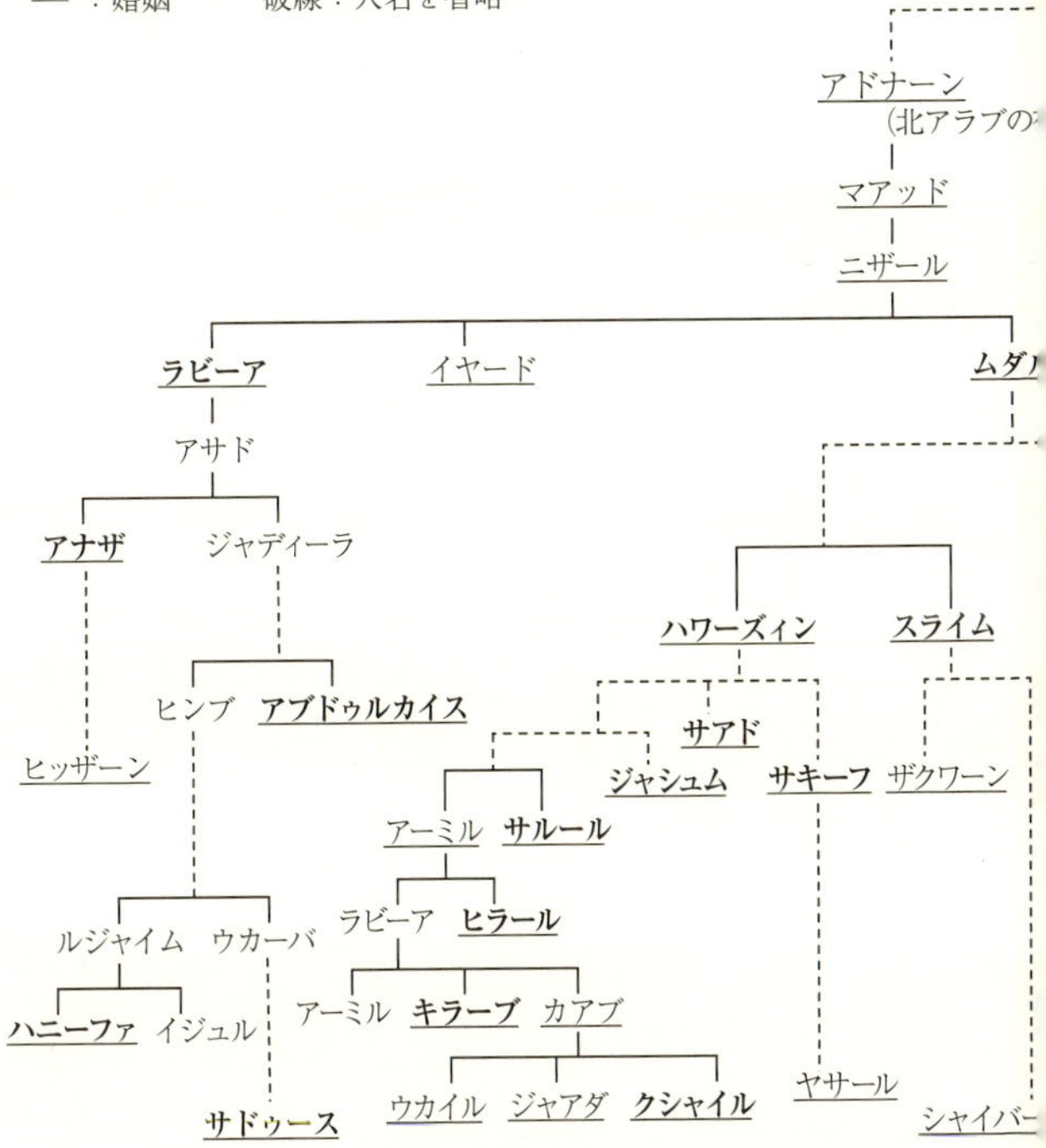

出所：イブン・イスハーク『預言者ムハンマド伝 4』（後藤明・医王秀行・高田康一・高野太輔訳）岩波書店，2012 年，122-130 頁（付録：系図）などを参考に，編訳者作成．

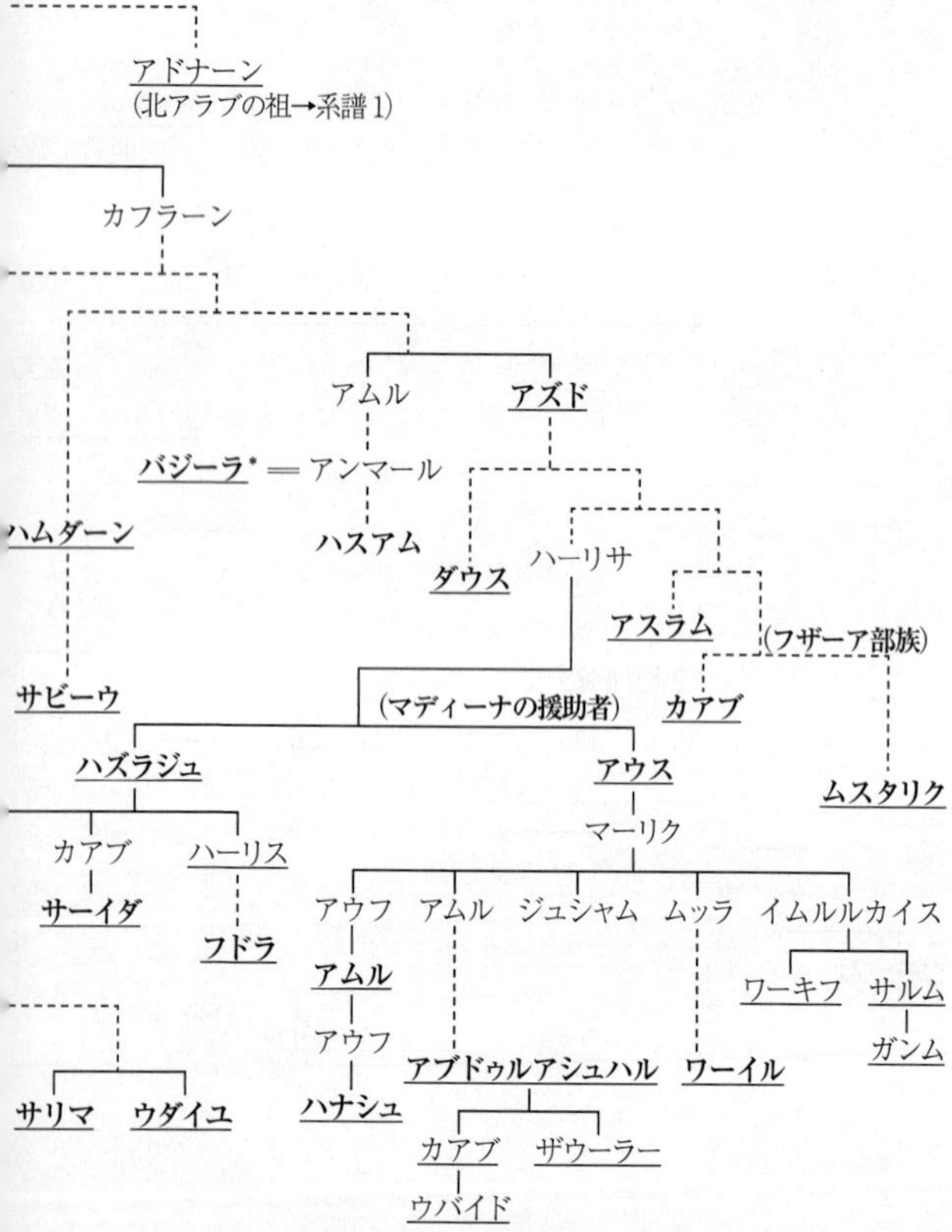

系譜 2　南アラブの系譜と本書に登場する部族名

下線：個人が名祖としてその名が部族名・支族名となっている
太字：本書に登場する部族名　　＊：女性
━　：婚姻　　　破線：人名を省略

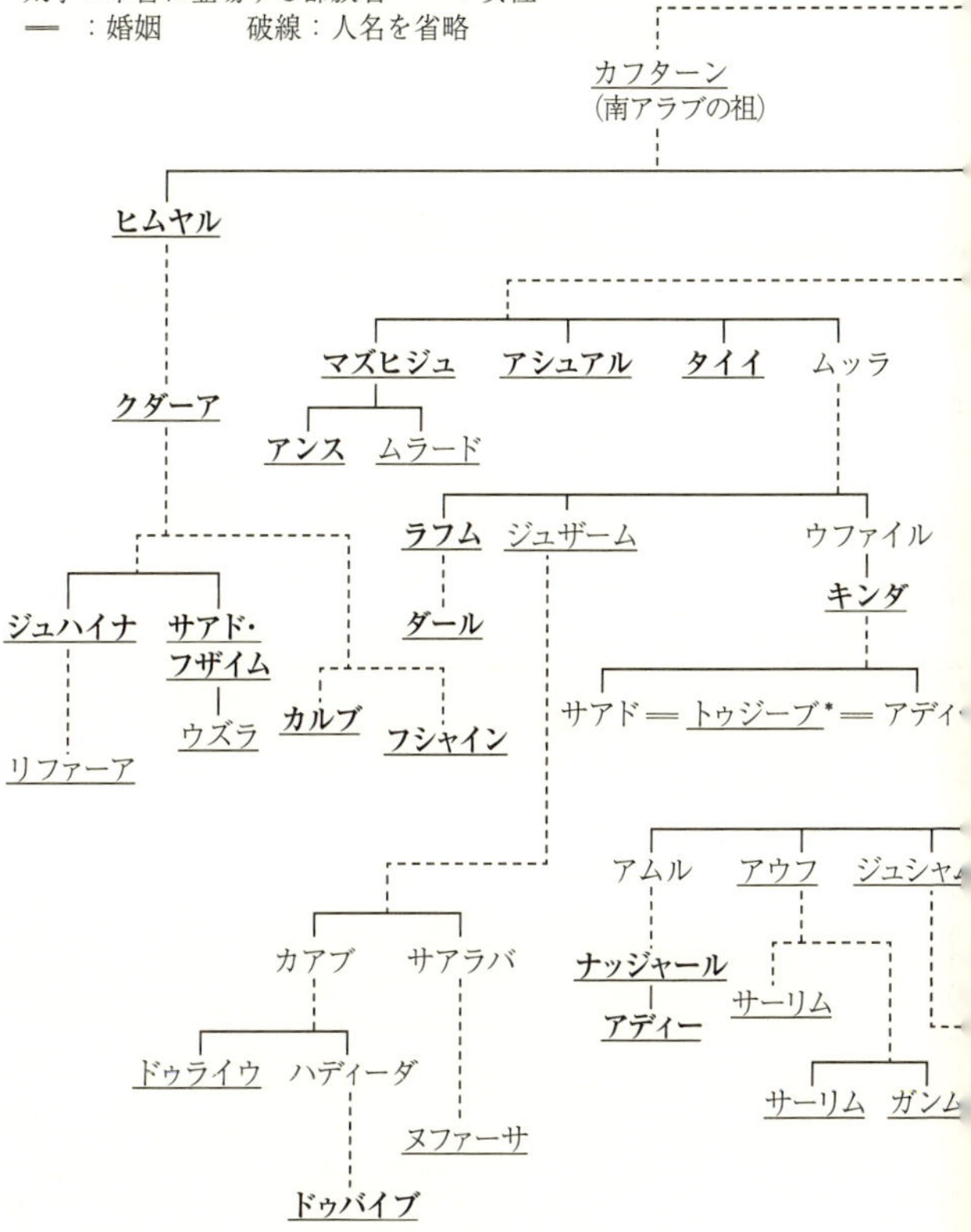

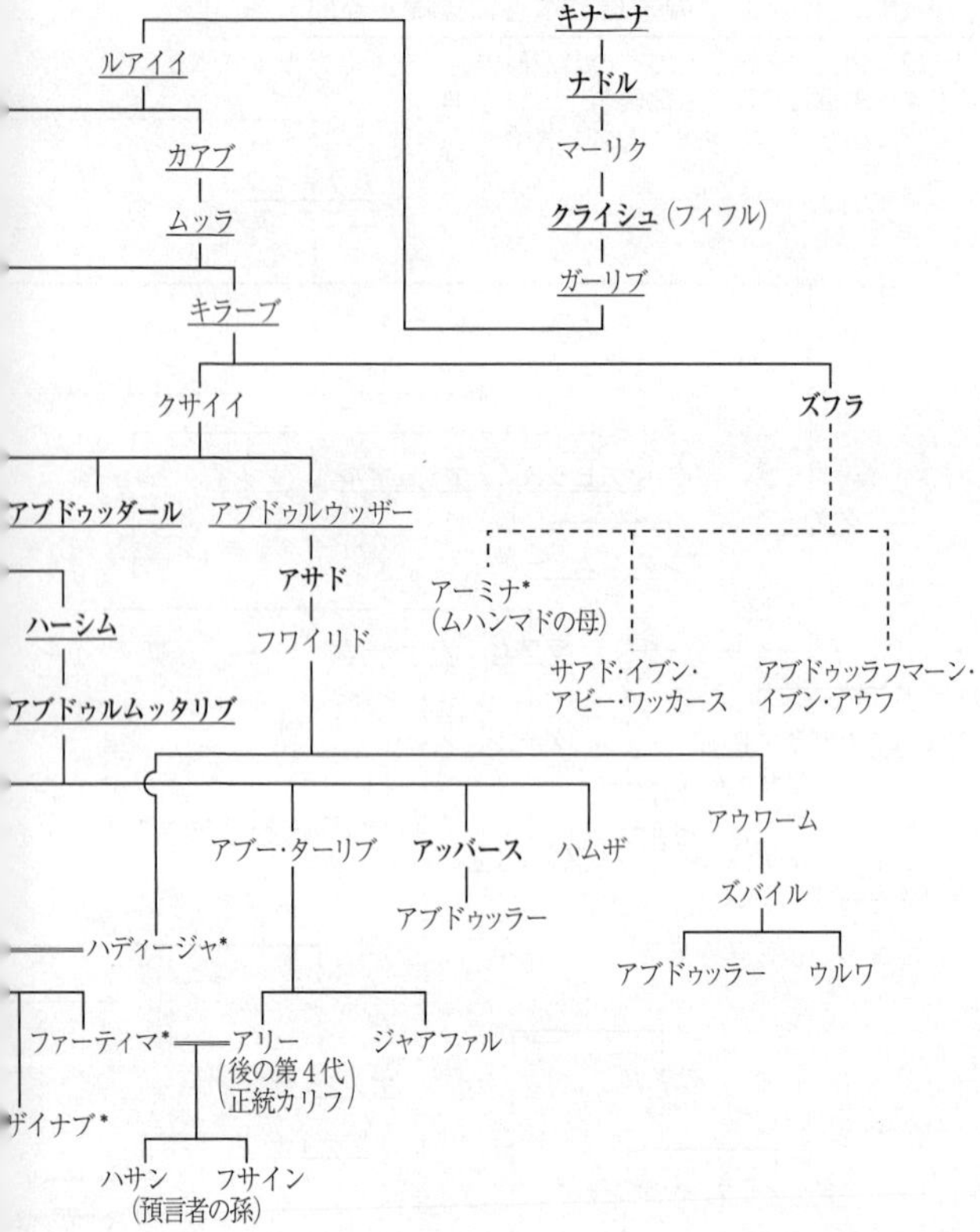

出所：小杉泰『イスラーム 文明と国家の形成』
京都大学学術出版会，2011年，160頁の図を
一部修正して編訳者作成．

系譜3　ムハンマドとクライシュ族

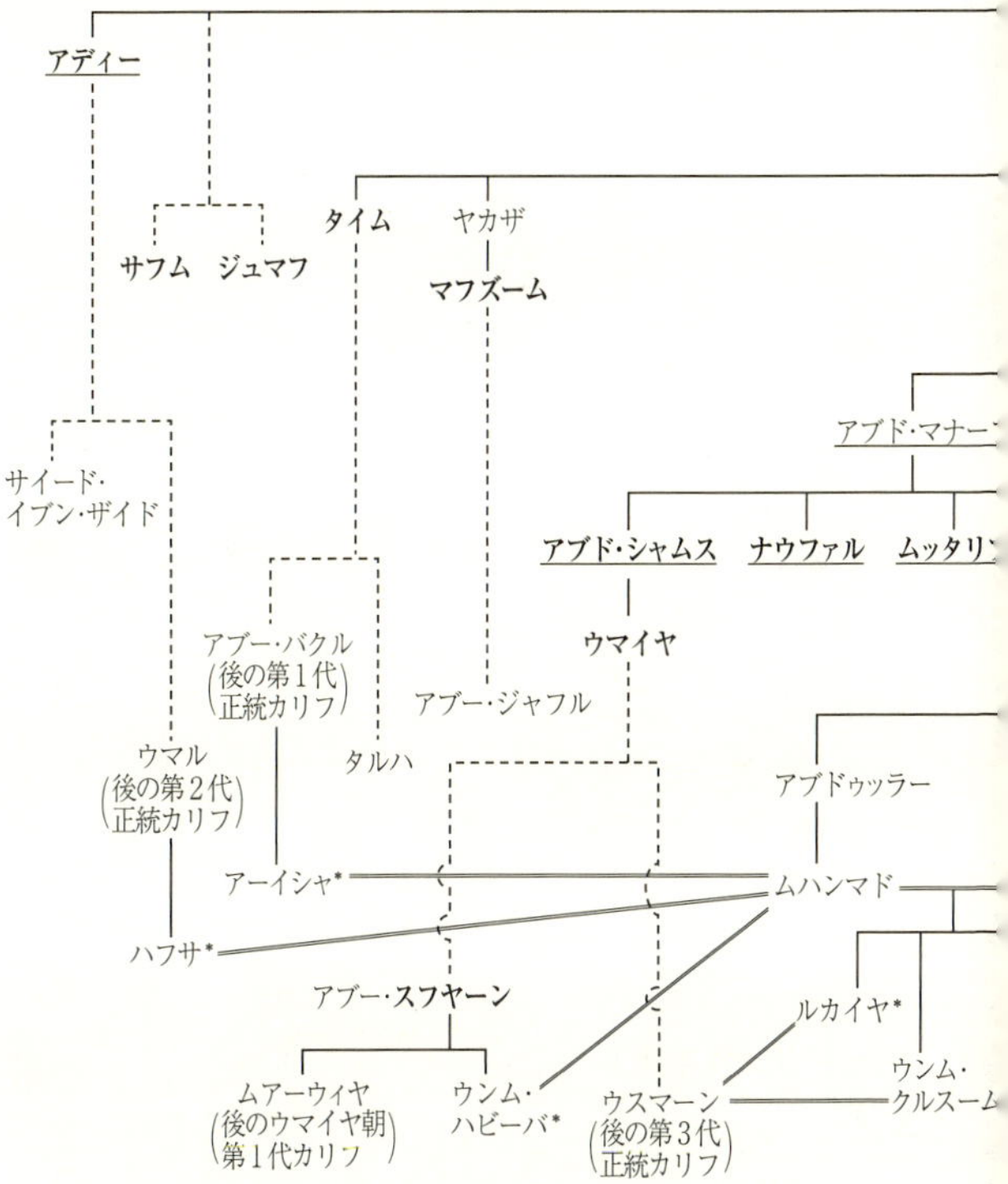

下線：個人が名祖としてその名が家名（支族名）となっている
太字：本書に登場する部族・支族名　　＊：女性
═：婚姻　　破線：人名を省略

出所：フサイン・ムウニス『イスラーム歴史地図』1987年，ザフラー書店，54-55頁を参考に，編訳者作成．

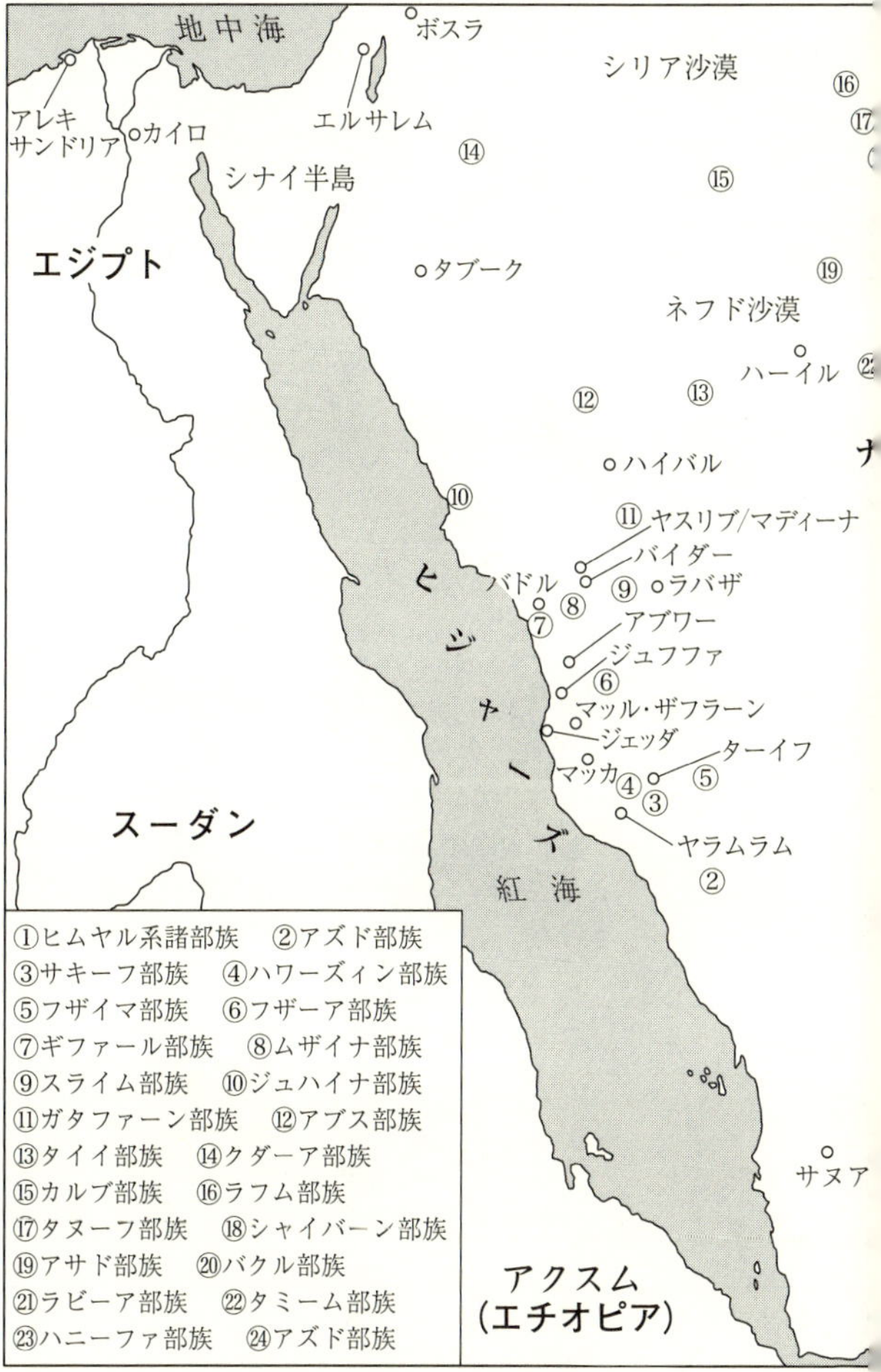

図1　イスラーム登場の頃のアラビア半島

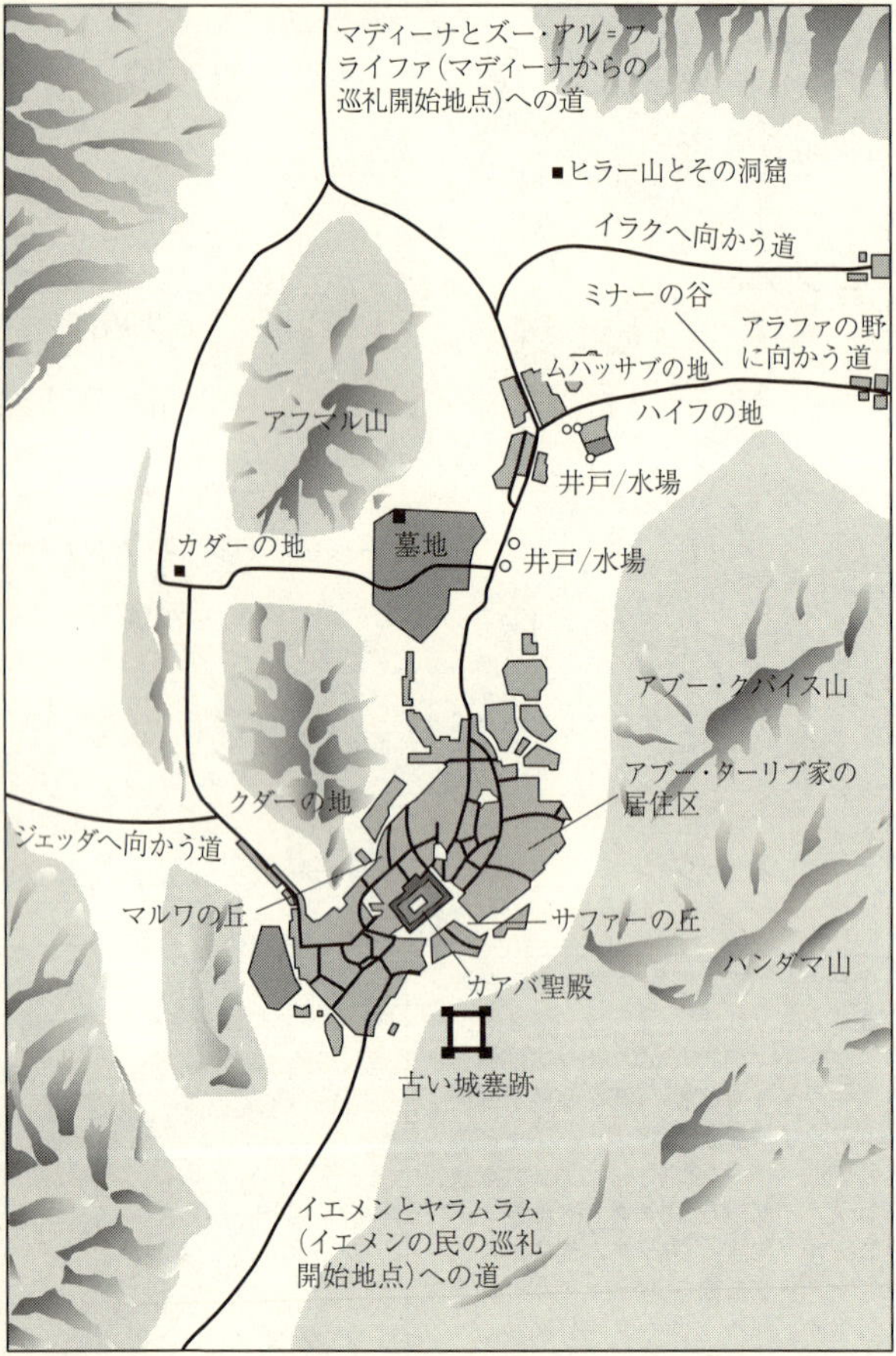

図2　イスラーム誕生の頃のマッカ

出所：フサイン・ムウニス『イスラーム歴史地図』1987年，ザフラー書店，62頁を参考に，編訳者作成．

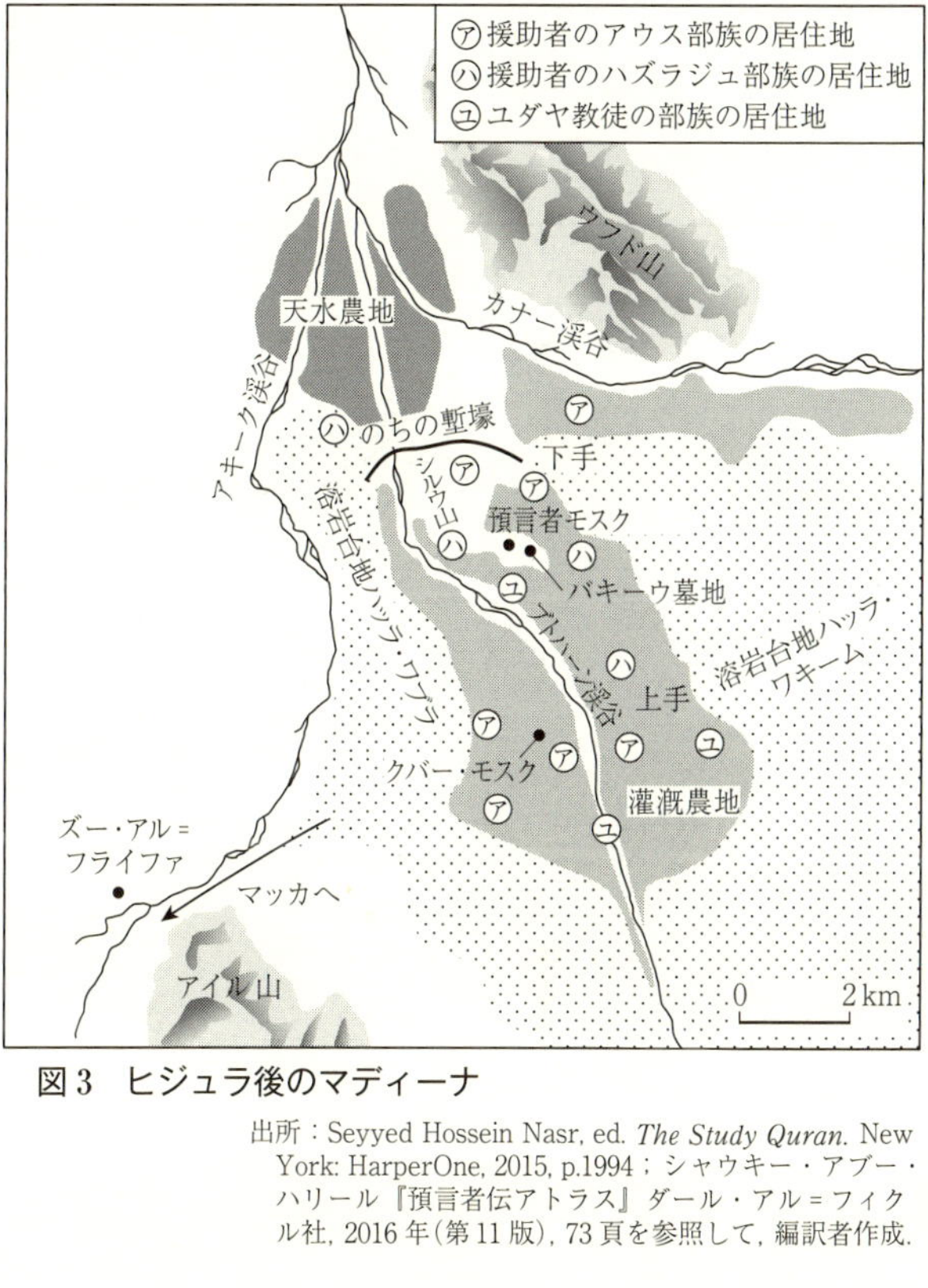

図 3　ヒジュラ後のマディーナ

出所：Seyyed Hossein Nasr, ed. *The Study Quran*. New York: HarperOne, 2015, p.1994；シャウキー・アブー・ハリール『預言者伝アトラス』ダール・アル＝フィクル社, 2016 年(第 11 版), 73 頁を参照して, 編訳者作成.

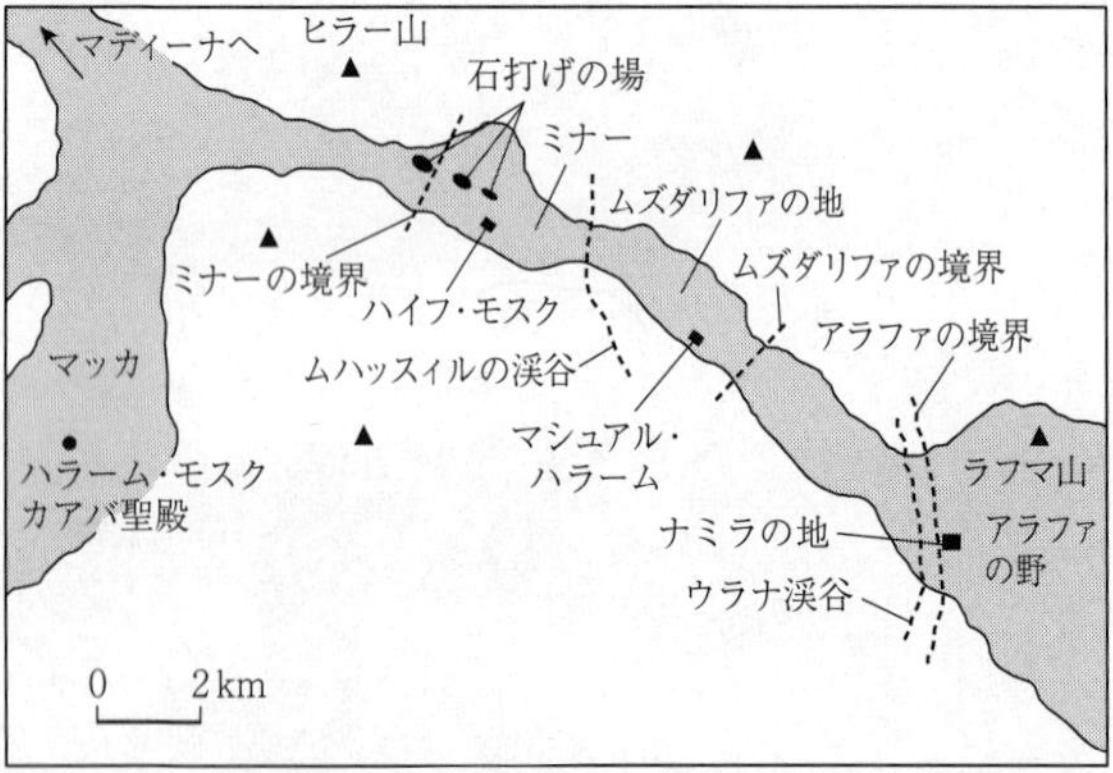

網掛け部分は，現地の地形では両側を山に挟まれた渓谷で，低地になっている．

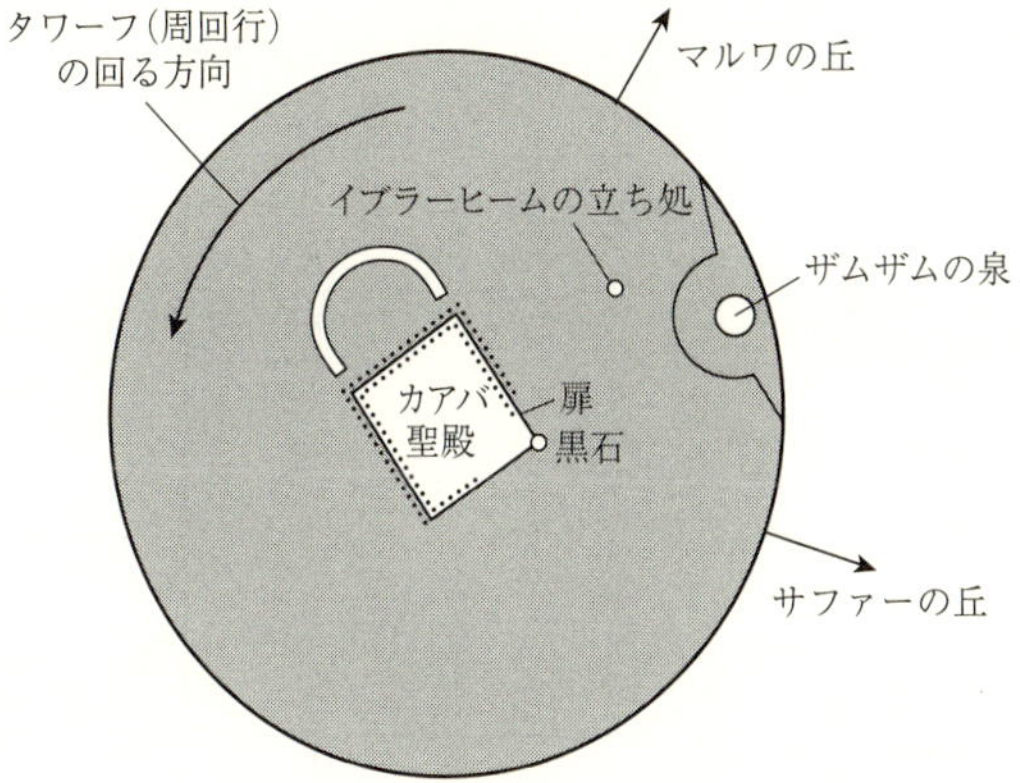

図4　マッカのカアバ聖殿（左）と巡礼地（右）

出所：(左) サーミー・イブン・アブドゥッラー・イブン・マグルース『ハッジとウムラ・アトラス：歴史と法学』ウバイカーン書店，2016年(第3版)，49頁を参考に，編訳者作成.
(右) 同上，54頁を参考に，編訳者作成.

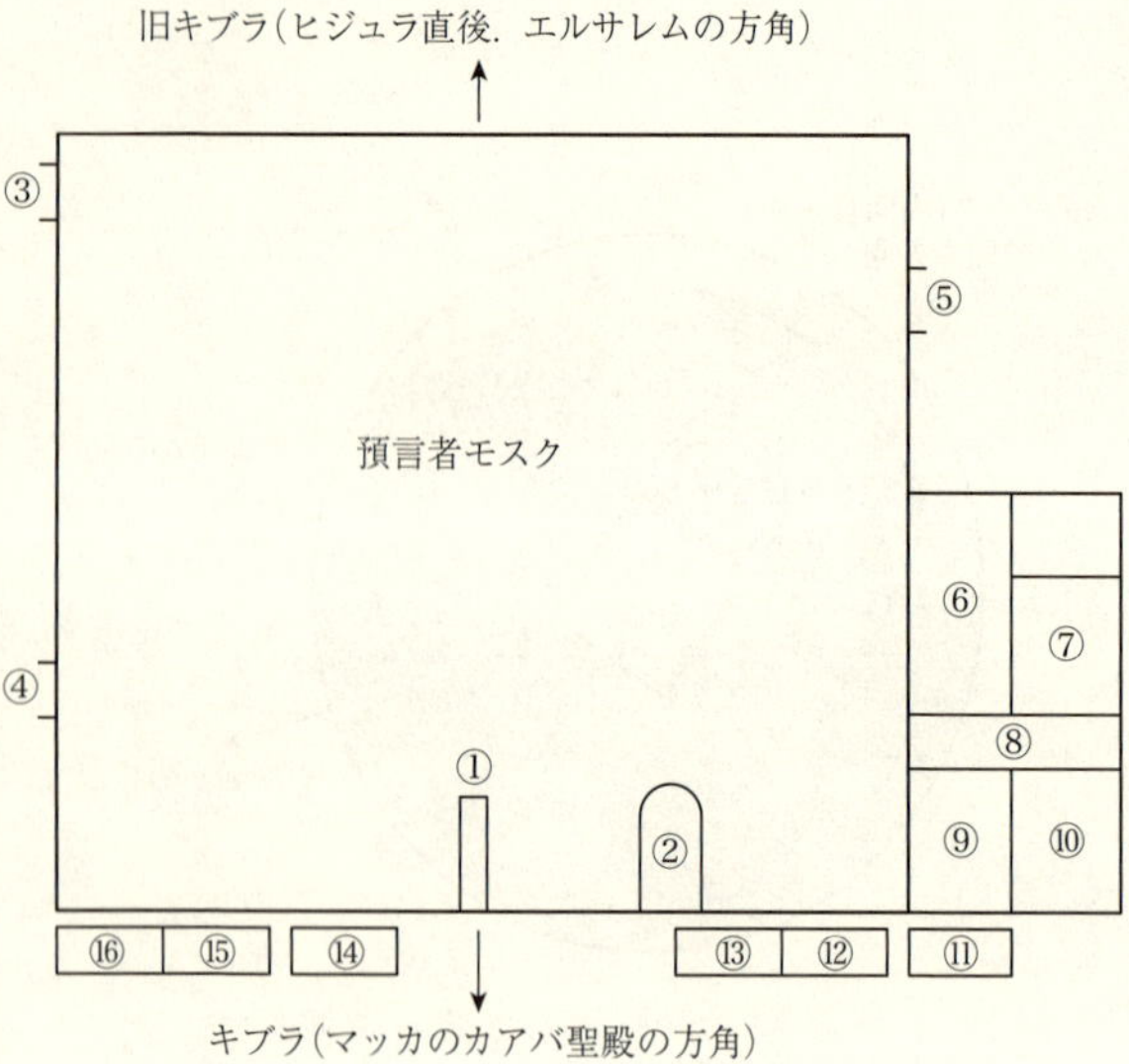

①ミンバル(説教壇)
②ミフラーブ(キブラを示す壁龕)
③慈悲門
④アブー・バクルの通用口
⑤ウスマーン門
⑥アリーとファーティマの家
⑦ウンム・サラマ(*)
⑧アリーの通用口
⑨アーイシャ(*)
⑩サウダ(*)
⑪ハフサ(*)
⑫ウサーマ・イブン・ザイドの部屋
⑬ハムザの部屋
⑭ジャアファル(アリーの兄)の部屋
⑮アッバースの部屋
⑯サアド・イブン・アビー・ワッカースの部屋

(*)はムハンマドの妻たち

図 5　マディーナの預言者モスク(ムハンマド晩年の頃)

出所：ムハンマド・アリー・カザニー『使徒とマディーナの史跡事典』ジャワーミウ・アル＝カリム書店，2014 年，154 頁を参考に，編訳者作成．

略年譜——ムハンマドの生涯

（ヒジュラ暦年号と年齢は太陰暦による）

五七〇	イエメンから戦闘用の象を連れた軍が、クライシュ族が支配するマッカを攻撃し、「象の年」として記憶される。ムハンマド誕生。前年結婚したばかりの父アブドゥッラーはその誕生前に没。 二歳の頃、サアド部族へ里子に（乳母ハリーマ）。
五七六	六歳の時、母アーミナ、マディーナ訪問からの帰路にアブワーで没。子守役の女性ウンム・アイマンがムハンマドをマッカに連れ帰る。祖父アブドゥルムッタリブが保護者に。
五七八	八歳で、祖父アブドゥルムッタリブ没。伯父のアブー・ターリブが保護者に。 一二歳頃、伯父のシャーム（シリア）への隊商に同行したとされる。
五九五	女性商人ハディージャに雇われ、シャームへ隊商の旅。その後、彼女と結婚。 夫婦はやがて二男四女を得るが、男児はどちらも夭折。

六〇五	この頃、クライシュ族はカアバ聖殿を再建。ムハンマドが黒石をはめ込む役を担う。
六一〇	四〇歳の時、ヒラー山の洞窟で、大天使ジブリールの訪問を受け、クルアーンの「啓示」が始まる。半年ほど途切れ、その後は没時まで継続する。
	近親者、友人などを中心に、秘密裏に布教を始める(三年ほど)。妻ハディージャ、盟友アブー・バクル、未成年のアリー、解放奴隷のザイドなどがムスリムとなる。
六一三	この頃、公然と布教を始め、クライシュ族による迫害が始まる。
六一四	シャームの争奪戦で、ペルシア軍がエルサレムを攻略。
六一五	この頃に、迫害を逃れるため、ムスリムの一部をエチオピアに移住させる(二波にわたる)。
	その後、ウマル・イブン・ハッタープが入信。イスラーム側の勢力が強まる。
	ハーシム家がムハンマドの保護をやめないことに対して、反イスラームの諸家がハーシム家をボイコット。三年ほど、通婚・交易などが止められる。
六一九	この頃に、「悲しみの年」。部族的な保護者のアブー・ターリブと長年支えてくれたハディージャが世を去ったため、この名がつく。
六二〇	新天地を求めて、ターイフで布教を試みるが、失敗。

	この時期に、エルサレムへの「夜の旅」と諸天への「昇天の旅」が起き、諸預言者の使命の継承を強く認識。
六二一	アブー・ジャフルがクライシュ族の指導者となり、ムハンマドの生命にも危険が及びかねない状況となる。 ヤスリブ（後のマディーナ）から新しい入信者がマッカに来て、第一次アカバの誓い。
六二二	第二次アカバの誓い。 ヒジュラ（聖遷）。弟子たちをヤスリブに移住させ、ムハンマドもアブー・バクルと共に移住（六二二年九月に郊外のクバーの地に到着）。 マディーナ（預言者の町）にイスラーム共同体（ウンマ）を樹立。この年が後に（第二代正統カリフのウマルによって）ヒジュラ暦元年と定められた（移住のあった太陰年の元日をヒジュラ暦元年元日とする＝西暦六二二年七月一六日）。 クバー・モスク、預言者モスクを建設。 「マディーナ憲章」を締結し、マディーナのムスリムとユダヤ教徒の協力体制を固める。
六二三	ヒジュラ暦二年、礼拝の方角（キブラ）がエルサレムからマッカのカアバ聖殿に変更。

六二四	ヒジュラ暦三年、「戦闘の許可」が啓示される。バドルの戦いで、来襲した三倍のマッカ軍をムスリム軍が破る。
六二五	ヒジュラ暦四年、ウフドの戦い（六二六年説あり）。復讐戦に再度来襲したマッカ軍によって、ムスリム軍が苦戦、多くの戦死者を出した。マディーナ内部での反イスラーム派との軋轢も深まる。
六二七	ヒジュラ暦五年、部族連合の戦い（塹壕の戦い）。マッカ軍が同盟する諸部族と共に来襲し、マディーナを包囲。ムスリム軍は塹壕戦で、これを退けた。乾坤一擲の戦いを挑んだマッカ側は、これ以降守勢に。マディーナ内部では、防衛戦に協力しなかったユダヤ教徒の部族を制圧して、イスラームの支配が確立。
六二八	ムハンマドは小巡礼のためにマッカをめざすが、マッカ側との交渉で、フダイビーヤの和約（一〇年間の休戦条約）を結ぶ。リドゥワーンの誓いによって、ムスリムたちはムハンマドに対する忠誠を新たにした。
	ハイバルの戦い。マディーナ北方を勢力圏に置いた。 ビザンツ皇帝ヘラクレイオス、ペルシアからエルサレムを含むシャームを回復。その親征中に、イスラームを説くムハンマドの書簡が届けられた。
六二九	和約に従って、マッカへの小巡礼をおこなう。ムウタの戦いで、派遣隊がビザンツ軍に敗退。

六三〇	ヒジュラ暦八年、マッカ征服の年。マッカ側の和約違反をとがめ、イスラーム軍を糾合して、マッカを無血征服。カアバ聖殿の偶像をすべて破壊。マッカの人びとが大挙してイスラームに加わった。ビザンツ軍に備えて、タブークに遠征。
六三一	アラビア半島の多くの部族がマディーナに使節を派遣し、イスラームに帰順した（「使節来訪の年」）。
六三二	「別離の巡礼」をおこなう（「別離の説教」も。預言者として指揮した最初で最後の大巡礼）。 六月、ムハンマド没。アーイシャの部屋に埋葬（後に、預言者モスクの拡張で、墓廟がモスクの内部に位置するようになって、今日に至る）。 アブー・バクルをカリフ（後継者・代理人）＝共同体の長として選出（以後、正統カリフ時代が六六一年まで続く）。「ムハンマド亡き後のイスラーム」へ。これ以降、ムハンマドのことば＝ハディースが次第に流布するようになる。

編訳者解説
初期イスラームとハディース学の発展

ムハンマドについての「語り」の始まり

「ムハンマドのことば」は、副題にあるように「ハディース」とアラビア語で呼ばれる。ハディースという語自体はもともと「語り」「おしゃべり」といった意味であり、誰が語ってもハディースである。しかし、ムハンマドが「アッラーの使徒」と名乗ってイスラームを唱えるに至って、その弟子たちにとって彼の語りこそが重要で耳を傾けるべきものとなった。しかも、彼の晩年にはイスラームはアラビア半島のほぼ全土に広がったから、アラブ人の大半がイスラームの「帰依者」＝ムスリムとなり、アラビア語話者にとっては「預言者のハディース（ハディース・ナバウィー）」を物語り、伝え合うことがきわめて盛んになった。こうなると、ハディースと言えばまずは「ムハンマドのことば」ということになる。

ムハンマドは西暦五七〇年頃にマッカに生まれ、六三二年にマディーナで亡くなった。

享年六三歳と伝えられる(本書九七頁)。これは太陰暦の数え方による。毎月の始まりを新月の目視で決める太陰暦では、月が地球の周りを約二九・五日で一周するために、一か月は二九日または三〇日となり、太陽暦と比べると一年が約一一日短い。したがって、太陽暦換算ではムハンマドの享年は六一歳数か月にあたる。

初めて神の「啓示」がもたらされたのは四〇歳(以下、年齢は太陰暦のまま記する)の時で、西暦では六一〇年頃とされる。それまでのムハンマドの事績はほとんど知られず、本書に収録したハディースをみてもわかるように、その時期に関してはわかっていることが非常に少ない。本人が後日に幼年期・青年期を回想することも少なかったことがわかる。

残り二三年ほどの活動については、語りも多く、その記録も多い。本書に訳したハディースからも、イスラームの開祖として生きたムハンマドについて、その活動、語り、人間像が生き生きと伝わってくるであろう。

ムハンマドは六三年の人生をアラビア半島の中だけで過ごした。この半島をアラブ人たちは古来「アラブの島」と呼んできた。島は周囲をすべて海で囲まれているが、彼らから見ると、インド洋、紅海、地中海、ペルシア湾に加えて、雄大なユーフラテス川が周囲を囲む海であった。実際、アラビア語では大河を川というだけでなく「海(バフ

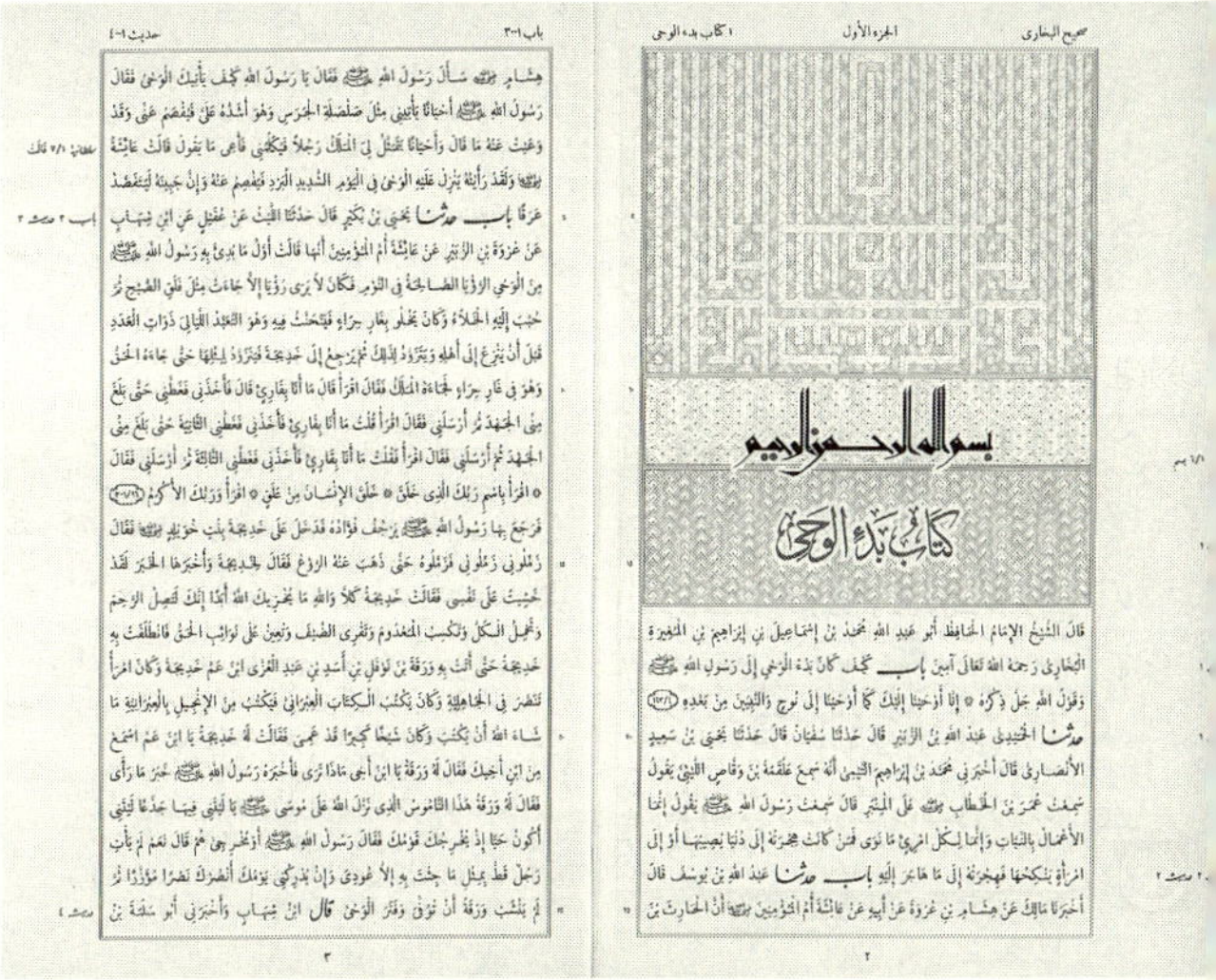

صحيح البخاري　الجزء الأول　١ كتاب بدء الوحي

بسم الله الرحمن الرحيم

كتاب بدء الوحي

قال الشيخ الإمام الحافظ أبو عبد الله محمد بن إسماعيل بن إبراهيم بن المغيرة
البخاري رحمه الله تعالى آمين باب كيف كان بدء الوحي إلى رسول الله ﷺ
وقول الله جل ذكره ۝ إنا أوحينا إليك كما أوحينا إلى نوح والنبيين من بعده (١٦٣/٤)
حدثنا الحميدي عبد الله بن الزبير قال حدثنا سفيان قال حدثنا يحيى بن سعيد
الأنصاري قال أخبرني محمد بن إبراهيم التيمي أنه سمع علقمة بن وقاص الليثي يقول
سمعت عمر بن الخطاب رضي الله عنه على المنبر قال سمعت رسول الله ﷺ يقول إنما
الأعمال بالنيات وإنما لكل امرئ ما نوى فمن كانت هجرته إلى دنيا يصيبها أو إلى
امرأة ينكحها فهجرته إلى ما هاجر إليه باب حدثنا عبد الله بن يوسف قال
أخبرنا مالك عن هشام بن عروة عن أبيه عن عائشة أم المؤمنين رضي الله عنها أن الحارث بن

٢

باب ١-٣　حديث ١-٤

هشام رضي الله عنه سأل رسول الله ﷺ فقال يا رسول الله كيف يأتيك الوحي فقال
رسول الله ﷺ أحيانا يأتيني مثل صلصلة الجرس وهو أشده علي فيفصم عني وقد
وعيت عنه ما قال وأحيانا يتمثل لي الملك رجلا فيكلمني فأعي ما يقول قالت عائشة
رضي الله عنها ولقد رأيته ينزل عليه الوحي في اليوم الشديد البرد فيفصم عنه وإن جبينه ليتفصد
عرقا باب حدثنا يحيى بن بكير قال حدثنا الليث عن عقيل عن ابن شهاب
عن عروة بن الزبير عن عائشة أم المؤمنين أنها قالت أول ما بدئ به رسول الله ﷺ
من الوحي الرؤيا الصالحة في النوم فكان لا يرى رؤيا إلا جاءت مثل فلق الصبح ثم
حبب إليه الخلاء وكان يخلو بغار حراء فيتحنث فيه وهو التعبد الليالي ذوات العدد
قبل أن ينزع إلى أهله ويتزود لذلك ثم يرجع إلى خديجة فيتزود لمثلها حتى جاءه الحق
وهو في غار حراء فجاءه الملك فقال اقرأ قال ما أنا بقارئ قال فأخذني فغطني حتى بلغ
مني الجهد ثم أرسلني فقال اقرأ قلت ما أنا بقارئ فأخذني فغطني الثانية حتى بلغ مني
الجهد ثم أرسلني فقال اقرأ فقلت ما أنا بقارئ فأخذني فغطني الثالثة ثم أرسلني فقال
۝ اقرأ باسم ربك الذي خلق ۝ خلق الإنسان من علق ۝ اقرأ وربك الأكرم (١-٣/٩٦)
فرجع بها رسول الله ﷺ يرجف فؤاده فدخل على خديجة بنت خويلد رضي الله عنها فقال
زملوني زملوني فزملوه حتى ذهب عنه الروع فقال لخديجة وأخبرها الخبر لقد
خشيت على نفسي فقالت خديجة كلا والله ما يخزيك الله أبدا إنك لتصل الرحم
وتحمل الكل وتكسب المعدوم وتقري الضيف وتعين على نوائب الحق فانطلقت به
خديجة حتى أتت به ورقة بن نوفل بن أسد بن عبد العزى ابن عم خديجة وكان امرأ
تنصر في الجاهلية وكان يكتب الكتاب العبراني فيكتب من الإنجيل بالعبرانية ما
شاء الله أن يكتب وكان شيخا كبيرا قد عمي فقالت له خديجة يا ابن عم اسمع
من ابن أخيك فقال له ورقة يا ابن أخي ماذا ترى فأخبره رسول الله ﷺ خبر ما رأى
فقال له ورقة هذا الناموس الذي نزل الله على موسى ﷺ يا ليتني فيها جذعا ليتني
أكون حيا إذ يخرجك قومك فقال رسول الله ﷺ أومخرجي هم قال نعم لم يأت
رجل قط بمثل ما جئت به إلا عودي وإن يدركني يومك أنصرك نصرا مؤزرا ثم
لم ينشب ورقة أن توفي وفتر الوحي قال ابن شهاب وأخبرني أبو سلمة بن

٣

ブハーリー『真正集』(イスラーム・シソーラス財団, 2000年), ハディース本文最初のページ(「啓示の始まり」のセクション).

ル)」とも呼ぶ。ムハンマドは少なくとも二度は隊商の旅でシャーム(シリア)に赴いたとされるが、シャームの多くはユーフラテス川よりも手前であるから「アラブの島」と重なりあっている。

ムハンマドは生粋のアラブの出自であり、彼が属するクライシュ族もそのことを自認し自負していた。「生粋のアラブ」とは、血統とアラビア語を二大要件とする。「アラブ人」という語は現代では民族的な意味で使われるが、当時いたのは「アラブ諸部族」というべき人びとで、それぞれの部族が自分たちの血統を誇っていた。アラビア語は直訳すれば「アラブの舌」と呼ばれたが、当時はまだ文語が成立する以前で、人びとの口から発されることばが美しいかどうか、雄弁であるかどうかが問われた。語彙や表現については部族によって差があったが、それを超える共通語としてのアラビア語が、詩を媒介に成立していた。詩人がおおいに活躍し、イスラーム直前の一世紀半ほどは「詩人の時代」と言われる。

そこにイスラームが誕生し、聖典クルアーンが成立することによって、またムハンマドの語りがハディースとして流布することによって、アラビア語はさらに大きく躍進を遂げた。クルアーンはそれ以降現代に至るまで、アラビア語の基礎となった。クルアーンを理解するために文法学も発展し、古典的なアラビア語文典も生まれるようになった。

少し不思議なのは、クルアーンが基礎とはいえ、アラブ人はそれを模倣して言語表現を磨いたわけではないことである。というのも、クルアーンは「神のことば」の直接的な啓示とされたため、人間には模倣できないという「模倣不可能性(イウジャーズ)」という観念が広まったからである。そのため、文法学者たちはクルアーンを理解するために、「詩人の時代」の詩や諺《ことわざ》を熱心に収集して、体系的な文法学を構築する素材とした。

これに対して、「ムハンマドのことば」は人間ムハンマドの語りであり、模倣不可能なものではない。その代わり、クルアーンのような神聖性はなく、人びとは自由にそれを伝え合った。近代以前の(あるいは近代になって以降も)人びとの大きな楽しみは、仲のよい人とおしゃべりをすることであろう。ムスリムたちは、自分たちの最大の関心事の一つであるムハンマドについて、さまざまな機会におしゃべりをしあった。このことは「ハディース」と称されるものの拡散と混乱を生むことにもなった。

遊牧文化と口承伝承

この問題を理解するために、現代の遊びの一つである「伝言ゲーム」を想起することができる。何人かが並び、一方の端の人から何かを次々に伝言し、最後の端の人に伝わった時にいかに最初の伝言内容から変容しているかを聞いて驚き、楽しむゲームである。ハディースも口承で伝えられる限り、伝言ゲームと同じ問題が生じる可能性を含む。

これについては、初期イスラーム時代の言語文化について、二つの対立する見方がある。一つは、西欧型の文献重視の立場から、口承伝承をあまり信頼しない立場である。東アジアや西欧の文明はおおむね農業地域を基盤として、万里の長城が示すように、遊牧民を外部からの脅威としてとらえてきた。農業地帯の文明は、建築や蓄積を得意としており、言語についても書いたものを重視する。それが口承伝承をあまり信頼しない立場にもつながる。

しかし、七世紀までのアラビア半島の遊牧文化（バダーワ）は非常に精確な口承伝承の文化的伝統を有していた。イスラームが生まれたアラビア半島では、遊牧文化的な価値観も濃厚であった。ムハンマドの生まれたマッカは商人の都市であったから、商業文化、都市文化の側面を持っており、農業地帯の都市であったマディーナは農業文化も持っていたが、その一方で、アラビア半島は全体として乾燥地域であり、遊牧文化の影響が濃厚な地域であった。

イスラーム法を指す「シャリーア」の原義が「水場への道」、すなわち乾燥地帯ではその道を知らずして生きることが不可能であるような道を指していることは、このような背景をよく物語っている。遊牧生活は移動を常とするため、持ち運べる財産に限りがある。金の装身具や「家」の床となるカーペットなどのほか、重さが全くなく価値が高いものとして言語があった。雄弁なことばを操ることができる能力は、この上ない財産であり、それが「詩人の時代」の背景にある。詩人の時代に活躍したのは、優れた詩を作る詩人だけではなく、詩を伝え広める「伝承者（ラーウィー）」であった。

伝承者たちの言語的記憶力、精確さとそれへの熱情は、イスラームが生まれるとクルアーンの朗誦《ろうしょう》者たちに継承された。さらに、ハディースを記憶し、分類するハディース学者たちもその継承者と言える。ハディース集が最終的に編纂され、ハディースの内容が確定するまでの間、この伝承の技が大いに発揮されたと考えられる。

とはいえ、最近の研究動向を見ると、口承伝承と言っても補助手段としてかなり筆記が用いられていたことがわかってきた。本書に何度も登場するアブー・フライラにしても、没時(六七八／九年)には何箱分もの備忘録を持っていたとされる。ただし、筆記用の素材が稀少な時代であったため、製紙法が八世紀半ばに中国から伝来するまでの一世紀ほどは記憶と口承が主たる記録・伝達媒体であった。

口承伝承がどれほど大きな力を持っていても、それとは別に、宗教的な教えを伝える場合には、思想的な立場からの思い込み、意図的な捏造《ねつぞう》などの問題が生じる。個々人の記憶違いや失念の可能性も排除できないであろう。また、初期のイスラーム共同体が、ハディースよりもクルアーンの保存に意を使い、ハディースの整備が時代的に遅れたという問題もあった。

ムハンマド自身も、クルアーンと自分のことばが混ざらないようにすることに意を用い、クルアーン重視の指示を出していたことがハディースにも記録されている。また、クルアーンの暗誦が集団的におこなわれ、相互検証の対象となるのに対して、ハディースが個人的に伝達され、虚偽が混じりうることについても、ムハンマドは明確に意識していたであろう。自分について嘘を言う者は火獄へ行くという警告(本書三九六―三九七頁)は、それをよく物語っている。

ムハンマドは晩年、毎年のラマダーン月にそれまでに啓示されたクルアーンの全文朗誦をしていたと伝えられる。クルアーンが最終的に一冊の書物の形にまとめられたのは、彼の死後二〇年ほどたった第三代正統カリフのウスマーンの時代であった。宗教的な聖典の結集としては、かなり早い。この経緯については、四二五―四二八頁のハディースが伝えている。

ハディース学の始まり

クルアーンの正典が確定されることで、次の焦点はハディースに移った。ムハンマドのことばを伝えることができるのは、彼からそれを実際に聞いた人たちである。それを「教友(サハーバ)」と呼び、教友からハディースを聞いた世代を「続く人(タービウ)」、その次の世代を「続く人に続く人」と呼ぶ。本書では「教友」「第二世代」「第三世代」と記してきた。教友の中には、いつもムハンマドのそばにいた(いるように努めた)人もいれば、彼が最晩年に挙行した「別離の巡礼」の際に初めて彼の声を聞いた人もいる。また、イスラームが始まった最初期からムハンマドに従った人もいれば、ムハンマドの没時にまだ年若かった人もいた。そのような若い教友が年長の教友からハディースを聞き、次の世代に伝えることもあった。

ムハンマドは再三、共同体の団結を守り、指導者に従うことの重要性を説いていた（たとえば、四四六頁）。その一方で、自分がいなくなった後に共同体（ウンマ）の統一を保つ仕事が困難をきわめることも察知していたに違いない。後の争いを示唆するハディースもある（四四九頁）。実際に、第三代正統カリフのウスマーンの代以降、ウンマをゆるがす大事件が起きた。二度にわたる内乱である。

第一次内乱（六五六―六六一年）では、暗殺されたウスマーンを継いだ第四代正統カリフのアリーに対して、教友たちからも異論が出て、一方にアリー、他方にアーイシャ、ズバイル、タルハというウンマの長老たちが二陣営に分かれて戦う事態が生じた。この争いは、いわゆる「ラクダの戦い」でアリー陣営の勝利に終わった（六五六年）。この戦いの名は、アーイシャの輿《こし》を載せたラクダの周りで激戦がおこなわれたことに由来する。その後のアーイシャは政治から一切引退し、二〇年余りムハンマドの事績について直弟子や一般信徒に教えることに注力して、生涯を終えた。彼女はハディース伝承者の祖の一人となった。

第二次内乱（六八三―六九二年）は、ウマイヤ朝第一代カリフとなった教友ムアーウィヤが強引に息子のヤズィードにカリフ位を継がせたことに起因する。彼の治世に反対しようとしたムハンマドの孫フサインの一行を、ヤズィードの軍が殲滅《せんめつ》したことは、ウンマに激震を起こした。ハディースにもあるように、ムハンマドは孫のハサンとフサインを深く愛していたから(一九二―一九三頁)、ヤズィードはイスラーム的観点から見て歴史に暗黒の汚点を残すことになった。

さらに、アブドゥッラー・イブン・ズバイルが蜂起してカリフと名乗り、マッカを首都として、一時その版図は当時のイスラーム世界の過半に及んだ。軍事力によってウンマの指導権掌握をめざした彼に対して、二〇歳年下の弟ウルワ・イブン・ズバイルは異なる道を取った。彼はもともとアーイシャの高弟で、ハディースを伝えることを使命としており、ハディース学者の原型を作ることになる。イブン・ズバイル軍が破れると、彼はいち早くウマイヤ朝の首都ダマスカスに赴き、ウマイヤ朝軍よりも早くその報を知らせた。ウルワはその後、ウマイヤ朝から厚遇された。カリフや貴顕にもハディースを講義して、ハディースの重要性を知らしめ、ハディースの権威を確立することに大きな役割を果たした。

その一方で、宗教的な見解の相違や政治的な対立を、ハディースの内容に盛り込む人びとも登場した。さらに物語師が稼業として創作＝捏造に励み、ハディースなるものを語って稼ぐことも起きた。

真面目な意図からも、ハディースに対する需要が高まった。イスラーム法の法規定を整備する上でも、短期間における版図の急速な拡大によって、それまでに経験したことのない事態が数多く出来し、それに適用するための典拠としてハディースが求められるようになったからである。ハディースの伝承者が専門家として自らを磨き、学問体系としてハディース学を構築しようとするに至った背景には、このような状況があった。

ここで、ハディース（預言者言行録）とスンナ（預言者慣行）の違いについて触れておきたい。たとえば、ムハンマドは独身主義を篤信であるかのように言う弟子がいることに対して、預言者である自分さえ結婚しているのにと忠告して、「わがスンナ（慣行）を嫌う者は、私たちの仲間ではありません」（三三六頁）と述べている。このハディースは、明らかに彼の慣行＝規範であることを示している。生まれた男児にムハンマドと名づけるのはよいが、彼のクンヤ名である「アブー・カースィム」とは名づけないように、という指示もスンナを示している（四二〇頁）。これを見ると、スンナとは具体的な規範を指し、ハディースとはそれを伝える伝承を指す、と理解することができる。

ただし、逆にハディースがどれも、スンナとしての特定の規範を伝えているとは限らない。本書にも、物語やエピソードを伝えるだけのハディースがいくつも収録されている。つまり、ハディースには、スンナが含まれる場合も含まれない場合もあるということになる。

法規定の典拠と解釈

イスラームの版図が広がり、さまざまな新しい問題が生じる中で法学者が解決策を考察する際に、ハディースの中に何か典拠がないかと探究したのは、そこに法の規範となるスンナが含まれる場合であった。法学者は、クルアーンの章句を典拠とし、それが見当たらない場合はスンナを典拠とし、それでも典拠が足りない時は、それらの典拠を参考にしながら、自ら解釈をすることになった。そのような解釈の原型を示しているのが、ムアーズがイエメンに派遣された際のハディース(三九三頁)であった。ムアーズは、クルアーンとスンナに典拠が見つからなければ、「努力して自分の見解を得ます」と答えている。

ムハンマドは「シャリーア(イスラーム法)」をウンマに残したが、これは条文で書かれているような法律ではなく、クルアーンとスンナという二つの典拠と、法規定を得るために法学者たちが解釈の「努力」をすることを通して、法規定が導出される仕組みとなっている。ムアーズが「努力して」といったことばから「イジュティハード(学問的努力)」の語が、イスラーム学者の解釈行為を指す専門用語となった。ムハンマドは、責任あるものが解釈する場合に、正答を得れば努力と正答の両方に対して神の報奨があり、間違えた場合は努力に対してのみ報奨があると述べている(三九二―三九三頁)。

法学者たちが最初に活動したのは、第四代正統カリフのアリーがマディーナから遷都したクーファの都であった。イラクに位置するため「イラク学派」とも呼ばれる。教友で言えば、本書にも登場するイブン・マスウードなどがあげられる。イブン・マスウードはクルアーンの朗誦者としても名が高く、ムハンマドも彼を四人の長老の中に数えている(四六二頁)。イラクの学統の中で後に傑出し、やがてハナフィー学派の名祖となったのがアブー・ハニーファ(六九九?―七六七)であった。最初の法学派の名祖となったため、「最も偉大なイマーム」という敬称でも呼ばれる。

彼も『アブー・ハニーファのムスナド』と呼ばれるハディース集を弟子に伝えたが、分量としては限定的である。クーファなどでは教友の数もハディースの伝承も少なかったために、法学的な解釈が盛んであったとされる。そのため、この流れを「見解の民」と呼ぶこともあるが、相対的にハディースよりも解釈に依存したということであって、典拠なしに解釈をしていたわけではない。

これに対して、ハディースが豊富だったのがマディーナである。地方の名前を取って

「ヒジャーズ学派」とも呼ばれる。本書に伝承者として何度も登場したイブン・ウマルなどの学統である。彼は第二代正統カリフのウマルの息子であったが、政治を避けて学問の道に進んだ。この学統からはマーリク・イブン・アナス(七〇八または七一六―七九五)が傑出し、やがてマーリク学派が成立する。マーリクは『ムワッタア』という名のハディース集を編んでいる。これは「踏み固められた道」を指すが、先人たちがマディーナでスンナの道をしっかりと踏み固めた意、と看取することができる。この学派の特徴の一つは、当時のマディーナでスンナとしておこなわれていたものを預言者慣行と認めたことであった。研究者によっては、ムハンマドが指導者として活躍したマディーナの伝統を継ぐこの学派こそが初期イスラームを体現しているという。少なくとも、マーリクの『ムワッタア』は最も権威の高いハディース集の一つに数えられている。

次に登場した法学派の祖は、シャーフィイー(七六七―八二〇)であった。彼はムハンマドの血統を引き、ガザで生まれたが、バグダードで活躍し、後にカイロで没した。今日でもカイロ旧市街の彼の墓廟の周辺は、シャーフィイー地区と呼ばれている。彼の活躍によって、クルアーンとスンナという典拠とそれに対する解釈の方法論が体系化されるようになった。この学問分野は「法源学(ウスール・アル＝フィクフ)」と呼ばれる。

彼自身はハディース学者とは見なされていないが、ハディースとスンナの関係についてきわめて重要な貢献をなした。それは、スンナ＝預言者慣行はそれを記録したハディースによって確認されなければならない、という原則を確立したことであった。上述のように、マーリク学派は当時のマディーナでおこなわれていた慣行を預言者慣行の継続とみなしたが、シャーフィイーはそれでは不十分とした。これがその後の原則となる。実際問題として、マーリクの生きた時代のマディーナはともかく、時間がもっと過ぎてしまえばマディーナでさえ慣行の継続性を推定することはむずかしくなるから、これはきわめて合理的な原則であった。

シャーフィイーの弟子の中から、イブン・ハンバル(七八〇―八五五)が出た。彼は師の体系的な方法論よりも、ハディース重視に傾いた。独自の道を歩み、新たなハンバル学派が生まれることになった。彼は膨大なハディースを集め、『ムスナド』と呼ばれるハディース集を編纂した。実は「ムスナド」は書名ではなく、ハディース集の形態の一つである。主題別に編纂したものを「スンナ集」と呼ぶのに対して、伝承者経路別に編纂したものを「ムスナド」と呼ぶ。本書でも、「ムスナド」として、イブン・ハンバルの『ムスナド』以外にタヤーリスィー編纂の『ムスナド』からも収録しているが、ただ「ムスナド」と言えば、イブン・ハンバルのそれを指すほどに、彼のハディース集は信頼度が高く有名なものとなった。

伝承者たちの連鎖とハディース集の成立

このはるか以前にハディースとは、「伝承者の鎖（イスナード）」と呼ばれる伝承経路の人名リストと本文（マトン）の二つが合わさって一つのハディースを成すという原則がしっかりと確立されていた。人名リストが付いていなければ、それはハディースとは言えず、また本文が全く同じでも人名リストが異なれば、異なるハディースとみなされた。この人名リストを詳細に審査し、そこに含まれている人が信用できる伝承者で、しかもムハンマドから切れ目なくハディースを伝えているかを吟味し、ハディースの信頼性を検討することがハディース学の大きな役割となった。後代になると、本文の内容批判も増えたが、何よりも伝承者の信頼性の確認がハディースの信憑性と結びつけられた。

伝承経路と本文を合わせたハディースとは、模式的に言えば、次のような形になる（○は一人の伝承者を示す）。

ムハンマド↓教友↓次世代↓第三世代↓○↓○（↓ハディース集編纂者）＋本文

イブン・ハンバルは彼が名祖となった法学派においてもハディースをきわめて重視した。このような立場を取る人びとは「ハディースの民」と呼ばれる。イラク学派が「見解の民」と呼ばれたのと対照される。どちらかと言えば、マーリクは「ハディースの民」の流れに属する。シャーフィイーは両者を総合したと考えられている。どちらも典拠に依拠するが、解釈を重視するか、典拠の字義を重視するかは、両者の大きな違いとなった。いずれにしても、聖典であるクルアーンとムハンマドが残したハディースを無視しては、いかなるイスラーム解釈もありえないであろう。

イブン・ハンバルから一世紀ほどの間は、それまでのハディース学者たちの努力が花開いた時代と言える。ハディース学では、各地の伝承者たちを訪ね、ハディースを収集し、それらの信憑性を検討し、疑義のあるハディース（厳密に言うとハディースと判定するに足りない語り）を排除し、信憑性の診断に合格したハディースを主題別に並べてハディース集を編む、というような作業が積み重ねられた。その過程を通じて、ハディース学者たちの学問的コミュニティも成立するようになった。

後に権威ある「六書」と呼ばれるようになるハディース集があるが（後述）、その編纂者たちは全員が八一〇年から八三〇年の間に生まれた。ヒジュラ暦で言えば、第二世紀末から第三世紀初頭である。六つのハディース集はいずれも形態上は「スンナ集」に属するが、特にそのうちの二つは信憑性が「真正（サヒーフ）」と判定されたハディースのみを選りすぐったものとして「真正集」と呼ばれる。本書でも、ブハーリー（八一〇—

八七〇)とムスリム・イブン・ハッジャージュ(八一七または八二一―八七五)が編纂した二大真正集から、多くのハディースを収録している。

ブハーリーはその名が示すように、中央アジアのブハラで生まれた。本人の名前はムハンマドで、クンヤ名はアブー・アブドゥッラーである。彼の一家は曽祖父の代からムスリムとなって、当時はブハラ総督の庇護下に入った。ブハーリーは一六歳の時にハディース収集の旅に出て、一五年以上もかかってイラク、ヒジャーズ地方、エジプトなどを回って六〇万以上のハディースを収集した。真正集のほかに、『アダブ・ムフラド』というハディース集も編纂し、本書では両者から採録している。

ムスリムは、ペルシアのニーシャーブール(現イラン)に生まれ、イラク、シリア、ヒジャーズ、エジプトなどで三〇万とも言われるハディースを収集し、一五年かけて厳選して真正集を編んだ。一般にはブハーリーを第一の真正集とみなすが、マグリブ地方ではムスリムの真正集を最上位に置いている。

どちらの真正集も、教友に遡《さかのぼ》るハディース、すなわち教友が実際にムハンマドから見聞した語りに満ちている。それらを見て、すぐに気がつくことは、同じ伝承者が繰り返し登場するということであろう。「教友」の広義の定義(生前のムハンマドに邂逅《かいこう》したことがあるムスリムで、ムスリムとして最後まで生きた人)に合致する人が一〇万人以上いようとも、実際に彼のことばを聞き、それを覚えて他の人に語った人ははるかに数が少ない。

後のイブン・ジャウズィー（一二〇一年没）は、ハディースを伝えた教友として一〇六〇人を数えている。その中でも特に伝えたハディース数が多いのは七人で、いずれも一〇〇〇を超えている。一〇〇〇以上（一〇〇〇以下）を伝えているのが三二人、二〇〇―一〇〇の間が八四人、残りは一九以下で、ハディースを一つ伝えたに過ぎない教友も五〇〇人いる。最上位の七人を多い順に並べると、アブー・フライラ、イブン・ウマル、アナス・イブン・マーリク、アーイシャ、イブン・アッバース、ジャービル・イブン・アブドゥッラー、アブー・サイード・フドリーである。本書の中で見ても、伝承者として登場する回数は、おおむねこの順になっている。

一〇〇以上伝えている教友が合計三九人、二〇以上が総計一二三人である。ということは、これがムハンマドの事績を教える教師役を果たした教友の概数ということになる。行政に名を残した教友、軍事で名を馳《は》せた教友などもいる中で、クルアーンや法学などを教える役目を務めた教友が相当数いて、そのうちハディースの伝承に長《た》けた教友が一二〇人ほどいたということである。

最上位の七人を見た場合、晩年の愛妻アーイシャ、召使いだったアナスなどは、ムハンマドのそばで暮らしていたのであるから、語るべき内容を豊富に持っていたことは容易に想像がつく。二人とも、その後長く生きたから、語る機会も多かったであろう。不思議なのは、アブー・フライラ、イブン・ウマル、イブン・アッバースである。アブー・フライラがマディーナに暮らしたのはムハンマド晩年の三年にすぎず、貧しかったために預言者モスクの回廊に住み、モスク内では四六時中ムハンマドのそばにいたとしても、ムハンマドのことばを聞けた期間は伝承者のトップに来るほどは長くなかったと考えられる。イブン・ウマルはムハンマドの没時に二三歳、イブン・アッバースは一四歳(異説あり)であった。彼らもムハンマドに接する機会が伝承者の上位五人に入るほど多かったとは考えられない。

ということは、彼らは自分自身でムハンマドの話を聞いた以外に、ムハンマドの没後に他の教友からハディースを聞き集めたことを意味している。彼らが「私は預言者が〜と言うのを聞いた」と伝えている場合と「預言者は〜と言った」と伝えている場合があるのは、直接の見聞と他の教友の見聞を伝えている場合の違いを示している。実際に、アブー・フライラからハディースを受け取った人が、直接の見聞であったか確認し忘れて、他の人からそのことの確認を得たハディースもある(四九八—四九九頁)。

ムハンマド没後すぐの時代には、伝承経路を明示してハディースの信憑性を示すというルールは確立していなかったから、アブー・フライラにしても教友の誰から聞いたかは述べていない。このため、後のハディース学者は教友ならば皆が信頼に値するという原則を立てた。ただ、それを論じなくても、アブー・フライラやイブン・ウマルが自分の信用する相手からのみハディースを伝えたと推論するのは妥当であろう。ハディース伝承の祖となった人物たちがこの点で不注意、疎漏であったと推測するのでは、逆に学問的な意味での合理性を欠くと思われる。

ちなみに、ハディースとは別に、「預言者伝(スィーラ)」という分野がある。その中でイスラーム世界で最も広く読まれ、典拠としても重視されている文献が、『預言者ムハンマド伝』として邦訳されている(岩波書店、二〇一〇―一二年)。それを一読するとわかるように、彼にまつわる伝記的伝承についてはかなりの情報が伝わっている。ところが、後にハディース学が成立すると、ハディース学者たちは預言者伝を扱う学者たちが伝承の信憑性について厳密に審査していないと、批判的な態度を取った。

もちろん、ムハンマドの生涯を再構成しようとする「預言者伝」と、イスラーム法の典拠としてのスンナ(を記録したハディース)を追究するハディース学とは、目的も審査規準も異なる。伝承の個々の出所が明確でない限り信用しないというハディース学的な規準をただちに預言者伝にも求めるべきかどうかは、何を目的と考えるかにもよるであろう。両者の違いに関心のある方は、本書と『預言者ムハンマド伝』を読み比べていただきたい。伝記的一貫性と法的典拠性の色合いの違いはすぐ判然とすることと思う。

文化伝統としてのハディースとその価値

かつて欧米のハディース研究で見られた議論の一つは、ムハンマド時代と主要なハディース集の編纂の間が二世紀ほど離れていることから、ハディースはそれが編纂された時代の事情を反映した後代の偽造ではないかという説であった。ただし、もともと偽造ハディースが流布したからこそイスラーム世界でハディース学が発展したのであり、偽造ハディースの存在そのものは欧米の新奇な説ではない。欧米での全ハディース偽造説は、より古い時代の史料が発掘されることで大幅に説得力を失っている。ハディースとされるものがほぼすべて偽造であるという極論は、史料を一切信用しない、あるいは、それまで流布していた多様なハディースを偽造ハディースが残らず駆逐できたという説に等しい。ハディースの信憑性は一つ一つ歴史的に検証すべきものであろう。

実際には二世紀も空白があったわけではなく、欧米の研究でもアブドゥッラッザーク・サヌアーニー（八二七年没）のハディース集『ムサンナフ』などが「発掘」され、ムハンマド没後からのハディースの伝承について、空白と思われた時代が次第に埋められつつある。小作品ながら「次世代」に属するハンマーム・イブン・ムナッビフ(七四七年没)が一三八のハディースを記した「書」も見つかっている。紙の伝来以前にも口承伝承をベースにハディースを継承し続けた学者集団とネットワークがあったことは間違いなく、彼らの学問的努力の上にハディース集が編纂される時代が到来したと見ることができる。

なお、サヌアーニーの『ムサンナフ』を含めて、「ムサンナフ」様式の史料を「ハディース集」と呼ぶべきかどうかについて少し議論がある。というのは、本書でも収録しているマーリク・イブン・アナスの『ムワッタア(踏み固められた道)』も「ムサンナフ」様式に属するが、この様式に収録されている中にはムハンマドからの伝承のほか、教友・第二世代、編者自身の見解がたくさん含まれているからである(例として一三二頁、五一二—五一三頁参照)。後のハディース集は、多少は教友のことばを含むものの、基本的にムハンマドのことばかりを集めるものとなった。

欧米で「ハディース＝偽造」説を唱えるのは研究者の自由であるが、そのような説の最大の問題は、ハディース集成立期以外に関心が向かないことであろう。つまり、イスラーム成立後三世紀以降は、対象外になってしまう。よく考えると、ハディース集がいかに成立したか、成立した後にそれがイスラーム世界でどのような役割を果たしてきたかという問題意識を持つほうが現代にまでつながる大きな研究領域を開く。その点で画期的な研究が、米国のジョナサン・ブラウン博士の『ブハーリーとムスリム〔の真正集〕の正典化――スンナ派ハディース正典の形成と機能』(*The Canonization of Al-Bukhārī and Muslim: The Formation and Function of the Sunnī Ḥadīth Canon*. ブリル社、二〇〇七年)であった。これは二つの「真正集」が成立した後、いかにして広範に受容され、権威となっていったかを実証的に論じたものであった。

ブハーリーにしてもムスリムにしても、生前に権威が確立したわけではなかった。没後に彼らの真正集を学び、検証するハディース学者たちのネットワークが形成され、その中で一世紀以上を経て、ようやく権威を認められるようになったのである。ブラウン博士は、真正集・スンナ集を確立しようとする運動の結果、そうなったと論じている。その運動の結集点に立つのがハーキム・ナイサーブーリー(一〇一四年没)というハディース学者であり、それまでの間に二大真正集が「正典」としての地位を広範に認められるに至った。

ふつうは、二大真正集がスンナ派(現代の人口分布で言えばイスラーム世界の九割)のハディース集の最高権威と言われるが、スンナ派が先に成立していたわけではなく、実はこのハディース集を正典とする過程で「スンナ派」の実体も形成された、とブラウン博士は非常に説得的に論じている。

ブラウン博士が著した概説書『ハディース――中世・現代世界におけるムハンマドの遺産』(*Hadith: Muhammad's Legacy in the Medieval and Modern World.* 改訂第二版、二〇一八年、ワンワールド学術出版。初版二〇〇九年)も、イスラーム世界のハディース学と欧米でのハディース研究を知悉《ちしつ》した著者ならではの良書で、ハディースに関心のある方に一読をお勧めしたい。ブラウン博士はどちらかというと思想史の視座から、ハディースを実証的に考察すると共に、ハディースがイスラーム世界で持つ意味を歴史的・現代的に理解すべきとの立場を取っている。

スンナ派では、二大真正集のほかに、イブン・マージャ(八八七年没)『スンナ集』、アブー・ダーウード(八八九年没)『スンナ集』、ティルミズィー(八九二年没)『スンナ集』、ナサーイー(九一五年没)『スンナ集』が四大「スンナ集」として、二大真正集に次ぐ権威を認められるようになった。これらを合わせて「六書」ともいう。

さらにこれらに、先行するマーリク(七九五年没)『ムワッタア』、イブン・ハンバル(八五五年没)『ムスナド』、四大スンナ集と同時代のダーリミー(八六九年没)『スンナ集』を加えて、「九書」という表現も用いられている。「二大真正集」「六書」については、ウンマの合意(イジュマー)が成立したと見なされるほど、広範に権威が確立した。

ちなみに、シーア派（十二イマーム派）でも、ほぼ一世紀遅れて、主要なハディース集を編纂し、三人の編纂者による「四書」（一人は二作を編纂）が権威を持つようになった。これらは、十二代にわたるイマーム（指導者）のことばも「ハディース」として扱っている点に特徴がある。

さて、真正集・スンナ集といったハディース集が盛んに編纂された後、一一世紀になって二大真正集が権威を獲得した事実は、ハディースの伝承の性格がここで大きく変化したことを意味している。つまり、これ以前は、ハディースとは個別のハディースのことであり、ハディース学者は自分が得たハディースについてムハンマドに遡る伝承経路（イスナード）を持つ必要があった。ところが、ハディース集の権威が確立すると、ハディースとはハディース集に収録されているものとなった。とどのつまり、ハディースとは「ハディース集」という書物群とその内容を指すものとなり、ハディース学者たちはそれを師弟相伝で継承するようになったのである。

これ以降のハディース学は、ハディース集に対するさまざまな検証や分析の方法を発展させていくことになる。「二大真正集の規準を満たすが、両者に収録されていないハディース」の「補遺集」、ハディースの中の難解語の辞典、権威あるハディース集からの精選（たとえば二大真正集の両方に収録されているハディース集など）、伝承経路となっている伝承者の検証や彼らの史的情報を収録した人名辞典、膨大なハディースの中から代表的な四〇を精選する「四〇ハディース集」(特定のテーマについての精選集もある)、信憑性の脆弱な「ハディース」の集積、それらの伝承者(つまり信頼性の低い伝承者)の検証や人名辞典、ハディースの内容が対立している場合の解釈の方法や事例、長い複数の主題を含むハディースを主題ごとに切り分けた部分(アラビア語で「タルフ」と呼ぶ)の主題別集積など、多くのジャンルの文献が登場した。

ハディース集に対する注釈書も数多く書かれた。今日でも古典として親しまれている注釈書として、ブハーリー『真正集』に対しては、イブン・ハジャル・アスカラーニー(一四四九年没)『造物主の開示』、バドルッディーン・アイニー(一四五一年没)『読み手の支柱』、シハーブッディーン・カスタッラーニー(一五一七年没)『進む人の教導』などがあり、ムスリム『真正集』の注釈書としては、ナワウィー(一二七七年没)『道(ミンハージュ)』などが知られている。

ハディースの現在と未来

ハディース学は、前近代において次第に伝統墨守の学に陥ったとの印象を持たれることがあるが、イスラーム法の根本的な法源をなすだけに、時代が揺れる時にはハディースないしはスンナに回帰しようという運動が起きた。一八世紀はそのような時代の一つと言える。それ以前のハディース学の中心地がイランやエジプト、シリアだったとすれば、この時代にはインドやイエメンなどの新しいフロンティアが開かれた。デリー出身のシャー・ワリーユッラー(一七六二年没)、イエメン出身のシャウカーニー(一八三四年没)などが、指導的な知的改革者となった。

一九―二〇世紀には、西欧の歴史学者がハディースの信憑性を論じるようになり、ハディースをめぐる論争が洋の東西をまたがる局面も出てきた。イスラーム世界の中でも、ハディースに否定的な態度を取り、クルアーンだけに依拠しようとする人びとが登場するなど、ハディース学者や法学者にとっても新しい挑戦が生じた。

二〇世紀半ば以降は、イスラーム復興が顕在化し、法学を中心にイスラーム諸学の復権がおこなわれた。それと同時に、イスラーム法がハディースないしはスンナに立脚しているとはどういうことなのか、あらためて問われるようになった。新しい思潮として「サラフィー主義(サラフに従う主義)」も登場した。語源は教友など「サラフ(初期世代)」の教えに従うという古くからの理念であるが、これは「サラフ」の時代を伝えるハディースを再活性化しようとする面を持っている。ところが、彼らは自らハディースを解釈しようとするため、伝統的なハディース学者との間で信憑性や解釈をめぐる論争があらためて起きてきた。

二一世紀に入ってからも、このような問題は続いている。その意味では、ハディースは単に「ムハンマドのことば」を伝えるだけではなく、その「ことば」が現代のムスリム社会でどのように用いられるべきなのか、という今日的な課題とも密接につながっている。かつてはあまり重視されていなかったハディース群が、現代的な社会の観点から見ると新しい意義を持つという「温故知新」も起きている。

本書のハディースは「ムハンマドのことば」を読むために、古典的なハディース集からハディースを選択し、七世紀の時代相に合わせた翻訳をおこなったものである。その意味では、当時を反映した古典としてお読みいただきたいが、読者の皆様がその内容に現代人としての感想をお持ちになるのも当然かと思う。同じように、その内容をどのように理解し、自分たちの暮らしに活かすかという営為は、今日のイスラーム世界でもダイナミックに続いている。

編訳者あとがき

　宗教や文化を研究する時に「原典研究」は欠かせない。自分たちと同じ言語圏の場合でも、それは当てはまる。当事者たちや重要な思想家が残したことばや書き物をよく読み、その時代・環境などを考察して、理解するのが「原典研究」の役割である。外国の宗教や文化の場合は、それをさらに日本語に訳して、その内容をほかの研究者や読者と共有することが大事なこととなる。

　ところが、原典研究と言っても、原典を史資料として使うだけで、その全体を邦訳しないこともある。読者には、原典そのもの（の忠実な翻訳）に直接触れて自分で考えてみたいという欲求があるので、そのような論文などに触れると「原典を使ってあれこれ議論するだけでなく、内容をそのまま訳してもらいたい」と感じることがある。

　とはいえ、率直なところ、編訳者が四〇年余り前にエジプトに留学して「ハディース」に出会った時は、ハディースに対しても日本の読者がそのような欲求を持つ日が来るとは思わなかった。イスラームは、まだまだ日本社会にとって遠い話題であった。ただ、留学中やその後のエジプト訪問時に「当代の最高峰」と呼ばれるような碩学《せきがく》たちに出会えたことは、心に残る思い出となった。

日本に戻ってから大学に奉職してイスラーム研究を続けたが、私自身の仕事はクルアーンや政治思想、法学などの分野が多く、ハディースへの関心は持ち続けたものの、それに専心することはできなかった。しかし一九八〇年代以降は、日本でもイスラームに対する関心や知的な需要が次第に高まった。特に一九九〇年代に『岩波 イスラーム辞典』の制作が決まった時は、日本でも本格的なイスラーム辞典を編めることに奮い立ったのをよく覚えている。私も六人の編集委員の一人としてその実現に打ち込むことになった。

辞典の編纂と制作は大変な作業であったが、幸い時宜を得て、二〇〇二年に刊行されると、毎日出版文化賞を受賞した。辞典編集部でこの辞典を担当された山崎貫氏は、ご自身の専門の中国に加えて、岩波書店いちのイスラーム通となり、やがて本書の編集も担当いただくことになった。

『岩波 イスラーム辞典』は多数の小項目とは別に、通読も可能な大項目として三〇のキーワードが取り上げられており、私は「ムハンマド」「ハディース」などを執筆した。その時、ハディースの項の末尾に「古典期から現代にいたるまでのハディース学を、イスラーム的な知の体系として、その内容と論理体系を明らかにすることも緊要な課題となっている」と記した。その課題は現在の日本で今も変わらないであろう。本書もその課題に応える仕事の一部と、私なりに位置づけている。

『岩波 イスラーム辞典』と同じ年に刊行した『ムハンマド――イスラームの源流をたずねて』（山川出版社）は、主としてクルアーンと預言者伝に基づいて執筆した。「預言者伝」と呼ばれるジャンルが、ハディースとならんでムハンマドの事績に関する重要な史料であることは、本書の解説でも触れた。

それと関連して、わが国の初期イスラーム研究者によって、預言者伝の中でも最も重要な作品とされるイブン・イスハーク著『預言者ムハンマド伝』（後藤明・医王秀行・高田康一・高野太輔訳、全四巻、岩波書店、二〇一〇―一二年）がついに邦訳されたことも記しておきたい。これは「イスラーム原典叢書」シリーズの一環であり、「原典研究」の成果として、このような本格的な訳書が日本語で読めるようになったことは喜ばしい。

ハディースを原典から邦訳するという点では、磯崎定基・飯森嘉助・小笠原良治訳『日訳 サヒーフムスリム』（全三巻、日本サウディアラビア協会、一九八七―八九年、ムスリム『真正集』の邦訳）、牧野信也訳『ハディース――イスラーム伝承集成』（全三巻、中央公論社、一九九三―九四年。二〇〇一年の中公文庫版では全六巻。ブハーリー『真正集』の全訳）が大きな足跡を残している。残念ながら、どちらも現在では、一般の書店では手に入らない（そのことも、本書を編纂した理由の一つとなっている）。

この二大真正集の邦訳は、現代の日本の読者の理解を促すための訳注がほとんどないため、読みこなすにはかなりの予備知識が必要とされる。本書では、訳注を十分付すことと、本文中に〔　〕の形で訳を補って意味が通りやすくなるよう努めた。二大真正集の邦訳には、意味をわかりやすくするために踏み込んで意訳している部分も見受けられるが、本書では、本来のアラビア語の文と〔　〕内の補訳を厳密に分けることで、アラビア語のハディースの簡潔な表現とそこに含意されていることの差異も読み取れるように心がけたつもりである。そのため、〔　〕の部分がやや多くなったかもしれないが、ご諒解いただきたい。

なお、二大真正集の邦訳と出版の意義は大きなものであった。原典からの訳業というものは、他の古典の例を引くまでもなく、いくつもの訳の積み重ねがあってこそ改善が続けられるものである。その意味では先行する訳業があってこその本書であり、また本書も未来における訳業の礎となることを願っている。

本書の訳では「伝承者の鎖」の部分は、ハディースを直接語っている伝承者に限定した。いく人ものアラビア語のカタカナ名を並べるのは読者にとって煩瑣すぎると考えたからである。

本書では、ハディースの選択にあたっては、信憑性に関する現代における研究や議論を含めて考察し、可能な限り信憑性が高いと評価されるハディースを収録するように努めた。ただし内容によっては、ごく一部ではあるが、多少検討の余地があっても「ムハンマドのことば」の全容を示すために必要と判断したものは、編訳者の責任において収録した。

本書の出典となっているハディース集はいずれも、本書冒頭の「本文に登場するハディース集編纂者一覧」（一一頁）に名をあげた。ハディース選択の基礎にしたのは、イスラーム・シソーラス財団が刊行した二大「真正集」、四大「スンナ集」、『ムワッタア』、『ムスナド』（二〇〇〇―二〇〇九年）である（これについては、小杉泰・林佳世子編『イスラーム　書物の歴史』名古屋大学出版会、二〇一四年所収の拙稿四一八頁参照）。これらは書籍版とDVD版で出版されている。このDVD版がなければ、伝承者別配列で大部の『ムスナド』（書籍版は大判で全一二巻）を用いることは非常に困難であった。

近年になって、ハディース集をデータベース化する作業がイスラーム諸国でおこなわれており、非常に優れたデータベースも出現している。本書制作の終わり頃には、そのようなデータベースをも相互参照した。かつては博覧強記の碩学だけが扱えたハディースに、私たちもデータベース検索の助けを借りてアクセスできることには、隔世の感を覚える。

とはいえ、データベースを適切に活用するには、アラビア語のみならずハディース学の知識が必要とされる。ハディース学そのものについても日本語で一書を著すべきという思いが頭の片隅をよぎったが、それはもっと若い研究者におまかせしたい。日本にも少数とはいえハディースを扱う若手・中堅の専門家が育っている。

ハディースの語釈・注釈については、古典に加えて、特に現代の注釈書の白眉と言うべきムーサー・シャーヒーン・ラーシーン教授の『恩寵者の開示――ムスリム「真正集」注釈』(アラビア語、カイロ／ベイルート、シュルーク社、二〇〇二年)を参照した。ハシャン・アンマール氏にも、ハディースの解釈をめぐって様々なアドバイスをいただいた。ハシャン氏はダマスカス大学大学院イスラーム法学研究科でハディース学を修め、来日して京都大学で博士号(地域研究)を取得した若手研究者であるが、博士論文を日本語で書くほど日本語にも堪能である。本書への協力を謝すとともに、日本でのこれからの活躍を期待したい。

本書は私自身の編訳書という形になっている。アラビア語の特定のハディース集を翻訳するのではなく、私自身が選択したハディースを訳して編纂し、注を付けて読者にお届けしようと思ったのは、「原典」をお届けするにしても、そのほうが「ムハンマドのことば」とそれが生まれた地域と時代の全体像が示せるのではないかと考えたからである。その企図が成功しているかどうかについては、読者諸賢のご判断を待ちたい。

本書は、企画段階から脱稿まで長い時間がかかってしまい、岩波書店編集部の山崎貫氏の全面的なサポートがなければ、とうてい成立しえなかった。書物は著者(この場合は編訳者)と編集者の共同作業によって作られるということから言えば、この共同作業はとても実り多いものだったと実感している。山崎氏との半世紀に及ぶ個人的な友誼も含めて、深謝申し上げたい。また、岩波文庫編集部の古川義子氏にも大変お世話になった。厚く御礼申し上げる。

二〇一九年一〇月

小杉　泰

ムハンマドのことば―ハディース

2019年11月15日　第1刷発行
2024年6月5日　第2刷発行

編訳者　小《こ》杉《すぎ》泰《やすし》

発行者　坂本政謙

発行所　株式会社　岩波書店
〒101-8002 東京都千代田区一ツ橋2-5-5

案内 03-5210-4000　営業部 03-5210-4111
文庫編集部 03-5210-4051
https://www.iwanami.co.jp/

印刷・精興社　製本・中永製本

ISBN 978-4-00-338241-7　Printed in Japan

読書子に寄す

——岩波文庫発刊に際して——

岩波茂雄

真理は万人によって求められることを自ら欲し、芸術は万人によって愛されることを自ら望む。かつては民を愚昧ならしめるために学芸が最も狭き堂宇に閉鎖されたことがあった。今や知識と美とを特権階級の独占より奪い返すことはつねに進取的なる民衆の切実なる要求である。岩波文庫はこの要求に応じそれに励まされて生まれた。それは生命ある不朽の書を少数者の書斎と研究室とより解放して街頭にくまなく立たしめ民衆に伍せしめるであろう。近時大量生産予約出版の流行を見る。その広告宣伝の狂態はしばらくおくも、後代にのこすと誇称する全集がその編集に万全の用意をなしたるか。千古の典籍の翻訳企図に敬虔の態度を欠かざりしか。さらに分売を許さず読者を繋縛して数十冊を強うるがごとき、はたしてその揚言する学芸解放のゆえんなりや。吾人は天下の名士の声に和してこれを推挙するに躊躇するものである。このときにあたって、岩波書店は自己の責務のいよいよ重大なるを思い、従来の方針の徹底を期するため、すでに十数年以前より志して来た計画を慎重審議この際断然実行することにした。吾人は範をかのレクラム文庫にとり、古今東西にわたって文芸・哲学・社会科学・自然科学等種類のいかんを問わず、いやしくも万人の必読すべき真に古典的価値ある書をきわめて簡易なる形式において逐次刊行し、あらゆる人間に須要なる生活向上の資料、生活批判の原理を提供せんと欲する。この文庫は予約出版の方法を排したるがゆえに、読者は自己の欲する時に自己の欲する書物を各個に自由に選択することができる。携帯に便にして価格の低きを最主とするがゆえに、外観を顧みざるも内容に至っては厳選最も力を尽くし、従来の岩波出版物の特色をますます発揮せしめようとする。この計画たるや世間の一時の投機的なるものと異なり、永遠の事業として吾人は微力を傾倒し、あらゆる犠牲を忍んで今後永久に継続発展せしめ、もって文庫の使命を遺憾なく果たさしめることを期する。芸術を愛し知識を求むる士の自ら進んでこの挙に参加し、希望と忠言とを寄せられることは吾人の熱望するところである。その性質上経済的には最も困難多きこの事業にあえて当たらんとする吾人の志を諒として、その達成のため世の読書子とのうるわしき共同を期待する。

昭和二年七月